高等院校经济学管理学系列教材

GAODENG YUANXIAO JINGJIXUE GUANLIXUE XILIE JIAOCAI

人力资源管理实务教程

RENLI ZIYUAN GUANLI SHIWU JIAOCHENG

黄维德 ⊙主　编
刘　燕 ⊙副主编

北京大学出版社
PEKING UNIVERSITY PRESS

图书在版编目(CIP)数据

人力资源管理实务教程/黄维德著.—北京:北京大学出版社,2009.11
(高等院校经济学管理学系列教材)
ISBN 978-7-301-15532-5

Ⅰ.人… Ⅱ.黄… Ⅲ.劳动力资源-资源管理-高等学校-教材 Ⅳ.F241

中国版本图书馆 CIP 数据核字(2009)第 121181 号

书　　名:人力资源管理实务教程
著作责任者:黄维德 主编 刘 燕 副主编
责 任 编 辑:朱梅全 丁传斌 王业龙
标 准 书 号:ISBN 978-7-301-15532-5/F·2254
出 版 发 行:北京大学出版社
地　　址:北京市海淀区成府路 205 号 100871
网　　址:http://www.pup.cn 电子邮箱:law@pup.pku.edu.cn
电　　话:邮购部 62752015 发行部 62750672 编辑部 62752027
出版部 62754962
印 刷 者:北京飞达印刷有限责任公司
经 销 者:新华书店
730 毫米×980 毫米 16 开本 22.25 印张 424 千字
2009 年 11 月第 1 版 2010 年 11 月第 2 次印刷
定　　价:36.00 元

前　言

当前,由金融海啸的爆发所引起的危机正深刻而剧烈地影响着全球经济和社会发展的各方面。作为最大的新兴发展中国家,在知识化、网络化、全球化趋势的潮流中,我国也难免其灾。我国的国有企业、民营企业、跨国企业都受到不同程度的影响,均面临外部市场不景气所带来的裁员、减薪等一系列难题或纠纷。但是,只要在这场金融风暴中生存下来的企业,一定是那些能够积极正视这场危机和挑战的组织,一定是那些苦练内功深谋远虑的组织,一定是那些积蓄人才谋求可持续发展的组织。

面对如此危机的局面,企业的专业人力资源管理者可以大有作为,及时调整人力资源战略,设计灵活的就业政策,积累优质的人力资本,加大各层次人员的培训投资,制定公平合理的薪酬福利制度,开展积极的员工心理援助计划(EAP),做好职业生涯辅导与规划,建立良好的员工劳动关系等等。人力资源部门只有通过规划实施各项积极的举措来修炼内功,才能在外部市场出现转机之时,实现企业的持续发展,这也是人力资源管理部门作为企业战略决策者必备的能力和魄力。

与此同时,对我们从事或将要从事人力资源管理的人来说,提升自己的专业知识和技能也到了迫在眉睫的时刻,我们必须加强自身的学习和培训。然而,在目前专业的人力资源管理教学与培训中,还存在着一系列的问题。例如,在教师的教学过程中,重理论轻实践。讲师授课主要集中于人力资源理论的反复讲解,关于人力资源的实践应用往往被忽略。况且很多理论源于西方的企业环境,不能照搬照用于中国的企业,如何将西方的理论和方法经过本土化的改造形成适合中国特色企业的要求,这还是一个难题。同时,学员在学习过程中动脑不动手,很少有机会针对一个现实的人力资源难题设计一套完整合理的解决方案,缺乏将人力资源管理各项职能系统规划的能力。此外,学习培训所使用的教材多理论少实务的内容,可以作为教学与培训使用的综合实务类教材非常少见。因此,人力资源管理者面临实际困境时总是感到束手无策。

针对以上的实际需求,我们编写了这本既可以针对大学本专科学生教学使用,也可以作为管理培训课程使用的实务类教材,以满足当前甚至未来的管理者指导人力资源管理领域的实践需要。这本实务类教材遵循了人力资源管理系统的传统体系,在总论的基础上讲述人力资源管理各主要环节的理论与实务知识,如人力资源规划、工作分析、员工招聘、绩效评估、员工培训、职业生涯管理、员工薪酬与福利、组织劳动争议防范与处理以及国际人力资源管理等方面的内容。与其他人力资源管理教材相比较，本教材有以下几个特点：

第一，注重将人力资源管理领域的新思想、新方法和新制度编撰进来。例如，最后的四个章节详述了人力资源管理信息系统、员工关系管理、新的劳动法规对人力资源管理的影响、劳动人事争议的防范和处理等内容，都体现了与时俱进的时代特点和学科要求。

第二，注重理论和实务内容的结合。每个章节以相关理论综述开始，首先帮助学习者梳理该章节的理论基础，然后各小节围绕人力资源管理相关职能的实务内容（如种类、程序、方法等）展开阐述。

第三，重点突出实务操作的方法、程序或制度。对于比较难以理解的内容和操作过程，本书结合某些企业组织的实际案例或图表进行论述。由于篇幅的限制，本书尽管没有将完整的一套实务表格或规范收录进来，却在必要的地方作了辅助的演示说明。此外，每章还配备了对应的案例分析题，要求学习者根据各章节的知识点设计具体的解决方案。这可以使学习者在掌握相关知识点之后，在一种模拟的人力资源环境中进行操作练习，提高他们的实践能力。

本书由黄维德担任主编，刘燕任副主编。全书由黄维德负责拟定框架并统稿。全书共分十四章，其中，第三、四、五、六、八章由黄维德撰写，第一、九、十、十二章由刘燕撰写，第二、七、十一章由吴冰撰写，第十三、十四章由毛信庄撰写。这里要感谢研究生王天慧、周维、郗静、王寅申、章显涛，他们为本书的完成收集和整理了相关的参考资料。另外，在本书的编写和出版过程中，北京大学出版社的丁传斌先生提出了许多宝贵的建议，在此深表感谢。

限于时间和水平的限制，书中难免有错误和不足之处，敬请各位同行、专家、读者批评指正。

编　者

2009 年 5 月

前　言

当前,由金融海啸的爆发所引起的危机正深刻而剧烈地影响着全球经济和社会发展的各方面。作为最大的新兴发展中国家,在知识化、网络化、全球化趋势的潮流中,我国也难免其灾。我国的国有企业、民营企业、跨国企业都受到不同程度的影响,均面临外部市场不景气所带来的裁员、减薪等一系列难题或纠纷。但是,只要在这场金融风暴中生存下来的企业,一定是那些能够积极正视这场危机和挑战的组织,一定是那些苦练内功深谋远虑的组织,一定是那些积蓄人才谋求可持续发展的组织。

面对如此危机的局面,企业的专业人力资源管理者可以大有作为,及时调整人力资源战略,设计灵活的就业政策,积累优质的人力资本,加大各层次人员的培训投资,制定公平合理的薪酬福利制度,开展积极的员工心理援助计划(EAP),做好职业生涯辅导与规划,建立良好的员工劳动关系等等。人力资源部门只有通过规划实施各项积极的举措来修炼内功,才能在外部市场出现转机之时,实现企业的持续发展,这也是人力资源管理部门作为企业战略决策者必备的能力和魄力。

与此同时,对我们从事或将要从事人力资源管理的人来说,提升自己的专业知识和技能也到了迫在眉睫的时刻,我们必须加强自身的学习和培训。然而,在目前专业的人力资源管理教学与培训中,还存在着一系列的问题。例如,在教师的教学过程中,重理论轻实践。讲师授课主要集中于人力资源理论的反复讲解,关于人力资源的实践应用往往被忽略。况且很多理论源于西方的企业环境,不能照搬照用于中国的企业,如何将西方的理论和方法经过本土化的改造形成适合中国特色企业的要求,这还是一个难题。同时,学员在学习过程中动脑不动手,很少有机会针对一个现实的人力资源难题设计一套完整合理的解决方案,缺乏将人力资源管理各项职能系统规划的能力。此外,学习培训所使用的教材多理论少实务的内容,可以作为教学与培训使用的综合实务类教材非常少见。因此,人力资源管理者面临实际困境时总是感到束手无策。

针对以上的实际需求,我们编写了这本既可以针对大学本专科学生教学使用,也可以作为管理培训课程使用的实务类教材,以满足当前甚至未来的管理者指导人力资源管理领域的实践需要。这本实务类教材遵循了人力资源管理系统的传统体系,在总论的基础上讲述人力资源管理各主要环节的理论与实务知识,如人力资源规划、工作分析、员工招聘、绩效评估、员工培训、职业生涯管理、员工薪酬与福利、组织劳动争议防范与处理以及国际人力资源管理等方面的内容。与其他人力资源管理教材相比较,本教材有以下几个特点:

第一,注重将人力资源管理领域的新思想、新方法和新制度编撰进来。例如,最后的四个章节详述了人力资源管理信息系统、员工关系管理、新的劳动法规对人力资源管理的影响、劳动人事争议的防范和处理等内容,都体现了与时俱进的时代特点和学科要求。

第二,注重理论和实务内容的结合。每个章节以相关理论综述开始,首先帮助学习者梳理该章节的理论基础,然后各小节围绕人力资源管理相关职能的实务内容(如种类、程序、方法等)展开阐述。

第三,重点突出实务操作的方法、程序或制度。对于比较难以理解的内容和操作过程,本书结合某些企业组织的实际案例或图表进行论述。由于篇幅的限制,本书尽管没有将完整的一套实务表格或规范收录进来,却在必要的地方作了辅助的演示说明。此外,每章还配备了对应的案例分析题,要求学习者根据各章节的知识点设计具体的解决方案。这可以使学习者在掌握相关知识点之后,在一种模拟的人力资源环境中进行操作练习,提高他们的实践能力。

本书由黄维德担任主编,刘燕任副主编。全书由黄维德负责拟定框架并统稿。全书共分十四章,其中,第三、四、五、六、八章由黄维德撰写,第一、九、十、十二章由刘燕撰写,第二、七、十一章由吴冰撰写,第十三、十四章由毛信庄撰写。这里要感谢研究生王天慧、周维、郗静、王寅申、章显涛,他们为本书的完成收集和整理了相关的参考资料。另外,在本书的编写和出版过程中,北京大学出版社的丁传斌先生提出了许多宝贵的建议,在此深表感谢。

限于时间和水平的限制,书中难免有错误和不足之处,敬请各位同行、专家、读者批评指正。

编　者

2009 年 5 月

目　录

第一章　人力资源管理概述

本章概要

人力资源管理是组织一项十分重要的管理工作。重视和加强人力资源管理，对于促进组织的发展、提高组织的竞争力、获得最大的社会和经济效益有着重要的意义。本章从介绍人力资源管理的基础理论出发，推及人力资源管理的人性假设及主要发展历程等。主要内容包括人力资源管理理论、人力资源管理任务及人力资源管理组织等。

第一节　人力资源管理理论

一、人力资源的概念和特征

（一）人力资源的概念

人力资源是指存在于人体的智力和体力资源，是人类进行生产或提供服务，推动整个经济和社会发展的劳动者的各种能力的总称。

人力资源包括质量和数量两个维度，数量维度主要指一个社会或组织所拥有的具有劳动能力的人员的规模大小，而质量维度是指劳动者本身具有完成各种生产服务任务所必备的能力大小的总和。对于一个组织来说，既要重视人力资源数量上的要求，更要重视质量的保证，人力资源是一个组织生存和发展的基本保障。

从广义的角度来说，一个社会的人力资源状况按照其发挥作用的时间划分，可以分成现实的人力资源和潜在的人力资源两大类。现实的人力资源是指能够直接迅速投入劳动过程而产生效益的人群；而潜在的人力资源是指还不能够直接参与劳动，还需经过一段时间的开发与培训才得以投入劳动的人群。现实的人力资源是当前社会和组织生存的主要力量，而潜在的人力资源则是一个社会和组织发展的希望。

从狭义的角度来说，一个组织中的人力资源按照劳动形态划分，可以分成智力劳动能力和体力劳动能力。智力劳动能力主要指依靠知识和信息完成任务的一种复杂的思维创造能力，而体力劳动能力主要指依靠人的身体功能而进行的一种简单重复的操作能力。当然，这两种能力不能绝对分开，它们同时存在于一个员工身上，只是每个员工所拥有的优势能力不同而已。

（二）人力资源的特征

1. 人力资源的主动性

人力资源是诸多生产要素中唯一具有主动性的生产要素。人通过主观愿望、意念和思想来支配其他要素，并通过人的劳动过程来创造财富。因此，人的创新精神、创造能力始终是人力资源的精髓。人力资源的主动性决定着其他生产要素的整理效应和发展过程。

2. 人力资源的时效性

人力资源的时效性是指人力资源的形成与作用效率要受其生命周期的限制。在少年儿童时期，进行人力资源的持续投资，但却不能提供现实的产出；在青壮年时期，人力资源开始产出效益，并不断增加产出的质与量；到了老年时期，人力资源的产出量又由于人的体力与智力的下降而在总体上有所下降，甚至丧失劳动能力、退出人力资源的范畴。可见，考察人力资源的时效性，可以有效地调整人力资源的投入与产出，最大限度地保证人力资源的产出，延长人力资源的作用时间。

3. 人力资源的可再生性

人力资源是“活”的资源。一方面，通过人口的繁衍，人力资源不断地再生产出来，世世代代延续下去；另一方面，人的体能在一个生产过程中消耗之后，又可以通过休息和补充能量而得到恢复。因此，人的本身、人的体能与知识技能，都是可以再生的。

4. 人力资源的社会性

人力资源能力的发挥除了受到其自身和组织影响以外，还有一个很重要的制约因素就是社会环境的影响，包括社会的政治、经济、文化、意识形态等因素的影响，社会环境对人力资源的开发和使用起着直接或间接的影响作用。

二、人力资源管理的概念和意义

（一）人力资源管理的概念

人力资源管理即有效地管理工作中的人、专门负责与人有关的问题，是影响员工行为、态度以及绩效的各种政策、制度以及管理实践，使人尽其才、事得其人、人职相宜，以实现组织目标的过程。同时，人力资源管理是组织中的一项执行职能，通过人力资源管理实践实现组织和员工的目标。

（二）人力资源管理的意义

重视和加强人力资源管理，对于促进组织的发展、提高组织的竞争力、获得最大的社会和经济效益有着重要的意义。这主要体现在以下几个方面：

第一，改善员工的工作生活质量。工作生活质量关注的是员工在工作中心理和生理方面的主观感受，并且直接和员工的工作满意度、组织承诺以及员工的工作参与有关，也和员工的流动率、缺勤率有关。因此，人力资源管理要从真正关注员工的工作生活质量着手，了解员工的需求，保证信息沟通的畅通，提高员工的工作满意度。

第二，提高生产效率。研究表明，高生产率的组织与低生产率的组织之间的区别在于两者对人力资源部门的作用认识不同。在高生产率的组织中，人力资源管理主要通过组织设计与工作设计来提高生产效率。即通过全面诊断组织，了解个体和群体的需要，并提供相应的培训和支持，达到工作丰富化的效果。工作丰富化可以在一定程度上提高组织生产效率，

第三，获得竞争优势。一个组织必须依靠某种优势来抗衡竞争者的威胁，有效的人力资源管理是获得竞争优势的重要源泉，它为组织提供了核心人才的竞争优势。对于核心员工的开发和使用是人力资源实践的重要课题，如给他们创造就业的安全感、提供公平而具有竞争力的报酬和福利、制定完善的培训与开发计划等，为他们营造良好的职业生涯发展环境，都是提高组织竞争优势的举措。

三、人力资源管理所假设的人性观

人力资源管理的理论基础之一就在于管理过程之中的人性观。正如著名的管理学家麦格雷戈在《企业的人性面》一书中指出：每项管理的决策与措施，都是依据有关人性与其行为的假设。对人的本性的看法，是人力资源管理理论、管理原则与管理方法的基础。

1. 受雇人假设

受雇人假设认为，在资本主义初期的企业中，工人只不过是一种“会说话的工具”，是一个受雇用的人。资本家们会使用残酷的手段来管束工人，尽可能多地剥削工人的剩余价值，而根本不注重工作环境的改善，尽可能多地延长工作时间，实施严厉的惩罚手段。

这种受雇人假设的观点被之后的管理学家总结为“X 理论”。美国管理学家麦格雷戈在他所著《企业的人性面》一书中，提出了两种对立的管理理论即 X-Y 理论，他认为传统的管理方式是建立在第一条假设，即“X 理论”之上的，代表了“传统的指挥和控制观点”。X 理论假设可概括为：一般人有一种不喜欢工作的本性，只要有可能他就会选择逃避工作；由于人类不喜欢工作，绝大多数人必须加以强迫、控制、指挥，以惩罚相威胁，使他们为实现组织目标而付出适当的努力；一般人宁愿受指挥，希望逃避责任，较少有野心，对安全的需要要高于一切。

这种假设的问题在于忽视了工人的一切需求和对利益的追求，抹杀了工人工作的积极性和创造性，造成了管理者与被管理者之间的冲突和人际关系的紧张，工人只把工作当成了谋生的手段，使得企业氛围趋于紧张，冲突不可避免。

2. 经济人假设

经济人假设最早由英国经济学家亚当·斯密提出。他认为人的行为动机根源于经济诱因,人都要争取最大的经济利益,工作就是为了取得经济报酬。泰罗在其科学管理理论中同样使用了经济人假设,他认为资本家的目的是获取最大限度的利润,而工人的目的是获取最大的工资收入。假如能在判定工人工作效率比往常提高多少的前提下,给予工人一定量的工资激励,就会引导工人努力工作,服从指挥,接受管理,结果是工人得到实惠即工资增加,而企业主们则增加了收入,也方便了管理。现代经济学家修正了的经济人假设,认为人是有限理性、具有机会主义倾向的经济人。

基于这种假设所引出的管理方式是,组织应以经济报酬来迫使人们服从并作出绩效,并应以权力与控制体系来保护组织本身及引导员工,其管理的优点在于提高效率,完成任务。其管理特征是订立各种严格的工作规范和各种法规进行管制。为了提高士气则用金钱刺激,同时对消极怠工者严厉惩罚,即采取"胡萝卜加大棒"政策,泰罗制就是"经济人"观点的典型代表。

3. 社会人假设

社会人假设的理论基础是人际关系学说,最早来自于梅奥主持的霍桑实验。梅奥认为,人是有思想、有感情、有人格的活生生的"社会人",人不是机器和动物。作为一个复杂的社会成员,金钱和物质虽然对其积极性的产生具有重要影响,但是起决定作用的不是物质报酬,而是员工在工作中发展起来的人际关系。这个结论之后又被英国塔维斯托克学院煤矿研究所再度验证。研究人员发现,在煤矿采用新的先进开采技术后,生产效率理应提高,但由于破坏了原来的工人之间的社会组合生产效率反而下降了。随后,管理人员吸收了社会科学的知识,重新调整了生产组织,生产效率又开始上升。这两项研究的共同结论是,人除了物质需要外,还有社会需要,人们要从社会关系中寻找乐趣。

1933 年梅奥总结了霍桑实验及其他实验的结果,概括起来说,霍桑实验得出了以下结论:

(1) 传统管理理论认为,生产效率主要决定于工作方法和工作条件。霍桑实验认为,生产效率主要取决于职工的"士气",而"士气"又受家庭和社会生活,以及企业中人与人之间的关系的影响。

(2) 传统管理只重视"正式群体"问题,诸如组织结构、职权划分、规章制度等,霍桑实验还注意到存在着某种"非正式群体"。这种无形的组织有其特殊的规范,影响着群体成员的行为。

(3) 霍桑实验还提出新型领导的必要性。领导者在了解人们的合乎逻辑的行为的同时,还须了解不合乎逻辑的行为,要善于倾听和沟通员工的意见,使正式组织的经济需要与非正式组织的社会需要取得平衡。

此假设得出的管理方式与根据经济人的假设得出的管理方式完全不同。它强调除了应注意工作目标(指标)的完成外,更应注意从事此项工作的人们的要求;不应只注意指挥、监督等,更应重视员工之间的关系培养和形成员工的归属感和整体感;不应只注意对个人的奖励,而应提倡集体激励制度。

4. 管理人假设

管理人假设认为,在企业中,所有员工都应该是一个"管理人"。即便是一个普通的操作工人,他在管理的过程中也有着双重的身份:一方面,他接受来自于其他各方的指令、监督和控制,保持其行为与其他方面的一致性,是一个被管理者;另一方面,他在自己的工作领域,在操作机器和工具进行生产或服务时是一个主动的实施者或处理者,因而也是一个狭义的管理者。著名管理学家西蒙认为,任何作业在开始之前都要先进行决策。不仅仅是高层管理者需要进行决策,企业中所有阶层包括作业人员都要进行决策,它贯穿于整个组织中。西蒙认为,管理就是决策,因此,当企业中所有员工都在作决策时,他们都是管理的出发者,也就是"管理人"。

管理人假设的提出是对企业中人的管理、人的价值的一种新的更为全面的认识。该假设有利于发挥人的主动性,积极地参与日常工作的环节,提升创造力,开发潜能;有利于员工价值的提升,使员工感受到其"管理者"的身份,大家都是管理者,都需要作出决策,只不过是各自决策分工与层次的差异;有利于企业价值的转型,企业不仅仅是使用人、雇用人的场所,更应该是培养人才、发展人才的基地。

5. 自我实现的人假设

自我实现的人假设是基于一种对人的价值的全新看法,有别于管理人假设,很大程度上依赖于心理学家马斯洛的"需要层次理论"。这种理论认为,人的需要是从最基本的需要开始的,只有基本需要得到满足,才会触发更高层次的需要。而当前阶段的层次需要得到满足时,最后便会产生一种最高层次的需要,即"自我实现的需要"。自我实现的人是其他所有需要都已基本得到满足从而只追求自我实现需要的人。在当代经济条件下,在人们的生活质量普遍提高的情况下,已经有一部分人开始追寻这种自我实现的需要。

在企业的管理中,如果仍然采取强制手段,或者是严格的束缚,不给予员工任何自由发挥的空间,那么这种人就不会满足,不仅使得其情绪低落,更有可能迫使其进行工作转换,流向其认为更适合满足其需要、发挥才能的地方去。因此,面对这种自我实现的人的需要,在进行管理时,应当给予他们更多的授权,留有让其自主发挥的广阔空间,才能使其更好地为组织服务并更好地实现组织的目标。

综上所述,在进行组织的人力资源管理之前,注重管理过程中的人性观的研究对于开展人力资源管理工作是至关重要的，只有在充分了解这些基本管理理论基础之上，才能更加有效地开展人力资源管理工作，使工作的开展更为有效。

四、人力资源管理理论的发展历程

追溯人力资源管理理论的发展历程，我们可以发现其与企业管理理论的发展和演变有着紧密的关系。管理劳动是伴随着人类社会的产生和发展而存在的，只要有人类的集体劳动，就存在对这种活动的管理，而只要存在对人类集体活动的管理，就会存在对人的管理活动，即人力资源管理活动。西方人力资源管理的发展历程一方面体现在人力资本理论的发展中，另一方面体现在管理理论的发展中。

1. 西方人力资本理论的提出与发展

西方人力资本理论的真正形成，开始于20世纪50年代。人力资源的作用在科学技术进步和经济发展的过程中发挥的作用越来越明显。美国经济学家舒尔茨与贝克尔被认为是人力资本理论研究中最为著名的人物，被认为是人力资本理论真正的创始人。

(1) 舒尔茨的人力资本理论

所谓人力资本(Human Capital)，指的是劳动者投入到企业中的知识、技术、创新概念和管理方法的一种资源总称。企业就是财务资本和人力资本的一种契约关系。

首先提出人力资本理论并对经济发展动力作出全新解释的是舒尔茨。他在长期的农业经济研究中发现，促使美国农业产量迅速增长的重要原因已不是土地、劳力或资本存量的增加，而是人的技能与知识的提高。同时，他发现工人工资大幅度增长中有一部分尚未得到解释。他将这一部分归功于人力投资的结果。于是，舒尔茨在1960年提出人力资本学说，其中心论点就是：人力资本的增加对经济增长的作用，远比物质资本的增加重要得多。

其一，人力资本投资收益率超过物力资本投资的收益率。舒尔茨认为人力资本与物力资本投资的收益率是有相互关系的，认为人力资本与物力资本的相对投资量，主要是由它们的收益率决定的。当人力资本与物力资本二者间投资收益率相等时，就是二者之间的最佳投资比例。在二者还没有处于最佳状态时，就必须追加投资量不足的方面。

其二，人力资本在各个生产要素之间发挥着相互替代和补充作用。舒尔茨认为，现代经济发展已经不能单纯依靠自然资源和人的体力劳动，生产中必须提高体力劳动者的智力水平，增加脑力劳动者，以此来代替原有的生产要素。因此，由教育形成的人力资本在经济增长中会更多地代替其他生产要素。例如，在农业生产中，对农民的教育和农业科学研究成果的推广、应用，可以代替部分土地的作用，促进经济的增长。

（2）贝克尔的人力资本理论

贝克尔是芝加哥大学的教授，是芝加哥学派的主要代表人物之一。其著作《人力资本》（1964 年）被认为是“经济思想中的人力资本投资革命的起点”。他对正规教育、在职培训和其他人力资本投资的支出和收入，以及年龄—收入曲线等问题进行了分析，强调教育与培训对形成人力资本的重要作用。他认为，人力资本是今后收益的源泉，因此，教育就是人力资本的主要投资之一。贝克尔注重分析微观的人力资本投资活动。例如，对家庭在孩子的生育、培养方面的经济决策与成本—收益分析，家庭的时间价值与时间配置分析及家庭的市场与非市场活动分析等，并且应用经济数学方法对其中的经济变量与关系进行了分析。

2. 西方管理理论的发展

人力资源管理理论是管理理论的重要组成部分，人力资源管理理论的发展与管理理论的发展基本同步。人力资源管理思想的起源与发展可以追溯很远，但现代人力资源管理理论的形成，则是 19 世纪末到 20 世纪初才开始的。以人力资源管理理论的发展过程来划分，西方人力资源管理理论发展有三大阶段：古典管理理论阶段、行为科学理论阶段、人力资源开发理论阶段。

（1）古典管理理论

古典管理理论代表人物泰罗、法约尔、韦伯从三个不同角度，即车间工人、办公室总经理和组织来解决企业和社会组织的管理问题，为当时的社会解决企业组织中的劳资关系、管理原理和原则、生产效率等方面的问题，提供了管理思想的指导和科学理论方法。

第一，泰罗的科学管理原理

弗雷德里克·泰罗是美国古典管理学家，科学管理的创始人，被管理界誉为科学管理之父。在米德维尔工厂，他从一名学徒工开始，先后被提拔为车间管理员、技师、小组长、工长、设计室主任和总工程师。在这家工厂的经历使他了解到工人们普遍怠工的原因，他感到缺乏有效的管理手段是提高生产率的严重障碍。为此，泰罗开始探索科学的管理方法和理论。

他从“车床前的工人”开始，重点研究企业内部具体工作的效率。在他的管理生涯中，他不断在工厂实地进行试验，系统地研究和分析工人的操作方法和动作所花费的时间，逐渐形成其管理体系——科学管理。泰罗在他的主要著作《科学管理原理》中阐述了科学管理理论，使人们认识到了管理是一门建立在明确的法规、规范和原则之上的科学。

泰罗认为科学管理的根本目的是谋求最高劳动生产率，最高的工作效率是雇主和雇员达到共同富裕的基础，要达到最高的工作效率的重要手段是用科学化的、标准化的管理方法代替经验管理。

第二,法约尔的一般管理理论

泰罗的科学管理开创了古典管理理论的先河,同时,欧洲也出现了一批古典管理的代表人物及其理论,其中影响最大的当属法约尔及其一般管理理论。

亨利·法约尔,法国人,直到20世纪上半叶为止,是对管理运动的贡献最杰出的大师之一,被后人尊称为管理过程学派的开山鼻祖。

与泰罗的工人出身相反,法约尔长期担任企业高级领导职务。他的研究是以企业整体为研究对象,从"办公桌前的总经理"出发的。他认为,管理理论是指有关管理的、得到普遍承认的理论,是经过普遍经验检验并得到论证的一套有关原则、标准、方法、程序等内容的完整体系,有关管理的理论和方法不仅适用于公私企业,也适用于军政机关和社会团体,这些正是其一般管理理论的基石。法约尔的著述很多,1916年出版的《工业管理和一般管理》是其最主要的代表作,标志着一般管理理论的形成。他最主要的贡献在于从各种经营职能中独立列出管理活动,提出管理活动所需的五大职能和十四项管理原则。这也是其一般管理理论的核心。

法约尔通过对企业全部活动的分析,将管理活动从经营职能(包括技术、商业、财务、安全和会计等五大职能)中提炼出来,成为经营的第六项职能。区别了经营和管理,法约尔进一步得出了普遍意义上的管理定义,他认为管理是普遍的一种单独活动,有自己的一套知识体系,由各种职能构成,管理是管理者通过完成各种职能来实现目标的一个过程。企业中的每组活动都对应一种专门的能力,如技术能力、商业能力、财务能力、管理能力等。而随着企业由小到大、职位由低到高,管理能力在管理者必要能力中的相对重要性不断增加,而其他诸如技术、商业、财务、安全、会计等能力的重要性则会相对下降。

法约尔将管理活动分为计划、组织、指挥、协调和控制等五大管理职能,并进行了相应的分析和讨论。法约尔提出的十四项管理原则包括:劳动分工、权力与责任、纪律、统一指挥、统一领导、个人利益服从整体利益、人员的报酬、集中、等级制度、秩序、公平、人员的稳定、首创精神、人员的团结。

法约尔的一般管理理论是古典管理思想的重要代表,后来成为管理过程学派的理论基础,也是以后各种管理理论和管理实践的重要依据,对管理理论的发展和企业管理水平的提升均有着深刻的影响。其中某些原则甚至以"公理"的形式为人们所接受和使用。因此,继泰罗的科学管理之后,一般管理理论被誉为管理史上的第二座丰碑。

第三,韦伯的官僚组织理论

被誉为组织理论之父的德国社会学家马克斯·韦伯出生于德国,曾担任过教授、政府顾问、编辑,对社会学、宗教学、经济学与政治学都有相当高的造诣。韦伯的主要著作有《新教伦理与资本主义精神》、《一般经济史》、《社会和经济组织的理论》等。其中官僚组织理论(也译为行政组织理论)对后世产生了最为深远的影响。韦伯对组织管理理论的伟大贡献在于明确而系统地指出理想的组织应以合理合法的权力为基础,没有某种形式的权力,任何组织都不能达到自己的目标。为此,韦伯首推官僚组织,而官僚制在19世纪已盛行于欧洲。韦伯提出的官僚组织理论为社会发展提供了一种高效率、合乎理性的管理体制。

韦伯把人类行为规律性地服从于一套规则作为社会学分析的基础。他认为一套支配行为的特殊规则的存在,是组织概念的本质所在。韦伯认为,任何组织都必须以某种形式的权力作为基础,韦伯将社会所接受的权力分为三种:法定权力、传统权力和神授权力。

韦伯认为,人们对传统权力的服从是在习惯义务领域内的个人忠诚。领导人的作用似乎只为了维护传统,因而效率较低,不宜作为官僚组织体系的基础。超凡权力的合法性,完全依靠人们对于领袖人物的信仰,是非理性的,所以,超凡的权力形式也不宜作为官僚组织体系的基础。只有提供了慎重的公正的法定权力才能作为官僚组织体系的基础。

古典的管理理论是人类历史上首次用科学的方法来探讨管理问题,实质上反映了当时社会的生产力发展到一定的阶段对管理上的要求,要求管理适应生产力的发展。反过来管理思想的发展、管理技术和方法的进步,又进一步促进了生产力的发展。

(2)行为科学理论

行为科学是20世纪30年代开始形成的一门研究人类行为的新学科,是一门综合性科学,已发展成国际管理研究的主要学派之一。它是综合应用心理学、社会学、社会心理学、人类学、经济学、政治学、历史学、法学、教育学、精神病学及管理理论和方法,研究人的行为的边缘学科。它研究人的行为产生、发展和相互转化的规律,以便预测人的行为和控制人的行为。

目前行为科学已在管理上得到广泛的应用,并取得了明显的成效。它的成功改变了管理者的思想观念和行为方式。行为科学把以“事”为中心的管理,改变为以“人”为中心的管理,由原来对“规章制度”的研究发展到对人的行为的研究,由原来的专制型管理向民主型管理过渡。

行为科学管理理论在相当程度上克服了古典管理理论的弊端。行为科学管理理论始于20世纪20年代中至30年代初梅奥的霍桑实验,该项研究的结果表明,工人的工作动机和行为并不仅仅为金钱收入等物质利益所驱使,他们不是“经济人”而是“社会人”,有社会性的需要。梅奥因此建立了人际关系理论,行为科学的前提也称为人际关系学。1949年在美国芝加哥召开的一次跨学科会议上,首先提出了“行为科学”这一名称。1953年这门综合性学科被正式定名为“行为科学”。

现行的行为科学管理理论主要包括以下四个问题：

第一，人性假设是行为科学管理理论的出发点。其中各个时期管理者对管理对象的认识可以分为六种基本类型：受雇人假设、经济人假设、社会人假设、自我实现人假设、复杂人假设、决策人假设。

第二，激励理论是行为科学的核心内容，具体而言，它主要从需要层次理论、行为改造理论、过程分析理论三个方面进行分析。

第三，群体行为理论是行为科学管理理论的重要支柱，掌握群体心理是研究群体行为的重要组成部分。

第四，领导行为理论是行为科学管理理论的重要组成部分，包括对领导者的素质、领导行为、领导本体类型、领导方式等方面的研究。

(3) 人力资源开发理论

人力资源开发是企业通过培训和开发项目改进员工能力水平和组织绩效的一种有计划、连续性的工作。开发是指学习目前工作及未来工作所需的知识和能力，着眼于更长期的目标，使员工能跟上企业及社会的快速发展。人力资源开发原则主要有以下几个方面：

第一，战略原则

在对待人力资源开发这项工作时，首先要树立战略眼光，不要斤斤计较眼前得失，而要从企业长远发展考虑，舍得投入必要的人力、物力、财力。我们不能奢求人力资源开发的效果是立竿见影的，必须需要一定的时间来显示这种效果，因此，在人力资源开发时应具备战略眼光。

第二，理论联系实际原则

企业进行人力资源开发应该紧紧围绕企业生产经营活动这一中心，具有较强的针对性、实践性的特点。企业需要什么、员工缺少什么就培训什么，要讲求实际、突出时效、学以致用，少搞形式主义的东西。

第三，因人施教原则

企业不仅岗位繁多，而且水平参差不齐，不能采用普通教育“齐步走”的方式开发培训员工。这就需要根据不同的培训和开发对象选择不同的内容和方式，有时甚至要针对个人制定培训与开发计划。

第四，主动参与原则

要调动员工接受培训和开发的积极性，促使员工主动参与。一般而言，参与有助于增强员工的学习热情，提高学习的效果。贯彻员工主动参与的原则，还要求较多地采用相互认识、自我总结的形式，如对管理人员的培训开发可采用经验交流会、主题研讨会、敏感性训练等形式。

五、人力资源管理与传统人事管理的比较

传统的人事管理是以“事”为中心，注重的是控制与管理人，属于行政事务式的管理方式。而现代人力资源管理以“人”为核心，把人作为活的资源加以开发，人力资源被提到战略高度。人力资源管理注重人的心理与行为特征，强调人与事相宜，事与职匹配，使人、事、职能取得最大化的效益。

具体说来，传统人事管理与现代人力资源管理的区别主要体现在以下几个方面：

1. 管理的核心不同

传统的人事管理强调以“工作”为核心，看重人对工作的适应性。员工应该服从工作的需要，对员工的评价也只是对其工作绩效的评价，而对员工的个人愿望和发展不太顾及。人力资源管理则强调以“人”为本、以“人”为核心，强调人的价值与人的决定性作用。当然，这也并不意味着对工作的忽视，而是努力寻求“人”与“工作”相互适应的契合点。这是一种较为典型的“两赢方案”。

2. 工作的着眼点不同

传统的人事管理主要着眼于当前人员的补充、岗位的培训等。无论从指导思想还是从工作的内容看，都主要偏重于事务性。人力资源管理则是从最大限度地挖掘人的潜能、调动人的积极性的战略高度来谋求企业的长远发展，追求投入产出的最佳方式。

3. 管理目标和管理战略不同

传统的人事管理的目标是服务员工，支持员工，提高员工的工作效率和对企业的忠诚度；现代人力资源管理的目标在于提高员工的总体素质，培养员工中的核心人才，直接形成企业的核心竞争力，提高企业的总体优势。传统的人事管理是将组织文化灌输入员工头脑，使员工理解并较好执行企业任务、方针与政策；而现代人力资源管理注重将组织文化与企业战略融入员工的自觉行为当中，让员工帮助企业实现经营战略。

第二节　人力资源管理任务

一、人力资源管理的目标和任务

（一）人力资源管理的目标

人力资源管理的最终目标是促进企业目标的实现。具体来说，人力资源管理体系的目标体现在以下十个方面：

（1）企业的目标最终将通过其最有价值的资源——它的员工来实现；

(2) 为提高员工个人和企业整体的业绩,人们应把促进企业的成功当做自己的义务;

(3) 制定与企业业绩紧密相连、具有连贯性的人力资源方针和制度,是企业最有效利用资源和实现商业目标的必要前提;

(4) 应努力寻求人力资源管理政策与商业目标之间的匹配和统一;

(5) 当企业文化合理时,人力资源管理政策应起支持作用;当企业文化不合理时,人力资源管理政策应促使其改进;

(6) 创造理想的企业环境,鼓励员工创造,培养积极向上的作风;人力资源政策应为合作、创新和全面质量管理的完善提供合适的环境;

(7) 创造反应灵敏、适应性强的组织体系,从而帮助企业实现竞争环境下的具体目标;

(8) 增强员工上班时间和工作内容的灵活性;

(9) 提供相对完善的工作和组织条件,为员工充分发挥其潜力提供所需要的各种支持。

(10) 维护和完善员工队伍及产品和服务。

(二) 人力资源管理的任务

现代人力资源管理主要包括以下一些具体内容和工作任务:

1. 制定人力资源计划

根据组织的发展战略和经营计划,评估组织的人力资源现状及发展趋势,收集和分析人力资源供给与需求方面的信息和资料,预测人力资源供给和需求的发展趋势,制定人力资源招聘、调配、培训、开发及发展计划等政策和措施。

2. 人力资源成本会计工作

人力资源管理部门应与财务部门合作,建立人力资源会计体系,开展人力资源投入成本与产出效益的核算工作。人力资源会计工作不仅可以改进人力资源管理工作本身,而且可以为决策部门提供准确和量化的依据。

3. 岗位分析和工作设计

对组织中的各个工作和岗位进行分析,确定每一个工作和岗位对员工的具体要求,包括技术及种类、范围和熟悉程度,学习、工作与生活经验,身体健康状况以,以及工作的责任、权利与义务等方面的情况。这种具体要求最后形成书面材料,就是工作说明书。这种说明书不仅是招聘工作的依据,也是对员工的工作表现进行评价的标准,进行员工培训、调配、晋升等工作的根据。

4. 人力资源的招聘与选拔

根据组织内的岗位需要及工作说明书,利用各种方法和手段,如接受推荐、刊登广告、举办人才交流会、到职业介绍所登记等从组织内部或外部吸引应聘人员。同时,经过资格审查,如接受教育程度、工作经历、年龄、健康状况等方面的审查，从应聘人员中初选出一定数量的候选人，再经过严格的考试，如笔试、面试等进行筛选，确定最后录用人选。人力资源的选拔，应遵循平等就业、双向选择、择优录用等原则。

5. 雇佣管理与劳资关系

员工一旦被组织聘用，就与组织形成了一种雇用与被雇用的、相互依存的劳资关系，为了保护双方的合法权益，有必要就员工的工资、福利、工作条件和环境等事宜达成一定协议，签订劳动合同。

6. 人力资源的培训和发展

任何应聘进入一个组织的新员工，都必须接受新员工指导，这是帮助新员工了解和适应组织、接受组织文化的有效手段。新员工指导的主要内容包括组织的历史发展状况和未来发展规划、职业道德和组织纪律、劳动安全卫生、社会保障和质量管理知识与要求、岗位职责、员工权益及工资福利状况等。

为了提高广大员工的工作能力和技能，有必要开展富有针对性的岗位技能培训。对于管理人员，尤其是对即将晋升者有必要开展提高性的培训和教育，目的是促使他们尽快具有在更高一级职位上工作的全面的知识和技能、熟练的管理技能和技巧以及应变能力。

7. 工作绩效考核

工作绩效考核，就是对照工作说明书和工作任务，对员工的业务能力、工作表现及工作态度等进行评价，并给予量化处理的过程。这种评价可以是自我总结式的，也可以是他评式的，或者是综合评价。考核结果是员工晋升、接受奖惩、发放工资、接受培训等的有效依据，它有利于调动员工的积极性和创造性，检查和改进人力资源管理工作。

8. 员工职业生涯管理

人力资源管理部门和管理人员有责任鼓励和关心员工的个人发展，帮助其制定个人发展计划，并及时进行监督和考察。这样做有利于促进组织的发展，使员工有归属感，进而激发其工作积极性和创造性，提高组织效益。人力资源管理部门在帮助员工制定其个人发展计划时，有必要考虑它与组织发展计划的协调性或一致性。也只有这样，人力资源管理部门才能对员工实施有效的帮助和指导，促使个人发展计划的顺利实施并取得成效。

9. 员工工资报酬与福利保障设计

合理、科学的工资报酬福利体系关系到组织中员工队伍的稳定。人力资源管理部门要从员工的资历、职级、岗位及实际表现和工作成绩等方面，为员工制定相应的、具有吸引力的工资报酬福利标准和制度。工资报酬应随着员工的工作职务升降、工作岗位的变换、工作表现的好坏与工作成绩进行相应的调整。

员工福利是社会和组织保障的一部分，是工资报酬的补充或延续。它主要包括政府规定的退休金或养老保险、医疗保险、失业保险、工伤保险、节假日，同时也包括为保障员工的工作安全卫生所提供的必要的安全培训教育、良好的劳动工作条件等。

10. 员工档案管理

人力资源管理部门有责任保管员工进入组织时的材料以及在组织中工作时的工作主动性、工作表现、工作成绩、工资报酬、职务升降、奖惩、接受培训和教育等方面的书面记录材料。

二、人力资源管理职能模型

人力资源管理的基本职能包括人力资源的获取、人员的整合、人员的保持和激励、人员的控制与调整、人力资源的培训与开发等（见图 1-1）。这些基本职能之间相互作用，相互促进，只有加强这些基本职能的综合运用，才能更为有效地开展人力资源管理工作。

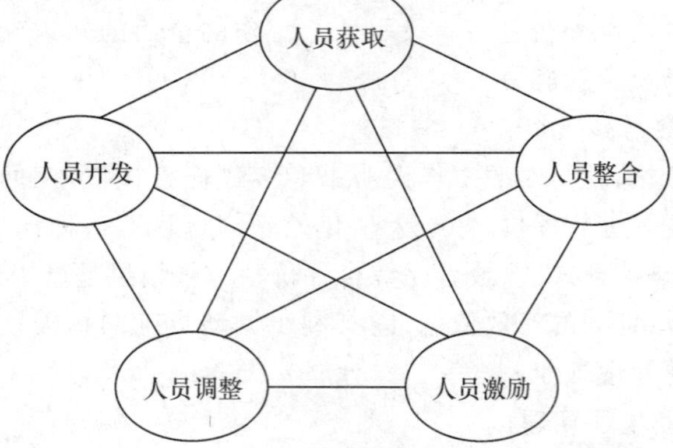

图 1-1　人力资源管理基本职能模型

（1）人力资源的获取。人力资源的获取包括人力资源招聘、考试、选拔与委派。

（2）人力资源的整合。通过人力资源的整合，使被招收员工了解企业的宗旨与价值观，接受并遵从其指导，使之内化为他们自己的价值观，从而建立和加强他们对组织的认同感与责任感。

（3）人力资源的保持和激励。为了保持和激励员工，给员工提供与其业绩相匹配的奖酬，增加其满意感，使其安心并积极工作。

（4）人力资源的控制与调整。通过人力资源的控制与调整，评估员工的素质，考核其绩效，作出相应的奖惩、升迁、离退、解雇等决策。

（5）人力资源的培训与开发。对员工实施培训，并提供给他们发展机会，指导他们认清自己的长处与短处以及今后的发展方向和道路。

三、人力资源管理面临的挑战与发展趋势

（一）人力资源管理面临的挑战

1. 全球化问题

随着经济全球化的推进，跨国企业的人力资源管理已经是人力资源管理专家所探索的一个重要问题。人才本土化，母公司与海外分公司的企业文化磨合，帮助海外分公司构建有效的人力资源管理系统，采取有效的方法调动海外分公司的员工的积极性，提高他们的工作效率等等，将是人力资源管理者所要解决的新问题。全球化会在很大程度上更新人们的观念，改变人们的行为。所有这些变化，都会对人力资源管理的传统理念和方法提出挑战。另外，全球化也会在很大程度上变革组织的结构，调整组织的制度。组织的这些变化，也会对人力资源管理的传统架构和内容提出变革要求。因此，全球化过程将从观念上、文化上，一直到组织上、方法上促使人力资源管理产生全方位的变化。也就是说，人力资源管理必须在经济全球化背景下，有一个全面的创新与发展。

2. 组织的变化

在新的时代，组织的变化将更为频繁，理解并且管理组织的变化，乃是人力资源管理者的重要职责。随着组织的变化越来越频繁，企业的中高层管理者很自然地会要求人力资源管理者提供相关的帮助和支持。例如，在现代化企业中，信息与科技贯穿企业的整个经营活动，扁平的团队组织将逐步替代纵向的控制组织而成为现代企业分工的主要形式。团队倾向于自我指导，团队成员互相依赖，共同达到某个富有挑战性的目标，在这样的组织变化过程中，人力资源管理者必须协助企业的中高层管理者组建高效团队，调整人力资源战略和计划，指导员工改变行为以适应组织的变化等等。

3. 知识工人短缺

任何企业都需要招聘和留住技术熟练的工人，尤其是高新技术产业里的知识工人。普通工人若不经过培训，根本无法替代知识工人。知识工人的实质是全面素质的工人，其内涵是传统的普通工人所无法比拟的。解决知识工人短缺的问题，除了提高企业在劳动市场上的人才竞争力之外，需要企业在人力资源培训上加大投资力度，提高投资水平。但是员工培训，首先需要比较稳定持续的人力资源投资资金，同时又有“时滞”的限制，即从投入资金培训员工，到员工通过培训提高知识技能，或者掌握了新的知识技能之间，总有一段或长或短的时间间隔。对有些企业来说，这段“时滞”很有可能造成员工的供给满足不了企业增长的需求。因此，面对知识工人的短缺，人力资源管理者必须将企业的招聘人才、培训人才和挽留人才结合起来考虑，形成最佳组合，以便在劳动力市场上赢得主

动,且使劳动力成本更趋合理化。

(二)人力资源管理的发展趋势

1. 战略性人力资源管理的兴起

近些年来,管理学界对组织的战略管理非常感兴趣,许多战略性管理模式随之诞生,这个取向使企业的各个功能开始思考它们在组织的战略性管理中扮演什么角色,人力资源管理也同样希望能被整合在整个战略性管理的理念中。这种战略理论发展的背景推动了人力资源管理研究取向的转变:由早期的微观研究,如着重于人力资源管理各职能对员工行为及态度的影响,转为宏观的或者战略的导向,即战略性人力资源管理。

所谓战略性人力资源管理,就是用来联系企业人力资源管理和组织战略进程,并强调企业各种人力资源管理活动间的协作和一致。战略性人力资源管理有别于传统人力资源管理所扮演的职能性角色,而以战略导向的方式,探讨人力资源管理与组织生存和发展的互动关系,审视组织外在环境可能存在的机会与风险,分析组织内在的优势与劣势,将人力资源管理的各项活动与组织竞争战略相结合,提升组织人力资源管理的地位,协助组织获取竞争优势,达成组织目标。战略匹配或契合是战略性人力资源管理的核心概念。所谓契合,是指组织中某一部分的需要、命令、目标、目的甚至结构,要与组织中其他部分的需要、命令、目标、目的和结构相符合的程度。战略契合包括外部契合和内部契合。外部契合也称为“垂直一致”,主要是指人力资源战略和企业战略完全一致,和企业的发展阶段完全一致,考虑组织的动态性,并与组织的特点相符。内部契合也称为“水平一致”,它是通过发展和强化人力资源管理的各种政策和实践之间的内在一致性而完成的,也就是将几个互补的人力资源活动一起开发和执行,从而使它们保持内部一致性,并达到互相加强的目的。一致性理论指出,环境与组织各部分间的契合程度越高,组织行为的效率也越高。因此,对企业来说,最中心的问题不是如何识别哪些是最佳的人力资源政策,而是去寻找企业外部环境、总体战略与人力资源管理政策和执行之间的最佳匹配处。

2. 人力资源管理部门将进行结构重组

传统的人力资源管理职能是以招募、甄选、培训、薪酬、绩效评价以及劳工关系等职能为基础构造起来的。然而,由于人力资源管理职能已经真正开始从战略上对企业的有效性作出贡献,资深的人力资源管理者就必须成为高层管理层的一部分。因此,人力资源管理职能的内部结构也必须作出重新的调整安排。

传统的人力资源管理组织结构和新型的人力资源管理职能结构如图 1-2 和图 1-3 所示。

这种新型的组织结构安排通过专业化分工改善了人力资源管理的效能。专

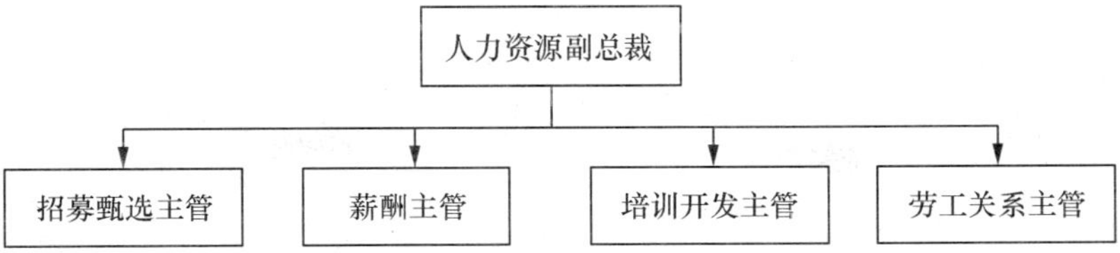

图 1-2　传统的人力资源管理组织结构

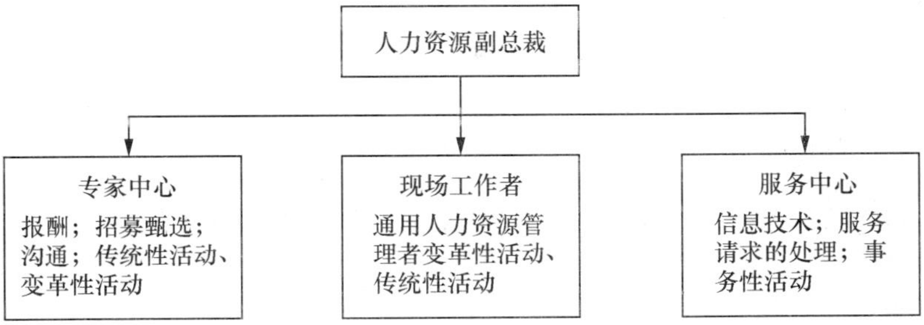

图 1-3　新型的人力资源管理组织结构

家中心的成员可以不受事务性工作的干扰而专门开发自己现有的职能性技能，而现场人力资源管理者则可以集中精力了解本业务部门的工作环境，而不需要竭力维护自己作为一个专门化职能领域中的专家地位，服务中心的成员就可以把主要精力放在为各个业务部门提供基本的人力资源管理服务上。

3. 人力资源管理部门将兴起业务外包

人力资源管理部门在进行结构重组的同时，未来人力资源管理部门也将一些业务外包出去，以便有效地改善人力资源管理部门的绩效。企业主要把人力资源管理中的一些事务性工作进行外包，比如养老金和福利管理以及薪资管理、绩效管理、培训管理等。

事实上，现在许多人力资源高层管理人员越来越多地在探讨如何通过业务的外包来改善本企业人力资源管理系统、管理程序以及人力资源管理职能为组织所提供服务的有效性。

企业之所以把一些人力资源管理活动外包出去，主要是基于以下考虑：一是外部合作伙伴能够以比本企业更低的成本来提供人力资源管理产品或服务；二是外部合作伙伴能够比本企业更为有效地完成人力资源管理的某项任务或工作。也就是说，企业主要是出于效率和效益两方面的考虑实行人力资源业务外包。

如何才能判断自己的公司是否适合将人力资源业务外包呢？首先必须回答以下三个问题：

第一，你需要公司的人力资源部门侧重于公司战略核心业务展开工作吗？

第二,公司是否经历了快速的增长,从而导致公司处于一个非常复杂的过程中?

第三,公司的预算是否比较拮据,从而不能及时更新公司的人力资源技术平台?

如果对以上三个问题中的任何一个回答是“是”的话,那么可能就需要接触一些专业的人力资源咨询公司,来探讨人力资源业务外包方面的问题。

第三节 人力资源管理组织

一、人力资源管理部门的定位

人力资源管理部门在组织中的地位正在从单纯的管理职能转变为企业经营的战略伙伴,从服务性、咨询性的部门向战略性决策者的角色转变。人力资源管理部门的行政管理事务正随着互联网等信息技术、业务的外包以及员工的自助服务等手段的增多而逐渐减少,而管理实践的开发作为战略经营伙伴的角色提升将变得越来越重要,人力资源管理者和直线管理者通过建立伙伴关系来赢得更强的竞争优势,从而达到组织的整体目标。

一个组织的人力资源管理部门同时充当着以下不同角色:

1. 人力资源管理方案的制定者。人力资源管理部门的主要职责之一是根据高层主管制定的战略发展框架以及员工管理的有关政策,拟订具体的实施方案。

2. 业务活动的促进者。人力资源管理部门的基本工作是为直线经理的经营活动提供人力资源方面的保证,协助直线经理完成组织业务目标,尽可能地为组织内外的顾客提供服务。

3. 管理过程的监控者。人力资源管理部门将某些人力资源管理活动的实施委派给直线经理人员,但还是要对组织整体的人力资源活动的公平性和一致性负有监控的责任,并对人力资源管理活动实施进展情况进行过程管理。

4. 管理模式的创新者。为了应对组织中不断出现的新问题,更加有效地激励员工的工作积极性,人力资源管理部门需要不断提出新的工作模式和管理模式,以提高组织的生产效率和员工的工作生活质量。

5. 组织的变革者。当组织在面临外部环境的变化时,高层管理者往往会从组织的结构、人力资源的配置上对人力资源管理部门提出新的要求,以保持组织的可变性、灵活性,提高组织的应变能力。

二、人力资源管理部门组织结构

(一) 小型企业人力资源管理部门组织结构

组织的规模和性质不同,人力资源管理职能和任务也不同,因而人力资源部门本身的组织结构也有很大的差异性。随着企业发展的日益复杂,人力资源管理的职能也变得更为复杂,并且更为重要,组织结构也变得日益复杂。

对于小型企业而言,很少有正式的人力资源管理部门和专业的人力资源管理专家。即使设有专门的人力资源管理部门,也是一个综合性的部门,其职责不但涉及人力资源管理,还可能需要对公司的其他内勤工作负责,如保安、总务、办公室内勤事务管理等等。一个典型的小型公司人力资源部门的组织结构图如图1-4所示。

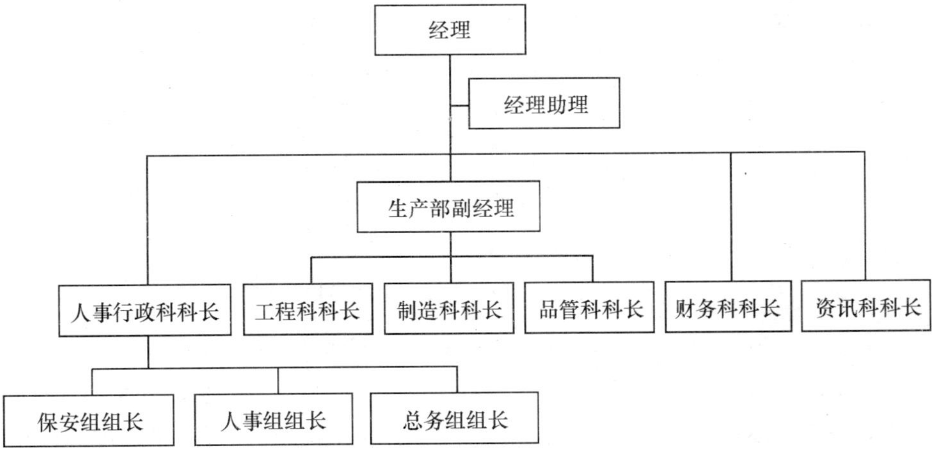

图1-4　小型企业人力资源管理部门组织结构

从图中可以看到,人事行政科隶属于厂务经理直线管理,下辖三个职能小组:人事组、保安组以及总务组。其中,人事组的主要职能是人员的招募和培训、员工考勤、员工福利、人事规章制度维护等。同时,人事行政科还负责总务和保安职能。总务职能包括设备维护、员工生活食宿、公司的清洁卫生以及员工的文体活动安排等;保安职能包括员工进出管制及车辆进出管制、安全消防工作等。可见,人事行政科是一个综合性的部门。

(二) 中型企业人力资源管理部门组织结构

随着企业规模扩大,需要有一个独立的职能部门协调处理人力资源管理工作。对于一个中型企业来说,当人力资源管理的职能过多时,在人力资源经理下面就需要设置一些独立的部门。这些部门将完成涉及人力资源开发、报酬和福利、安全与健康、劳动关系等任务。一个中型企业的人力资源部门的组织结构如

图 1-5 所示。

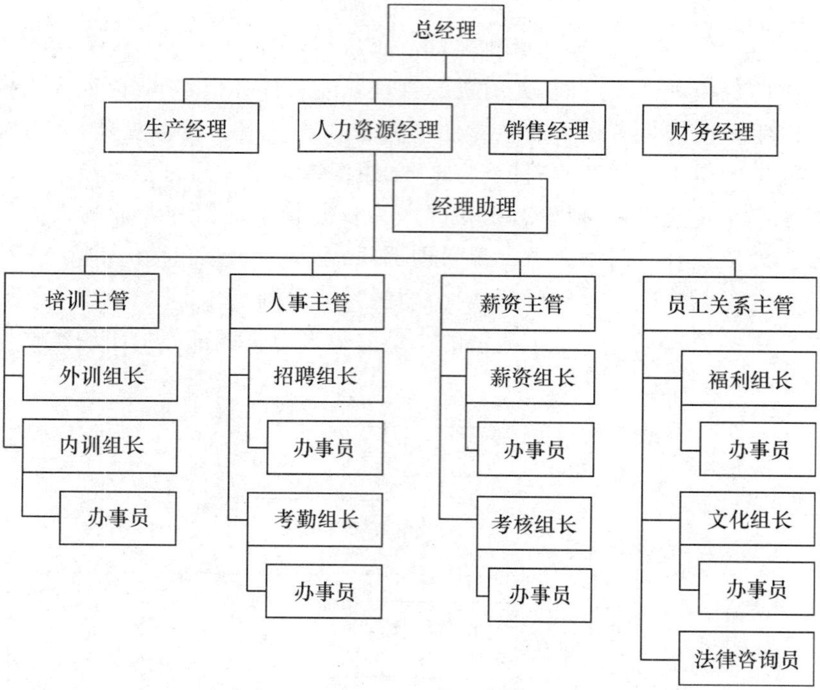

图 1-5　中型企业人力资源管理部门组织结构

从图中看到,人力资源经理隶属于总经理直线指挥,其下设置四个职能部门主管,即培训主管、人事主管、薪资主管以及员工关系主管。他们分别负责不同的工作职责:人事主管负责招聘作业规划、任用程序管制、拟订人事制度、管理考勤作业以及进行人力资源的远景规划;薪资主管负责拟订薪资制度、核薪和计薪工作、绩效考核作业、年度调薪作业等;培训主管主要负责制定年度培训计划、新员工培训、后备管理技术人员培养规划、外派培训计划及管理以及专业资格训练与评鉴等;员工关系主管的主要职能是负责员工的就业与保险、员工咨询、员工福利、员工文娱活动策划以及企业文化推行工作等等。

(三) 大型企业人力资源管理部门组织结构

在更大的企业中,人力资源管理职能承担更多的责任,分工更加明确,专业化程度更高,甚至会有一些专业的人力资源专家(如薪酬管理专家)加盟。当然,人力资源部总监与制定公司政策的高层管理部门的关系更加密切,甚至可以由公司的行政副总裁直接负责人力资源部门的事务。一个大型企业的人力资源部门的组织结构如图 1-6 所示。

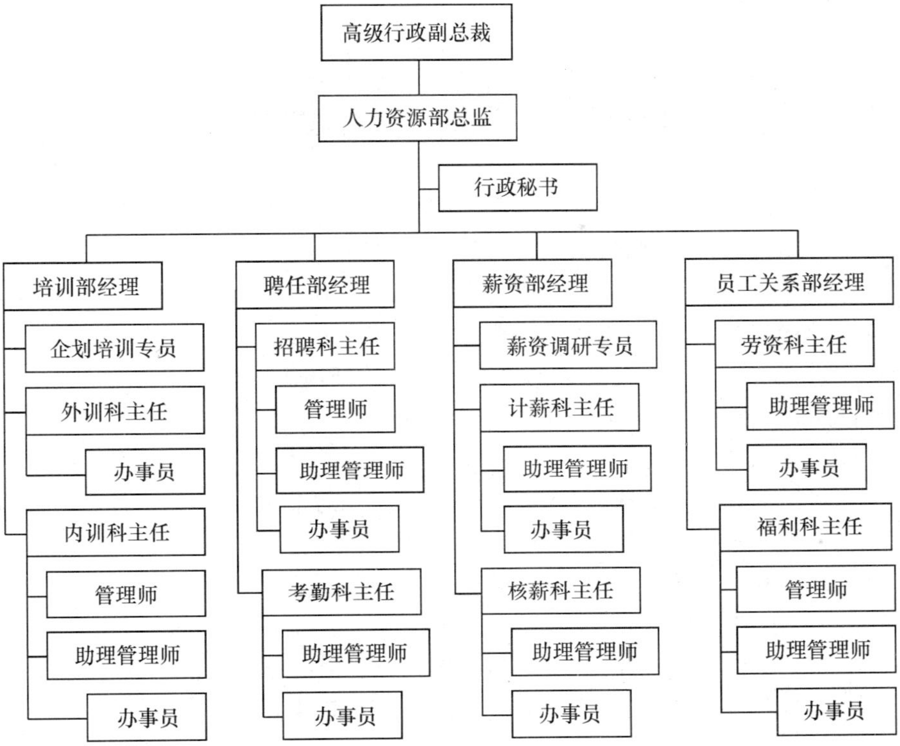

图 1-6　大型企业人力资源管理部门组织结构

从图中可以看到人力资源部总监直辖于高级行政副总裁，下设四个职能部门：培训部、聘任部、薪资部和员工关系部。聘任部负责招聘作业的规划、任用程序管制、人事制度拟订、考勤作业管理、人力资源远景计划等；薪资部负责薪资制度拟订、核薪与考绩作业、绩效考核作业、年度调薪作业、薪资调研及规划；培训部负责制定年度培训计划、新进员工培训、接班人规划、外派培训、专业资格训练与评鉴等；员工关系部的职能主要涉及员工就业与保险的法律事务、员工职业咨询、员工福利、员工文娱活动规划以及企业文化推行等等。

三、人力资源管理活动的主体

从广义上讲，人力资源管理活动的主体即为企业所有的管理者，他们都是人力资源管理者，因为在不同层次上的管理都涉及人力资源管理事务。根据所承担的任务性质差异，人力资源管理者分成两大类：一般人力资源管理者与专业人力资源管理者。一般人力资源管理者是直线管理人员（即直线经理），他们是人力资源管理活动的主要承担者。而专业人力资源管理者是指人力资源部门的管理人员，如人力资源部经理及属下员工，他们是人力资源管理程序、方法的制定者。

（一）人力资源管理专业人员的角色

人力资源管理专业人员的角色主要有招聘与录用、培训与发展、薪酬管理、劳动关系等，他们在组织的人力资源管理活动中所承担的职责是重要的，具体的职责分工如下：

招聘与录用：

- 根据部门主管提供的信息写出工作说明书
- 制定人事安排计划，对员工的晋升作出安排
- 开展招聘活动，不断扩大应聘人员队伍
- 进行初步筛选并将合格的候选人推荐给部门主管

培训与发展：

- 准备培训材料和文件
- 根据公司既定的未来需要就管理人员的发展计划向总经理提出建议
- 在实际运作企业质量改进计划以及团队建设方面充当信息源
- 开发业绩评估工具，保存评估记录

薪酬管理：

- 实施工作评估程序，决定每项工作在公司中的相对价值
- 开展薪资调查，了解同样或近似的职位在其他公司的工资水平
- 在奖金和工资计划方面向直线经理提出建议
- 开发包括保健护理、退休金等在内的福利、服务项目，并与直线经理协商

劳动关系：

- 分析导致员工不满的深层次原因
- 对直线经理进行培训，帮助他们了解和理解协议条款及法规方面易犯的错误
- 在如何处理员工投诉方面向直线经理提出建议，帮助有关各方就投诉问题达成最终协议

员工保险与安全：

- 向直线经理介绍沟通技巧，促进上下级沟通
- 开发确保员工能受到公平对待的程序并对直线经理进行培训，使他们掌握这一程序
- 分析工作，以制定安全操作规程并就机械防护装置等安全设备的设计提出建议
- 发生事故时，迅速实施调查、分析原因、就事故预防提出意见并向“职业安全与健康管理”组织提交必要的报表

（二）直线部门管理人员的角色

与人力资源经理不同的是，直线经理是在本部门范围内，围绕部门任务，对员工进行包括激励、沟通、授权、培训等方面的人力资源管理。

直线经理的基本任务是要完成本部门的组织目标，因此直线经理在日常工作中更注重具体的工作流程和结果，可能忽略本部门的人力资源管理。但是作为经理人，“管理”是其本职工作，而部门内部的“人力资源管理”作为其“管理职能”的一部分，则是直线经理不可或缺的一项工作。直线经理的核心价值是要带领部门员工共同来实现本部门的工作目标，因为每一个直线部门的工作不可能由经理人单独完成，必须由经理人通过规划、组织、指挥、协调部门员工来完成，而且不能简单地以完成了年度工作目标作为衡量工作业绩的唯一依据，还需要直线经理通过良好的沟通、有效的激励、恰当的集权与授权、有计划的员工培训和人才培养等方式，使部门在完成工作目标的基础上，实现可持续的发展。

所以，要做到这点就要求所有的直线经理都具备基本的人力资源管理思想，并掌握现代人力资源管理工具和方法。例如，如何通过工作分析明确界定下属员工的权利和责任、如何通过岗位评估合理地评价不同岗位的相对价值、如何进行有效的分解并管理所属部门的目标、如何理解并执行公司的薪酬体系并发挥其激励作用、如何有效地管理员工的绩效、如何进行有效的人才招聘和甄选及离职管理、如何帮助员工规划其职业生涯并建立学习型组织等。经过培训直线经理建立起现代人力资源管理体系，让自己首先成为一个人力资源经理，以便更好地承担起对部门员工的招聘、分工、授权、考评、培养、激励等职责，做好本部门内的人力资源管理工作。

直线经理与人力资源经理是一种既分工又合作的关系。

人力资源经理的基础工作是结合企业中长期发展目标和企业的现实状况，制定完善的人力资源管理规章制度和标准化的操作流程，并在此基础上履行部门职责，包括人力资源规划及员工招聘、档案、合同、考勤、考核、培训、薪资、福利、离职等例行性管理工作。同时，人力资源经理还要站在企业发展战略的高度，主动分析、诊断人力资源现状，并制定具体的人力资源计划，为其他直线部门提供实现目标的条件和增值服务。

直线经理的基础工作是完成本部门的工作目标，同时在本部门范围内执行人力资源管理的规章制度，并接受人力资源经理的指导和监督。

直线经理与人力资源经理虽然分工不同，但直线经理不能将人力资源管理看做只是人力资源经理的事，人力资源经理也不能只负责制定制度然后强行执行，而应将企业的人力资源管理当做一个永不间断、螺旋上升的过程。在这个过程中直线经理与人力资源经理之间一定要相互配合，不论是在制度的建立上，还是在制度的执行中，都不能有脱节。

直线经理一般是本部门的优秀工作者，具有良好的职业素质和业务经验，但不一定具有管理经验，这就需要在人力资源经理的指导下进行工作分析，明确岗位职责和人力资源管理职责，并掌握基本的人力资源管理技能。每个直线经理都应知道自己在本部门范围内具有哪些人事决策权、人事建议权和人事操作权，并合理、恰当地使用自己的权限。比如对于绩效考核、新员工试用期的期限他们有决策权；对于本部门员工的招聘、辞退、薪酬等有建议权；在他们行使权力的时候要按照一定的流程，填写相应的表格，这些就是操作权。这样，直线经理就很清楚怎样争取人力资源经理的支持并与之配合。而人力资源经理就可以将精力集中在公司整体的人事协调和安排上，当直线经理在人力资源管理中出现问题的时候，则与人力资源经理积极地进行沟通和讨论，人力资源经理为其提供必要的专业管理服务，帮助找到解决问题的方法，并最终解决问题。

（三）人力资源管理者的能力与素质要求

一个专业的人力资源管理人员应该是一位“通才”型的管理者。一个合格的人力资源经理应该具备以下几方面的基本素质：

1. 优秀的人格品质

人格品质包括政治修养和职业道德。人力资源经理应以企业的利益为重，不为个人或小团队谋私利。工作中能够严格贯彻执行国家的法律法规，严格遵守组织纪律。事业心强，为组织建设勇于探索，锐意改革。谦虚、公道、正派，作风民主。职业道德的基本要求是：要有爱心、责任心，业务上精益求精，以及树立诚信观念等。

2. 合理的知识结构

人力资源经理必须具备合理的、广博的知识，其知识结构应该是“金字塔”式的，基础知识是塔基，相关知识是塔身，而塔尖则是专业知识。

3. 先进的人力资源管理理念

人力资源管理理念包括管理观念和管理方法的更新。

人力资源经理应有爱才之心、识才之眼、用才之能、护才之魂、举才之德、育才之力。

人力资源经理还应该掌握以下先进的管理方法与手段：

（1）定额管理。即规定组织中每一岗位人员在一定时限内完成任务的数额，亦即制定科学的定额工作量。

（2）权变管理法。权变观认为组织是一个由分系统所组成并可由可识别的界线与其环境系统分开来的系统。它要求管理者善于“诊断”组织和环境的特点，根据组织和环境的特点来确定组织的目标，并调整组织结构，协调组织活动，使组织能适应环境的变化而发展。

（3）定量分析法。定量技术使管理者能够以明确的形式表述所面临的问题,常用的定量分析方法有:抽样检验法、线性规划法、决策论、相关分析、对策论、指数法、时间序列分析、模拟、排队理论、PERT法、存货模式等等。

(4) 法律管理手段。组织运用法律手段进行管理,重点是按照企业法、劳动法等法律法规的要求,明确企业享有的权利和承担的义务。

(5) 经济管理手段。经济管理手段是指按照客观经济规律的要求,运用经济手段调节各方面的经济关系,以提高企业经济效益和社会效益的管理方法。

4. 基本的工作能力

人力资源经理除了要有合理的知识结构、先进的管理理念外,还必须具备能够胜任此工作的基本工作能力。人力资源经理所应具备的基本工作能力有写作能力、组织能力、表达能力、观察能力、应变能力、人际交往能力等。

(1) 写作能力。写作能力是人力资源专业管理人员的基本功。符合人力资源管理工作要求的文字写作本身就是人力资源工作的有机组成部分。

(2) 组织能力。组织能力是指人力资源经理在从事管理活动过程中应具备的计划、组织、安排、协调等方面的活动能力。人力资源的管理活动要具有计划性,并且要保证各方面的问题考虑周全,还要是一个协调关系的专家,能充分调动员工的工作积极性。

(3) 表达能力。人力资源经理具有较强的人际交往能力是很重要的,在表达自己的看法、激励员工的工作、协调各方的关系过程中,都要求管理者能够恰当、准确而积极地表达自己的意见。

(4) 观察能力。观察能力是人力资源经理在管理理论的指导下,对周围的人和事从人力资源管理者角度审视、分析、判断的能力。专业的管理人员要能够把周围发生的事与维持良好的人事关系结合起来,作出及时准确的判断,并能够准确地分析周围所发生的事件的前因后果,能够预测出人事管理发展的趋势。

(5) 应变能力。应变能力是指在遇到一些突发事件或问题时的协调和处理能力。遇事不慌张、从容镇定;忍耐性强,不急躁;思维灵活,遇到突发事件能够迅速提出解决的办法;时刻保持预见性和警觉性。

(6) 人际交往能力。人力资源经理需要具备与交往对象——员工迅速沟通的能力,赢得员工的好感和支持。对于交往礼仪、交往艺术、交往手段都要能够掌握和运用。

(7) 其他能力。其他能力包括综合分析能力、直觉能力和认识自己的能力等。

5. 健全的心理素质特征

人力资源经理应当具有健全的心理素质。这主要包括以下内容:

(1) 心理素质良好

人力资源管理者所具备的基本心理素质包括性格、积极性、愿望、才智、意识、直觉、灵活性、说服力等内容。

所谓性格，是指人力资源经理必须有令人信任的性格和正直的品质。积极性是指人力资源经理要有主动积极工作的激情。为员工服务的愿望是指人力资源经理能够相信并听取员工的意见，愿意帮助他们成长并有良好的发展前景。才智是指人力资源经理必须有高水平的思维能力，对复杂的事物要有分析能力，并具有持续的学习能力和学习兴趣。意识和洞察力是指人力资源经理不但能够敏感地意识到他周围所发生的事物，而且还有洞察力去评价事件对组织和员工的影响。预见和远见是指人力资源经理要有直觉和预见，能预示到什么能影响环境和在环境中发生的各种事件的可能性。灵活性是指人力资源经理应该具有随机应变的能力，不优柔寡断。说服力是指人力资源经理应有较强的表达力，并对他人有同情感，能够站在他人的角度思考问题，能够有效地说服员工，而不是命令员工。

(2) 情感智力优秀

情感智力是指通过知觉调整、控制自己的情绪而适应环境需要的能力。具备识别情绪的能力，不但能分辨自己的不同情绪，了解自我，还能准确地判断别人的情绪，敏锐地感受到他人的需求与欲望。及时准确地判断自己和他人的情绪，这是进行人际交往、做好人力资源管理活动的首要条件。同时，能适时、适度地调控自我情绪，能够自我激励、自我把握、积极投入，善于处理人际关系等都是情感智力优秀的表现。

思考题

1. 人力资源管理与传统人事管理的根本区别是什么？
2. 请谈谈人力资源管理与实现组织目标之间的关系。
3. 请你设计一份你心目中理想的人力资源管理组织结构图。
4. 请结合人力资源管理发展的历程，说说你是如何看待人力资源管理发展的新趋势的。

案例分析

陷入困境的承德公司

承德公司是金利集团的全资子公司，旗下拥有包装材料分公司、中药饮片公司。近几年来公司凭借雄厚的资金实力、独特的技术优势、卓越的品牌资源和强大的营销网络，已发展成为中国规模较大的现代化中药制药企业。可正是这样一家有着出色业绩的企业，近来的状况却不尽如人意。由于金利集团目前的核心业务已逐步转向房地产资本投资领域，原本属于集团发家产业的制药板块受到了一定程度的影响,加之近年整个医药行业由于各种原因而陷入低谷,承德公司接连换了两任总经理,经营依然不见起色。

承德公司是典型的民营企业,董事长100%控股,在董事长兼任总经理的早期,由于建立了符合企业发展需要的管理制度与激励机制,企业发展很快,但随着董事长的主要精力转移到其他产业,承德公司的经营是每况愈下。

承德公司的前两任总经理都是由金利集团董事长M一手提拔上来的,尤其是A总经理是M董事长甚为欣赏的人才,但其一直在市场销售一线工作,对现代化大型药厂的生产运营管理缺乏相应的经验。

以下是承德公司各职能部门的简要介绍:

研发部:没有专职的研发人员,而是由主管质量及生产的总工程师在搞科研。这几年,由于国家对新药审批调整了政策,所以承德公司新药报批进度非常缓慢。另外,公司的新药储备项目一直没有确定。

生产技术部:其经理是一直跟着集团董事长M创业的元老,文化程度不高,没有执业药师证书,而根据GMP管理法规,制药企业的生产负责人,资格要求必须为医药相关专业毕业,并有药师证书。生产部一直抱怨采购部采购的药材价格太高,导致生产成本居高不下。

采购供应部:经理是董事长M的亲戚,高中毕业,自创业至今,一直负责药厂的原材料采购工作。采购部一直抱怨质量部的检验内控标准太高,对中药材的水分、成分含量及重金属最低限要求均高于国家部颁标准,所以导致每次采购的药材都要经过两三次反复,才能最终定下来。

质量管理部:经理由总工程师兼任,主管质量检验日常工作的是质量管理部副经理,一位毕业8年的中国药科大学的本科生,拥有执业药师证书,具备大型中药生产企业质量管理的经验。

其他部门的负责人也都是跟着集团董事长M创业至今的人,大家平时都对M非常尊重,但M平时对制药的具体事务根本顾不上管,已全权委托A总经理管理,大家对A总经理却并不十分尊重,有令不行、有禁不止的事情时有发生。为了重现当年承德公司的辉煌,M董事长不得不撤掉A总经理,并从外部招聘了一位资深医药企业经营管理专家B总经理,代表M董事长全面负责承德公司的经营管理。而B总经理上任后便制定了员工行为规范考核标准(见附则),以规范公司的日常管理与运作。B总经理通过裁减人员,建章立制,强化激励考核,通过一系列的整顿和变革,承德公司的经营渐渐有了起色。但好景不长,B总经理渐渐没有了激情,感到工作对他来说已经熟悉,干得再好似乎对自己也没有什么好处,慢慢地也放松了对自己的要求。

附则:员工行为规范考核标准

有过失行为者,罚款50元(1—8条);一般违纪者,罚款100元(9—17条);严重违纪者视情节轻重,予以300—800元的罚款(18—26条)。

1. 上班迟到、中途外出、早退15分钟以内(含会议、集体活动迟到)。

2. 未按规定着装,衣裤裙鞋等不整洁或有破损。

3. 男子留长发、胡须,头发杂乱;女子披发或留怪发型,染(非黑色)发,浓妆艳抹,手指甲过长,或涂有色指甲油,佩带奇异饰品。

4. 办公桌面用品未按规定放置,或下班后台面未清理;包干区域内垃圾、杂物、积灰明显。

5. 在公司区域内随地吐痰,乱扔纸屑、瓜皮果壳、烟等杂物。

6. 在公司集中开会时,坐姿不端,交头接耳,闲谈,未自觉关闭手机、呼机。

7. 在公司办公区域内行走时搂肩搭背。

8. 见到领导或来客,无微笑,无敬语,无礼让等。

9. 下班早退、上班时间无故外出15分钟以上,两个小时以下者。

10. 下班后擅自使用他人电脑及其他办公设备;下班后忘记关包干区域的电源、门窗、空调等。

11. 值班未到岗或值班结束后忘记关值班区域水、电、空调、门窗等。

12. 包干区域设施设备未能保养好,或发现问题未及时(当天)报修。

13. 接打工作电话未使用礼貌用语,或与对方交谈无礼和声音过响。

14. 打私人电话或接听私人电话时间超过3分钟。

15. 工作时间干私活、办私事。

16. 工作时间打瞌睡、喧哗、闲聊,或接待与工作无关人员及已辞退或已离职员工。

17. 因事缺勤请假不及时或补假不及时(上班第一天),代打考勤卡或代填考勤记录。

18. 接听外部电话未按电话接听的语言规范执行。

19. 公司区域内骂人、争吵、打架,影响他人工作。

20. 发牢骚、乱说话,有碍团结、有碍工作,有损企业形象等。

21. 不服从安排,未按岗位标准要求完成交办工作,也没及时反馈原因或工作计较、讨价还价。

22. 违反个人岗位职责及标准中所要求的内容,造成一定的经济损失和不良影响。

23. 对外事务出现严重失误(如来访接待、来电接听、来信回复、对外联系等）给公司造成经济或名誉损失。

24. 发生弄虚作假、损公利己、吃回扣等不诚实行为。

25. 擅自将岗位工作资料复印给不相干人员或司外人员；窃取公司其他工作资料等。

26. 旷工，人为损坏办公设备、用品，以及违反公司其他制度，造成一定的经济损失和不良影响的行为。

凡出现上述情况，可直接由所在部门和相关部门进行批评教育并实施罚款，屡次者（1 个月内发生 1—17 条 2 次以上）或严重违纪者，根据公司相关规定处理。部门未进行及时处罚或执行不力的，公司按此标准结合项目/部门负责人岗位责任考核标准实施处罚。

案例分析题

1. 你认为承德公司陷入困境的主要原因是什么？

2. 你认为承德公司人力资源管理方面存在哪些问题？造成这些问题的主要原因是什么？

3. 如果你是刚刚上任的 B 总经理，应该采取哪些人力资源管理方面的举措来改善承德公司现有的困境，使该公司重现昔日辉煌？

4. 你认为 B 总经理制定的员工行为规范考核标准是否适合在公司运用？有何改进建议？

第二章　人力资源管理战略与规划

本章概要

人力资源管理部门是企业的战略伙伴。人力资源管理战略是企业战略的重要组成部分。本章对人力资源管理战略的含义、作用及其内外部影响因素进行了阐释，揭示了人力资源管理战略制定的环境考虑；对人力资源规划的含义、制定及其相关原则和政策进行了阐述；同时，着重就人力资源管理规划的供需预测方法进行了较详细的说明。

第一节　人力资源管理战略与环境

一、人力资源管理战略

1. 人力资源管理战略的含义

人力资源管理战略是指企业根据对内外部环境的分析，制定企业目标及相应的人力资源管理目标，并通过各种人力资源管理活动来实现的过程。

2. 人力资源管理战略的作用

(1) 提高员工绩效

员工的工作绩效主要取决于员工自身的能力和组织对员工的激励。培养员工的工作能力和工作积极性是人力资源战略的重要内容。

(2) 帮助管理层决策

随着外部环境不确定性的增加，企业所面临的技术、经济、社会和政治环境越来越复杂，这就要求企业能够根据外界环境的变化适时作出正确的决策。由于影响人力资源管理战略决策的很多因素都与人力资源管理有关，因此企业在决策时必须充分进行人力资源管理战略分析。

(3) 增强企业的竞争力

企业间的竞争归根结底是企业人力资源的竞争。人力资源管理战略通过精心组织和配置企业的人力资源，为企业培养人才提高竞争力。

二、人力资源管理战略的环境

影响企业人力资源管理战略的重要因素是企业的外部环境。一般来说，人力资源管理的外部环境可以分为：经济环境、政治环境、法律环境、社会环境和技术环境等。对环境的分析,可使用 PEST 分析。PEST 分析是对宏观环境的分析,包括政治(Political)环境、经济(Economic)环境、社会(Social)环境和技术(Technological)环境。

政治环境是指一个国家或地区的政治制度和政策、法令等。一般来说,政治法律环境包含如下一些重要的维度:政治体制、政治稳定性、产业政策、劳动法令等。

经济环境包括宏观和微观两个方面。宏观经济环境主要指一个国家的人口数量及其增长趋势,国民收入、国民生产总值及其变化情况,以及通过这些指标能够反映的国民经济发展水平和发展速度。微观经济环境主要指企业所在地区或所服务地区的消费者的收入水平、消费偏好、储蓄情况、就业程度等因素。这些因素直接决定着企业目前及未来的市场大小。如 GDP 及其增长率、可支配收入水平、利率、通货膨胀率、社会就业状况、劳动生产率水平、外国经济状况、不同地区收入差别、价格波动、货币与财政政策等。

社会环境包括一个国家或地区的居民教育程度和文化水平、宗教信仰、风俗习惯、审美观点、价值观念等。例如,文化水平会影响居民的需求层次;宗教信仰和风俗习惯会禁止或抵制某些活动的进行;价值观念会影响居民对组织目标、组织活动以及组织存在本身的认可与否;审美观点则会影响人们对组织活动内容、活动方式以及活动成果的态度等。另外,人口结构比例、社会保障、人均收入、平均教育状况、对闲暇的态度等也会影响组织的战略。

技术环境除了要考察与企业所处领域的活动直接相关的技术手段的发展变化外,还应及时了解:(1) 国家对科技开发的投资和支持重点;(2) 该领域技术发展动态和研究开发费用总额;(3) 技术转移和技术商品化速度;(4) 专利及其保护情况等。

PEST 分析仅仅提供了一个分析的框架,远不够完善,大量的指标必须具体到环境中去才有意义,企业可根据自身的环境不断去发掘和丰富。PEST 分析框架的提出和应用对于企业战略的制定意义重大。PEST 分析对于评价一些因素对企业战略目标和战略制定的影响有深刻的意义。这里首先应强调的是,企业宏观环境虽然比较“大”,但对企业战略的影响却是“实实在在”的,所以,我们在思想上绝不能对此有所忽视。宏观环境决定着组织发展的大方向,尽管对宏观环境进行分析不能解决实际问题,但却必不可少。因为如果大方向不对,即使管理工作做得再好,生产效率再高,其结果只能是南辕北辙,离成功很远。PEST 分析是通过四个方面的因素分析从总体上把握宏观环境,并评价这些因素对企业战略目标和战略制定的影响。①

① 参见文征:《高效管理的 100 种实用工具》,中国致公出版社 2006 年版,第 93 页。

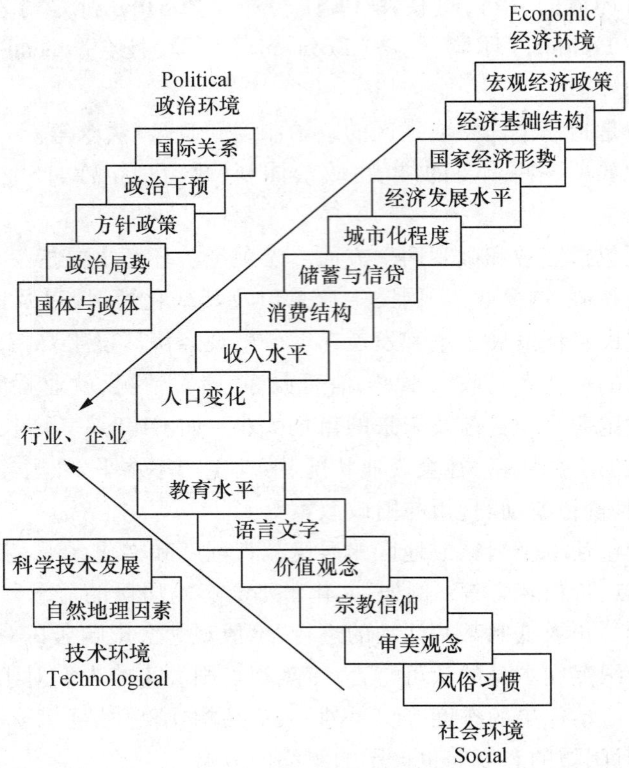

图 2-1　PEST 分析框架

资料来源:《PEST 分析模型》,http://wiki.mbalib.com/wiki/PEST 分析模型。

第二节　人力资源规划

一、人力资源规划概述

1. 人力资源规划的含义

人力资源规划是一个组织为实现其自身发展目标,而对所需人力资源进行供求预测、制定系统的政策和措施,以满足自身人力资源需求的活动过程。简单地讲,人力资源规划是从组织人力资源开发与管理的战略层面出发,人力资源管理者所做的人力资源战略规划及其实施方案。①

根据时间跨度划分,人力资源规划可以分为长期规划、中期规划和短期规划。短期人力资源规划时间跨度一般在 1 年以内,其特点是目的明确,内容具

① 参见黄维德、刘燕编著:《人力资源管理实务》,立信会计出版社 2004 年版,第 30 页。

体，并具有一定的灵活性。中期人力资源规划时间跨度一般为 3 至 5 年，其特点是适合组织中期的总体发展目标和方针，政策和措施内容较多，但不十分具体。长期人力资源规划跨度一般在 5 年以上、10 年以下。长期人力资源规划适合组织长期的发展目标，对组织有关人力资源开发和管理的总战略、总方针和总目标等进行系统的筹划，具有战略性和指导性，直接为人力资源短期和中期计划制定与实施提供框架及基础。

3. 制定人力资源规划的原则

在制定人力资源规划时，要注意以下三点原则：

（1）环境变化原则。影响人力资源规划的环境很多，主要包括组织内部和外部环境。内部环境主要是组织目标、员工素质、组织形式以及组织文化的变化等。外部环境主要包括劳动力市场、政府政策以及行业的变化等，这些因素都将对人力资源规划的制定产生影响。

（2）满足人力资源需求原则。人力资源规划的主要工作是人力资源供求预测、制定人员配置和培训等计划、制订相关管理政策等，因此，为了确保组织的正常运行，必须要确保满足组织人力资源的短期和长期需求。

（3）长期受益原则。人力资源规划的最终目的是实现组织的战略，也就是通过人力资源的合理有效配置，提高员工的工作效率，保证组织目标得以实现。因此，员工个人发展目标与组织整体发展目标是紧密结合的。人力资源规划必须兼顾组织和员工双方的长期利益，使双方受益。

4. 人力资源规划的趋势

很多学者指出，人力资源规划正朝着短期、实用、灵活和追求效益的方面发展。人力资源规划将更加注重关键环节，保证企业人力资源规划的实用性和有效性。人力资源规划的长期计划倾向于将计划中的关键环节明确化、细致化，并提炼成具体的可执行计划，更加有效地确定计划的责任和要求，并附有评估策略，对某些关键环节的数据进行分析和量化评估。

二、人力资源规划的制定

1. 人力资源规划的主要内容

人力资源规划的内容主要包括：

（1）人力资源总体规划。根据企业经营目标与发展战略，通过人力资源管理系统，做好人力资源的供求平衡与员工开发工作。

（2）人力资源补充更新计划。优化人力资源结构，满足组织对人力资源的数量和质量上的要求。

（3）人力资源使用和调整计划。提高人力资源使用效率，保证组织内部人力资源的合理流动。

（4）人力资源发展计划。选拔后备人才，形成人才群体，规划员工职业生涯。

（5）评估计划。增加员工参与性，增进绩效，增强组织凝聚力，改善企业文化。

（6）员工薪酬计划。内外部员工薪酬调查，形成有效的员工薪酬管理系统。

（7）员工培训计划。拟定培训项目，确定培训的系统动作，评估培训的效果。

（8）员工关系计划。协调员工关系，增进员工沟通，完善组织文化，增进员工满意度。

（9）员工退休解聘计划。做好员工退休和解聘工作，使员工离岗正常化、规范化。

2. 人力资源规划过程

制定人力资源规划通常有六个步骤①：

（1）确定人力资源规划的前提条件。制定组织人力资源规划的基础，是组织的总体发展战略。组织的发展重点、企业的技术设备特点、产品销售状况、经营规模和扩展方向等，都会对人力资源提出不同的要求。而人力资源规划必须满足组织的上述要求。制定组织的人力资源规划，又面临着一定的外部条件，即组织的外部经营环境或市场环境。劳动力市场供求状况、劳动者的文化素质、有关的法律政策，以及本地区平均工资水平、人们的择业偏好等等，都会对人力资源规划的制定形成制约。因此，对这些外部条件必须有明确的认识和科学的分析，并将它们作为制定人力资源规划的必要依据。

（2）分析组织现有的人力资源状况。对照组织发展的要求，对现有人力资源的数量、质量、配置结构等进行人力资源盘点。在盘点的基础上，一方面充分挖掘现有的人力资源的潜力，首先考虑通过人力资源的培训、内部流动等来满足组织的人力资源需求；另一方面，找出现有人力资源与组织发展要求的差距。

（3）对组织的人力资源供求状况进行预测。弄清组织对各类人力资源的确切的需求状况，以及可以满足上述需求的内部和外部的人力资源供给状况，并对其中的缺点进行分析。

（4）根据以上三个步骤，制定人力资源规划，包括总体计划和各项职能计划，并确定计划的时间跨度。同时注意计划各个部分，以及不同职能计划之间的衔接和平衡。

（5）设置人力资源规划执行过程中的监督和控制机制，以保证人力资源规划的实施。

（6）设置人力资源规划的评估和调整系统。当人力资源规划执行完毕时，及时评估有关计划的效果，找出计划的不当之处并予以调整，保证人力资源规划的科学性和有效性。

---

① 参见黄维德、刘燕编著：《人力资源管理实务》，立信会计出版社 2004 年版，第 44 页。

3. 人力资源应对策略

人力资源需求和供给预测完成以后，通过比较分析可以测算出各类人员的净需求。净需求如果是正的，说明组织需要招聘新员工或对现有员工进行调配和培训；如果净需求是负数，则表明组织目前的人员是过剩的，应该精简员工或者重新合理调配工作岗位。

（1）短缺情况

如果预测的结果是人力资源短缺，主要采取两类办法应对：利用组织现有人员和外部招聘。利用现有人员的方法有：岗位调动、技能培训、延长工作时间或提高劳动生产率等。提高劳动生产率是较为可行的一种方法，可以采取以下措施：为员工提供经济激励、培训并提高员工的工作技能、鼓励员工参与管理、采用高效的设备等。

（2）过剩情况

在过剩情况下，有三种解决问题的办法：一是重新安置；二是永久性裁员；三是减少工作时间，如将员工每周 40 工作小时减少为每周 32 工作小时，从而减少员工的工作负荷，降低劳动成本。

第三节　人力资源供需预测方法

预测是指对未来环境的分析。人力资源预测是指在组织战略规划的基础上，对未来一定时期内人力资源供给和需求状况的推断。根据组织的内外人力资源状况，对组织的人员需求和供给进行分析，确定组织中员工的供求是否平衡。如果预测出人力资源过剩，必须设法减少员工数量，包括采取限制雇用、减少工作时间、提前退休或解聘等举措；如果预测出人力资源短缺，组织就必须从内部或外部获得一定的人力资源，从而制定组织内部人力资源开发、调整计划或外部招聘计划。

一、人力资源需求预测的方法和步骤

1. 人力资源需求预测的方法[①]

人力资源需求预测是指为实现组织的目标而对未来所需员工数量和种类的推断。

人力资源需求预测有许多种方法，常用的方法有经验预测法、现状规划法、综合分析法、回归分析法、德尔菲法以及人员比例法等等。这些方法适用于不同的人力资源预测类型。

---

① 参见黄维德、刘燕编著：《人力资源管理实务》，立信会计出版社 2004 年版，第 33 页。

适用于人力资源需求的短期预测主要有现状规划法、经验预测法、综合分析法等。

(1) 现状规划法

运用这种方法的前提条件是:假设一个组织目前各种人员的配备比例和人员的总数将完全能适应预测规划期内的人力资源的需要。也就是说,当前的职务设置和人员配置是恰当的,并且没有职务空缺,所以不存在人员总数的增减。人员的需求完全来自于人员的退休、离职等情况的发生。所以,人力资源预测就相当于对人员晋升、降职、退休、离职等情况的预测。即人力资源规划人员预测出规划期内有哪些人员或者哪些岗位上的人将晋升、降职、退休或调离组织的情况,然后制定相应的计划,使胜任的人员去替补空缺的岗位。人员的晋升、降职、退休等情况可以根据掌握的信息准确预测;而人员的离职,包括人员的辞职、辞退、重病(无法工作)等情况是无法准确预测的,一般通过对历史资料的统计和比例分析,可以相对准确地预测离职的人数。

(2) 经验预测法

经验预测法就是根据以往的经验对人力资源需求进行预测规划的方法。人力资源管理部门根据生产经营计划的变化、劳动定额的调整以及每个员工的生产能力、销售能力、管理能力等因素确定某个岗位人数的增减。为了增加预测的准确性,要注意采纳多人的经验,注意书面资料的积累,对工作岗位尽量赋予量化的测度指标等等。这种方法适用于技术比较稳定的组织的中短期人力资源需求预测。

例如,某制造公司通过扩建厂房、扩大生产规模实施发展型战略。根据以往的经验,某车间每个操作工人一天的产量定额为 100 件,原来的每日产量为 5000 件,因此生产工人有 50 人左右。同时一名班组长负责管理 15 名左右的工人,因此原来有 4 名班组长负责。现在很快就要实施新的战略,每日产量将增加到 8000 件,在生产设备、技术水平较稳定的情况下,可以预计该车间还需要增加 30 名左右操作工人以及 1—2 名班组长。

(3) 综合分析法

综合分析法是指组织要求下属各个部门、基层单位根据各自的生产任务、技术设备等变化情况和人员配置状况,先在本部门对各个岗位的人员需求进行初步的预测,再由组织的人力资源部门根据下属部门和基层单位的预测情况进行综合分析和处理,从而形成整个组织规划期内各类人员的总需求数量。这种方法有利于发挥基层管理人员的工作积极性,增加他们工作的参与性。必须注意的是,人力资源部门需要对基层的需求预测加强指导和协调,以期获得比较准确的结果。

例如,某公司准备明年上马一条新的产品线,为了适应新业务领域的发展,人力资源部门要求各职能部门制定相应的人员需求计划，以满足新产品在研发、制造、质量控制、销售上的需要。经过各个职能部门上报的人员需求计划，人力资源部门综合得出以下的人员需求计划：在今年年底前公司还需要增加一名研发工程师、两名生产制造工程师（其中一名负责新产品的质量控制）、三名营销人员。

适用于人力资源需求的中长期预测法主要有德尔菲法、回归分析法和人员比例法等。

（1）德尔菲法

德尔菲法是依靠专家的知识和经验，对未来作出判断性的估计。它的基本特点是，吸收各方专家共同参与预测，博采众长；参与预测的专家匿名、独立地作出自己的判断；预测过程必须经过多轮反馈，使专家的意见互相补充、启发，并逐渐趋向于一致；同时采用统计的方法将每一轮反馈来的预测结果加以处理，作出定量的判断。

德尔菲法用于人力资源预测，其具体实施步骤是：首先，选择多名熟悉人力资源问题的专家，并提供人力资源预测的背景材料；设计人力资源调查表，列出有关问题。其次，将调查表送交专家，由专家匿名并独立地对上述问题进行判断或预测。最后，对反馈回来的调查表进行分析，并进行综合处理。如果得到统一意见，则调查结束；如果意见无法统一，则根据上一轮的调查结果，给出新的调查表，再请专家加以判断或预测，如此往复，直到形成较为统一的意见。

（2）回归分析法

回归分析法是根据某一变量或多个变量的变化情况，推测另一相关因变量的变化，包括一元线性回归模型、多元线性回归模型以及非线性回归模型，一般均可采用计算机处理，本书不再赘述。

（3）人员比例法

人员比例法是根据已确定的各类人员之间、人员与设备之间、人员与产量之间的各种科学的比例关系来预测组织中中长期人力资源需求的一种方法。表2-1是某公司一般员工与管理人员的比例关系。

表 2-1　某公司一般员工和管理人员的比例

机构类别	员工:管理人员
研究部门	10:1—8:1
工程（设计）部门	12:1—10:1
制造部门	20:1—15:1
质量控制部门	14:1—12:1
财务部门	12:1—10:1

资料来源：黄维德、刘燕编著：《人力资源管理实务》，立信会计出版社 2004 年版，第 37 页。

又如,某公司应用人员比例法对2003—2008年的人力资源需求情况作了预测,见表2-2。

表2-2　某公司各类人员比例预测数量

项目＼人力	2003	2004	2005	2006	2007	2008
营业额(千元)	42000	49000	59000	70000	82000	98000
营业额/人	42.00	45.60	49.50	54.00	60.00	68.20
员工人员总计	1000	1075	1192	1296	1367	1437
工程师/全体员工人数	0.17	0.18	0.19	0.20	0.21	0.22
工程师总计	170	194	226	259	287	316
电子工程师/工程师总数	0.34	0.34	0.34	0.34	0.34	0.34
电子工程师总计	58	66	77	88	98	107

资料来源:黄维德、刘燕编著:《人力资源管理实务》,立信会计出版社2004年版,第37页。

2. 人力资源需求预测的步骤

人力资源需求预测的步骤主要包括现实人力资源需求预测、未来人力资源需求预测和未来流失人力资源需求预测三个部分。详细步骤如表2-3所示。

表2-3　人力资源需求预测典型步骤

1. 现实人力资源需求预测	(1) 根据工作分析的结果,确定岗位编制和人员配置
	(2) 进行人力资源综合分析,统计出人员的缺编、超编及是否符合岗位资格要求
	(3) 将上述统计结论与部门直线管理者进行讨论,修正统计结论,得出现实人力资源需求数 L_1
2. 未来人力资源需求预测	(1) 根据企业发展规划,确定各部门工作量的变动情况
	(2) 根据工作量的增减情况,确定各部门还需增加或减少的岗位及人数,并进行汇总统计,得出未来人力资源需求数 L_2
3. 未来流失人力资源需求预测	(1) 根据员工档案记录,对预测期内退休的人员进行统计
	(2) 根据历史数据和劳动力市场变化情况,对未来可能发生的离职情况进行预测
	(3) 根据退休和离职情况预测,得出未来流失人力资源需求数 L_3
4. 总结	将现实人力资源需求、未来人力资源需求和未来流失人力资源需求汇总,即得出企业整体人力资源需求预测结论,即 $L_1 + L_2 + L_3$

资料来源:黄维德、刘燕编著:《人力资源管理实务》,立信会计出版社2004年版,第38页。

二、人力资源供给预测的方法和步骤

人力资源供给预测是在企业内部所有员工的密切配合下，对企业内部现有的人力资源状况进行仔细盘点，并结合企业历史人力资源流动的规律和外部人力资源供给状况，预测未来企业人力资源供给的方法。

（一）人力资源供给预测的方法[①]

在进行了人力资源需求预测后，还应对人力资源供给进行预测，即估计在未来一段时间组织可获得的人员数目和类型。人力资源供给预测一般涉及两个方面：一是要仔细评估企业内部现有人员的状态。一般情况下，内部人力资源状况较易预测；二是要预测外部人力资源的供给情况，确定某个时间点上可以从外部获取的各类人员的数量。由于企业无法控制外部人力资源的供给情况，因此，组织一般把人力资源供给预测的重点放在内部人力资源的预测上。常见的内部人力资源供给预测的方法主要有以下几种：

1．能力档案法

能力档案是反映员工已有工作能力的一份档案记录，主要包括管理者能力资料和技术人员技能资料等信息。这份档案是员工竞争能力的一种反映，是一个组织的管理人才和技术人才的储备情况。它可以为人力资源管理部门进行员工岗位轮换或员工提升提供信息，保证人力资源的高效配置和使用。同时，能力档案的建立还应该是建立在动态的日常管理工作中，因为随着员工终身学习理念的加强，员工的能力在不断地提高和积蓄，组织也需要创造一个让其能力充分发挥的舞台。

一个组织可以为所有的员工建立能力档案，也可以为关键岗位或重要岗位的管理技术人员建立能力档案。由于建立档案的过程和目的相似，因此无论是管理人才信息还是技术人才信息一般都包括以下资料：工作经历、教育培训背景、专业特长、个人能力特点、个人职业发展要求和目标、当前工作绩效、将来提升的潜力、个人偏好以及退休时间等等。这两类人才的信息侧重点会有所不同，管理人才注重收集管理能力的信息，而专业技术人才档案则注重收集与技能有关的信息资料。

表 2-4 是一张一般化的员工储备记录卡。

---

① 参见黄维德、刘燕编著：《人力资源管理实务》，立信会计出版社 2004 年版，第 38 页。

表 2-4　某公司员工储备记录卡

人员储备记录卡

日　期	
年　月	

基本情况	姓　名		性　别	□男 □女	婚姻状况	□已婚 □未婚	政治面貌	
	出生年月		参加工作年月		到本公司服务年月			
	工作部门：		职称：		职务：	最后学历：	最后学位：	
教育与培训	起止时间		接受的主要教育和培训名称			主要课程	获得的评价	
主要工作经历	起止时间		担任的主要工作及职责			曾获得的工作评价		
职业兴趣与技能	1. 你的职业特长有哪些？							
	2. 你对横向相关岗位调动是否有兴趣？							
	3. 你对替换一种不同性质的工作岗位是否有兴趣？							
	4. 除工作之外你参加的社会团体、协会、组织是什么？							

资料来源：黄维德、刘燕编著：《人力资源管理实务》，立信会计出版社 2004 年版，第 40 页。

2. 人力资源接班人计划

接班人计划的关键是分析具体的工作岗位对员工的岗位技能要求，然后确定一位基本已经达到该要求的候选员工或者确定一位或几位具有潜力且经过培训后可以胜任该职位的员工。

一份典型的人力资源接班人计划如图 2-2 所示。

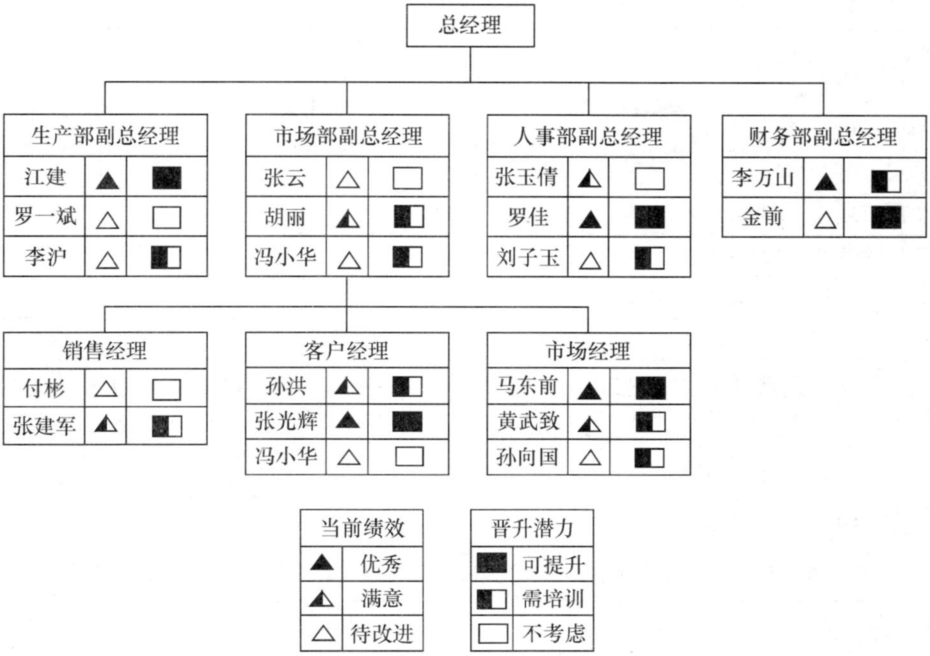

图 2-2 某公司人力资源接班人计划

3. 马尔科夫模型

马尔科夫模型也称转换矩阵法，是一种用来进行组织内部人力资源供给预测的方法。其基本假设是企业中员工流动的方向与概率保持不变，通过过去人力资源变动的规律来推测未来人力资源变动的趋势。

马尔科夫模型的主要步骤有①：

(1) 首先建立一张员工变动矩阵表。表中的数据表示从一个时期到另一个时期工作人员变动数量的历史平均百分比，一般以 5—12 年为一周期来估计。周期越长，则预测的精度越高。如表 2-5 所示。

根据表中该公司各层管理技术人员以往工作岗位的调动情况分析，高层管理者留在本岗位的概率为 80%，离职的概率为 20%；高级工程师在本岗位从事技术工作的占 70%，调动到中层管理职位的占 10%，晋升到高层管理职位的占 10%，另外有 10% 的离职率；其他类型职位的变动情况具体可见表中所示。

① 参见黄维德、刘燕编著：《人力资源管理实务》，立信会计出版社 2004 年版，第 41 页。

表 2-5　某公司人力资源供给情况的马尔可夫分析(1)——员工变动概率情况

职位变动概率P / 可变动职位 / 当前职位	预测调动概率					
	A1	A2	A3	B1	B2	离职
高层管理者　A1	0.8					0.2
中层管理者　A2	0.1	0.7				0.2
基层管理者　A3		0.1	0.7			0.2
高级工程师　B1	0.1	0.1		0.7		0.1
工程师　B2		0.1	0.1		0.6	0.2

资料来源:黄维德、刘燕编著:《人力资源管理实务》,立信会计出版社 2004 年版,第 42 页。

(2) 根据变动概率及计划初期各岗位人员数量,计算组织内部未来人力资源的供给量。

表 2-6　某公司人力资源供给情况的马尔可夫分析(2)——员工变动数量情况

变动人数 / 可变动职位 / 当前职位	预测调动数量						
	计划初数量	A1	A2	A3	B1	B2	离职
高层管理者　A1	20	16					4
中层管理者　A2	40	4	28				8
基层管理者　A3	80		8	56			16
高级工程师　B1	30	3	3		21		3
工程师　B2	70		7	7		42	14
预计供给量	240	23	46	63	21	42	45

资料来源:黄维德、刘燕编著:《人力资源管理实务》,立信会计出版社 2004 年版,第 42 页。

如表 2-6 所示,将计划初期每一岗位工作的人员数量与员工变动概率相乘,就可以得到计划期内各岗位升迁或离职人员变动数量;将每一岗位的员工数量纵向相加,就可以得到组织内部未来计划期内人力资源供给量。

马尔科夫模型在世界 500 强公司中得到了广泛应用。但是,转换矩阵中的概率与预测期的实际情况可能有差距,因此使用这种方法得到的内部劳动力供给预测的结果可能会不正确。在实际应用中,可以采取弹性化方法,通过估计集中概率矩阵,得出相应的预测结果。转换矩阵的最大价值就是可为组织提供理解劳动力流动的分析模型。①

（二）人力资源供给预测的步骤

一般来说，人力资源的需求预测是以“事”为中心的，而人力资源供给预测更多是以“人”为中心。人力资源供给预测的典型步骤分为内部供给预测和外部供给预测两大部分。

1. 外部供给预测

因为组织外部人力资源供给是不可控的，因此组织只能依赖对外部环境进行分析和判断，以此对供给情况作出预测。

一般来说，影响组织外部人力资源供给的主要因素有：劳动力市场变化、政府相关政策修订、行业发展状况、科学技术发展以及经济和社会环境的变化。当经济形势向好、政府政策鼓励和扶持、行业发展势头良好等情况出现时，外部劳动力市场的供给往往会丰盈，供给数量增多；当经济形势趋差、政府政策限制或无扶持、行业处于衰退时，外部劳动力市场的供给趋于短缺，组织的外部劳动力供给就相应地降低。

2. 内部供给预测

内部供给预测是来自于组织内部人力资源的分析，并且这种供给是组织可控的，因此内部供给预测是组织需要着力做好的工作。

一般来说，内部供给预测主要是对如下几个方面进行分析：

（1）现有人力资源存量

现有人力资源存量是内部供给预测的基础。分析并深入了解现有人力资源的基本情况，有助于掌握组织内部供给的基本特征。一般来说，可以根据查阅档案、调查、管理人员访谈等方法来收集相关信息。如果组织现有人力资源存量较多，那么就可以通过一定的途径和方法，转化为现时的人力资源供给，满足人力资源的需求。

（2）人力资源的流动

人力资源的流动包括了内部流动和外部流动。内部流动包括岗位轮换、内部调动、晋升和降职等。内部流动可以将潜在的人力资源供给调动起来，转化为可以满足人力资源需求的供给。外部流动主要是企业内部员工跳槽或离开本企业，造成内部人力资源存量的降低。员工外部流动是造成组织人力资源供给不足的重要原因。

外部供给预测的具体步骤如下表 2-7 所示。

---

① 参见殷智红、李英爽、平宇伟：《人力资源管理》，北京邮电大学出版社 2008 年版，第 75 页。

表 2-7 人力资源供给预测典型步骤

1. 内部供给预测	(1) 进行人力资源盘点,了解组织内员工现状
	(2) 分析组织的职务调整政策和员工调整的历史数据,统计出员工调整的比例
	(3) 向各部门的人事决策管理人员了解可能出现的人事调整情况
	(4) 汇总计划期员工内部供给数据
2. 外部供给预测	(1) 分析影响外部人力资源供给的地域性因素,包括: 组织所在地的人力资源整体现状; 组织所在地的有效人力资源的供求现状; 组织所在地对人才的吸引程度; 组织薪酬对所在地人才的吸引程度; 组织能够提供的各种福利对当地人才的吸引程度; 组织本身对人才的吸引程度
	(2) 分析影响外部人力资源供给的全国性因素,包括: 全国相关专业的大学生毕业人数及分配情况; 国家在就业方面的法规和政策; 该行业全国范围的人才供需状况; 全国范围从业人员的薪酬水平和差异
	(3) 汇总计划期人员的外部供给数据
3. 总结	将组织内部人力资源供给预测数据和组织外部人力资源供给预测数据汇总,得出组织人力资源供给预测总体数据

资料来源:黄维德、刘燕编著:《人力资源管理实务》,立信会计出版社 2004 年版,第 43 页。

总之,在整个企业的发展过程中,企业的人力资源状况始终不可能自然处于平衡状态。人力资源部门的重要工作之一就是不断地调整人力资源结构,使企业的人力资源基本处于供需平衡状态。只有这样,才能有效地提高人力资源利用率,降低企业人力资源成本。

思考题

1. 分析人力资源战略的影响因素。
2. 说明人力资源规划的制定原则和步骤。
3. 简要解释人力资源规划供求预测各方法,并对比分析各自特点。

案例分析

森华集团的人力资源管理问题[①]

森华集团公司是位于我国东部沿海开放城市W市的一个综合集团公司，公司的前身是一个服装加工企业。1984年，改革已经在全国范围内兴起，就在这时，江南沿海W市的一个交通发达的小镇里，吴定邦经过精心策划，成立了森华服装厂。初期，该厂主要是来料加工生产一些简单的衣服和裤子。经过3年的发展，1988年，服装厂在周边地区已形成了一定的知名度。此时，随着改革开放进程的加快，人们的很多观念开始发生转变，对衣食住行开始讲究起来。吴定邦看到了西服市场的潜力，决心生产中高档男士西服。于是，他从银行贷款500万元，引进西服生产设备，开始进行西服生产。很快森华服装厂的西服就在当地的市场上打开了销路。1992年4月，吴定邦开始了第二次创业。当时正值中国房地产市场火暴之时，吴定邦大胆投资房地产事业，在5年的发展中取得了巨大的成功，公司获得高速度发展，在W市众多的国资、外资、独资、合资房地产企业中脱颖而出。1996年底，森华服装厂改名为森华集团公司。

在房地产开发上取得巨大成功之后，吴定邦并没有满足于现状，他又看到了IT行业的巨大发展潜力。1996年森华集团成立IT产业经营部，刚开始只是做些简单的电脑及软件的零售经营活动。到1997年吴定邦加大对IT产业经营部的投资，招募人才，很快将IT产业经营部发展成为森华信息工程公司，业务也迅速扩大到电脑维修维护、管理软件的开发设计和销售，同时森华也在努力谋求与其他软件公司合营，试图扩大经营业务，争取更大的市场份额。

目前，森华集团的主营业务包括房地产、IT和服装等几大方面，其中房地产、服装是该集团的主要利润来源。

森华集团现有员工689人，其中高层管理人员4人，中层管理人员14人，基层管理人员48人；在企业员工中，有硕士研究生5人，本科生55人，大中专毕业生53人。

集团员工的来源途径主要有两个：一是在当地的劳动力市场上公开招聘，主要针对的是集团及下属分公司中基层管理人员和一般员工；二是采取特招的方式，引进集团中、高层管理人员。事实上，由于公司员工的流动频率较大，森华集团的员工招聘工作一直不间断地进行着，而且集团总经理吴定邦对员工的招聘极其重视，只要有时间，一般都会参加员工招聘的最后选拔过程。

由于固有的观念限制，森华集团在招聘过程中比较重视强调员工的实用性，所以集团缺乏对员工的职业生涯管理，而且集团也缺乏对员工的培训机制。公

① 参见黄维德主编：《人力资源管理与开发案例》，清华大学出版社2005年版，第14页。

司总是希望招聘进公司的人员能马上上岗,发挥作用。同时,集团的内部晋升也没有明确的管理规定,员工一旦进入公司后,就很少能获得晋升的机会,集团里一旦出现职位上的空缺,往往是经理临时任命一个代理人员,然后在集团外部进行招聘来填补这个空缺。

森华集团的整体工资在当地处于比较高的水平,这与集团总经理吴定邦的想法有关,他认为金钱是一个有效地激励人的手段。但除此以外,集团目前缺乏其他激励手段,缺乏作为一个大集团必要的企业文化,缺乏客观、公正的评价标准和考核机制。所以,集团内的员工在尊重、情感交流、价值实现、个人发展规划、信息沟通等方面存在着极大的障碍,员工的精神是比较空虚的。

而事实上,集团总经理吴定邦对人力资源是非常重视的。他一向认为,作为一个大的集团公司,要想在日益变化的市场环境中求得生存,人力资源是根本,尤其是高层、中层管理人员。同时,他也认识到,森华集团发展到现在,在人力资源管理上已经落后了,跟不上当今的企业人力资源管理的潮流,而且已经与集团的发展战略不相匹配。

案例分析题

1. 作为一个私营企业,森华集团在成长过程中具有哪些特点?

2. 现阶段森华集团遭遇发展危机,其主要的原因是什么?

3. 森华集团的人力资源需求具有什么特点?为了实现企业的发展战略,人力资源在数量和质量上应具备什么样的特征?企业的成功因素与制约因素与人力资源需求之间有什么关系?

4. 为了实现企业的发展目标,满足企业对人力资源的需求,企业应该如何制定包括企业人力资源管理目标和策略、战略性员工队伍结构的建设计划、企业文化变革计划等在内的战略性人力资源规划?

第三章　工作分析

本章概要

工作分析是人力资源管理的一项基础工作，它可以为各项人力资源决策提供客观、科学的决策依据。本章以工作分析的基本流程为顺序展开讨论，内容包括：工作分析的基本概述；主要的工作分析方法和广泛使用的工作分析系统；详细说明工作分析的结果——工作描述和工作规范，以及如何撰写工作说明书；工作设计和工作评价以及各自的主要方法。

第一节　工作分析概述

一、工作分析的概念

工作分析（Job Analysis）又称为职务分析，是指全面了解、获取与工作有关的详细信息的过程，具体来说，是对组织中某个特定职务的工作内容和职务规范（任职资格）的描述和研究过程，即制定工作说明和工作规范的系统过程。

工作分析涉及两个方面的工作：一是工作本身，即工作岗位的研究。具体要研究每一个工作岗位的目的，该岗位所承担的工作职责与工作任务，以及它与其他岗位之间的关系等。二是人员特征，即任职资格的研究。研究胜任该项工作、完成目标，任职者必须具备的条件与资格，比如工作经验、学历、能力特征等。

工作分析是人力资源管理的一项基础工作，它可以为各项人力资源决策提供客观、科学的决策依据。工作描述和工作规范的编制，可为人力资源管理其他职能提供指导和建议。通过工作分析，可以保证合理的组织设计、工作设计和人力资源规划；保证组织人力资源招聘甄选过程中人职相配；保证员工培训、绩效评价、薪酬系统、职业生涯规划、劳动关系的规范化与科学化。总之，通过工作分析，可以大幅度提高人力资源使用效率，降低人力资源的使用成本。工作分析的结果与实践应用的关系如图 3-1 所示。

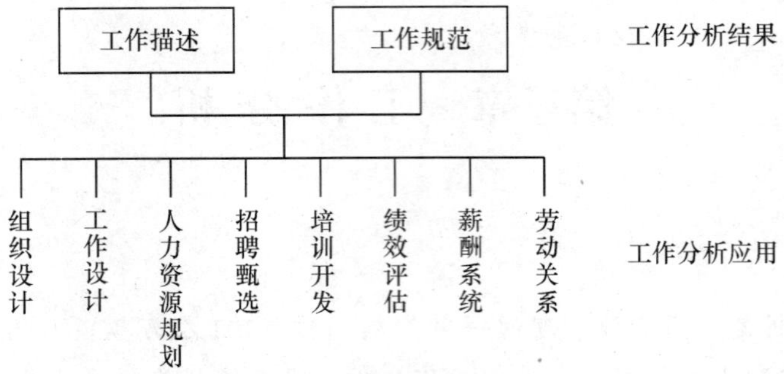

图 3-1　工作分析的结果和应用

为了提高工作分析研究的科学性、合理性，在组织实施中应注意遵循以下原则：

系统原则：任何一个组织都是相对独立的系统。在对某一职务进行分析时，要注意该职务与其他职务的关系，从总体上把握该职务的特征及对人员的要求。

动态原则：工作分析的结果不是一成不变的，而是一项常规性的工作。要根据战略意图、环境变化、业务调整，经常性地对工作分析的结果进行调整。

目的原则：在工作分析中，要明确工作分析的目标。目的不同，工作分析的侧重点也不一样。

参与原则：工作分析尽管是由人力资源部主持开展的工作，但它需要各级管理人员与员工的广泛参与，尤其需要高层管理者的重视和业务部门的大力配合才能得以成功。

经济原则：工作分析是一项费心费力费钱的工作，它涉及企业组织的各个方面。因此，本着经济性原则，选择工作分析的方法就很重要。

岗位原则：工作分析的出发点是岗位，分析岗位的内容、性质、关系、环境以及人员胜任特征，即完成这个岗位工作的从业人员需要具备的资格与条件。

应用原则：应用原则是指工作分析的结果、工作描述与工作规范，一旦形成工作说明书后，管理者就应该把它应用于企业管理的各个方面。

二、工作分析的基本程序

在人力资源管理的各个环节中，工作分析是最为基础的工作，但同时也是非常复杂、繁琐和极具挑战性的工作。一般而言，工作分析有以下主要程序：

1. 准备阶段

准备阶段的主要任务是明确工作分析的目的，界定工作分析的范围，组成工作分析小组。具体实施步骤如下：

① 明确工作分析的意义、目的、方法和程序；

② 界定工作分析的范围，即确定所要分析的工作类型、基础资料和工作环境；

③ 成立工作分析小组，保证公正、合理、高效地开展工作；

④ 与参与工作分析的员工建立良好的沟通关系，使其对工作分析有良好的心理准备；

⑤ 确定被调查和分析对象的样本，决定被分析对象的类型、数量和工作任务种类。

2. 调查阶段

调查阶段的主要任务是通过收集工作分析的背景材料，对整个工作过程、工作环境、工作内容和工作人员等主要方面作全面的调查。具体实施步骤如下：

① 编制工作分析调查提纲和问卷；

② 运用某一调查方法收集与工作分析有关的工作职务特征和相应工作人员要求的数据资料；

③ 要求被调查的员工对各种工作特征和工作人员特征的重要性和发生频率作出等级评定。

3. 分析阶段

分析阶段的主要任务是对有关工作特征和工作人员特征的调查结果进行深入全面分析。具体实施步骤如下：

① 工作分析小组专业人员仔细审核已收集的信息；

② 分析和发现关于工作和工作人员的关键因素；

③ 归纳总结出工作分析的必要材料和要素。

4. 总结阶段

总结阶段是对前三个阶段工作的总结，根据规范和信息编制“工作描述”和“工作规范”，形成工作说明书。具体实施步骤如下：

① 根据工作分析研究数据，编制有关工作任务、职责、工作内容、工作条件、工作环境的“工作描述”。

② 根据工作分析研究数据，编制胜任工作职责员工知识、能力、品格的“工作规范”。

③ 根据“工作描述”和“工作规范”，形成针对某职位的综合性文件“工作说明书”。当然，“工作描述”和“工作规范”也可以作为两个单独的文件独立存在。

第二节 工作分析方法与工作分析系统

一、工作分析方法

工作分析是一个多层次、多种类、适应面非常广泛的管理技术。传统的工作分析方法主要有问卷调查法、观察法、访谈法、工作日志法、典型事例法、工作实践法等。这些方法都有各自的优缺点,以及主要的适用对象和范围。

(一)问卷调查法

问卷调查法是工作分析中通用的一种方法。具体来说,就是使用预先设计好的调查问卷来获取工作分析的相关信息,从而实现工作分析的目的,如表3-1。

表3-1 客户服务代表工作分析问卷(部分)

说明以下职责在你工作中的重要性(最重要的打10分,最不重要的打0分)			
工作职责	重要性	工作职责	重要性
(1)和客户保持联系		(11)准备好各种推销工具	
(2)接待好每一个顾客		(12)每天拜访预定的客户	
(3)详细介绍产品的性能		(13)在各种场合推销本企业产品	
(4)正确记住各种产品的价格		(14)表达口齿清楚	
(5)拒绝客户的送礼		(15)思路清晰	
(6)掌握全面的销售知识		(16)向经理汇报工作	
(7)微笑服务		(17)每天总结自己的工作	
(8)送产品上门		(18)每天锻炼身体	
(9)把客户有关质量问题反馈给有关部门		(19)和同事保持良好的关系	
(10)参加在职培训		(20)自己设计一些小型的促销活动	

资料来源:黄维德、刘燕编著:《人力资源管理实务》,立信会计出版社2004年版,第59页。

工作分析调查问卷可以分为两类:一是侧重于分析工作中所涉及技术的工作导向问卷,它主要针对工作本身的要素进行分析和评价,如职能工作分析问卷(Functional Job Analysis,FJA);二是强调对工作者的工作行为作出概括的人员导向工具,如职位分析问卷(Position Analysis Questionnaire,PAQ)、临界特质分析问卷(Threshold Traits Analysis System,TTAS)等。而从工作分析问卷的编制看,基本上也存在两种思路:一是编制适用所有工作的通用性问卷,FJA问卷和PAQ问卷均属此类。二是针对某一类别工作的问卷,如管理职位描述问卷(Management Position Description Questionnaire，MPDQ）。这类问卷适用范围较窄，但更能切合特定类别工作的特点。主要的工作分析调查问卷将在下一部分“工作分析系统”中一并介绍。

作为一种应用较为普遍的职务分析方法，问卷调查法具有以下优缺点：

优点：一是成本比较低。问卷调查法通常是比较节省工作分析人员的时间与经费的一种方法；二是调查范围广，样本量大，是可用于针对数目较大的被调查者而采纳的一种获得信息的方法；三是调查数据可以量化处理，可以通过计算机系统来完成。

缺点：第一，调查表的设计需要花费较大的成本；第二，由于没有问卷设计者的现场解释，回答者的表达和理解差异等人为因素可能造成较大的调查误差，致使调查质量降低。

（二）观察法

观察法是工作分析人员通过实地对员工的正常工作状态和实际操作情况进行直接观察而获取其在某一时期内工作的内容、形式和方法，并在此基础上通过比较、分析、汇总等方式提取有效信息，并整理为适用的文字资料的方法。

由于不同观察对象的工作周期和工作特性有所不同，观察法具体可分为直接观察法、阶段观察法和工作表演法三种。

直接观察法：工作分析人员直接对员工工作的全过程进行观察，适用于工作周期很短的职务。如保洁员的工作基本上是以一天为一个周期，工作分析人员可以一整天跟随着保洁员进行直接工作观察。

阶段观察法：有些员工的工作具有较长的周期性，为了能够完整地观察到员工的所有工作，必须分阶段进行观察。比如行政文员需要在每年年终时筹备企业总结表彰大会，工作分析人员就必须在年终时再对该职务进行观察。

工作表演法：对于工作周期很长和突发性事件较多的工作比较适合。如保安工作，除了有正常的工作程序之外，还有很多突发事件需要处理，如盘问可疑人员等，工作分析人员可以让保安人员表演盘问的过程，而不一定进行该项工作的观察。有时由于阶段间跨度太大，工作分析无法拖延很长时间，这时采用工作表演法更为合适。

采用观察法，工作分析人员在分析过程中通常应携带员工手册、分析工作指南，以便参考。分析人员观察工作时，必须注意员工在做什么、员工如何做、员工为何要做，以及员工的技能好不好等等，而对可以改进、简化的工作事项，也应予以纪录说明。当观察完某工作场所人员如何执行某工作后，最好另外选择其他两三处工作场地再予以观察，以证实其工作内容，避免因被观察者个人习惯而产生误差。此外，分析人员应注意，研究的目的是工作而不是个人的特性。工作分析观察提纲如表 3-2 所示。

表 3-2 某公司操作工工作分析观察提纲(部分)

被观察者姓名:	日　期:
观察者姓名:	观察时间:
工作类型:	工作部门:
工作地点:	
观察内容: • 什么时候开始正式工作? ________ • 上午工作多少小时? ________ • 上午休息几次? ________ 第一次休息时间从________到________　第二次休息时间从________到________ • 上午完成多少件产品? ________　平均多少时间完成一件产品? ________ • 上午总共运送了多少半成品? ________　上午总共出了多少次品? ________ • 上午总共搬了多少原材料? ________ • 室内温度多少度? ________ • 噪音分贝是多少? ________	

使用观察法的优缺点如下:

优点:通过对工作的直接观察和工作者介绍能使分析人员更多、更深刻地理解工作要求,从而使获得的信息比较客观和正确。但是,也要求观察者具有一定的实际操作经验。

缺点:一方面,观察法不适用于工作周期长和主要以脑力劳动为主的工作;另一方面,观察法不易观察紧急而又偶然的工作,如处理紧急情况等。

（三）访谈法

访谈法又称面谈法,是一种通过工作分析者与被访人员就工作相关内容进行面对面沟通来获得工作信息的方法。通常是工作分析人员询问工作人员本人或其主管人员,了解工作说明中原来填写的各项目的正确性,或对原填写事项有所疑问,以面谈方式加以澄清的方法。因此,访谈的作用一是获得观察所不能获得的资料;二是对已获得的资料加以证实。

访谈的形式可分为个人访谈、集体访谈和管理人员访谈三种。个人访谈,主要适用于各个员工的工作有明显差别、工作分析时间又比较充分的情况。集体访谈,适用于多个员工从事同样或相近工作的情况。管理人员访谈,是指针对某一类岗位同一个或多个主管面谈,因为他们对工作分析非常了解,有助于减少工作分析的时间。在某些情况下,主管与现职人员的访谈可能有所差异,分析人员必须把双方的资料合并在一起,进行综合评价和分析。这不仅需要运用科学的方法,还需要有较高的人际关系技能。因此,应该把这三种方式加以综合运用,这样才能对工作分析真正做到透彻了解。

典型的访谈过程通常包括四方面的内容，即工作目标、工作内容、工作的性质和范围，以及所承担的责任等。一份典型的面谈提问提纲如表 3-3 所示。

表 3-3　典型的面谈提纲(部分)

序号	问题	记录
1	当前您从事的是什么工作，它的岗位名称是什么？	
2	您的岗位隶属于哪一个部门？在本部门从事相同工作的岗位共有多少个？	
3	您的直接上级主管的岗位名称是什么？您是否有直接的下属？有几个？	
4	您的主要工作职责是什么？	
5	描述一下您为完成职责所进行的工作活动或任务，以及时间比例。	
6	为了完成工作，您需要哪些工作设备或辅助工具？	
7	您认为，衡量这份工作绩效好坏的标准是什么？	
8	为了有效完成上述工作，在公司内部，您要在哪些方面接受谁的指示和受谁的直接监督？	
9	在工作中，您在哪些方面或领域监督别人的工作或给别人发布指示？	
10	您的日常工作需要哪些同级部门和人员的配合与协作？您的工作又配合了哪些部门或人员的工作？	
11	您工作中哪些方面需要经常与哪些公司外部的机构或人员发生联系？	
12	您的日常工作都被安排在什么时间内进行？是否需要加班？	
13	您日常的工作场地在哪里？环境如何？有无职业病发生的可能？	
14	以您的观点看，在这个岗位上工作需要具备哪些知识和能力，以及学历、资历或经验要求？	
15	这个岗位要求承担者具备哪些身体素质和生理方面的要求？	

访谈法的优缺点如下：

优点：可以获得标准和非标准的资料，也可获得体力和脑力劳动方面的资料。由于工作者本身也是自己行为的观察者，因此容易获得从任何其他来源都无法获得的资料。

缺点：一方面，工作分析者要接受专门的访谈技巧训练，因而操作成本较高。另一方面，访谈法所收集的信息可能出现失真。一是来自于分析人员由于固有的思维定势影响分析结果的正确判断；二是工作者可能出于自身利益的考虑，采取不合作的态度或有意无意地夸大自己所从事工作的重要性、复杂性。此外，若分析人员和被调查者互不信任，访谈法实施起来也有一定的难度。因此，访谈法一般不单独作为信息收集的方法，而适合与其他方法一起使用。

（四）工作日志法

工作日志法也称现场工作日记法，是由员工本人自行记录的一种信息收集方法，由任职者将自己每天所从事的每一项活动按时间顺序以日志的形式记录下来，要记录的信息一般包括所要进行的工作任务、工作程序与工作方法、工作职责、工作权限以及各项工作所花费的时间等，一般需要填写工作日志 10 天以上。工作日志法的工作分析步骤如下：

——完成工作日志的观察和记录；

——对日志进行整理和分析；

——计算各活动事项消耗的时间，对所有观察事项进行分类汇总，计算出每一类工时的合计数，编制工作日志的汇总表；

——计算各类工时消耗占全部工作时间和占作业时间的比重；

——拟定各项改进工时所利用的技术措施，计算可能提高劳动生产率的程度；

——根据分析结果，写出工作日志的总结报告。

表 3-4 是一份某企业应用工作日志法进行工作分析的原始表格。

表 3-4　某公司工作日志记录表

工作日志

姓名：________　　　　岗位名称：________

所属部门：________　　　　从事本职位工龄：________

填写日期：从____年____月____日　　　　到____年____月____日

序　号	工作活动名称	工作活动内容	工作活动结果	时间消耗	备　注

资料来源：黄维德、刘燕编著：《人力资源管理实务》，立信会计出版社 2004 年版，第 66 页。

工作日志法的优缺点如下：

优点：所获得的信息的可靠性很高，适用于获取有关工作职责、工作内容、工作关系、劳动强度等方面的信息，所需费用也较低。

缺点：适用范围较狭窄，不适用于工作循环周期较长、工作状态不稳定的职位，且信息整理量大，归纳工作繁琐。此外，工作执行者填写时的疏忽或抵制情绪，也会影响工作分析的结果，同时这种方法在一定程度上会影响工作的正常进行。

（五）关键事件法

关键事件法是指工作分析的调查人员、本岗位员工或与本岗位有关的员工，将劳动过程中的"关键事件"加以记录，在收集大量信息之后，对岗位的特征和要求进行分析研究的方法。

关键事件法的主要原则是认定员工与职务有关的行为，并选择其中最重要、最关键的部分来评定其结果。"关键事件"是指在工作过程中，给工作造成显著影响的事件，对工作的结果有决定性的影响。它首先从管理层、员工或其他熟悉该职务的人那里收集一系列职务行为的事件，然后描述"特别好"或"特别坏"的职务绩效。对每一事件的描述内容，则应该包括：导致事件发生的前提条件，即事件发生的原因和背景；员工特别有效或多余的行为；关键行为的后果；员工自己能否支配或控制上述后果等。

在大量收集关键事件以后，可以对它们作出分类，并总结出职务的关键特征和行为要求。关键事件法既能获得有关职务的静态信息，也可以了解职务的动态特点。例如，对于公共图书馆信息检索员这个岗位，其工作的关键事件是倾听并理解读者的要求，同时提供他们必需的帮助。这是一种静态的职务特征。而对于某化工厂的操作工人，则需要从动态的角度分析员工的不负责任的"关键事件"，如不遵守操作程序、交接班记录不完整、在厂区吸烟、擅自离岗等一系列事件。通过这些关键事件来分析该岗位所必需的工作特征和行为要求。

关键事件法的优缺点如下：

优点：研究的焦点集中在职务行为上，因为行为是可观察的、可测量的。同时，通过这种职务分析可以确定行为的任何可能的利益和作用。

缺点：一是费时，即需要花大量的时间去收集那些关键事件，并加以概括和分类；二是关键事件的定义是显著地对工作绩效有效或无效的事件，但是，这却遗漏了平均绩效水平。而对工作来说，最重要的一点就是要描述"平均"的职务绩效。利用关键事件法，对中等绩效的员工就难以涉及，因而这种工作分析方法就不能全面、完整地获得工作特性的信息。

（六）工作实践法

工作实践法是指工作分析人员直接从事所分析研究的工作，由此掌握工作要求的第一手资料。工作实践法的操作流程可分为三个步骤,依次是准备阶段、实践阶段和结束阶段。

准备阶段:首先应阅读相关资料,如《员工操作手册》、《工作计划》和《岗位职责说明》等。其次,与上级主管沟通,安排好工作实践的具体时间。最后,向员工说明工作分析的目的和意义,以最大限度地获得他们的理解和支持。

实践阶段:在参与工作的同时,注意运用5W1H原则观察工作流程并进行详细的记录。有疑问的地方,及时与员工或上级主管沟通。

结束阶段:工作实践结束后,分析整理所收集的信息,并与事先收集的相关资料核对,确定该工作实际流程及相应的工作职责。

工作实践法的优缺点如下:

优点:用这种方法可以了解工作的实际任务以及在体力、环境、社会等方面的要求,适用于短期内可以掌握的工作。

缺点:对需要高度专业化或危险性较高的工作,这种方法不适用。

二、工作分析系统

工作分析系统是指具有特定目的的,围绕工作、人和组织的相互关系,基于相关理论的工作分析工具、工作分析技术(方法)的应用性组合。对于它的研究开始于20世纪四五十年代,在七八十年代趋于成熟,并获得了广泛应用。

工作分析系统一般分为两大类:工作导向性工作分析系统和人员导向性工作分析系统。工作导向性工作分析系统侧重于分析提供产品和服务所需要的任务和行为,如FJA(职能工作分析)和MPDQ(管理职位描述问卷调查法),把工作分析的目的直接对准工作目标、任务和其他有关工作实质性特征的事项,即把工作本身作为工作分析的出发点和落脚点;而人员导向性的工作分析系统则强调成功完成工作任务和行为所需的个体工作者的知识、经验、技能、能力、天赋和性格特征等,如PAQ(职位分析问卷调查法)和TTAS(临界特质分析)等,以任职者为工作分析的出发点,即通过了解任职者的潜质、能力和执行工作中表现出来的性向特征来了解工作。下面介绍几种使用较为广泛的工作分析系统:

(一)管理职位描述问卷

管理职位描述问卷(MPDQ)是由美国工作分析专家托诺(W. W. Tornow)和平托(P. R. Pinto)于1976年开发的,初衷是为Control Data公司描述、比较和评价管理职位,后来衍化为一种结构化的、以工作为基础、以管理型职位为分析对象的工作分析方法,用于评价管理工作。管理职位分析问卷法主要收集、评价与管理职位相关的活动、联系、决策、人际交往、能力要求等方面的信息数据,通过特定的计算机程序加以分析,有针对性地制作各种与工作相关的个性化信息报告,为人力资源管理职能板块提供信息支持。管理职位分析问卷法包含三个板块:信息输入板块、信息分析板块、信息输出板块。

信息输入板块:包含 15 个部分,274 项工作行为,主要用于收集该职位的相关信息,详见表 3-5。

表 3-5　MPDQ 问卷各部分的主要内容

主要部分	主要内容
一般信息部分	被分析工作和职位的一般信息,如任职者的姓名、头衔和该工作的职能范围等
决策部分	决策背景与决策活动
计划与组织部分	战略计划的制定和执行情况
行政部分	评估管理者的文件处理、写作、记录、公文管理等活动
控制部分	跟踪、控制和分析项目运作、财务预算、产品生产和其他商业活动
督导部分	与监督、指导下属相关的活动和行为
咨询与创新部分	评价技术性专家的行为
联系部分	内部和外部的联系对象和联系目的
协作部分	描述当工作存在内部联系时的行为
表现力部分	描述通常发生在营销活动、谈判活动和广告宣传活动中的行为
监控商业指标部分	包括监控财务指标、经济指标、市场指标的行为,多为高级经理人的职责
综合评定部分	根据上述各部分将管理活动分为 10 种职能,要求问卷填写者评估这 10 种职能分别占整个工作时间的多大比重以及相对重要程度
知识技能和能力部分	要求问卷填写者判断高效完成工作所需要达到的知识、技能和能力的熟练程度,以及其是否希望接收培训和最希望获得哪方面的培训
组织层级结构图部分	给出一般性的组织层级结构图,让填写者填写他们的下属、同级、直接上级和上级的上级的职位
评估部分	要求填写人员反馈对问卷的看法

信息分析板块:管理职位分析问卷法针对人力资源管理各职能板块的要求,提供了三种评价要素体系。一是管理工作要素体系:包含以工作为基础的 8 个描述性要素,根据工作内容的异同性对管理职位进行描述;二是管理绩效要素体系:包含对管理绩效有显著影响的 9 个评价要素,重点强调高绩效水平和低绩效水平的外在和内在差异;三是管理评价要素体系:包含 6 项可以明显区分管理工作内在价值差异的评价要素组成。

信息输出板块:管理职位分析问卷法通过特殊的计算机处理程序,针对不同的人力资源管理能力板块编制 8 类分析报告,主要包括:管理职位描述、管理工作描述、个体职位价值报告、团体工作价值报告、个体职位任职资格报告、团体工作任职资格报告、团体比较报告、与职位相关的继续评估表等。

管理职位分析问卷法在某种程度上降低了主观因素的影响,同时其最终报告大量以图标形式出现，信息充足，简单易懂，提高了组织人力资源管理的效率。然而，这种工作分析方法灵活性不足，各种管理分析维度是在对国外管理人员进行实证研究基础上形成的，在中国必将有个"本土化"的修订过程。

（二）职位分析问卷

职位分析问卷（PAQ）是从20世纪50年代末期开始发展的工作分析问卷，它是美国普渡大学（Purdue University）的研究员麦考米克等人的研究成果，主要以标准化问卷的形式收集工作信息，对工作进行分析。

职位分析问卷是一种高度结构化的工作分析问卷。PAQ一共包括6类194个项目，其中187项用来分析完成工作过程中员工活动的特征，另外7项涉及薪酬问题。经过对大量样本进行主成分分析，PAQ可以聚类为若干维度，每个维度包含若干工作元素，每个工作元素都有与之对应的若干等级量表，通过对这些工作元素进行评价，可以反映目标职位在各个维度上的特征。PAQ的六大类主要包括：

信息输入：任职者在执行工作时从何处、如何获得信息。

脑力劳动：该职务包括哪些决策、计划和信息处理活动。

工作输出：任职者执行工作时从事哪些体力活动，使用什么样的工具和装置。

与其他人的关系：在执行工作时需要与其他人员发生何种关系。

工作环境：任职者在何种物理环境和社会环境下工作。

其他工作特征：与职务有关的其他活动、条件和特点等。

使用职务分析问卷进行工作分析时，要对每个工作要素进行量化的衡量，一般采用6个尺度进行度量。它们分别是信息使用程度、对工作的重要性、工作所需时间、工作发生的可能性、对各个部门的适用性以及其他特殊计分。衡量各项工作要素时，对照这一要素的细分要求，按照PAQ给出的计分标准，确定所分析职位在各类工作要素上的得分，从而确定工作的等级。同时也可以对不同职务进行比较，并作为人力资源决策的依据。

PAQ的优点主要是：第一，PAQ同时考虑员工与工作两个变量因素；第二，将工作分为不同的等级，用于进行工作评估及人员甄选；第三，不需修改就可用于不同组织、不同工作，所以比较各组织间的工作更加容易。

但是，PAQ也具有一定的缺陷：一是该方法的应用较为耗时，并且必须由受过专业训练的工作分析员填写问卷；二是工作特征抽象，不能描述实际工作中特定的、具体的任务活动。

（三）职能工作分析

职能工作分析（FJA）的主要分析方向集中于工作本身，是一种以工作为导向的工作分析系统，最早起源于美国培训与职业服务中心的职业分类系统。职能工作分析方法以工作者应发挥的职能与应尽的职责为核心，对工作的每项任务要求进行详细分析，对工作内容的描述非常全面具体，一般能覆盖工作所能包括的全部内容的95%以上。

职能工作分析法对职能的分析一般是通过分析工作执行人员在处理工作时对数据、人、事的特征进行的。行为的难度越大，所需的能力越高，工作者的职能等级越高。职能工作分析法通过以下五个方面对职务进行系统分析和描述：职能等级、职业域、句法分析技术、人员指导尺度和人员特性。通过对这五个方面定量和定性的说明，可以了解一项工作的职能层次、任职人员的特点、工作任务的内容和类型等。然后将这些信息进行汇总加工，形成工作分析的结果。

作为一种以工作为导向的工作分析工具，职能工作分析系统清楚地阐述了组织内部关于人与工作的关系：工作者在工作范围内所做的主要是处理与信息、人和物之间的关系；对应这三种关系，工作者的职能分别体现在身体能力、智力因素和交际能力三个方面；在本质上每个职能对工作者特征和资格的要求种类和程度都落在一些相对比较狭窄和具体的范围内；这些范围即是职能等级，体现了工作者处理各种关系时的自主决策空间的大小。然而，职能工作分析系统也具有操作比较复杂、较难把握等缺陷。

（四）临界特质分析系统

临界特质分析系统（TTAS）是完全以个人特征为导向的工作分析系统。它的设计目的是提供标准化的信息以辨别人们为基本完成或高效完成某类工作分别至少需要具备哪些品质、特征，TTAS称这些品质和特征为临界特质（Threshold Traits）。

研究者经过长期对工作分析资料以及有关特质的资料进行因素分析，认为目前的临界特质分析系统共包括三大类特质维度：身体技能、认知能力、个性或动机因素。F. M. 罗派兹（F. M. Lopez）将其扩展为五个主要的工作范畴：身体特质、智力特质、学识特质、动机特质和社交特质，并认为通过研究工作与这五类工作范畴的相关性可以对所有工作进行描述。在此基础上，后来的研究者又提炼并定义了能够分配到五个工作范畴中的21种工作职能，以及针对这21种工作职能提炼出的33种特质因素，这些特质因素力图涵盖从事任何一项工作所需要的所有特质（具体见表3-6）。

表 3-6 TTAS 特质表

工作范畴	工作职能	特质因素	描述
身体特质	体力	1. 力量	能举、拉和推较重的物体
		2. 耐力	能长时间持续地耗费体力
	身体活动性	3. 敏捷性	反应迅速、灵巧、协调性好
	感官	4. 视力	视觉和色觉
		5. 听力	能够辨别各种声响
智力特质	感知能力	6. 感觉、知觉	能观察、辨别细微的事物
		7. 注意力	在精力不集中的情况下仍能观察入微
		8. 记忆力	能持久记忆需要的信息
	信息处理的能力	9. 理解力	能理解口头表达或书面表达的各种信息
		10. 解决问题的能力	能演绎和分析各种抽象信息
		11. 创造力	能产生新的想法和开发新的事物
学识特质	数学能力	12. 计算能力	能解决与数学相关的问题
	交流	13. 口头表达能力	口头表达清楚、简练
		14. 书面表达能力	书面表达清楚、简练
	行动力	15. 计划性	能合理安排活动日程
		16. 决策能力	能果断选择行动方案
	信息与技能的应用	17. 专业知识	能处理各种专业信息
		18. 专业技能	能进行一系列复杂的专业活动
动机特质	适应能力	19. 适应变化的能力	能自我调整,适应变化
		20. 适应重复	能忍受重复性活动
		21. 应对压力的能力	能承担关键性、压力大的任务
		22. 对孤独的适应能力	能独立工作或忍受较少的人际交往
		23. 对恶劣环境的适应能力	能在炎热、严寒或嘈杂的环境下工作
		24. 对危险的适应能力	能在危险的环境下工作
	控制能力	25. 独立性	能在较少的指导下完成工作
		26. 毅力	能坚持一项工作任务直到完成
		27. 主动性	主动工作并能在需要时承担责任
		28. 诚实	遵守常规的道德与规范
		29. 激情	有适当的上进心
社会特质	人际交往	30. 仪表	衣着风貌达到适当的标准
		31. 忍耐力	在紧张的气氛下也能和人和睦相处
		32. 影响力	能影响别人
		33. 合作力	能适应团队作业

临界特质分析系统的优缺点主要是:

优点:分析结果相对准确,使用范围广泛。

缺点:实用性不强,需要耗费大量的人力和财力,且过于精确复杂,超出了大部分人力资源专家和一线管理者的能力范围。

第三节　工作描述和工作规范

工作分析的结果通过工作说明书来进行描述。工作说明书包括两方面的内容:工作描述和工作规范。工作描述针对工作任务本身,主要包括任务、性质、职责以及工作环境等内容;工作规范则针对从事某岗位工作的员工应具备的知识、技能和能力等内容。

一、工作描述

(一) 工作描述概述

工作描述通常是一个组织以书面形式对各类职位的工作性质、工作任务、工作职责与工作环境等所做的同一要求。一位员工每日的工作会被总结归纳,一组任务的集合就是一个工作,而对于这些任务组合应该被如何完成的描述,就是工作描述。

工作描述的主要功能是使员工了解工作岗位概要,建立工作程序与工作标准,阐明工作责任、职权等。此外,工作描述的信息也常常被用于不同的方面,其不仅可以作为重要资料为人力资源工作提供支持,也可以作为原始材料直接为直线经理人的管理工作服务。

(二) 工作描述的内容

工作描述的格式有很多种,可以根据自己不同的喜好来选择工作描述的格式。但是,其主要内容一般包括以下几个方面:工作识别项目、工作概要、工作职责、工作条件与工作环境。

1. 工作识别项目

工作识别项目,又称工作标识、工作认定,用以区分该工作与组织中的其他工作,包括工作名称、工作地点、工作关系,以及其他识别标志。

工作名称:工作识别项目中最重要的项目,是指一组在重要职责上相同的职位总称。它由几个词来对工作进行定义,这个定义要指出工作大致领域和工作性质,以把一项工作与其他工作区分开来。

工作地点(或场所):是指工作所在的实际位置。对于一般的公司,可以用工作所在的部门、分部门、工作小组的名称来定义,但对一些特定的岗位,如地区销售专员、快递公司服务配送员,以及不同线路的巡逻警察等则需要找出其在组织中的工作地点特征标志。

工作关系:标明了组织中的权力链。如"所属的工作部门"、"直接上级岗位"、"直接下级岗位"、"所辖人数"等。工作关系不仅仅表示了权力关系,即指令与汇报关系,而且也是员工职业发展的重要指示器,暗含着员工可能的职位晋升路线。

其他识别标志:如工作在组织中的编码、撰写人、审核人、薪资等级等。这些标志主要是为了便于管理和提供特殊的类属信息。

2. 工作概要

工作概要,又称职务摘要,是指用简练的语言文字阐述工作的总体性质、中心任务和要达到的工作目标。工作概要通常是用一句话对工作内容和工作目的进行归纳,它能够使阅读者将该工作与其他工作区分开来。

3. 工作职责

工作职责,又称工作任务,是工作描述的主体,逐条指明工作的主要职责、工作任务、工作权限即工作人员行为的界限等。一般包括工作活动内容、工作权限、工作结果等。

工作活动内容:逐项说明工作活动内容与工作时间的百分比。

工作权限:界定工作人员在工作活动内容上的权限范围。

工作结果:又称工作的绩效标准或工作输出,说明工作人员的工作结果,能够定量化为好。

4. 工作条件与工作环境

工作条件主要涉及两项,一是任职者主要应用的设备名称,二是任职者运用信息资料的形式。工作环境则指工作的物理环境和心理环境。

一般情况下,工作物理环境是指对工作所处环境的测定结果,通过工作环境测定而确定。工作环境测定又称劳动环境测定,通常情况下重点关注的是对劳动环境中各种有害因素和不良环境条件的测定。这些有害因素和不良环境条件的测定对于分析工作对人体造成的危害与不舒适的研究具有决定性作用,也是劳动安全保障的重要依据。具体来说,工作物理环境包括工作场所、工作环境的危险性、职业病、工作的时间、工作的均衡性、工作环境的舒适程度。

表 3-7 是一份设备科科长的工作描述。

表 3-7 设备科科长工作描述(部分)

职称名称:设备科科长		所在部门:设备科
职位编号:ME-012		编制日期:20××年5月7日
职位概要:在分管生产的副厂长的领导下,对公司各项生产设备进行日程维护和事故抢修,并负责本部门员工的管理工作		
主要关系		
直接上级	分管生产的副厂长	
直接下级	设备科副科长	
内部沟通	部门内其他人员	
外部沟通	设备生产单位、外部施工单位,以及生产部、财务部和工程部等公司其他部门等	
职位职责		
• 与生产部门合作,负责全公司设备的维护和保养 • 生产中出现各种事故或意外时,建议和批准用于各种抢修项目的预算支出和拨款 • 与其他管理部门合作,确认施工质量和标准检修费用 • 根据公司的有关规定,对本部门员工实施奖惩 • 根据工作需要,可随时调用3吨和1吨的铲车各一辆		
职位环境和条件		
经常性工作场所	50%左右的时间在总部办公室;50%左右的时间在室外工作	
工作设备	台式计算机	
工作时间	每周五天,每天八小时;一年中有5%的工作日出差在外	

二、工作规范

(一)工作规范概述

工作规范,又称任职资格,是指任职者要胜任该项工作必须具备的资格与条件。它说明一项工作对任职者在教育程度、工作经验、知识、技能、体能和个性特征方面的最低要求,而不是最理想的任职者的形象。这类信息在员工配置、招聘和选择过程中很有参考价值。

工作规范与工作描述都是工作分析的结果。两者的区别主要在于下面两点:

从编制的直接目的看,工作描述是以"工作"为中心对岗位进行全面、系统、深入的说明,为职位评价、岗位分类以及企业劳动人事管理提供依据。而工作规范是在岗位说明的基础上,解释什么样的人员才能胜任本岗位的工作,以便为企业职工的招聘、培训、考核、选拔、任用提供依据。

从内容涉及的范围看,工作描述的内容广泛,包括对岗位各有关事项的性质、特征、程序、方法的说明。而工作规范的内容较为简单,主要涉及岗位人员任职资格条件的要求等。

(二)工作规范的内容

工作规范是对于任职者或者应聘者应该具有的个人特质要求,主要内容可以分为一般性任职条件和专业工作任职条件。

1. 一般性的人员任职条件

一般性的人员任职条件是分析任职者应具备的基本个体条件,这些条件主要包括身体、心理和知识经验等方面的条件。一般包括:

——身体素质;

——心理素质,包括智力、兴趣、爱好、性格类型等个性特点;

——知识经验,包括一般文化修养、专业知识水平、实际技能和经验等;

——职业品德。

2. 专业化工作任职条件

专业化工作任职条件根据岗位不同,工作规范内容也不同。

管理岗位工作规范的主要内容大致包括:

——知识要求,指胜任本岗位工作应具有的知识结构和知识水平,包括最低学历、专门知识、政策法规知识、管理知识、外语水平、相关知识等;

——能力要求,包括理解判断能力、组织协调能力、决策能力、开拓能力、社会活动能力、语言文字能力、业务实施能力等;

——经历要求,指胜任岗位工作一般应具有的工作年限,从事低一级岗位的经历,以及从事过与之相关的岗位的工作经历;

——职业道德要求。

一般员工岗位工作规范的主要内容大致包括:

——应知,指胜任本岗位工作要求具备的专业理论知识;

——应会,指胜任本岗位工作要求具备的技术能力;

——工作实例,即列出本岗位的典型工作项目,以便判定工人的实际工作经验,以及应知应会的程度。

表3-8是一份设备科科长的工作规范。

表 3-8　设备科科长工作规范(部分)

<table>
<tr><td>职务名称</td><td>设备科科长</td><td>所属部门</td><td>设备科</td></tr>
<tr><td>直接上级</td><td>分管生产的副厂长</td><td>直接下级</td><td>副科长一名,科员三名</td></tr>
<tr><td>制作/日期</td><td></td><td>批准/日期</td><td></td></tr>
<tr><td>工作概要</td><td colspan="3">在分管生产的副厂长的领导下,对公司各项生产设备进行日常维护和事故抢修,并负责本部门员工的管理工作</td></tr>
<tr><td colspan="4">组织结构中的位置</td></tr>
<tr><td colspan="4">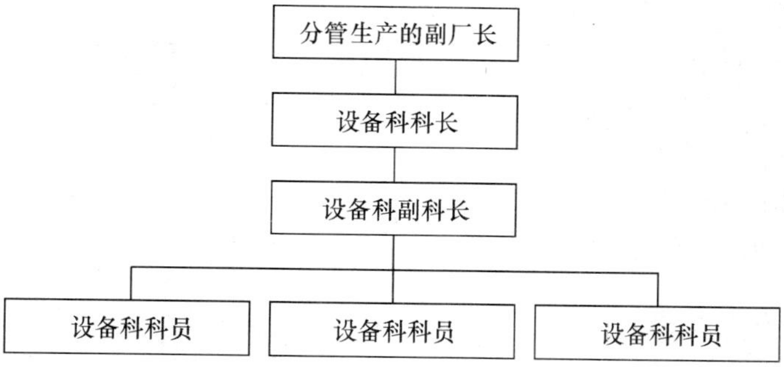
</td></tr>
<tr><td colspan="4">工作职责描述</td></tr>
<tr><td colspan="4">(略)</td></tr>
<tr><td colspan="4">基本任职资格</td></tr>
<tr><td colspan="4">一、基本生理要求</td></tr>
<tr><td>年龄</td><td colspan="3">30—45 岁</td></tr>
<tr><td>性别</td><td colspan="3">不限</td></tr>
<tr><td>身高</td><td colspan="3">女性:1.55—1.70 米
男性:1.60—1.85 米</td></tr>
<tr><td>体重</td><td colspan="3">与身高成比例,在合理的范围内就可</td></tr>
<tr><td>听力</td><td colspan="3">正常</td></tr>
<tr><td>视力</td><td colspan="3">矫正视力正常</td></tr>
<tr><td>健康状况</td><td colspan="3">无残疾、无传染病</td></tr>
<tr><td colspan="4">二、教育程度</td></tr>
<tr><td colspan="4">机械、电子类专业大学本科及以上文化程度</td></tr>
<tr><td colspan="4">三、工作经历</td></tr>
<tr><td colspan="4">从事专业技术工作 3—5 年以上,具有在一线生产车间工作的经历</td></tr>
<tr><td colspan="4">四、技能要求</td></tr>
<tr><td colspan="4">● 具备化工类设备管理的专业知识,具有质量管理、生产技术准备、生产管理的基本知识
● 通晓网络技术和计算机技术
● 熟悉公司经营、销售和供应等情况
● 能熟练阅读本专业的英文资料,能用英语进行流利的沟通交流
● 有良好的组织、沟通、团队协作能力</td></tr>
</table>

三、工作说明书的编制

工作说明书的编制,又称职务说明书的编制,是对工作分析的结果(诸如工作描述、工作规范等)加以整合以形成具有企业法规效果的正式文本的过程。一般来说,工作说明书一旦正式形成,则企业中的各项人事管理活动都必须以此为依据。工作说明书的编制过程并非固定的模式,需要根据工作分析的特点、目的与要求具体确定编写的条目。

一个完整的工作说明书包括工作描述与工作规范两大方面的内容。但由于职位不同,编写格式不同,编制出的工作说明书会呈现出不同的模式。一般而言,工作说明书的编制内容主要有以下几个方面:

1. 职务概括

主要包括职务的名称、编号、职务所属部门、职务等级、工作说明书的编写日期等项目。

2. 职务说明

主要包含以下一些内容:

职务概要:概述本职务的特征等主要工作范围。

责任范围及工作要求:任职者需要完成的任务,所使用的材料及最终产品,需承担的责任,与他人的联系,所接受的监督及所施予的监督等。

职务目标:主要关注本职务工作所要求达到的目标及提供的服务等,如工作数量、质量、时间要求等。

机器、设备及工具:列出工作中所用到的所有机器、设备及辅助性工具等。

工作条件与环境:罗列有关的工作条件,如噪声水平、可能遇到的危险、工作场所布局等。

3. 任职资格

主要指担任此职务的人员应具备的基本资格和条件,如受教育水平、经验、培训状况、性别、年龄、相关工作经历、身体状况、个性、能力、知识要求、基本技能等方面。

第四节　工作设计与工作评价

从工作分析提供的信息中,组织可以分析目前的工作内容设置是否合理、员工对工作的满意程度如何、工作配置的效率高低等情况,从而采取一系列提高工作效率的举措,这便是工作设计需要解决的问题。

一、工作设计

（一）工作设计概述

工作设计是指为了有效地达到组织目标，管理者用于确定工作内容（任务、责任等）的方法以及构建和修改工作的过程。工作设计的目的是最大限度地提高组织效率和工作效率，提高员工工作满意度和绩效。只有明确了工作任务的性质和对员工的技能要求，才能做好工作设计，因此工作分析是工作设计的前提和基础，工作设计则必须以工作分析所获取的信息为依据展开。

工作的重新设计是在整个组织环境中进行的，而不是孤立产生的。在设计工作开始前，对来自其他组织系统的影响和对其他组织系统产生的影响，都要仔细判断和衡量。此外，工作设计还必须在组织的人员配置、绩效评估、劳动报酬及其他管理策略方面进行系统考虑，以便使组织需求与员工个人需求获得最佳组合，有效地达到企业目标。综合而言，工作设计必须考虑到以下三大因素：

——环境因素，包括人力供应和社会期望；

——组织因素，包括专业化技术水平、工作流程和工作习惯；

——行为因素，包括组织行为多样性、整体性、重要性、自主性和反馈度。

（二）工作设计的方法

一般来说，工作设计有三种主要方法：工作轮换、工作扩大化和工作丰富化。工作轮换和工作扩大化是横向工作扩展，而工作丰富化是纵向工作扩展。

1. 工作轮换

工作轮换法是为减轻对单一工种的厌烦感，在短时间内把员工从一个岗位换到同一水平、技能要求相近的另一个岗位。比如在一家快餐店，同一名员工一周工作安排如下：周一、二负责净菜，周三、四负责配菜，周五、六负责炒菜，周日当服务生。

工作轮换法实质上并不改变工作设计本身，而是使员工从一个工作转到另一个工作。这种制度主要具有四个方面的优势：

第一，解决员工对过分专业化的单一重复性工作所产生的厌烦感，激发员工的工作兴趣；

第二，为员工提供一个个人行为适应总体工作流的前景；

第三，个人增加了对自己的最终成果的认识；

第四，扩大员工所掌握的技能范围，使员工从原先只能做一项工作的专业人员转变为能做许多工作的多面手。

当然，工作轮换法也有缺点，主要表现在以下几个方面：

一是工作效率可能下降。员工轮换到一个新的工作岗位初期，需要熟悉新的工作环境、任务，对其生产效率可能有所影响。

二是提高了组织培训费用。岗位轮换的前提是员工能胜任每一个轮换的岗位,因此需要加强培训,提高了组织培训成本。

三是增加了管理复杂性。员工和岗位之间处于一种动态变化之中,这带来了一系列协调、组织、控制方面的管理问题。

2. 工作扩大化

工作扩大化是对工作进行横向扩展,增加员工的工作内容,使工作本身更加多样化,使员工有更多的工作可做,即增加员工的工作类型和数量,丰富工作内容。通常新工作和员工的原有工作在时间和工序上具有一定的连贯性。例如,一位销售职员通过工作设计之后,需要负责客户服务、签订合同、协助信用证申请、安排货物运输等工作,相对他从前单一的客户服务任务而言,他的工作扩大了。

研究表明,工作扩大化的主要好处是增加了员工工作的多样性和挑战性,使员工感到工作更有意义,从而增加了员工的工作满意度并可提高工作质量。IBM公司的实践表明,工作扩大化导致工资支出和设备检查的增加,但因质量改进,职工满意度提高而抵消了这些费用;美国梅泰格(Maytag)公司声称,通过实行工作扩大化提高了产品质量,降低了劳务成本,工人满意度提高,生产管理变得更有灵活性。

尽管工作扩大化在克服专业化过强、工作多样性不足方面成绩显著,但是可能会降低任务完成的效率,减缓工作速度。此外,它还可能增加员工的工作负担和工作压力而影响工作绩效。

3. 工作丰富化

工作丰富化是指使员工工作任务向纵深方向扩展,可以增强员工对工作计划、执行、控制和评估的参与程度。工作丰富化与工作扩大化的根本区别在于,后者是扩大工作的范围和数量,而前者是工作责任的深化,使员工承担更多的职责和义务。工作丰富化的理论基础是赫茨伯格的双因素理论,即使员工所从事的工作围绕提供成就感、责任感和职业发展机会为目的而进行设计,从而提高他们的工作满意度。

工作丰富化的方法有以下几种:

——任务组合,指对现有的零散工作任务进行清理,将其组合起来,形成新的、内容丰富的工作单元;

——构建自然工作单位,让员工独立自主地负责一个有意义的工作整体,而不是仅仅负责工作整体中的一个环节;

——建立员工—客户关系,让员工的工作与客户建立直接的关系,使员工能够从客户处获得重要反馈,让员工感受到一定自主性;

——纵向的工作负荷,让员工不仅要做执行性的工作,还要有控制权,即使员工的工作职责纵向扩展；

——开通反馈渠道，使员工的绩效能够得到及时反映，让员工明确今后努力的方向。

二、工作评价

（一）工作评价概述

工作评价是在工作分析之后按照某个标准，对工作性质、强度、责任、复杂性以及任职资格等因素的差异程度进行综合评价的活动。通过评定工作的价值大小，制定工作的等级，以此作为员工薪酬支付的依据。因此，工作评价是工作分析在薪酬管理中的应用，所评价的结果——薪点，是合理的薪酬制度设计的理论依据。

工作评价有许多方法，无论采用何种评价方法，都必须注意以下原则：

第一，评价的对象是工作，而不是工作者。工作评价是对组织中职位价值进行评估，与实际从事这个职位的员工实际绩效无关。

第二，选择评价因素应具有通用性，便于解释，并注意避免因素内容的重复。

第三，因素定义的一致性和因素程度选择的紧密衔接是工作评价成功的关键。

第四，评价工作的具体实施需要得到管理人员和基层员工的了解与支持。

（二）工作评价的方法

按照量化程度、评估的对象和比较的方法，最主要的工作评价方法可分为四种：职位排序法、职位分类法、因素比较法、要素计点法（如表 3-9 所示）。

表 3-9　工作评价方法归类

量化程度 / 评价对象 / 比较方法	非量化评价、对职位整体进行评价	量化的评价、对职位要素进行评价
在职位与职位之间进行比较	职位排序法	因素比较法
将职位与特定的级别标准进行比较	职位分类法	要素计点法

资料来源：黄维德、刘燕编著：《人力资源管理实务》，立信会计出版社 2004 年版，第 79 页。

1. 职位排序法

职位排序法是一种最为简单、最易操作的岗位评价方法，也是较早使用的工作评价方法之一。它采用非定量分析，由评定人员根据自己的判断，对分析的职位进行整体评价，然后根据工作岗位的相对价值按高低次序进行排列，从而确定一个工作岗位与其他工作岗位的关系。表 3-10 是一个公司职位排序表。

表 3-10 某公司职位排序表

	评价者1	评价者2	评价者3	评价者4	评价者5	综合	名次
副总经理	2	3	1	1	1	1.6	1
市场部经理	1	2	2	2	3	2.0	2
财务经理	3	1	3	3	2	2.4	3
研发专员	4	4	5	4	6	4.6	4
车间主任	5	6	4	5	4	4.8	5
薪酬专员	7	5	6	6	5	5.8	6
会计	6	8	7	8	7	7.2	7
行政助理	9	7	8	7	8	8.0	8
班组长	8	9	8	9	9	8.6	9

采用职位排序法对岗位进行评定时,最大优点就是简便易行。另一个优点是每个岗位是作为一个整体进行评定的,从而避免了对工作要素的分解而引起的矛盾和争论。

职位排序法的不足之处在于:一是对于大型企业组织而言,岗位分布呈金字塔形,寻找对工作内容都相当熟悉的评定人员较为困难。因此,这种评价方法不适用于大型组织形态;二是由于这种方法完全凭借评定人员的知识和经验主观进行评价,缺乏严格的、科学的评判标准,结果容易受到其他因素干扰;三是由于工作岗位没有进行因素比较,方法相对简单、粗糙,因而只适用生产单一、岗位较少的中小企业。

2. 职位分类法

职位分类法是排列法的变革,又称归级法。它的基本流程是,在工作分析的基础上,采用一定的科学方法,按岗位的工作性质、特征、繁简难易程度、工作责任大小和人员必须具备的资格条件,对组织内全部岗位进行多层次的划分,即先确定等级结构,然后再根据工作内容对工作岗位进行归类。

这种方法中,最关键的一项工作是确定等级标准。各等级标准应该能够明确反映实际上各种工作在技能、责任上存在的不同水平。在实际测评时,注意不能把岗位分解成各构成要素,而是要作为整体进行评定。各类职业分类标准是以企业单位、国家机关岗位分类为基础制定的。这类标准一旦建立之后,各类组织在进行岗位分类时,便可依据、参照或执行这类标准。一个组织的职位等级标准如表 3-11 所示。

表 3-11　某公司销售人员职位级别体系(部分)

等级	等级描述
初级	市场分析能力:(1) 了解进行市场分析所需信息的种类和来源/获取途径 (2) 利用有效资源掌握企业相关产品或服务在其辖区市场的特点 (3) 能对相关产品的销售数据进行收集、分类和跟踪,并向有经验的业务代表学习如何分析数据 (4) 了解辖区内汇总的来自终端用户的完整信息 (5) 能积极主动将获取的市场信息进行整合和初步分析后,汇报给上级和相关部门 产品技术知识能力:略 渠道规划建设能力:略 渠道管理支持能力:略 营销策划实施能力:略
中级	市场分析能力:(1) 研究企业在本辖区内的相关历史数据,分析相关产品在辖区的成长规律 (2) 跟踪了解辖区内所负责产品的市场趋势和动态,对其进行清楚、准确地记录、归档 (3) 利用收集到的信息,预测市场的近期前景,帮助企业做好售前和售后服务等业务准备 (4) 利用正规的途径了解竞争对手的状况 (5) 主动通过多种途径了解本辖区内的其他品牌或相关产品的代理渠道的情况 (6) 始终能积极参与行业交流活动,并关注相关出版物,及时掌握最新的行业动态 (7) 对辖区内的异常现象(如渠道忠诚度)和市场秩序等方面的问题能及时判断,采取行动,减少可能的损失 产品技术知识能力:略 渠道规划建设能力:略 渠道管理支持能力:略 营销策划实施能力:略
高级	市场分析能力:(1) 充分掌握辖区内渠道、产品、市场等信息资源,了解相关产品的历史和现行市场情况,有意识建立所辖区域的情报信息体系 (2) 利用相关数据,分析相关产品的市场发展趋势,不仅发现渠道当前存在的问题,还能够预见潜在的危机,将工作成果以书面形式与他人/相关部门分享 (3) 能够对各种代理和终端用户作进一步的市场细分,分析不同用户的具体需求 (4) 通过获得的竞争对手情况,分析其市场策略对产品的影响,区分自己公司与竞争对手在能力上的差别,由此提出企业短期应对策略的建议,并与相关人员及时沟通自己的建议 (5) 总结辖区内如市场秩序等方面出现过的问题,协同内部相关部门建议制定或修改规划或政策,以免再犯 (6) 将自身在市场分析方面的经验(如获取、分析信息的技巧等)主动总结/传授/转移给其他同事 产品技术知识能力:略 渠道规划建设能力:略 渠道管理支持能力:略 营销策划实施能力:略

职位分类法的优缺点是：

优点：比较简单，所需经费、人员和时间相对较少；由于等级标准都参照了基本因素，使其结果比职位排序法更准确、客观；由于等级的数量以及等级与组织结构之间的相应关系在各个工作排列之前已经确定下来，因此能如实反映组织结构的情况。

缺点：一是确定等级标准较为困难，对不同系统的岗位评估存在着相当大的主观性；二是对职位评价比较粗糙，只能得出一个职位在哪个等级中，职位之间的相对价值比较无法进行；三是对小型企业来说职位分类法的实施比较简单，但大型组织机构的应用则较为复杂。

3. 因素比较法

因素比较法是按确定的评价因素对选定的标准岗位进行评分定级，制定出标准岗位分级表，把非标准岗位与标准岗位分级表对比并评价相对价值的方法。它是一种量化的工作评估方法，是对职位排序法的一种改进。它与职位排序法的区别在于选择多种报酬因素，按照各种因素分别进行排序。

一个简化的因素比较法如下例所示：

某小公司采用因素比较法进行工作评价，选择了三个基准职位：

职位 A：市场平均工资水平 1000 元

职位 B：市场平均工资水平 2000 元

职位 C：市场平均工资水平 4000 元

针对标准职位，就五个因素对职位进行评估，这五个因素分别是：责任大小、所需技能、任务难度、工作环境、劳动成本。首先将职位 A、B、C 按五个薪酬因素进行排序，然后再将待评估职位 D 与三个标准职位在五个因素上进行比较，得出对照表 3-12。

表 3-12 因素比较法评价

因素 工资率	责任大小	所需技能	任务难度	工作环境	劳动成本
100 元/月	职位 A				职位 A
200 元/月			职位 A	职位 B	
300 元/月		职位 A		职位 A	职位 D
400 元/月	职位 B				职位 B
500 元/月	职位 D	职位 B	职位 B		
600 元/月		职位 D	职位 D	职位 C	
700 元/月				职位 D	
800 元/月	职位 C	职位 C			
900 元/月			职位 C		职位 C

因此，职位D的平均工资水平为：D = 500 + 600 + 600 + 700 + 300 = 2700元

因素比较法的优缺点如下：

优点：第一，减少主观性，评价结果较为公正；第二，所选定的影响因素较少，避免重复，简化了工作内容，缩短了时间；第三，由于先确定标准岗位的系列等级，然后以此为基础，分别对其他各类岗位再进行评定，大大减少了工作量。

缺点：一方面，各影响因素的相对价值在总价值中所占的百分比，完全是考评人员的主观判断，影响评定的精确度和客观性；另一方面，因素比较法操作起来相对比较复杂，且很难向员工作出解释。

4. 要素计点法

要素计点法是目前国内外广泛应用的一种工作定量化的评价方法。所谓要素计点，就是选取若干关键性的薪酬要素，对每个要素的不同水平加以界定并赋予一定的分值，即点数，如表3-13所示；然后根据这些关键的薪酬要素对职位进行评估，得出每个职位总点数，以此确定职位的薪酬水平，如表3-14所示。

表3-13　要素计点法中各个要素的等级和点数

要素	1级	2级	3级	4级	5级	6级	7级
教育水平	15	30	45	60	75	100	
工作经验	20	40	60	80	100	125	150
责任复杂性	15	30	45	60	75	100	
控制水平	5	10	20	40	60		
失误成本	5	10	20	40	60	80	
人际交往	5	10	20	40	60	80	
工作条件	5	10	15	20			

资料来源：黄维德、刘燕编著：《人力资源管理实务》，立信会计出版社2004年版，第87页。

表3-14　总点数范围对应的职位级别

点数范围	级别	点数范围	级别
100以下	1	371—400	11
101—130	2	401—430	12
131—160	3	431—460	13
161—190	4	461—490	14
191—220	5	491—520	15
221—250	6	521—550	16
251—280	7	551—580	17
281—310	8	581—610	18
311—340	9	611—640	19
341—370	10	641—670	20

资料来源：黄维德、刘燕编著：《人力资源管理实务》，立信会计出版社2004年版，第88页。

要素计点法是运用最广泛、最精确的工作评价方法,为薪酬设计提供了比较客观的决策依据。这种方法的不足是操作过程相对复杂,需要在专业的人力资源管理专家参与指导下进行。

思考题

1. 主要的工作分析方法有哪些?试比较它们的适用条件和优缺点。

2. 以工作为导向和以人员为导向的工作分析系统的差异是什么?

3. 工作描述和工作规范的区别是什么?它们与工作分析的关系是什么?以某一岗位为例说明。

4. 工作设计与工作分析的关系是什么?工作设计主要有哪几种方法?

5. 工作评价与工作分析的关系是什么?工作评价主要有哪几种方法?各有什么特点?

案例分析

振兴电子科技集团有限公司职位管理

振兴电子科技集团有限公司位于某市高科技开发园区,公司成立于1999年,创立初期公司只有几个人,主要是手工作坊式的模式,因此获利比较微薄,这种情形一直持续到2002年。2002年以后,公司开始进行股份制改革,开拓新的市场机会,公司员工也逐步增加到3000余人。公司在高速发展的同时,管理制度没有有效地制定和落实。2005年,由于某种电子产品技术问题及公司的战略失误,造成了公司业绩的大幅下滑,诸多骨干员工纷纷离职,公司陷入了困境。2006年,公司提出了二次创业的理念,并进行了各项管理变革,同时还就人力资源管理各方面问题专门向某管理咨询公司咨询,希望能够通过人力资源管理的变革为公司带来新的发展契机。

该管理咨询公司对振兴电子科技集团有限公司的人力资源管理现状进行了调研。其中,针对职位管理设计了以下调查问卷:

评估 / 项目	为实现公司目标，应达到的水平（基于您的认识）					当前，公司的实际能力水平（基于您的评价）				
	1 不需要该能力	2 具备一部分能力	3 具备大部分能力	4 具备全部能力	5 业界领先	1 不具备该能力	2 具备一部分能力	3 具备大部分能力	4 具备全部能力	5 业界领先
1. 持续改善使人员工作绩效最大化的组织结构和工作流程	1	2	3	4	5	1	2	3	4	5
2. 掌握优化流程、改善工作的技能	1	2	3	4	5	1	2	3	4	5
3. 简化流程，减少边界多、流程长、分工细、职权集中等阻碍流程运行的现象	1	2	3	4	5	1	2	3	4	5
4. 协调流程与组织的关系，减少组织职能、职权阻碍流程运作的现象	1	2	3	4	5	1	2	3	4	5
5. 保持合理的职位结构	1	2	3	4	5	1	2	3	4	5
6. 保持合理的职位数量	1	2	3	4	5	1	2	3	4	5
7. 针对目标和客户（下道工序）需求赋予职位目标，设计职位	1	2	3	4	5	1	2	3	4	5
8. 明确的职责界限，减少部门、职位间的职责重合、交叉、混淆等现象	1	2	3	4	5	1	2	3	4	5
9. 落实职责，减少职责遗漏，有事没人做的现象	1	2	3	4	5	1	2	3	4	5
10. 适当依据人的素质、特长、兴趣、职业发展意愿调整职责分配	1	2	3	4	5	1	2	3	4	5
11. 以科学合理的评估要素、评估程序/规则来评估职位价值，作为报酬激励的基础	1	2	3	4	5	1	2	3	4	5
12. 用职位说明书简洁、清晰地描述职位	1	2	3	4	5	1	2	3	4	5

通过调查统计，得出了以下数据（直方图左列表示“应达到的水平”，直方图右列表示“实际水平”）：

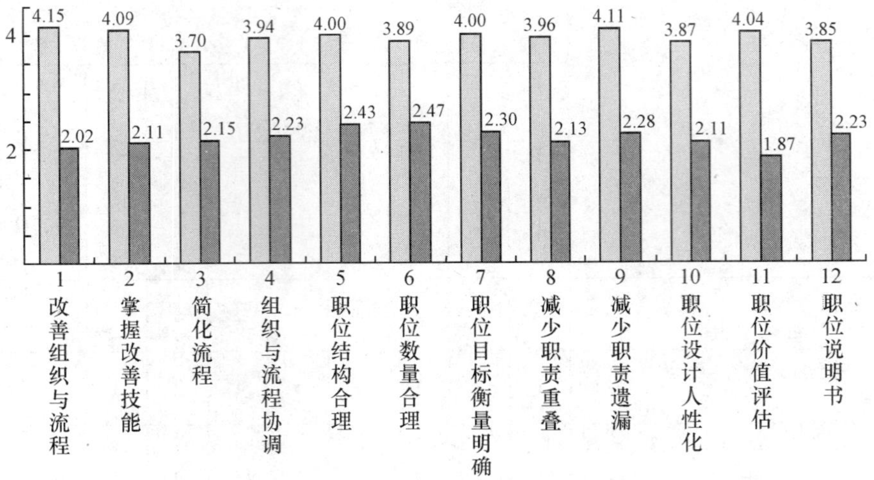

案例思考题：

1. 该咨询公司所设计的调查问卷能否对公司的人力资源职位管理现状进行有效的诊断？为什么？

2. 根据该咨询公司的调查结果，你认为振兴电子科技集团公司的人力资源职位管理中最突出的问题有哪些？

3. 如果你是咨询顾问，请根据振兴电子科技集团公司的管理现状提出恰当的人力资源职位管理改进思路。

第四章　人力资源招聘

本章概要

人才对现代企业发展的推动作用毋庸置疑。作为企业甄选、录用所需人才的重要过程,招聘在现代企业人力资源管理中的作用也愈加凸显。本章围绕企业人力资源招聘的各方面展开,主要内容包括:招聘概述,涉及招聘目的、原则和招聘策略;企业招聘的主要渠道和程序;招聘中综合测试和情景模拟的主要类型和方法;招聘面试的注意事项和技巧。

第一节　人力资源招聘概述

一、招聘的目的与原则

招聘是组织吸引应聘人员并从中甄选、录用组织所需员工的过程。员工的招聘包括两个环节:一个是招募环节,即通过各种手段宣传组织形象,达到吸引应聘者的目的;另一个是甄选环节,即采用各种技术或手段测评、选择符合要求的应聘者。前者是后者的前提与基础,后者是前者的目的和结果。

一般情况下,企业招聘工作是源于以下几种情况的人员需求:

——缺员的补充;

——突发的人员需求;

——为了确保企业所需的专门人才;

——为了确保新规划事业所需的人员;

——当企业扩大规模而引发的管理人员扩充时;

——企业内部机构有所调整时;

——为了使企业更具有活力,而必须引入外来的经营者之时。

一般而言,招聘工作是由企业的人力资源部门和直线用人部门共同承担的,但各自的职责分工有所侧重,详见表 4-1。

表 4-1　招聘过程中各部门的主要职责

	人力资源部门	直线用人部门
职责	• 决定招聘程序、招聘渠道和方法 • 同相关部门一起研究员工的需求情况 • 派出招聘人员进行具体的招聘活动 • 对应聘人员进行基本条件的甄别筛选 • 控制整个招聘过程,并作出及时的修正和改进	• 根据本部门的业务计划制定具体的招聘计划 • 在人力资源部门指导下拟订工作描述和工作规范 • 对应聘候选人的专业或技术能力进行考评 • 最终作出录用决策

在招聘过程中,企业应该遵循以下原则:

公开原则:把招聘单位、种类、数量、报名的资格和条件及考试的方法、科目和时间,在组织内部或面向社会公告。

竞争原则:通过考试竞争和考核鉴别确定人员的优势和人选的取舍。

平等原则:对所有报考者一视同仁,不得人为地制造各种不平等的限制或条件和各种不平等的优先优惠政策。

能级原则:招聘的人员应量才录用,做到人尽其才、用其所长。

全面原则:对报考人员从品德、知识、能力、智力、心理、过去工作的经验和业绩方面进行全面考试、考核和考察。

择优原则:为了广揽人才、选贤任能,引进和选择最合适的人员。

效率原则:根据不同的招聘要求,灵活选用适当的招聘形式,用尽可能低的招聘成本录用高质量的员工。

守法原则:对于应聘者的招聘与选拔必须遵守国家的法令、法规、政策,在聘用过程中不能有歧视行为。

二、招聘的策略

招聘策略是招聘计划的具体体现,是为实现招聘计划而采取的具体策略。

1. 招聘范围策略

选择招聘的地点,一般要考虑潜在应聘者寻找工作的行为、企业的位置、劳动力市场状况等因素。客观上,为了降低招聘成本,不同的人员需求选取不同的招聘范围,即在本地劳动力市场招聘办事员和工人,在跨地区人才市场上招聘专业技术人员,而在全国范围内甚至国际上招聘高级管理人才。

2. 招聘方式策略

采用哪一种途径或方式招聘人员,应根据供求双方不同情况而定。

为了做好招聘工作,需要和学校、职业介绍机构、有关团体、培训机构等保持密切联系。一般来说,企业可在大学毕业生中招聘专业技术人员和基层管理人员;借助职业介绍所招聘办事员和生产工人;通过广告招聘销售人员、具有专门技能的管理技术人员等。为了节省开支和时间,还可采用员工引荐的方式。

3. 招聘渠道策略

采用外部招聘还是企业内部招聘,取决于企业的聘用政策。聘用政策主要有传统的甄选模式、人力资源模式和“非我族类”模式。

传统的甄选模式:即“以人就事”,以工作为主,按照本单位的需要优先考虑。

人力资源模式:即“以事就人”,“以人为主”,按照人的特征考虑岗位,旨在人尽其才。

“非我族类”模式:即在选人用人过程中,重点考虑员工对企业价值观的认同程度,一般聘用与组织价值观接近的员工。

4. 招聘时间策略

有效的招聘策略不仅要明确招聘范围和方法,还要确定恰当的招聘时间,招聘时间一般要比有关职位空缺可能出现的时间早一些,也就是说需要根据招聘计划及时确定招聘时间。

例如,某企业欲招聘 20 名推销员。根据预测,招聘中每个阶段的时间占用分别为:征集个人简历需要 10 天,邮寄面谈邀请信需要 4 天,面谈准备安排需 3 天,企业聘用的决策需 4 天,接到聘用通知的候选人在 7 天内作出接受与否的决定,受聘者 15 天后到企业参加工作,前后需耗费 43 天的时间。那么招聘广告至少在招聘工作结束前一个半月登出,即如果招聘 20 名推销员的工作是某年的 6 月 30 日结束,则招聘广告必须在 5 月 15 日左右登出。

第二节　招聘渠道与程序

一、招聘渠道

根据招聘对象的来源可以将招聘渠道分成内部招聘和外部招聘。在现实操作中,往往要根据公司的战略发展要求、职位要求、招聘预算以及人力资源的稀缺状况等因素决定采用何种招聘渠道,或者两种招聘渠道并用,因为这两种招聘渠道各有它们的优势和不足。

(一) 企业内部招聘

企业的内部招聘是企业的岗位空缺用企业内部员工的重新配置来填补。通常能够满足内部招聘需求的员工是已经被确认为接近提升线的人员或可以平级调动的人员。

内部招聘具有以下突出优势:可以激励员工的士气,增强员工的稳定性,使工作绩效优秀的员工有良好的职业发展的机会;企业原有的员工可以更快地熟悉和适应新工作的氛围;招聘成本较低,招聘风险较低并且成功率较高。但是,组织的内部招聘同样存在着不足之处:由于招聘来源有限,内部人员应聘容易产生“近亲繁殖”问题,不利于组织创造力的发挥。同时还可能造成员工之间的不公平感而加剧内部矛盾的滋生,从而影响员工的工作满意度。

1. 内部招聘信息的发布

为了使内部员工和各用人部门获得相关的职位信息和人员信息,可以采用以下两种方法:布告招标和利用技术档案的信息。

(1) 布告招标

布告招标是在组织内部招聘人员的普遍方法,过去的做法是在公司或企业的布告栏发布工作岗位空缺的信息,现在已开始采用多种方法发布招聘信息,如公司内部报纸、刊物,电子邮件系统、BBS、公司网站等。在使用布告招标时,要满足以下几条要求:第一,至少要在内部招聘前一周发布所有的工作雇用和人员调动的信息;第二,清楚地列出工作描述和工作规范;第三,允许员工有一段时间去“投标”,填写《内部人员求职申请表》;第四,使所有申请人得到有关申请的反馈信息。

布告招标有利于发挥组织中现有人员的工作积极性,激励士气,鼓励员工在组织中建功立业。因此,它是激励员工职业发展的一种好方法。同时,它也具有比较省时和经济的特点。

(2) 利用档案信息

内部招聘的另一种方法是利用现有人员档案中的信息。这些信息可以帮助招聘人员确定是否有合适的人选,然后,招聘人员可以与他们接触,了解他们是否想提出申请。这种方法可以和布告招标共同使用以确保岗位空缺引起所有有资格申请人的注意。

利用档案信息的优点是可以在整个组织内发掘合适的候选人,同时档案信息可以作为人力资源信息系统的一部分。如果经过适当的准备,并且档案中包含的信息比较全面,采用这种方法同样比较经济省时。

2. 内部招聘的方式

内部招聘方式主要有以下几种:

内部晋升或岗位轮换:企业在系统完善的职位管理和职业生涯规划管理体系的基础上,建立内部晋升和岗位轮换管理程序和制度。完善的职位体系可以明确职位的职责、职位的级别、职位之间的关系,由此明确哪些职位可以晋升或轮换。

内部公开招聘:公司可以利用内部主页、公告栏等途径,向内部员工发布岗位空缺信息,并鼓励符合条件的员工根据自己的意愿自由应聘。

内部员工推荐:当向公司员工发布职位空缺信息时,还可以鼓励员工利用自己的社会关系向公司推荐其他的优秀人才。如果内部的员工为公司成功推荐合适人才,公司应在精神上和物质上给予适当的鼓励,以形成公司上下举贤纳士的文化氛围。

临时员工转正:当正式的工作岗位出现空缺时,如果临时人员的能力和技能符合岗位的任职资格要求,那么可以考虑临时人员的转正问题,以此弥补岗位空缺。

(二) 企业外部招聘

所谓外部招聘,是指在企业外部吸收应聘者。外部招聘可以获得多方面的人力资源来源,选择余地较大,有利于招聘到比较满意的人才;同时从外部招聘的人员可以带来新的思想和新的工作方法,提高组织的创新能力;外部招聘还可解决内部员工的公平性问题,缓和内部员工之间的矛盾;现成的外部人才还可以减少组织的培训费用。外部招聘也有不足之处,新员工进入角色后,对组织的文化需要一定的适应期,和其他员工的熟悉和融合需要经过一定的时间;同时外部招聘还可能影响内部员工的工作积极性,影响原有员工的职业发展机会。

外部招聘可以采用多种形式,下面介绍几种较为普遍采用的方法:

1. 广告招聘

广告招聘是应用很广泛的一种方法,其传播媒体可以是大学校园里的布告栏、专业技术杂志、报纸和电视等。广告的作用一方面是可将有关工作的性质、要求,员工应该具备的资格等信息提供给潜在的应聘者;另一个作用是向应聘者"兜售"公司或企业的优势。

广告招聘的重点是注重招聘内容的真实性,虚假的广告会引起雇用时的不满和日后的跳槽。一份优秀的广告要充分显示出组织的特色、优势和对人才的吸引力,通常应具备以下条件:具有使人过目不忘的广告词;突出企业徽志;使用鼓励性、激励性用语;说明招聘的岗位、人数、所需的资格条件,需要的话并注明待遇。

广告招聘的优点:传播范围广,挑选余地大;招聘广告留存时间较长;可附带帮助企业进行形象和产品宣传。

广告招聘的缺点:初选双方不直接见面,信息容易失真;广告费用支出较大;录取成功率低。

广告招聘适用于各类企业、各类人才。

2. 校园招聘

大学的专科生、本科生和研究生是大多数专业管理人员和工程技术人员的主要来源。校园招聘的一种方法是管理人员或者其他公司代表访问学校并发表演讲;另一种方法是与有求职兴趣的学生面谈,与应聘学生签约。此外,公司还可以雇用专职招聘人员去校园招聘。

选择学校要考虑以下几个因素:第一是招聘岗位类型,即要明确补充人员岗位的类型;第二是组织的规模,大公司可能到全国各地的大学招聘,而小的组织则主要在本地的大学招聘;第三是所选择的学校通常与企业过去招聘的经历和结果有关。企业往往会选择那些曾经招聘比较成功或工作业绩较好的学校毕业生。

校园招聘的优点:双方了解较充分;挑选范围和方向集中,效率较高。

校园招聘的缺点:应聘者流动性过大,有时需支付其旅差费和实习费,相对招聘成本较高。

校园招聘适用于招募发展潜力大的优秀青年人才。

3. 委托各种劳动就业中介机构

企业可以委托各种人才市场、劳务市场以及职业介绍所进行招聘。在委托人才中介机构招聘人才时要注意选择有信誉、有资质的中介机构,这样才能保证这种招聘方法具有选择面大、可信性大、工作量少的特点。

委托中介机构招聘的优点:介绍速度较快,费用较低。

委托中介机构招聘的缺点:中介机构的选择要比较谨慎,不然会影响招聘的效果。

委托中介机构招聘适用于初中级人才,或急需用工的情形。

4. 人才招聘会

为招聘人才,企业可定期或不定期地参加各类人才交流会、人才市场招聘会。招聘会一般有两种:专场招聘会和非专场招聘会。专场招聘会是一家公司面向特定的群体举办的招聘会;非专场招聘会则是由某些人才中介机构组织多家单位参加的、规模较大的招聘活动,招聘的对象是各种类型的、各种层次的人才。

人才招聘会的优点:双方直接见面,可信程度较高;当时可确定初选意向;费用低廉。

人才招聘会的缺点:应聘者众多,洽谈环境差;挑选面受限制。

人才招聘会适用于初中级人才,或急需用工的情形。

5. 委托猎头公司

企业将用人要求和标准转告猎头公司,委托寻求合适的人才。

委托猎头公司招聘的优点:由于猎头公司专业化程度高,并掌握了大量人才数据信息,一般能为企业找到满意人才,比企业自己招聘质量好,招聘过程隐秘、不事声张。

委托猎头公司招聘的缺点:招聘过程较长,各方反复接洽谈判;招聘费用昂贵,按年薪的一定比例支付猎头费用,一般是所招聘职位年薪的1/3—1/4。

委托猎头公司招聘方式适用于物色高级人才,如高级管理人员和高级技术人才。

6．网络招聘

网络招聘是指通过公司自身的主页或者专业的招聘网站，招聘单位在网上发布招聘信息，在网上完成招聘活动的过程。这是目前基于互联网技术下的新型招聘方式，受到越来越多公司的青睐。

网络招聘的优点是：接触的人才面广量大，企业选择的余地较大；招聘成本低、方便快捷省时，不受时间、地域的限制；有利于建立多功能的招聘信息系统。

网络招聘的缺点是：应聘者的应聘信息可靠性较低，给招聘工作带来一定的风险；需要互联网技术的支持，对于招聘公司的技术能力要求较高。

网络招聘适用于初、中、高级的各类人才招聘。

二、招聘程序

员工的招聘一般经过以下程序（见表4-2）：

表4-2　招聘程序

招聘过程	具体步骤
第一步，制定招聘计划	1．人力资源规划和工作分析 2．用人部门和人力资源部门共同参与制定招聘计划
第二步，招聘的准备	1．成立招聘工作小组 2．选择招聘渠道 3．准备并发布招聘信息
第三步，人员选拔	1．收集应聘者的材料 2．人力资源部门预审求职材料，核对、评估材料的真实性 3．进行初次筛选或面试 4．进行各项智力、技能、个性的测试 5．根据甄选的标准，用人部门提出录用名单 6．候选者进行体格检查
第四步，人员录用	1．录用员工进入企业的试用期，签订试用合同 2．对新员工进行初步的岗前培训 3．用人部门试用期满，考核并提出去留意见 4．人力资源部门与正式录用员工签订正式的劳动合同
第五步，招聘评估	1．实施招聘评估 2．撰写招聘总结报告

资料来源：黄维德、刘燕编著：《人力资源管理实务》，立信会计出版社2004年版，第94页。

（一）制定招聘计划

招聘计划是把对工作空缺的陈述变成一系列目标，并把这些目标和相关的应聘者的数量和类型具体化。一份招聘计划通常包含以下主要内容：

招聘人数:人力资源部门和直线用人部门根据人力资源规划确定具体的招聘人员的数量和岗位。对一般岗位来说,需要招聘数量往往稍多于实际录用的人数,以防应聘者临时变化而影响岗位工作开展。

招聘基准:招聘基准就是确定录用什么样的人才。其内容包括:年龄、性别、学历、工作经验、工作能力、个性品质等,具体根据用人部门事先所确定的工作规范的内容决定。

招聘经费预算:除了参与招聘工作的有关人员的工资以外,还需要支付中介机构或猎头公司的中介费,另外还有广告费、考核费、差旅费、电话费、通信费、文具费等。

(二) 招聘的准备

制定了较为详细的招聘计划之后,由人力资源部门和用人部门共同组成一个临时的招聘小组,完成后续一系列招聘工作。招聘小组的首要工作就是准备包括招聘信息在内的所有相关材料。招聘信息通常应包括的内容主要有:

——工作岗位的名称;

——有关工作职责的简单而明确的阐述;

——说明完成工作所需的技巧、能力、知识和经验;

——工作条件,如地理位置、时间、周工作天数、下层管理人员的情况、报酬和福利;

——申请时间和地点;

——如何申请、是否要寄送简历、填申请表以及面试等。

在准备招聘信息时,注意不要把工作岗位或企业本身情况介绍得过分突出。尤其是当招聘者为吸引某些紧缺人才而与其他招聘者竞争时,不宜采用过分推销的办法。例如,有些地方政府或企业为了吸引人才,有时甚至过分夸大企业的优势,并允诺各种优惠,而在实际录用后又不能兑现,既造成受聘人的不满,也给企业带来了不必要的麻烦和损失。

(三) 人员选拔

人员选拔的目的是从应征的候选人中挑选出符合组织需要的各类人才,它是招聘工作中最关键的步骤。人员选拔过程一般分成初选和精选两个阶段。初选主要由人力资源部负责进行,它包括求职者背景和资格的审查、初步面试。精选包括笔试、心理测试、第二次面试、选拔决策和体检等。精选阶段一般由人力资源部和用人部门的负责人共同协商决策。人员选拔的方法既有笔试、心理测试等简便的测试,又有结构化面试及情景模拟等复杂的测试评价方法,在实际操作中根据不同需要加以选择。

(四) 人员录用

应聘者经过前面几轮选拔之后,最后就是录用。这一阶段往往包括试用合同的签订、员工的初始安排、试用、初步的岗前培训、试用期评价以及正式聘用，并与新员工签订正式合同。在这一阶段要注意下面几个问题：

(1) 人员录用一方面是按照工作职位的特性和工作的实际需要进行的，同时还要根据每个新员工的个人能力和个性特点来配置工作职位，以提高人力资源的利用率。

(2) 对所有录用人员一视同仁，公平竞争，择优录用。

(3) 对于过分超过任职资格的人员要谨慎录用。因为录用一个知识、经验、技能和素质水平远高于工作要求的候选人，可能加大目前的人工成本，同时也会增加隐含的工作流动性和不稳定性，造成未来人工成本的浪费。

(4) 在基本满足职位要求的前提下，候选人以往的工作经验和实际工作绩效是录用决策时考虑的重要条件，也就是应注重候选人的实际工作能力。

(5) 在工作能力和工作经验基本相同时，每个候选人希望获得该工作职位的动机强度是录用决策时考虑的又一个因素。因为员工未来的工作绩效一般取决于个体的能力和工作态度，在工作能力基本相同的情况下，员工的工作积极性将影响员工的工作绩效。因此，一般录用工作动机比较强的新员工。

（五）招聘评估

一个完整的招聘过程的最后，应该有一个评估阶段。招聘评估包括以下三个方面：

1. 招聘成本评估

招聘成本评估是指对招聘中的费用进行调查、核实，并对照预算进行评价的过程。招聘成本是指平均每个被录用员工的招聘成本，是鉴定招聘效率的一个重要指标，即：

$$\text{招聘成本}=\frac{\text{招聘总费用}}{\text{录用人数}}$$

一般来说，招聘总费用包括人事费用、业务费用以及其他开支等。

招聘成本评估之前，应该制定招聘预算。每年的招聘预算应该是全年人力资源开发与管理总预算的一部分。以招聘一般员工为例，招聘预算中主要包括：招聘广告预算、招聘测试预算、体格检查预算、其他预算，其中招聘广告预算占据相当大的比例，一般来说按 4:3:2:1 比例分配预算较为合理。

2. 录用人员评估

录用人员评估是指根据招聘计划对录用人员的质量和数量进行评价的过程。录用人员的数量可用以下几个数据来表示：

(1) 录用比，是指应聘人员中被录用人数的比例

$$\text{录用比}=\frac{\text{录用人数}}{\text{应聘人数}}\times 100\%$$

一般而言，录用比越小，录用者的素质越高；反之，则可能录用者的素质较低。

(2) 招聘完成比，是指录用人员数量占计划招聘数量的比例

$$招聘完成比 = \frac{录用人数}{计划招聘人数} \times 100\%$$

如果招聘完成比等于或大于100%，则说明在数量上全面或超额完成了招聘计划。

(3) 应聘比，是指参加应聘人员总数占计划招聘人员的比例

$$应聘比 = \frac{应聘人数}{计划招聘人数} \times 100\%$$

应聘比越大，说明发布招聘信息效果越好，同时说明录用人员可能素质较高。

录用人员的质量除了运用录用比和应聘比这两个数据来反映录用人员的质量外，也可以根据招聘的要求或工作分析中的要求对录用人员进行等级排列来确定其质量。

3. 撰写招聘小结

招聘小结的主要内容有以下几方面：招聘计划、招聘进程、招聘结果、招聘经费、招聘评定等。以下为一招聘小结范例：

某电子元器件公司秋季招聘小结

一、招聘计划

根据本年度8月3日第二次董事会决议，向社会公开招聘负责国际贸易的副总经理一名、生产部经理一名、销售部经理一名。

由人力资源开发管理部经理在分管副总经理的直接领导下具体负责。

招聘测试工作全权委托润华管理咨询公司人力资源服务部实施。

二、招聘进程

9月1日，《人才市场报》和《电子信息报》刊登招聘广告。

9月15日—9月30日，初步筛选，去掉一些明显不符合要求的应聘者。

10月1日—10月31日，招聘测试。

11月1日—11月10日，最终决策。

11月15日，新员工上岗。

三、招聘结果

1. 副总经理应聘者25人，参加招聘测试15人，确定候选人3名，录用0人。

2. 生产部经理应聘者30人，参加招聘测试20人，确定候选人3名，录用1人。

3. 销售部经理应聘者45人,参加招聘测试30人,确定候选人3名,录用1人。

四、招聘经费

本次招聘预算共十万元。在招聘活动中,实际开销如下:

1. 招聘广告费五万元;

2. 招聘测试费三万元;

3. 体格检查费五千元;

4. 应聘者纪念品费一千元;

5. 招待费五千元;

6. 杂费二千五百元;

7. 合计实际支出九万三千五百元。

五、招聘评价

1. 主要成绩

这次由于委托了专业机构进行科学测试,录用的两位经理素质十分令人满意,同时测试结果指出了副总经理应聘者中无合适人选,最后没有录用。

另外,由于公平竞争,许多落选者都声称受到了一次锻炼,对树立良好的企业形象起到了良好的促进作用。

2. 主要不足之处

由于招聘广告的设计还有些问题,所以没有吸引足够多的高层次应聘者来竞争副总经理岗位,致使副总经理最终没有合适人选录用。

人力资源部经理　　签名

××年××月××日

资料来源:黄维德、刘燕编著:《人力资源管理实务》,立信会计出版社2004年版,第99页。

第三节　综合测试和情景模拟

综合测试和情景模拟是招聘中经常使用的考核应聘者知识和能力、对候选人进行筛选的主要方法。

一、综合测试

一名员工要胜任一定的工作,就必须达到一定的智力水平,具备一定的能力要求,同时不同的工作职位还要注重其个性特征,因此在招聘过程中的不同测试可以帮助人力资源部门和用人部门进行候选人的初步筛选。

(一)综合测试的主要类型

1. 能力测试

能力是一种内在的心理品质,是个人完成某种活动、解决某个问题所必须具备的条件。能力测试分成一般能力测试和特殊能力测试。

(1)一般能力测试

一般能力测试(General Aptitude Test Battery,GATB)最初是美国劳工部自1934年起花了十多年的时间研究制定出来的。它适用于各类职业群,用于测验在许多职业领域中工作所必需的若干种能力倾向。

全套GATB测验由15种测验项目构成,其中11种是纸笔测验,4种是器具测验,可以测定9种完成各种工作必要的能力。这9种能力为:G智能(Intelligence)、V言语能力(Verbal Aptitude)、N数理能力(Numerical Aptitude)、Q书写的知觉(Clerical Perception)、S空间判断能力(Special Aptitude)、P形状知觉(Form Perception)、K运动协调(Motor Coordination)、F手指的灵活度(Finger Dexterity)、M手腕灵活度(Manual Dexterity)等。测验项目与能力的关系如表4-3所示。

表4-3 GATB测验的能力

测验项目	能力	主要内容
测验9	言语能力(V)	寻找同义词或反义词
测验4和测验8	书写知觉(Q)	与P类似,但并非匹配图形或形状,而是匹配名称
测验1和测验11	空间判断能力(S)	理解三维物体的二维表示和想象三维运动的结果
测验14和测验15	手指灵巧度(F)	包括两个测试:装配和拆卸铆钉、垫圈
测验12和测验13	手腕灵巧度(M)	包括两个测试:在木板上传递和翻转短木桩
测验7、8、9	智能(G)	由测试V、S、N因素中的三个测验分数相加而得
测验3、6、10	运动协调(K)	纸笔测试:在一系列方框或圆中,用铅笔作出特定记号
测验4、7	数理能力(N)	计算和算术推理
测验1、11	形状知觉(P)	包括两个测试:匹配画有同样工具的图案;匹配同样的几何图形

(2)特殊能力测试

特殊能力就是指某些人具有的他人所不具备的能力。有时,出于工种的需要,在招聘中需要测试一些特殊能力。但是,由于需要一些专业化心理测试仪器的配合运用,特殊能力测试在一般员工招聘中并不常用。

特殊能力测试主要是一种机械能力测验,也称心智运动测验,用来测验心智与体力动作相结合的机械工作能力,还包括机械的推理测验等。它适合于选拔须掌握机械操作技能的人员,如机械师、修理工、裁剪师、绘图员、牙科医生等。

主要的特殊能力测试有以下四种:

——麦夸里机械能力测验:一种测试候选人运动能力的性向实验,通过若干项目,测量人们对机械原理的理解和判断空间形象的速度、准确性以及手眼协调的运动能力。

——明尼苏达关系测验:测验候选人把握空间关系的能力。所用材料为ABCD四块木板,每块木板上挖有58个形状不同大小各异的空洞,并配有数量相同、大小形状和木板上的空洞一一对应的木块。根据应试者将木块与木板上空洞放置的结果,评价其用时和正确率。

——视觉测试:测试员工的视力及相关的四个方面视觉要素特性。这种测试利用远双目镜或美国鲍希罗眼镜公司设计的视力分类机,对视力的多种特征进行测验,以评定其是否符合一定工作的要求。

——明尼苏达文书测验:是一种集体速度测验,它由数字比较和名字比较两部分组成。测验目的是确定在规定时间候选人的辨认准确度,准确度高则表示文书性工作能力较强。

2. 智力测试

所谓智力就是指人类学习和适应环境的能力。智力包括观察能力、记忆能力、想象能力、思维能力等等。智力测试就是对智力水平的科学测试,它主要测验一个人的思维能力、学习能力和适应环境的能力。智力的高低以智商IQ来表示。一般来说,智商较高的人学习能力较强,但这两者并不一定完全正相关。因为智商还包括社会适应能力,有些人学习能力强,但他的社会适应能力并不强。

智力测试分为两类:一般智力测试和特定智力测试。一般智力测试主要是测试一个人的基础性行为能力,如对语言和数字能力的测试,主要是通过词汇、相似、相反、算术计算等类型的问题进行测试。一般有韦克斯勒成人智力量表、斯坦福—贝纳特测验、差别性智力测验、雇员智力测验等。特定智力测试是对某类工作或某项活动所需能力进行针对性测试。因此,在特定智力测试与工作绩效之间存在较强的相关性。即某种特定的测试只对某类工作或活动有效。下面介绍两种主要的智力测试方法:

(1) 韦克斯勒成人智力测验

企业在招聘中最常用的智力测验是韦克斯勒成人智力测验,它由美国纽约大学附属贝尔维(Bellevue)医院神经科主任韦克斯勒于1939年首次发表,1955

年经修订后定名为 WAIS,即韦克斯勒成人智力量表。

韦克斯勒成人智力量表内容复杂,在实际工作中主要应用于高级人员的挑选。量表适用范围是 16—64 岁的成人,包括言语量表和操作量表两部分,共 257 个问题。前者包括常识、理解、算术、相似、背数、词汇六个分测验,后者包括数字符号、图形拼凑、图画填充、木块图、图片排列五个分测验。测试内容如表 4-4 所示。

表 4-4 韦氏成人智力量表的内容

分测验名称		测试内容
言语量表	常识	知识的广度、一般学习能力及对日常事物的认识能力
	背数	注意力和短时记忆能力
	词汇	言语理解能力
	算术	数学推理能力、计算和解决问题的能力
	理解	判断能力和理解能力
	相似	逻辑思维和抽象概括能力
操作量表	图画填充	视觉记忆、辨认能力,有视觉理解能力
	图片排列	知觉组织能力和对社会情境的理解能力
	木块图	分析综合能力、知觉组织及视动协调能力
	图形拼凑	概括思维能力与知觉组织能力
	数字符号	知觉辨别速度与灵活性

(2) 瑞文标准推理测验

瑞文标准推理测验是英国心理学家瑞文于 1938 年设计的一种非文字智力测验。1947 年和 1956 年,瑞文又对该测验作了小范围的修改。该测验共有 60 个题目,分成 A、B、C、D、E 五个组,每组 12 题。从 A 组到 E 组难度逐步增加,每组内部的题目也是由易到难排列。

瑞文标准推理测验主要测验人的推理能力、清晰思维的能力,以及发现和利用自己所需信息等与人们有效的适应社会生活的能力。该测验是由一系列图形组成,是一种典型的非文字智力测验,因此测验对象不受文化、民族与语言的限制,使用方便,结果直观。同时,该测验具有较高的信度和效度。瑞文标准推理测验常常被用于人才的选拔与培养。

3. 个性测试

个性是指一个人比较稳定的心理活动特点的总和,它是一个人能否施展才能,有效完成工作的基础。个性可以包括性格、兴趣、爱好、气质、价值观等等。在招聘中通过个性测验,能够了解一个人个性的某一方面,再结合其他指标来考虑他适合担任哪些工作。个性测试主要有以下几种方法:

（1）卡特尔16种个性因素测验（16PF）

卡特尔16种个性因素测验是按照因素分析法编制的一个与个性特质理论相关的测验，适用于16岁以上的成人。该测验在学业预测、职业预测和心理健康预测方面得到了广泛的应用。该测验共有187道题目，分成16个分量表，分别测量16种根源特质。具体如下表4-5所示。

表4-5　16PF各因素特征值

因素	特质	低分特征	高分特征
A	乐群性	缄默，孤独，冷漠	外向，热情，乐群
B	聪慧性	思想迟钝，学识浅薄，抽象思考能力弱	聪明，富有才识，善于抽象思考，学习能力强，思考敏捷正确
C	稳定性	情绪激动，易生烦恼，心神动摇不定，易受环境支配	情绪稳定而成熟，能面对现实
E	恃强性	谦逊，顺从，通融，恭顺	好强固执，独立积极
F	兴奋性	严肃，审慎，冷静，寡言	轻松兴奋，随遇而安
G	有恒性	苟且敷衍，缺乏奉公守法的精神	有恒负责，做事尽职
H	敢为性	畏怯退缩，缺乏自信	冒险敢为，少有顾忌
I	敏感性	理智，着重现实，自恃其力	敏感，感情用事
L	怀疑性	依赖随和，易与人相处	怀疑，刚愎，固执己见
M	幻想性	现实，合乎成规，力求妥善合理	幻想，狂放不羁
N	世故性	坦白，直率，天真	精明，能干，世故
O	忧虑性	安详沉着，有自信心	忧虑抑郁，烦恼多端
Q1	实验性	保守的，尊重传统观念与行为标准	自由的，批评激进，不拘泥于现实
Q2	独立性	依赖，随群附众	自立自强，当机立断
Q3	控制性	矛盾冲突，不明大体	知己知彼，自律谨严
Q4	紧张性	心平气和，闲散宁静	紧张困扰，激动挣扎

（2）职业兴趣测试

职业兴趣测试是心理测试的一种方法，它可以表明一个人最感兴趣的并最可能从中得到满足的工作是什么。由于兴趣不等于才能或能力，职业兴趣测试通常需要与能力测试同时进行。此外，测试过程中容易出现测试者做假的现象，因此在员工选择中较少用到兴趣测试，它们主要被用于员工评议和职业指导方面。兴趣测验的结果通常也用于员工的生涯规划，另外还可以用做人员选择的工具，如果组织能选择那些与现职成功的雇员的兴趣相似的候选人，那么这些候选人很可能在新的岗位上也能取得成功。

常用的职业兴趣测试是霍兰德的职业偏好量表。霍兰德认为大多数人可以分成以下 6 种职业兴趣类型:现实型、研究型、艺术型、社会型、企业型和常规型。每一种职业兴趣适应不同的工作岗位,如表 4-6 所示。

表 4-6 霍兰德的人格类型

类型	人格特点	职业偏好	职业举例
现实型	害羞、真诚、持久、稳定、顺从、实际	需要技能、力量、协调性的体力活动	机械师、钻井操作工、装配线工人、农场主
研究型	分析、创作、好奇、独立	需要思考、组织和理解活动	生物学家、经济学家、数学家、新闻记者
社会型	社会、友好、合作、理解	能够帮助和提高别人的活动	社会工作者、教师、议员、临床心理学家
传统型	顺从、高效、实际、缺乏想象力、缺乏灵活性	规范、有序、清楚明确的活动	会计、业务经理、银行出纳员、档案管理员
企业型	自信、进取、精力充沛、盛气凌人	那些能够影响他人和获得权力的言语活动	法官、房地产经纪人、公共关系专家、小企业主
艺术型	富于想象力、无序、杂乱、理想、情绪化、不实际	那些需要创造性表达的模糊且无规则可循的活动	画家、音乐家、作家、室内装饰家

(3)投射测验

所谓投射测验就是让被试者通过一定的媒介,建立起自己的想象世界,在无拘束的情景中,显露出其个性特征的一种个性测试方法。测试中的媒介,可以是没有规则的线条、有意义的图片、只有头没尾的句子,或者一个故事的开头等。通过被试者不同的回答和反应,以此了解不同人的个性。

最著名的投射测验是罗夏墨渍测试和主题统觉测试(简称 TAT)。墨渍测试是让被试者观察一套精心设计的"墨渍图",根据被试者自己的理解来解释这些图形的意义,主试者从被试的解释中可以了解其个性心理特征。主题统觉测试则通过要求被试者回答一些问题或解释一些情景,从中了解一个人的行为动机及成就需求。例如,让被试者看一套连续图片,如第一张是男人在弹提琴,第二张是女人环绕那人的双手……看完后,请他解释这些画面的意思,主试者根据对方编出的故事来了解对方的人格与人生态度。

投射测验的最大优点在于主试者的意图目的藏而不露,这样创造了一个比较客观的外界条件,使测试的结果比较真实、客观,对心理活动了解得比较深入。它的缺点是分析比较困难,需要由经过专门培训的主试者开展。因此,在员工招聘中运用投射测验的一般比较少,只有在招聘高层次的管理人员中才考虑运用。

(二)测试效果评价

一个好的测试工具和测试过程的测试效果应该是稳定而可靠的,也就是说,通过测试,尽可能地选择符合要求的人员并排除不符合要求的人。通常从有效性和可靠性两方面来评价测试的效果。

1. 有效性

有效性是评价测试效果的一个关键指标,是指一项测试所能测量出的其所要测量的内容的程度,它表明一种测试在预测被试者在未来业绩方面成功与否的准确程度。

有效性通常用效度来衡量。效度就是指一个测验在测量中要测的行为特征所具有的准确度,也就是这个测验的测量结果与想要测量的内容的相关系数。它概括了两个变量间的联系,其差异范围在 0 至 ±1 之间,效度最高是 1。效度达到 0.5—0.6 就相当不错了,而在 0.3—0.4 之间也可接受。

根据问题的不同角度,可以把效度分为两类,即内容效度和效表关联效度。

内容效度:又叫形式效度,是指测量所选的项目是否符合有关的内容,即测验在性质上与收集方法上与事先所建立的标准是否一致。要确定一个测试方法的内容效度是高还是低,最常用的方法就是请有关的专家对测量的有关项目进行全面的考核,看其是否代表所要测试的内容,以此来确定它的内容效度。

效表关联效度:又叫试验效度,是指测验能否达到预期要求的程度。心理测量的作用,往往是为了预测将来的行为,如果在招聘中,某一个被试者在通过某一项心理测试时显示他的管理才能很高,但是在以后实践中发现他的管理能力并不高,这样我们可以说该心理测试的效度不高。效表关联效度的确定是由心理测量的结果与有关人员对被试者的相关心理活动进行评价的相关系数来决定的。

2. 可靠性

可靠性是评价测试效果的另一个关键指标,是指一个人在同一心理测量中,几次测量结果的一致性,它反映测试所提供结果的一致程度。

可靠性是由信度来衡量的,其差异范围在 0 至 ±1 之间。心理测试的信度最高可以达到 1,但这是一种理想的状态,在实践中是达不到的。一般的智力测验的信度系数在 0.9 以上,就可以认为该测验信度相当好。一般信度在 0.8 以上就令人相当满意,如果低于 0.8,在没有更好的测验时也可以作为参考,但对于测验所得的分数不宜寄予过高的信赖。

可靠性可以分为以下几种信度指标:

再测信度:检验时间间隔对测试分数的影响,也就是说同一个测验对同一个被测者进行前后两次测试,求其两次测试结果之间的相关,所得的相关系数就是再测信度。这个时间间隔,一般在两个月以上,这样比较准确。

副本信度:又叫等值信度,是指一种心理测试的结果与另外副本的心理测试结果进行相关性分析得出的信度。这种评价方法的缺点在于,副本有的时候比较难找到。

分半信度：将题目分成对等的两半，根据两半测验所得的分数，计算其相关系数，即为分半信度指标。分半信度的获得条件是要求在一个心理测验里包括两个独立的副本，这样，一次测验以后就可以找到测试信度。

3. 其他评价标准

除了有效性和可靠性，还可以从其他几个方面来评价测试效果。

标准化：是指与实施测试有关的过程和条件的一致性。为了能根据同样的测试来比较若干求职者的表现，所有人都必须在尽可能相似的条件下接受测试。

客观性：当给测试者评分的每个人所得结论相同时，测试就具有客观性。多项选择和判断对错的测试是客观的，这种测试的评分是高度机械化的过程，可以利用机器评分。

规范性：为将一个求职者的表现与其他求职者相比较提供了一种参考框架。规范性反映了受测试者整体的分数分布状态，一般符合正态分布规律。

常模：是指心理测量中的比较标准，也就是在心理测量中常用的标准化样本的分数。常模使得每一个分数可以比较。如果没有常模，心理测量的结果就会变得毫无意义。心理测量中最常用的常模是年龄常模，即根据某一个年龄组被试者所得出的平均数。

二、情景模拟

所谓情景模拟，就是指根据被试者可能担任的职务，编制一套与该职务实际情况相似的测试项目，将被试者安排在模拟的、逼真的工作环境中，要求被试者处理可能出现的各种问题，用多种方法来测评其心理素质、潜在能力的一系列方法。

（一）情景模拟的方法

情景模拟可以包括许多方法，主要有角色扮演、即席发言、公文处理、模拟谈话、无领导小组讨论等。

1. 角色扮演

角色扮演是情景模拟中的一个重要方法。它要求被试者扮演一个特定的管理角色来处理日常的管理事务，以此来观察被试者的多种表现，从而了解其心理素质和潜在能力。例如，要求被试者扮演一名高级管理人员，由他来向主试者扮演的下级作指示，下命令；或者要求被试者作为一名车间主任，请他在车间里直接组织生产。

在角色扮演测评中，要强调了解被试者的心理素质，而不要根据他临时给出的意见作出评价，因为临时工作的随机因素很多，不足以反映一个人的真才实学。有时可以由主试者主动对被试者施加压力，如工作时不合作，或故意破坏，以了解该被试者的各种心理活动以及反映出来的个性特点。

2. 即席发言

即席发言是情景模拟的另一种形式。它是指主试者给被试者出一个题目，让被试者稍做准备后按题目要求进行发言，以便了解其有关的心理素质和潜在能力。即席发言主要能够了解被试者快速思维反应能力、理解能力、思维的发散性、语言的表达能力、言谈举止、风度气质等方面的素质。即席发言的题目一般是做一个动员报告、开一次新闻发布会、在职工联欢会上的祝词等等。在即席发言以前，应该向被试者提供有关的背景材料。

即席发言比较满意的标准是：第一，思路清晰、层次分明；第二，语言流畅；第三，观点明确；第四，内容吸引人；第五，能用具体可信的事例说服人；第六，表情自然而自信；第七，声音响亮、抑扬顿挫；第八，口头语少；第九，有恰当的目光交流。

3. 公文处理

公文处理也称做“文件筐”，是对管理人员的潜在能力进行测定的方法。在测评过程中，要求被测试者扮演某一特定角色（如总经理秘书），将面对来自各方面的文件和信息，比如总经理的批示、公司的总结报告、客户的投诉信、电话记录、财务报表、人事调整方案以及基层员工意见等，在规定的时间内，要求被试作出分门别类的处置。

这种测试方法可以较好地评价被测评者的管理协调能力、判断能力、沟通能力、统筹规划能力、果断决策能力等，还能反映被测试者自身的个性特点和对他人的敏感性、与人交往的灵活性等特征。

4. 模拟谈话

模拟谈话是情景模拟中的一种重要方法，主要分为三种类型：电话谈话、接待来访者和拜访有关人士。

（1）电话谈话。被试者在电话谈话中，可以反映出他的心理素质、文秘修养、口头表达能力、处理问题能力等等。电话谈话可以分为接电话、打电话两种，接电话往往是被动的，打电话往往是主动的。

（2）接待来访者。来访者可以各种各样，通常由测试者扮演。在被试者接待来访者时，可以观察他在接待时的态度怎样，驾驭谈话的能力如何，快速处理难题的能力如何，如何处理公事和私事的关系等各方面的能力。

（3）拜访有关人士。通过拜访主试者扮演的相关人员，主要观察被试者以下几个方面的能力：待人接物的技巧、语言表达能力、热情真诚的程度、应付各种困难的能力、有关的专业知识等等。

模拟谈话可以和公文处理在同一时间内交替进行，这样更增添了工作情景的真实性。

5. 无领导小组讨论

所谓无领导小组讨论，就是指一组被试者开会讨论一个实际经营中存在的问题，讨论前并不指定谁主持会议，在讨论中观察每一个被试者的发言，以便了解被试者心理素质和潜在能力的一种测评方法。

在一般情况下，每个小组会有一名被试者以组长的身份主持会议，这个人的领导能力相对较强。根据每一个被试者在讨论中的表现，可以从以下几个方面进行评价：领导欲望、主动性、说服能力、口头表达能力、自信程度、抵抗压力的能力、工作经历、人际交往能力等等。同时，也可以要求被试者在讨论完以后，写一份讨论记录，从中分析被试者的归纳能力、决策能力、分析能力、综合能力、民主意识等等。

（二）情景模拟的程序

情景模拟是一种科学的测评方法，因此，它的操作也需要有科学的程序。

1. 情景模拟准备工作

各种类型的情景模拟，准备工作是不一样的。

（1）角色扮演的准备工作

在准备角色扮演时，首先要做好周密的计划，设计好每个角色的细节；其次要事先培训好辅助人员，要求他们与角色的互动规范化；最后要编制好评分标准，主要考察被试者的心理素质和实际能力，而不要看其扮演的角色像不像。

（2）即席发言的准备工作

即席发言需要做好以下准备：首先准备一个或多个发言题目，每个被试者准备的时间一样多，以5—10分钟为宜；其次要事先编制好评分标准，每一种评价因素都应能量化评分；最后，评分要抓住主要的心理素质，但也不要忽视细节问题。

（3）公文处理的准备工作

公文处理首先要编制好评分标准；其次要注意公文应与测评目的紧密结合；再次要安排一个尽可能和真实环境相似的环境；最后，测试的指导语要清楚、详细，并为被试者准备好足够的办公用具。

（4）模拟谈话的准备工作

在模拟谈话之前，要做好如下准备：第一，要明确通过与人谈话，希望测试被试者哪些心理素质和潜在能力；第二，要注意每一次测试的被试者不能太多，避免不同主试者因主观原因而造成的评分标准不一；第三，评分要及时；第四，可根据需要选用适当的谈话方式；第五，扮演者扮演要真实，要有一定的实践经验；最后，要让被试者事先获得必要的材料和数据。

(5) 无领导小组讨论的准备工作

在无领导小组讨论之前,第一,要明确每小组的成员,以5—7名为佳,不要少于3名,也不要多于10名;第二,讨论的时间要根据人数事先规定,平均每个人安排5—10分钟;第三,讨论时尽量用圆桌,让大家围坐在一起;第四,讨论前应该向被试者提供必要的背景材料;第五,讨论的内容一般是一个案例;第六,讨论前要规定每个被试者必须至少发言一次,且每人累计发言时间不得超过15分钟;第七,准备好评分标准;第八,安排3—5名主试者,以平均数作为被试者的成绩。

2. 实施评价

这个阶段一般包括以下一些过程:

——制定评价要素评分表;

——观察并归纳被试者的行为特征;

——对被试者的行为特征按照标准作初步的评分;

——不同的主试者讨论各自的评分结果;

——综合不同主试者的意见,形成对于每个被试者的总体评分和综合评价意见。

第四节 面 试

面试就是通过主试者和被试者双方面对面的观察、交流等双向沟通方式,了解应试者的素质、能力和求职动机的一种选拔方式。通过面试可以深刻而广泛地考察被试者,考察方式灵活、获得的信息丰富,并且可以测试其多方面的能力,防止虚假舞弊。但是,面试的结果由于受到面试者主观因素的影响较大,随意性较大,实施过程不规范,所以其客观性和一致性受到影响。

一、面试的种类

根据不同的分类标准,面试可以分成以下几种类型:

根据面试效果的不同,可以将面试分成初步面试和诊断面试。初步面试起筛选的作用,主要由人力资源部门负责进行,主要作用是使用人单位和应聘者相互了解,对于聘任意向作出初步的判断;诊断面试是在初步筛选的基础上,由用人部门负责、人力资源部门参与,对应聘者的实际工作能力和工作潜力作出评价,主要针对中、高级的管理技术人员。诊断面试过后通常作出正式的聘任决策。

从参与面试过程的人数来说,面试可以分成个别面试、小组面试、集体面试与流水式面试。个别面试是一对一面试,这种面试有利于双方的沟通和了解,但面试结果容易受面试官主观因素的影响。小组面试是多位面试官同时参与一位应聘者的面试过程,可以克服个别面试官的主观偏见。集体面试是多位主考官面对多位面试者,同时提出一个或几个问题,由面试者讨论回答。在此过程中,面试官可以观察到不同应聘者的能力差异。流水式面试是一位面试者先后单独地与应聘单位不同的面试官见面,最后的面试结论由各个面试官共同综合分析得出。这种面试可以从多视角考察应聘者的情况,在外企招聘中应用较多。

按照面试组织形式标准化程度的不同,可以将面试分成结构化面试、非结构化面试和半结构化面试。结构化面试是指面试的各个要素,如面试的内容、方式程序、评分标准等,都按照事先统一规定的标准和规范进行,这样可以减少主观性。非结构化面试没有统一的面试要素,一般是开放性的问题,主试者带有很大的主观性和随意性。半结构化面试结合了以上两种面试的特点,面试要素一部分是结构性的,而另一部分则是开放性的。

按照面试测试的目的,可以将面试分成压力面试和评估性面试。压力面试是将被试者突然置于一种事先无法预料的环境或问题之中,主要考察被试者面对压力的承受能力和应变能力。而评估性面试主要针对被试者以往的工作经历和工作绩效而展开的面试过程。

二、面试提问

面试的提问可以分成以下几种类型:

1. 行为性问题

所谓行为性问题,是指围绕被试者过去在某种情境中的行为表现提出问题,对被试者与工作相关的关键胜任能力进行判断,进而预测被试者在未来类似情境中的行为表现。例如:

"请描述一次你作为团队成员工作的经历。"

"请描述一下当团队内部出现分歧时,你当时的反应和表现。"

"请描述一次你曾经失败的经历。"

2. 开放性问题

开放性问题是让被试者在回答中提供较多信息的面试问题。被试者在回答问题时,不能简单地以"是"或"否"来回答,而是要以较多的描述或叙述性的文字作出比较详细的阐述。例如:

"你认为在工作中什么样的同事比较难相处?为什么?"

"你为什么选择我们公司?"

"你认为自己在工作中最大的优势是什么?劣势是什么?"

3. 假设性问题

假设性问题提供给被试者一个与未来工作情境相关的假设环境,让被试者回答在此情境下他的行为表现与反应，在此过程中可以衡量被试者的工作能力、个性特征以及应变能力等。例如：

“假设工作中你与上司之间有很大的意见分歧，你会如何处理？”

“假设你在演讲过程中被人打断，并提出了令人尴尬的问题，你如何应对？”

“当你发现你的同事在工作过程中出现了质量问题时，你会怎么做？”

4. 探索性问题

探索性问题通常在需要进一步挖掘某些具体的信息时使用，常常围绕“谁”、“什么”、“什么时候”、“怎样”、“为什么”而展开。例如：

“在你的职业生涯中，对你影响最大的人是谁？为什么？”

“在你的职业生涯中，对你影响最大的事件是什么？”

“你刚才讲过你们团队最终未能完成预定的目标，你认为主要的原因是什么？”

5. 封闭性问题

封闭性问题是要求面试者用非常简短的语言，对主试者的提问作出“是”或“否”的判断即可，或者用简短的一句话就能回答。这些问题有助于帮助面试者很好地控制面试场面和面试进程，澄清和验证一些模糊的信息。例如：

“你愿意接受一份经常需要出差的工作吗？”

“你期望的工资是多少？”

“你愿意经常周末加班吗？”

三、面试的基本程序

1. 面试前的准备阶段

这一阶段企业主要是做好面试的组织工作，包括成立面试小组、制定面试方案、拟订面试内容、印制面试所需要的各种表格及其他材料、准备考场和候考室、培训面试官和考务工作人员、熟悉应试者的基本情况等。此外，面试官在这一阶段还需要详细浏览面试计划和被试者的应聘材料，根据应聘岗位的要求制定详细的面试提纲。

2. 面试的实施阶段

这一阶段是面试正式开始的过程，可以进一步细分为四个阶段：

（1）面试关系的建立阶段：这一阶段面试官和被试者见面，面试官主要通过提出一些轻松的话题，以缓和考场的紧张气氛，注意营造一种轻松、和谐、友好的气氛，也可以以一些封闭性问题开始，使被试者适应面试的环境。

（2）面试的导入阶段：面试官以一些开放性的问题开始引导被试者进入正式面试阶段，可以让被试者回答一些事先有所准备的问题，如“请简单自我介绍一下”、“在你从事的营销工作中，你主要负责哪方面的工作”等等。

(3) 面试的正式沟通阶段:这是面试的主要环节,也是获得被试者核心胜任力信息的关键步骤,主试官主要根据这部分信息作出最终的聘任决策。在这一阶段,面试官一方面按照预先拟订的一些面试问题提问,另一方面根据被试者的回答随机提问,挖掘更多的有效信息,从而全面了解被试者的能力、素质、心理、工作动机等内容。

(4) 面试的总结确认阶段:对于上一阶段获得的被试者的关键胜任能力的信息进一步确认。这一阶段主要使用开放性的问题。

3. 面试的结束阶段

面试官根据面试计划检查是否还有遗漏,这一阶段是最后的补遗阶段。一般采用开放性的问题提问,最后稍作总结,结束面试。这一阶段需要注意的是言语要轻松自然、流畅,不给被试者留下疑惑、突然的感觉,给被试者以友好的印象,但也不要流露出对被试者评价的个人倾向。

4. 面试结果的评价阶段

这一阶段主要是对被试者的面试情况进行综合分析与评价,确定每一位被试者的素质和能力特点,比照既定的工作标准或人员录用标准作出录用决定。录用决定应该由参与面试的所有面试官共同作出。通常,对被试者的评价主要采取两种方式:一是召开面试结果研究会议。原则上要求所有参与面试的面试官都出席会议,通过与会人员的集体讨论,对每个被试者在面试中的表现综合评价,勾画出每位被试者的总体状况,将每位被试者的综合评价结果与特定的工作要求或录用标准相比较,作出最后的录用决策;二是制定综合评价表。为提高效率,可事先设计一张评价表,表中罗列出有关某一岗位的目标维度,供参加面试的面试官打分,然后在会议上集中讨论,得出综合评分。评分表可采用五分制或百分制,也可在综合评分的基础上,再形成总结报告。

四、应聘者的面试技巧

一般来说,在获得一个职位前必须首先通过面试。而要取得优异的面试成绩,应该注意以下几方面:

(一) 面试前的技巧

在接到面试通知,参加面试之前,应做好以下四个方面的准备工作:

(1) 查阅应聘企业的基本情况。在面试前,应尽可能了解雇主、应聘职位以及进行招聘的人的相关情况。可以通过查阅报纸、期刊、网站等,了解所应聘的企业的战略规划、生产经营、人员构成等基本情况,所在行业的基本格局,其主要的竞争对手及其经营策略等等。

(2) 查找交通路线,以免面试迟到。接到面试通知后,应仔细阅读通知上是否标有交通路线,要搞清楚究竟在何处上下车、转换车。要留出充裕的时间去搭乘或转换车辆，包括一些意外情况都应考虑在内。如果对交通不熟悉，最好把路线图带在身上，以便问询查找。

（3）整理文件包，带上必备用品。面试前，应把自己准备带去参加面试的文件包整理一番，诸如文凭、身份证、报名照、钢笔、其他证明文件（包括所有的复印件）均备整齐，以备考官索要核查。同时，应带上一定数量的现金以备不时之需。有晕车症的，还应带上药品。

（4）准备面试时的着装和个人修饰。参加面试，在衣着方面虽不要特别讲究，但也要注意整洁大方，不可邋遢。总之，着装要协调统一，同所申请的职位相符。另外，还应保证面试前充足的睡眠。

（二）面试中的技巧

在面试过程中，要注意以下几方面：

（1）消除紧张情绪，充满自信。自信才能充分发挥水平，获得成功。面试时不要紧张，保持自信和自然的笑容，一方面可以帮助自己放松心情，令面试的气氛变得更融洽愉快；另一方面，可令考官认为你充满自信，能面对压力。此外，面试一般不应由亲友陪同前往，避免给人留下不成熟的印象。

（2）礼貌待人。到达面试场地时，应对接待人员和所有职员保持礼貌；进入面试房间前要先敲门，和考官礼貌地打招呼，待考官邀请时才礼貌地坐下，坐的时候要保持笔直。在回答考官提问时，要态度诚恳，不宜过分客套和谦卑。面试完结离去时，向考官道谢及告别。

（3）先思考后回答，务必诚实作答。面试时回答问题应该是一个三步的过程：停顿—思考—回答。停顿是为了确信自己理解了面试官的意思；思考是关于如何组织自己的答案，然后予以回答。如果不太明白考官的问题，应礼貌地请他重复。陈述自己的长处时，要诚实而不夸张，要视所申请职位的要求，充分表现自己有关的能力和才干。不懂得回答的问题，不妨坦白承认，给主考官揭穿反而会弄巧成拙。

（4）注意自己的身体语言。面试时，身体行为可能比言语内容传递更多关于你的信息。要留意自己的身体语言，要大方得体。与考官谈话时要有恰当的眼神接触，给主考官诚恳、认真的印象。说话要有热情，用点头表示同意，花一点时间组织答案，回答清晰流畅。不要打断考官的话，切忌东张西望，此举有欠缺诚意之嫌。

（三）面试后的技巧

面试结束并非表示应聘已经结束，在面试后还可以做以下几方面的工作：

（1）表示感谢。为了加深招聘人员对你的印象，增加求职成功的可能性，面试后两天内，可以给招聘人员打个电话或写封信表示谢意。

（2）不要过早打听面试结果。在一般情况下，每次面试结束后，考官都要进行讨论和投票,然后送人事部门汇总,最后确定录用人选,可能要等3—5天。求职者在这段时间内一定要耐心等候消息,不要过早打听面试结果。

(3) 收拾心情。面试回来后,你已经完成一次面试,但这只是完成一个阶段。如果你向几家公司求职,则必须收拾心情,全身心投入应付第二家的面试,因为,未有聘书之前,仍不算成功,你不应放弃其他机会。

(4) 查询结果。一般来说,你如果在面试两周后或在主考官许诺的通知时间内,还没有收到对方的答复时,就应该写信或打电话给招聘单位或主考官,询问是否已作出了决定。

(5) 做好再次冲刺的思想准备。应聘中不可能个个都是成功者,万一你在竞争中失败了,也不要气馁,关键是必须总结经验教训,找出失败的原因,并针对这些不足重新做准备,以期最后成功。

思考题

1. 举例说明有哪些主要的招聘策略。
2. 内部招聘和外部招聘各适用于哪些情景?各有什么优缺点?
3. 如何评估综合测试的效果?有哪些主要的量化指标?各有什么意义?
4. 什么是情景模拟测试?举例说明各种测试方法的实施要点。
5. 面试的程序有哪些?以小组为单位,模拟招聘面试。

案例分析

环球电子科技有限公司核心员工的招聘

环球电子科技有限公司成立于1999年,是一家生产小型游戏机的电子科技公司,因为掌握了一种核心专利——WHCR技术,使环球公司产品的销售与利润增长迅速,公司前景光明。

环球电子科技有限公司现有员工120人,其中高层管理人员6人,中间管理人员10人,基层管理人员20人。在企业员工中,有硕士研究生3人,本科生17人,大中专毕业生30人。公司员工的来源主要是网上招聘和校园招聘,主要针对的是公司的基层管理人员和一般员工,还有通过特招的方式引进中高层管理人员,如总经理助理钱方伟就是通过猎头公司聘请的。随着公司业务的起步和较高的流动率,公司的人力资源经理李达民一直压力很大,员工招聘工作在不断地进行着。

环球公司在短短的几年里发展迅速,特别是总经理助理钱方伟的到来让总经理王群雄如虎添翼。环球公司的产品投放市场以后,软件开发商的配套软件都采用WHCR技术规格,软件装在环球公司的机器上使用。环球公司没有授权他人使用WHCR技术，王群雄希望所有的游戏机由自己来生产。随着市场竞争的不断深入和扩大，公司在对核心员工的招聘问题上形成了两大阵营：

一方是以总经理助理钱方伟和人力资源经理李达民为代表的意见。他们认为，环球公司现在的规模还很难形成市场公认的技术标准，而生产标准很多是通过规模优势形成的。环球公司现在正处在成长阶段，急需的是核心技术人才，公司目前应该招聘一批技术人才进行培训，然后将WHCR技术授权给能生产这种游戏的合作厂家，用培训后的技术人员进行上门指导并收取一定的专利费和技术指导费、管理费等。

另一方是以总经理王群雄、财务科科长蔡芳琛、销售科科长梁飞扬为代表的反对意见。他们认为，目前市场需求还很不明朗，核心员工不但工资较高，还要增加培训费用，而且还要面临员工流失和WHCR技术流失的风险。

总经理权衡再三，最后决定暂不招收新的技术工程师。李达民和钱方伟并没有就此放弃，他们再次分析了公司内外的发展环境，认为公司应该抓住机会，迅速占领市场的份额是非常重要的，而迅速占领市场份额首先必须做的是核心技术员工队伍的扩大。钱方伟做了一份市场前景预测与分析报告送交给公司总经理王群雄，希望总经理能重新考虑他们的方案，遗憾的是王群雄迟迟没有答复。

环球公司的主要竞争对手宏鑫电子集团在进入游戏机市场后，开发出适用于游戏机的新软件——WHSV技术。为了进一步渗透市场份额，宏鑫电子集团迅速招聘了大批的技术工程师并开展培训，然后通过技术授权战略，允许获得授权的其他电子企业使用WHSV技术制造游戏机，但是在技术与质量上由宏鑫电子集团培训的工程师帮助把关。这一战略获得了巨大成功。大批电子企业签约生产WHSV游戏机，很快市场上的WHSV游戏机的数量大大超过了WHCR游戏机的数量。随着WHSV游戏机的销售数量的上升，软件开发商开发了更多的WHSV制式的游戏软件，这又进一步刺激了需求。与此同时，环球公司的WHCR制式游戏机不但品种单一，款式落后，而且软件开发商也提出要中断与之的合作协议。不久，宏鑫电子集团的WHSV技术成为行业事实上的技术标准，环球公司则步履维艰。

案例思考题

1. 环球电子科技有限公司发展受挫的主要原因是什么？

2. 核心员工对于公司的发展起到什么作用？对比两家公司在核心技术人员招聘上的不同态度进行分析。

3. 如果你是钱方伟和李达民，试根据案例的内容拟订一份市场分析报告和核心人才招聘计划。

第五章 绩效评估

本章概要

绩效是员工按照对组织的承诺所完成的工作结果。从组织角度看,绩效是组织希望获得的产出,也是组织业绩的重要保障。因此,对员工绩效进行准确的评估是组织薪酬和激励制度的基础,是重要的人事管理工作。本章主要围绕组织的绩效评估展开,内容包括:绩效和绩效评估概述;绩效评估的流程和主要评估方法;绩效评估结果的综合分析。

第一节 绩效评估概述

一、绩效与绩效评估的概念

(一) 绩效的概念与特征

绩效是指员工完成工作或履行职务的结果,即员工所创造的新的价值。在企业组织中,员工工作绩效具体表现为完成工作的数量、质量、成本费用以及为企业作出的其他贡献等。绩效具有以下特征:

(1) 绩效是一定的主体作用于一定的客体所表现出来的效用,即它是在工作过程中产生的。

(2) 绩效是人们行为的后果,是目标的完成程度,是客观存在的。

(3) 绩效必须具有实际的效果,无效劳动的结果不能称为绩效。

(4) 绩效应当体现投入与产出的对比关系,即考虑效率问题。

(5) 绩效应当有一定的可度量性。对于实际成果的度量,有时需要经过必要的转换方可取得,因而具有一定的难度,这正是评价过程中必须解决的问题。

因此,绩效是工作过程中的有效成果,是组织对成员最终期望的达到程度。

(二) 绩效评估的概念与目的

绩效评估是对员工的工作行为与工作结果全面地、系统地、科学地进行考察、分析、评估与反馈的过程。

绩效评估的目的总体来说包括三个方面:一是激励,通过正确评价员工的行为和绩效,给予员工恰当的激励,如加薪、晋升、工作认可等。二是开发,绩效评估可以发现员工所欠缺的岗位技能和知识,通过有针对地培训,提高员工的绩效,从而有利于员工的素质开发。三是沟通,绩效评估面谈可以加强组织与员工之间的沟通与协调,为改进员工未来的绩效达成共识。

具体来说,绩效评估对于人力资源管理其他环节都将产生直接的影响。绩效评估的反馈信息给人力资源计划的调整、岗位工作分析、工作设计、员工的激励和奖惩、薪酬制度的设计等提供了参考依据。同时,对人力资源培训提出了直接要求,对人力资源政策的调整和协调提供了决策依据。

二、绩效评估的原则

组织在进行绩效评估时,必须遵循一些基本原则。这些原则既是人力资源考核制度的重要理论依据,同时又是良好的、行之有效的绩效考核应该满足的基本条件。

第一,公开与开放的原则

绩效评估不是某一个部门更不是某一个人的责任,而是组织内各级管理者及其下属员工共同的责任,每一个人都承担着相应的考核评估职责。这就要求对绩效的评估必须遵循公开与开放的原则。一个良好的绩效评估体系首先是公开的,评估的指标和标准明确,考核过程公开,借此取得上下认同,从而推进绩效评估的具体实施。其次是评估标准必须十分正确,上下级之间可通过直接对话、面对面沟通进行考核评估工作。

第二,反馈与提升的原则

绩效评估应注重反馈和提升,即把评估后的结果及时反馈,好的东西坚持下来,发扬光大;不足之处,加以纠正和弥补。在现代人力资源管理系统中,关注员工绩效水平的持续提升是现代考核评估理论的出发点,缺少反馈的绩效评估没有多少意义,既不能发挥能力开发的功能,也没有必要作为人力资源管理系统的一部分独立出来。因此必须构筑起反馈系统,对绩效形成的过程进行引导,对绩效的最终结果进行控制。

第三,定期化和时效性的原则

绩效评估是一种连续性的管理过程,因而必须定期化、制度化。绩效评估既是对员工能力、工作结果、工作行为与态度等的评价,也是对员工未来行为表现的一种预测,因此只有程序化、制度化地进行人事考核,才能真正了解员工的潜力,才能发现组织中的问题,从而有利于组织的绩效提升。

此外,绩效评估还应注重时效性。评估是对考核期内的所有成果形成的综合评价,不能将本考核期之前的行为纳入当期的评估结果中,也不能将近期的业绩或比较突出的一两个事件代替整个考核期的绩效进行评估,这就要求绩效数据与考核时段相吻合。

第四,可靠性与正确性的原则

可靠性又称信度,是指某项测量的一致性和稳定性。绩效评估的信度是指绩效评估方法应保证收集到的人员能力、工作结果、工作行为与态度等信息的稳定性和一致性，强调不同评价者之间对同一个人或一组人评价的一致性。因此，必须确保评估因素和尺度明确，从而保证评价者可以在同样基础上对员工绩效进行评价。

正确性又称效度，是指某项测量有效地反映其所测内容的程度。绩效评估的效度是指评估方法测量人的能力与绩效内容的准确性程度，它强调的是内容效度，即评估反映特定工作的内容（行为、结果和责任）的程度。

可靠性和正确性是保证绩效评估有效性的必要充分条件，所以一种绩效评估体系要想获得成功，就必须具备良好的信度和效度。

第五，可行性与实用性的原则

所谓可行性是指任何一次评估方案所需时间、物力、财力要为使用者的客观环境条件所允许。因此，制定评估方案时，应根据目标，合理设计方案，并对其进行可行性分析。可行性分析通常需要考虑的因素包括：绩效评估活动的限制因素；绩效评估的目标和效益分析；每一个评估方案可能存在的潜在问题等。

所谓实用性包括两个方面的含义：一是指评估工具和方法应适合不同测评目的的要求，要根据评估目的来设计考核工具；二是指所设计的评估方案应适应不同行业、不同部门、不同岗位的人员素质的特点和要求。

三、绩效评估的类别

绩效评估根据不同的分类标准有不同的评估类别。

根据评估的时间分类，绩效评估可以分成日常评估、期中评估和年终评估。日常评估是针对员工每天的日常工作所进行的考核，期中评估是在整个评估期的中间阶段所进行的中期考核，年终评估是针对员工在整个评估期的业绩进行考核。

根据评估的对象分类，绩效评估可分成一般员工评估、中层管理人员评估、工程技术人员评估及高层管理人员评估等。针对不同类型的员工岗位特征，将有相对应的绩效评估标准。

根据评估的目的分类，绩效评估可分成晋升评估、加薪评估、职称评定评估等。这是根据员工职业生涯发展的需要而采取的特定的业绩评估，其评估的标准是根据评估的目的要求而设定的。

根据评估的内容分类，绩效评估可分为面向素质技能的评估、面向工作结果的评估，以及面向行为表现的评估。面向素质技能的评估是评价员工的个性特征、素质能力，一般在管理人员的绩效评估中采用。面向工作结果的评估是评价员工的产出与结果，这种生产结果一般可以量化处理，因此在对生产操作人员、营销人员的绩效评估中较多采用。面向行为表现的评估主要着眼于员工在工作过程中的行为表现，一般比较适合对工作绩效难以量化评估的工作岗位，如用于对技术人员、文秘人员、服务人员等的绩效评估。

根据评估的主体分类，绩效评估可以分成自我评估、同事评估、上司评估和360度绩效评估等。自我评估是指员工本身参与工作目标、绩效标准的设立，自我监控目标的达成程度。同事评估是由同事对被评估者的工作绩效进行评价的过程。上司评估是由被评估者的直接主管对被评估者的工作绩效进行的评估过程。360度绩效评估是指由员工的上级主管、下属、同事和客户从不同角度对被评估者的工作绩效进行综合评价的过程。

第二节 绩效评估程序与方法

一、绩效评估的程序

绩效评估一般包括四个步骤：制定评估指标和标准；实施绩效评估；开展绩效评估面谈；绩效评估审核，具体见表5-1。

表5-1 绩效评估的程序

绩效评估的程序	具体内容
第一步，制定评估指标和标准	通过查阅工作分析问卷，了解具体岗位要求，建立关键绩效评估指标，并形成具体化的、可操作的绩效评估标准
第二步，实施绩效评估	收集与绩效评估相关的资料，并以指标体系为依据，对相关信息进行综合比较分析，得到综合评价结果
第三步，开展绩效评估面谈	部门主管将考评结果和下属员工进行讨论，并达成某种共识，使得绩效评估工作真正起到激励、开发和沟通的作用
第四步，绩效评估审核	人力资源部门对组织的绩效评估系统进行审核，处理评估过程中的争议和异常情况，同时根据绩效评估的结果及时调整人力资源政策

（一）制定绩效评估指标和标准

1. 查阅工作分析文件

绩效评估的指标和标准必须以工作分析中的工作描述和工作规范为依据确定，因此首先必须查阅被评估岗位的工作分析文件，明确该岗位的工作职责和对员工的技能要求。

2. 确定关键绩效评估指标

关键绩效指标是用于评估和管理被评估者绩效的定量化或行为化的标准体系。它是一组体现对组织目标有增值作用的绩效指标，是连接个体绩效与组织目标的一个桥梁。在确定关键绩效指标时要注意SMART原则。

S(Specific)表示指标的设计是具体的、可理解的，通过绩效指标可以使员工知道具体要做什么。

M(Measurable)表示指标是可以度量的,员工的工作成果可以通过量化的方式来衡量。

A(Attainable)表示所设计的指标是可达到的,通过员工的努力是可以实现的。

R(Realistic)表示指标是现实的,员工的工作绩效是可观察和可以证明的。

T(Time-bound)表示指标的达到是有时间限制的,员工应该知道在什么时间内完成工作任务。

关键绩效指标主要有五种类型,分别是数量、质量、成本、时限以及行为等。例如,数量指标有年销售额、利润率等;质量指标有产品的性价比、独特性、耐用性等;成本指标有投资回报率、单位产品成本等;时限指标有交货的及时性、订货周期等;行为指标有关键行为事件、胜任特征等。在建立关键绩效指标时,从分析工作流程的输入和输出状况出发,整体上考虑指标的设置。

3. 确定绩效评估的标准

绩效标准说明的是针对岗位的关键绩效指标分析要达到的程度。关键绩效指标主要解决需要评估"什么"的问题,而绩效标准是解决针对以上问题,被评估者做得怎样和完成的程度如何的问题。因此,只有将工作说明书、绩效指标和绩效标准相结合起来,才能完整解释工作岗位的要求。表 5-2 是某公司信息部主管绩效评估指标和标准的范例。

表 5-2 某公司信息部主管绩效评估标准(部分)

工作职责	关键绩效指标	绩效标准				
		远超目标 100 分—81 分	超过目标 80 分—61 分	达到目标 60 分—41 分	低于目标 40 分—21 分	远低于目标 20 分以下
公司信息系统管理与维护	系统管理规范性	各项制度健全,全年无数据差错发生	能够执行各种制度,数据基本准确	管理比较规范,偶尔有数据差错,差错率达 5%	管理不规范,差错较多,差错率达 10%	没有完善管理制度,差错率在 15% 以上
	系统事故发生率	全年无任何事故	全年事故 1—2 次	全年事故 3—4 次	全年事故 5—6 次	全年事故 7 次以上
	故障反应速度	在 1 小时内处理完毕	在 1—2 小时内处理完毕	在 3—4 小时内处理完毕	在 5—6 小时内处理完毕	在 7 小时以上处理完毕
公司信息技术开发与推广	开发计划完成率	计划达成率超过 120%	计划达成率超过 110%	计划达成率 90%—110%	计划达成率 80%—90%	计划达成率 80% 以下
	推广计划实施效果	积极协作,效果显著	主动协作,效果明显	能够协作,效果一般	欠协作,效果较差	不能协作,无效果
	费用控制率	低于目标 10% 以上	低于目标 5%—10%	介于目标 ±5% 之间	超过目标 5%	超过目标 10% 以上

资料来源:黄维德、刘燕编著:《人力资源管理实务》,立信会计出版社 2004 年版,第 143 页。

（二）实施绩效评估

1．收集资料

收集与绩效标准有关的资料信息，以使评估过程有据可依。主要需要以下两方面的信息：

第一，被评估者工作表现的纪录，如生产产品数量、质量，是否按时完工，安全情况，预算成本与实际成本比较，矿工情况，顾客或同事抱怨次数等。

第二，关键事件纪录，主要是对职工表现特别优秀或恶劣事件的纪录。

对收集的资料应慎重甄别，保证其客观性，尽量避免引进和标准无关的信息，减少对评估工作的干扰。

2．绩效的综合评价

把收集到的有关资料，通过指标体系加以综合比较分析，得到综合评价结果。与被评估者面谈，共同寻找实际绩效和标准之间的差距，寻求改进的举措。

在绩效评估过程中，对信息的收集和处理的操作方式有两种，即硬评价和软评价。

（1）硬评价

硬评价是以统计数据为基础，把统计数据作为主要评价信息，建立评价数学模型。以量化的手段，求得评价结果，并以数量化的形式表示出来。

硬评价的优点是，可以摆脱个人经验和主观意识的影响，具有客观性和可靠性的特点。对于复杂或多变的过程，还可借助计算机等现代化手段，解决复杂的数据运算问题，提高评价的可行性和时效性。

硬评价的缺点是，在数据不够可靠或者难以量化的项目中，硬评价结果难以保证客观性和准确性。另外，硬评价过程不够灵活，难以发挥人的主观能力对评价的作用。

（2）软评价

软评价也叫专家评价。它是评价者对系统的输出作出主观的分析，直接给评价对象进行打分或作出模糊判断（如很好、好、一般、不太好或不好）。软评价完全是利用评价者的知识和经验来作出判断和评价，容易受各种主观因素影响。所以，软评价通常以集体方式开展，彼此相互补充，得到一个比较完善的结论。

软评价还要求评价者是某个领域的专家，对要评价的对象所从事的工作相当内行，能够在大量感性经验资料和不完整的数据资料中看到事物的本质。

软评价的优点是，不受统计数据的限制；可以充分发挥人的智慧和经验，综合更多的因素，把问题考虑得更加全面，避免或减少统计数据可能产生的片面性和局限性。另外，当评价所需的数据很不充分、不可靠或评价指标难以量化的时候，软评价能作出更有效的判断。随着新学科的发展和模糊数学的应用，软评价技术在实际中得到了广泛应用。

软评价的缺点是，评级结果容易受评价者主观意识的影响和经验的局限，其客观性和准确性在很大程度上取决于评价者的素质；评价结果的稳定性不够，特别是在不够民主的环境中，专断的主观判断经常造成严重的不公平现象。

在实际评价工作中，较少单纯使用软评价或硬评价方式，而是将两种方法的长处加以综合应用，弥补各自的不足。在数据比较充足的情况下，以硬评价为主，辅以软评价；在数据比较缺乏的情况下以软评价为主，辅以硬评价。硬评价也有一个定性分析的过程，软评价中应用的模糊数学，也有定量的计算过程。建立指标的时候，尽量实行量化，收集相关的统计资料，提高评价结果的精确度。同时，应考虑评价对象的具体情况，将硬评价和软评价技术有效地结合起来使用。

（三）绩效评估面谈

绩效评估面谈是绩效评估结果的反馈手段。部门的主管将考评结果和下属员工进行讨论，并且达成某种共识，使得绩效评估工作真正起到激励、开发和沟通的作用。因此，作为直线部门主管应充分重视绩效评估面谈环节。

1．绩效评估面谈的作用

通过绩效面谈可以达到绩效评估的沟通作用。这主要体现在下面两个方面：第一，组织与员工就评估结果达成一致的看法。组织可以向员工表达对其绩效的肯定方面，也需要表达对其绩效的否定方面。而员工自身也可以就评价结果提出自己的看法和意见，以此消除双方在评估过程中产生的误解。第二，对评价标准或工作目标的重新定位。在绩效面谈阶段，员工可以就未来的工作目标、评价标准和直线主管协商明确，这有助于增强员工的参与感，提高员工后期的工作绩效和工作满意度。

通过绩效评估面谈还可以达到激励的作用。这一点主要体现在对于绩效的反馈方面，面谈可以对员工的绩效给予充分的肯定与认可。对员工来说，这也是一种非货币形式的激励方式，也是工作本身的成就感所引起的一种内在的长远的激励作用。

通过绩效评估面谈还可以达到开发的作用。因为绩效评估的着眼点在于员工的未来绩效改进上。因此，绩效面谈主要通过组织和员工的沟通，明确员工未来的工作目标和绩效水平，可以帮助员工进一步提高绩效，促进员工实现职业生涯发展的目的。

2．绩效评估面谈准备

绩效评估面谈一般由直线部门的主管进行。为了成功地开展面谈，面谈的主管和被评估的员工需要事先做好充分的准备工作。

选择合适的面谈时间：面谈的时间可以由面谈的主管人员首先确定，然后再征得面谈员工的认可。或者由面谈的主管与面谈的员工共同协商决定面谈的时间。总之，在面谈期间要保证面谈双方都能全身心地投入到面谈过程，而不受其他工作的干扰。

选择合适的面谈地点：合适的面谈地点应该相对独立，选择那些不容易受外界打扰的地点更有利于面谈顺利开展。例如，可以选择严肃正规的主管办公室，也可以选择环境相对宽松的小型的会议室或茶座等等。

面谈的主管准备面谈的材料：面谈材料可以包括下面一些内容：面谈对象的年初工作计划和工作目标、工作说明书、绩效评估的指标和标准、面谈对象完成任务的情况资料，以及前期的绩效评估材料等等。

面谈的主管拟订面谈的提纲：主要包括面谈的开场、展开与结束的方式和内容，面谈的重点问题，以及需要沟通和澄清的问题等等。

面谈的员工的准备工作：面谈的员工首先要根据事先协商好的面谈时间安排好工作，然后准备关于本考核期可以表明自己工作绩效的材料、自己的职业发展计划、需要和主管沟通的问题等，同时做好自我评估工作。

3. 绩效评估面谈的原则

在具体实施绩效评估面谈时，应注重以下几个原则：

原则一，在一种相互信任坦诚的氛围中开始面谈。

原则二，双方都要明确面谈的目的，期望达成一致的看法。

原则三，注重双向的沟通和交流，鼓励员工表明自己的想法。

原则四，面谈的主管注意倾听员工的意见。

原则五，防止对立情绪或冲突场面的形成。

原则六，面谈内容针对绩效而非员工的个人特点。

原则七，面谈的重心在未来的绩效标准和工作目标。

原则八，肯定成绩和指出问题并重。

原则九，以事实为依据，就员工在本考核期内的工作为评价对象。

原则十，以积极的态度适时地结束面谈。

4. 绩效面谈的一般程序

面谈的主管以简短而轻松的开场白开始绩效面谈，引导下属员工讨论对自身工作的看法，并提出已有的绩效评估结果。然后，双方就其中的问题进行平等的协商和沟通，使得最终达到对绩效评估的一致看法。最后，双方就工作绩效的实际状况提出改进计划或相应的激励举措。改进计划是指采取一系列具体行动来改进下属将来的工作绩效，它包括做什么、谁来做和何时做等。改进计划要求具有实践性、时间性、具体性的特征。激励措施则是根据组织的激励系统采取各种形式的奖励措施，如晋升、加薪等。

（四）绩效评估审核

一个有效的评估系统应该具备以下特点：目标性、敏感性、可靠性、可接受性以及实用性。因此,在绩效评估的最后阶段,人力资源部门需要对组织的绩效评估系统进行审核。处理评估过程中的争议和异常情况,同时根据绩效评估的结果及时调整人力资源政策。绩效评估审核主要包括以下内容:评估者的客观性、评估程序的合理性、评估方法选择的恰当性、评估文件的完整性以及评估结果的有效性等等。

二、绩效评估的方法

一个良好的绩效评估体系可以支撑企业持续产生高绩效,保证企业的长久发展,这一点是毫无疑问的。目前主要的绩效评估方法大致分为两类:传统的非系统绩效评估方法和较为系统的绩效评估方法。

(一)非系统的绩效评估方法

绩效评估的非系统方法非常多,大致可以归为以下几大类(见表 5-3):

表 5-3 非系统化的绩效评估方法分类表

类别	方法
以业绩报告为基础	• 自我报告法 • 等级评定法
以员工比较为基础	• 排序法(简单排序法、交错排序法) • 成对比较法 • 比例控制法
关注员工行为及个性特征	• 因素考核法 • 图解式考核法 • 行为锚定等级评定法
以个人绩效合约为基础	• 绩效合约
以特殊事件为基础	• 关键事件法 • 不良事故考核法
全方位评估	• 360 度评估法
其他绩效评估方法	• 工作标准法 • 自我评估法 • 短文法 • 面谈考核法

1. 等级评定法

等级评定法是最常用的绩效评估方法之一。人力资源部门对不同的等级作出定义和描述,评价者将员工的工作行为与上述定义和描述加以比较,针对每一个绩效指标按照给定的等级进行评估,最后根据各个指标的不同权重系数给出一个综合的评价等级。表 5-4 是某公司采用等级评定法进行绩效评估的范例。

表 5-4 某公司绩效评估表(部分)

<table>
<tr><td colspan="2">员工姓名:李明
员工职位:系统管理员
所属部门:信息部
评价人姓名:章志
评价人职位:信息部主管</td><td colspan="2">评价等级说明:
A:卓越:工作绩效非常突出,能创造性解决问题,得到公司内部一致的公认
B:优秀:工作一贯高质量,大多数方面超出绩效标准
C:良好:达到工作绩效标准,称职和可信赖
D:需改进:在绩效的某一方面存在不足,需要进行改进
E:不足:工作绩效水平总的来说无法接受,必须立即进行改进</td></tr>
<tr><td rowspan="2">工作职责</td><td rowspan="2">关键绩效指标</td><td colspan="2">评估等级</td></tr>
<tr><td>自我评估</td><td>主管评估</td></tr>
<tr><td rowspan="3">公司信息系统管理与维护</td><td>1. 系统管理规范性</td><td>A</td><td>B</td></tr>
<tr><td>2. 系统事故发生率</td><td>A</td><td>A</td></tr>
<tr><td>3. 故障反应速度</td><td>B</td><td>A</td></tr>
<tr><td rowspan="3">公司信息技术开发与推广</td><td>1. 开发计划完成率</td><td>B</td><td>A</td></tr>
<tr><td>2. 推广计划实施效果</td><td>A</td><td>B</td></tr>
<tr><td>3. 费用控制率</td><td>A</td><td>A</td></tr>
<tr><td colspan="4">最后评估等级:A
员工签名:李明
主管签名:章志
日 期:×年×月×日</td></tr>
</table>

资料来源:黄维德、刘燕编著:《人力资源管理实务》,立信会计出版社 2004 年版,第 148 页。

等级评定法操作简单,容易被评估者和被评估者所接受。但是,也存在不足之处:

第一,操作上的简便易行反而容易使得评估者忽视评估的重要性,有时容易草率行事;

第二,如果没有比例的限制,往往会出现评估结果分布"偏高"的现象,也就是说可能有较高比例的员工都被评定为较高的等级,从而混淆了优秀员工与一般员工的界限,使得绩效评估失去激励作用;

第三,如果绩效标准表述得不够准确或不能量化,则会出现不同的评估者对同一评估对象评定不同的等级,从而失去了绩效评估的客观性要求。

为了克服上面的不足,可以让评估者在作出等级评定的同时,对被评估者做一个简单的评语,通过相应的事实依据和相关行为说明其评定等级的客观性。

2. 排序法

排序法是将员工的工作绩效进行相对比较的一种评估方法,主要是按照某个评估因素或某种评估标准,对员工的工作表现从绩效最好的员工到绩效最坏的员工进行排序,从而提供一个员工工作绩效相对优劣的评价结果。排序的主要方法有简单排序法和交错排序法两种。

简单排序法是评估者将员工按照工作的总体情况从最好到最差进行排序。这种排序方法一般简单易操作,绩效评估的时间较短,适合于员工数量比较少的评估情况。

交错排序法是评估者针对某一个评估要素首先挑选出最好的员工,将他排在第一位;然后选择出最差的员工,将他排在最后一个位置上;在余下的员工中再选择出最好的员工,将他排在第二的位置上,找出次差的员工排在倒数第二的位置上;依此类推,直到将所有的员工排列完毕。另外,也可以按照不同要素对员工进行交错排序,最后根据所有要素的情况确定整体排序位置。某公司采用排序法绩效评估范例如表 5-5 所示。

表 5-5 某公司销售人员的绩效评估排序表

姓名	评估因素一:市场分析能力	评估因素二:营销策划能力	评估因素三:渠道规划能力	综合情况
李明	1	6	2	2
张晓	2	4	1	1
沈俊	3	5	5	4
王长征	4	8	3	6
冯凤	5	3	6	5
乔莉莉	6	2	9	7
王建国	7	1	4	3
吴同	8	7	8	8
赵刚	9	10	7	9
黄一敏	10	9	10	10

上表所列十名员工是按照三种评估因素进行绩效评价的。如表所示,如果按照第一种因素——市场分析能力进行交错排序,通过对比发现李明的技能掌握能力最强,因而将他排在第一位,黄一敏的技能掌握能力最差,因而将他排在第十位;接着,在余下的八名员工中发现张晓的技能掌握能力最强,于是将他排在这个因素的第二位,赵刚的技术能力最弱,将他排在第九位。这个因素中其他员工的排名以及其他两个因素的排名情况依此类推。最后,综合这三个因素的总排名情况,得出上述十名员工绩效评估的结果,综合看来,张晓的绩效是最好的,黄一敏的绩效是最差的。

排序法有利于识别工作绩效优秀的员工和工作绩效差的员工。但排序法一般适合绩效评估人数较少的部门或团队,同时员工的工作岗位还要考虑可比性的问题。另外,排序法可能使员工之间的矛盾激化,从而影响员工的工作关系,这对评估标准的客观性提出了很高的要求。一般而言,交错排序法比简单排序法相对比较客观地反映了员工的工作绩效,因而较多地被采用。

3. 成对比较法

成对比较法也是一种相对绩效评估的方法,又称为对偶比较法。它是评估者根据某一个标准将每一位员工与其他员工进行逐一的两两比较,并将每一次比较中的优胜者选出,最后根据每一员工的比较结果综合得出绩效评估的结果。这种评估标准可以是一个综合的指标,也可以是某个具体的分指标。成对比较法一般采用矩阵的方式展开评估和分析。范例见表 5-6。

表 5-6 某销售团队绩效评估比较表(部分)

评价要素:市场分析能力							
姓名	李明	张晓	沈俊	王长征	冯凤	乔莉莉	排序
李明		2	2	2	2	2	1
张晓	0		2	2	2	2	2
沈俊	0	0		1	2	2	3
王长征	0	0	1		2	2	4
冯凤	0	0	0	0		2	5
乔莉莉	0	0	0	0	0		6

注:各结点位置数字表示横列所对应的员工与纵列所对应的员工比较,绩效优者记作“2”,绩效相同者记作“1”,绩效差者记作“0”。

成对比较法通过这种两两的比较,可以更加可靠地反映员工的工作绩效。同时,这种评估的方法同样只能在人数较少的部门或团队中开展评估,并且操作过程比较复杂。

4. 比例控制法

由于其他的评估方法对各等级人数比例的分配无任何限制,因此在考评实践中常会发现实际的考评结果出现失控的“偏态”现象,“好的”、“优的”等级偏多,“不好的”一个也没有。为了控制这种现象,人们提出了比例控制评估方法。所谓比例控制法,又称强迫分布法,要求在绩效评估开始之初,对不同等级的人数有一定的比例限制。一般来说,各个等级的比例分布应接近正态分布,如表 5-7 的范例所示。

表 5-7 比例控制分布情况

等级	卓越	优秀	良好	需改进	不足
分配比例	5%	20%	50%	20%	5%

这种考评方法的优点是既拉开了被评估对象之间的等级差距,便于相对比较,又可以有效控制各等级的人数分布,保持分配合理,避免盲目考评与失控现象的出现。缺点是使绩效水平相近的员工因为比例限制而被划分到不同的等级中去,从而产生评估的偏差。

当然,各种等级比例的强制规定需要根据组织整体绩效或部门绩效水平作出相应调整,即依据考核期内组织总体的绩效水平确定该组织或部门不同等级的人数比例。整体绩效好,则考评优等的人数比例相应增加。表 5-8 所示的是部门整体绩效评估为优秀时不同等级比例的分布情况;表 5-9 所示的是当部门整体绩效评估为基本合格时,各类等级比例的分布情况。

表 5-8 部门绩效为优秀的比例分布情况

等级	卓越	优秀	良好	需改进	不足
分配比例	10%	25%	55%	10%	0%

表 5-9 部门绩效为基本合格的比例分布情况

等级	卓越	优秀	良好	需改进	不足
分配比例	0%	10%	35%	45%	10%

这种与组织的整体绩效相联系的比例控制方法,可以克服评估者的主观偏见而造成的评估误差问题。同时,突出了集体观念,把每个人的绩效评估与整个集体的绩效评估联系起来。此外,这种方法也充分体现了总体宏观控制、具体评估自主灵活的特点。不足之处是,可能把领导者的错误决策而导致的整体绩效下降的责任分摊到每个员工身上。

5. 行为锚定等级法

行为锚定等级法是基于关键事件法的一种量化的评估方法,它为评估者提供了一种相对客观明确的评估方法。行为锚定等级法的特点是明确定义每一个评估项目,同时用关键事件对不同等级的工作要求进行具体的描述和定义。表 5-10 所示的是一个对生产主管关于其计划工作评估要素所确定的等级标准,每一个等级都是一件或两件关键事件。

表 5-10 某制造公司生产主管行为锚定等级标准(部分)

等级	评价要素:计划的制定与实施 行为锚
7 优秀	制定综合的工作计划,编制好文件,获得必要的批准,并将计划分发给所有的相关人员
6 很好	编制最新的工作计划完成图,使任何要求修改的计划最优化;偶尔出现小的操作问题
5 好	列出每项工作的所有组成部分,对每一部分的工作作出时间安排
4 一般	制定了工作日期,但没有记载工作进展的重大事件,不报告时间安排上的疏漏
3 较差	没有很好地制定计划,编制的时间进度表通常是不现实的
2 很差	对将要从事的工作没有计划或安排,对分配的任务不制定计划或者很少做计划
1 不能接受	因为没有计划,且对制定计划漠不关心,所以很少完成工作

资料来源:黄维德、刘燕编著:《人力资源管理实务》,立信会计出版社 2004 年版,第 154 页。

行为锚定等级法实施的步骤是:

步骤一,确定员工工作绩效的关键指标,最好由管理人员与员工共同制定;

步骤二,对关键绩效指标提供一组关键事件,包括正面的关键事件和负面的关键事件;

步骤三,为每一个绩效评估指标选择关键事件,并确定每一个绩效等级与关键事件的对应关系;

步骤四,将每个评价指标中包含的关键事件从好到坏进行排列,建立行为锚定等级法的评估指标体系。

行为锚定等级法对每一个等级运用关键事件进行行为描述,它结合了关键事件法和等级评定法的优点。但是评估设计和实施成本较高,需要专业人力资源管理专家参与设计和实施。另外,在实际实施过程中要对指标体系进行反复的测试和修改,当然这也增加了实施费用。

6. 绩效合约法

绩效合约借用目标管理的核心思想,强调员工绩效目标的实现以及员工对组织目标达成的具体承诺。

运用个人绩效合约对员工绩效进行评估,首先需要根据组织绩效目标自上而下的层层分解确定不同员工的主要绩效范围,然后设定相应的绩效目标并确定具体的考核指标,员工在与其直接上级进行沟通后签订个人绩效合约,员工的直接上级负责监督绩效合约的完成,如在每周的例会上向员工通报合约的完成情况，并负责根据绩效合约的具体要求对员工进行绩效评估和考核。作为一种绩效评估与管理的有效工具，绩效合约在设计上比单纯的目标管理更具优势。

7．关键事件法

关键事件法主要针对员工绩效过程中的关键事件进行评估。关键事件反映员工的主要绩效，并且和员工的关键绩效指标相关联。在实施这种评估方法时，评估者主要观察和记录被评估者工作中有效的和无效的关键事件，通过和他的工作职能进行对照分析，对被评估者的优缺点、工作技能作出评估，提出鼓励和改进的意见，从而形成一份综合的绩效评估报告。

例如，某公司对营销主管进行绩效评估，营销主管的一项关键绩效指标是获得客户的满意度。针对这项关键绩效指标，评估主管人员记录下这样两件关键事件：

关键事件一，营销主管张建耐心倾听客户的抱怨，回答客户的问题。认真检查客户退返的产品，仔细地向客户解释并道歉，并立即给客户签署了退货单；

关键事件二，在业务繁忙的夏季某天，营销主管张建上班迟到40分钟，因此错过了一早的晨会，并使两位客户焦急等待30分钟，客户明显表现出不满。

这种评估的方法通过事实的描述可以客观地评估员工的绩效，可行性比较高，员工的接受程度较高。但是由于评估的过程较长，需要长期地观察和了解员工的工作行为，操作成本较高。同时评估主要是针对每个人的行为而缺乏不同员工之间的绩效比较，对于人力资源的决策参考性较差。另外，评估的结果依赖于评估者个人的评价标准，评价结果的客观性很大程度上受到评估者的影响。因此，关键事件法一般不单独使用，而是和其他评估方法结合采用，并且主要针对关键岗位的员工。

8．360度评估法

所谓360度评估法，是指由工作中与被评估者工作关系较密切、联系较多的人，对被评估者分别从不同的角度，以调查问卷的方式，按照一定要求进行统计、分析和管理，形成考评结果报告，并与被评估者的自我表现评价进行对比分析，最后由被评估者的上级主管、人力资源部门工作人员或外部专家（管理咨询顾问）将考评结果面对面地向被评估者进行反馈，以帮助被评估者总结成绩、寻找差距，进而促使其改进工作、提高绩效。360度评估法与传统考评方法的最大差异在于：传统方法的关键因素是主管人员和下级，而360度评估法则包括同事、外部顾客、内部顾客、直接报告、间接报告等。最近的一项调查显示，入选《财富》的1000家企业中，超过90%的企业已经将360度评估法的某些部分运用于职业发展和绩效评估中。

360度评估法的具体实施步骤如下：

第一阶段,过程设计。这是该方法的启动阶段。为保证整个活动的顺利展开和最终成功,首先要争取领导支持,组成由高级管理层和不同部门员工参加的领导小组。其次,要开始着手做反馈考评的准备工作。由领导小组挑选7—15人组成设计小组,对准备工作进行审评,如审评通过,则由设计小组确定过程的各项目标。最后由领导编写方案计划,向员工通报方案的相关情况。

第二阶段,过程实施。具体包括以下一些内容:根据政策、可靠性、可信性选出7人左右成员组成评估小组并进行一级培训;对于向他人提供反馈意见给予指导;收集所需要的信息;利用内部和外部的评分方法对结果进行评分和汇报。利用软件可促进这一过程的实施,它可为分段报告评分进行二级培训,对经理和员工如何接受反馈给予指导,制定行动计划,突出个人的改进、优点和发展。行动计划还可包括职业生涯、终身学习和专业发展。

第三阶段,过程评估。这一阶段包括分析保障措施和进行用户评估。保障措施分析涉及对调查手段进行计算机统计分析,对成功的项目进行分析,进而对项目的可靠性和反应类型给予评价。然后,采用用户满意度调查的方法进行评估。这一步骤收集的信息可用来进一步优化整个过程。

作为一种新型的绩效评估方法,360度评估法的应用和使用范围还存在一些争论,但与传统绩效评估方法相比,它具有以下一些优势:一是,有利于管理者掌握更多的情况,便于决策者多渠道吸取反馈意见,使考评工作真正做到公开、公正,而较为客观公正的考核结果也使得人事部门据此实行的奖惩措施较易推行;二是,360度评估程序涉及组织内部多部门员工,这种方式增加了整个企业内部员工的相互了解,促进了员工在以后工作中能从对方的角度出发考虑问题,化解矛盾,相互配合;三是,这种评估法将员工个人目标与企业目标相统一,既能为个人职业发展创造机会,又可促使企业目标的实现,还可以更好地适应现代组织结构层次减少和实行自我管理、控制自我的要求。

然而,360度评估法在企业实践的效果并非如所期望的那样理想。例如,它往往容易造成企业的人际关系紧张,也存在评估结果的可信度低、评估过程复杂、统计工作繁杂等缺点。因此,有人说360度评估法在中国"水土不服",可见这种方法需要进一步的本土化改良。

(二) 系统的绩效评估方法

随着现代人力资源管理的发展,越来越多的现代组织开始实施更为系统的绩效评估方法。这里主要介绍以下四种绩效评估方法:

1. 关键绩效指标法

关键绩效指标法(Key Performance Indicator,KPI)是一种系统化的绩效评估方法,具体是指一种以构建关键绩效指标体系为核心,并以此对员工开展绩效评估的方法。所谓关键绩效指标,是指用于考核和管理被评估者绩效的可量化的或可行为化的标准体系，它能够体现对组织战略目标有增值作用的绩效指标，是连接个体绩效与组织战略目标的一个桥梁。通过在关键绩效指标上达成的承诺，员工与管理人员就可以进行工作期望、工作表现和未来发展等方面的沟通。

关键绩效指标法的核心是构建一套关键绩效指标体系。通常一个组织的关键绩效指标体系由以下几个层级构成：一是企业级关键绩效指标，它是由企业的战略目标演化而来的；二是部门级关键绩效指标，它是由企业级关键绩效指标和部门职责确定的；三是由部门关键绩效指标落实到具体岗位（或子部门）的业绩衡量指标。企业关键绩效指标体系的设计程序如下：

第一步，确立组织内部各个层次的工作产出。主要内容包括：明确组织目标，自上至下逐级确认绩效对组织目标的增值部分；绘制客户关系图，界定组织内的个体和团队的工作产出；为各项工作产出划分权重。

第二步，建立考核指标。首先根据不同的工作产出确定使用的指标类型，通常考核指标有数量、质量、成本和时限四类。其次利用 SMART 原则设计考核指标，即设计出的关键绩效指标必须是具体的、可度量的、可实现的、现实的和有时限的。最后为各项考核指标划分权重。

第三步，针对不同的绩效考核指标，设定相应的绩效考核标准。主要内容包括：设定基本标准与卓越标准；确定由谁进行考核；确定如何对各项标准进行考核。

第四步，审核关键绩效指标。主要的审核标准有四项，即指标与标准的客观性、全面性、可操作性，以及是否能够提供反馈与修正信息。

企业建立关键绩效指标体系，其意义主要体现在：第一，有利于企业创建以责任成果为导向的企业管理体系，落实企业战略目标与管理重点，不断强化与提升企业整体核心竞争力；第二，通过关键绩效指标的牵引，使得个人目标、部门目标与企业目标之间保持一致，从而保证企业的长足发展；第三，建立企业关键绩效指标体系可以传递市场压力，使工作聚集，责任到位，成果明确；第四，通过关键绩效指标体系使不同功能领域的员工相互合作，集中在共同成果上；第五，通过关键绩效指标体系，建立激励与约束员工行为的管理系统，为企业价值评价与价值分配体系的建立提供系统的框架。

此外，关键绩效指标法也存在一定的缺陷，主要是这种方法较为复杂，尤其是关键绩效指标的设计较为困难。例如，绩效考核的结果并不总是很清晰的，尤其是知识员工的劳动成果大都不是有形的产品，不易考核；在某些情况下，“创造性”等考核因素无从衡量；随着团队作用的日益增大，对团队的考核越来越重要，但难度也较大；此外，如果企业不注重对关键绩效指标体系的审核，容易导致考核指标无法与组织目标相一致，甚至难以落实操作。

2．平衡记分卡

平衡记分卡（Balanced Score Card，BPS）由R. S. 卡普兰和D. P. 诺顿共同开发，是一套综合平衡财务指标和非财务指标的考核体系。该方法从四个方面关注企业绩效：客户角度、内部流程角度、学习与发展角度、财务角度。财务测评指标能揭示已采取的行动所产生的结果；用客户满意度、内部流程、学习与发展三套绩效测评指标来补充财务测评指标，而这三方面的活动又推动着未来的财务绩效。

在企业绩效评估体系中引入平衡记分卡是一个非常慎重的工作。西方企业的实践表明，这一引入过程的时间周期大约在两年以上，这样才能发挥平衡计分卡的作用。通常而言，以平衡计分卡为基础建立企业的绩效评估体系，需要经由以下四个基本程序：

第一，说明远景。高层管理者需要向组织的经理们阐明企业的远景、形成一套完整的目标和测评指标、描述推动企业成功的长期因素等，并且得到所有高级经理的认可，从而使得经理们就组织的使命和战略达成共识。

第二，沟通。各级经理能够在组织中就战略要求进行上下沟通，并把它与各部门及个人的目标联系起来。这里的目标不仅包括短期的财务目标，也涉及长期战略目标。

第三，业务规划。各级经理要针对自己的业务范围设定目标，并且根据组织的战略，采取那些能够推动自己实现长期战略目标的新措施，并注意加以协调。然后，经理们要认真分配资源，以确保目标的实现。这一过程有利于公司实现业务计划和财务计划的一体化。

第四，反馈与学习。当管理体系以平衡计分卡为核心时，企业能够从顾客、内部流程以及学习与发展三个角度监督短期结果，并根据最近的业绩评价战略实施情况。由此，组织能够修改和调整战略以随时反映学习所得。

随着平衡计分卡的应用，它越来越受到企业界的关注。与传统的绩效评估方法相比，平衡记分卡的优势体现在以下几个方面：一是平衡记分卡从顾客、内部流程、学习与发展、财务四个角度设计绩效评估体系，消除了单一考核指标的局限性；二是平衡计分卡是一个居于战略的绩效考核体系，它表明了源于战略的一系列因果关系，发展和强化了战略管理系统；三是平衡计分卡克服了传统考核体系的片面性、主观性，是考核系统与控制系统的完美结合；四是平衡计分卡迫使高级经理将所有的重要绩效测评指标放在一起综合考虑，防止了次优化行为。

虽然平衡计分卡能够满足企业多方面的需要，但是在运用中也存在一些障碍。首先，平衡计分卡强调战略目标的层层分解，并通过落实在四个方面的指标上为目标分解提供行动依据与步骤，但是平衡计分卡所提出的方法模型主要针对经营实体,很难适用于个人,实现实体考核到个体考核的衔接是一个难点。其次,平衡计分卡适用于一个战略业务单位的绩效考核体系。但是在一个由若干战略业务单位构成的组织中,平衡计分卡如何实现组织的战略目标与各战略业务单位的目标之间的动态调整问题还难以解决。最后,技术层面也存在重重障碍,如平衡记分卡所包含的各个指标的值如何确定、各指标的权重如何设置等等。

3. 目标管理法

目标管理法是众多国内外企业进行绩效评估的最常见的方法之一。之所以能够得到推广,原因在于这种方法与人们的价值观和处事方法相一致。此外,目标管理法还能够更好地把个人目标和组织目标有机结合起来,达到一致。

目标管理法的主要特点是强调员工的自我参与,评估者从一个法官的角色向顾问或促进者的角色转变,使员工从一个被动的被评估者向一个主动的自我评估的参与者转变。这种评估方法的主要步骤是:

步骤一,绩效目标的设定

绩效目标的设定是目标管理程序的第一步,实际上是上下级共同确定各个层级所要达到的绩效目标。在实施中,通常是上级考核者与被考核者一起共同制定目标。目标主要指所期望达到的结果,以及为达到这一结果所应采取的方式、方法。

步骤二,制定被考核者达到目标的时间框架

目标管理法的第二步是为确定的目标而努力,员工应合理安排时间,了解自己目前在做什么、做了什么和下一步还要做什么。目标管理法强调"自我控制"、"自我突破",但绝不是要放弃管理控制,只不过是用双向沟通代替了专制管理,通过确定绩效目标达成时间的有效约束,从而更有效地保证组织目标的实现。

步骤三,将实际达到的绩效水平与预先设定的绩效目标相比较

通过比较,考核者能够找出为什么未能达到既定的绩效目标,或为何实际达到的绩效水平远远超出了预先设定绩效目标的原因。这一步骤不仅能有助于决定对于培训的需求,还能有助于确定下一绩效评估周期的各级绩效指标。同时也能提醒上级考核者注意到组织环境对下属工作表现可能产生的影响,而这些客观环境是被考核者本人无法控制的。目标管理的考核不是行为或其他,而是绩效。如果目标确定是具体的、可验证的,那么考核过程就很简单。管理者与员工讨论他们是否完成了目标,并研究为什么能完成或不能完成,组织将这些检查考核工作情况记录下来,使其成为正式的绩效考核资料。

步骤四,制定新的绩效目标,以及为达到新的绩效目标而可能采取的新的战略

这是实施目标管理的第四步。凡是已成功实现其绩效目标的被考核者都可以被允许参与下一考核周期新的绩效目标的设置过程。而对那些没有达到既定的绩效目标的被考核者,在与其直接上级进行沟通、判明困难的出现是否属于偶然现象、找出妨碍目标达成的原因并制定相应的解决方法和行动矫正方案后,才可以参与新一轮考核周期绩效目标的设置。

由于员工个人始终参与绩效评估的全过程,目标管理法提高了员工的工作满意度,增强了员工主动将自己的工作目标和组织的发展目标相结合的动力。但是,目标管理法实施的过程也相对复杂,需要人力资源管理部门与组织的直线管理部门密切配合,协助员工进行目标管理,实施成本比较高,难度较大。

4. 标杆超越法

标杆超越法是20世纪80年代发展起来的一种新型经营管理方法,最早将其应用于绩效评估体系的是美国施乐公司。之后,加拿大、欧洲的企业也相继采用该方法并将其应用于一些新领域。

所谓标杆超越法,可以这样描述:不断寻找和研究业内外一流的、有名望的企业的最佳实践,以此为标杆,将本企业的产品、服务和管理等方面的实际情况与这些标杆进行定量化考核和比较,分析这些标杆企业达到优秀水平的原因,结合自身实际加以创造性地学习、借鉴并选取改进的最优政策,从而赶超一流企业或创造新绩效的不断循环提高的过程。设计一套以标杆超越为基础的绩效评估体系的基本流程如下:

第一步,发现瓶颈。详细了解企业关键业务流程与管理策略,从构成这些流程的关键节点切入,找出企业运营的瓶颈,从而确定企业需要确定标杆的内容与领域。

第二步,选择标杆。选择与研究行业中几家领先企业的业绩,剖析行业领先者的共性特征,构建行业标杆的基本框架,选择基准化标杆的标准主要有两个:一是应具有卓越的业绩,应该是行业中具有最佳实践的企业;二是标杆企业的被瞄准领域应该与本企业需要进行标杆超越的部门有相似的特点。

第三步,数据收集。收集资料和数据,深入分析标杆企业的经营模式,从系统的角度剖析与归纳其竞争优势的来源,包括个体行为标杆、职能标杆、流程标杆与系统标杆等,总结其成功的关键要领。

第四步,比较与分析确定绩效标准。将标杆企业的业绩与实践和本企业的业绩与实践进行比较与分析,找出绩效水平上的差距、在管理实践上的差异。借鉴其成功经验,确定适合本企业的能够赶上甚至超越标杆企业的关键业绩标准与最佳实践。

第五步,内部沟通与交流。将标杆超越法的推进与员工的沟通和交流同步,并将标杆基准化的目标与前景让全体员工理解和支持,根据全体员工的建议,最终拟订各层级的绩效目标,并提出改进方案。

第六步,采取行动并及时反馈信息。在详细分析内、外部资料的基础上,制定具体的行动方案,包括计划、安排、实施的方法和技术,以及阶段性的成绩考核,并在组织内部达成共识,推动方案的有效实施。

第七步,持续循环推进。将标杆超越作为一个持续的循环过程,最终将标杆基准融入企业的日程管理工作中,使之成为一项固定的绩效管理活动持续推进。

标杆超越法的优势主要表现为:一是能够为企业设定目标及度量标准提供新的参照方法。同时,标杆超越法将组织发展的目标和方向定位于外部现实的基础上,避免了传统的目标由于外部环境的快速变化而失败情形的出现。二是标杆超越法更加关注于满足顾客需要,打破了行业部门的限制,用价值链将企业的各个部门和环节连接在一起,能够将满足企业内外的需求统一到一起来提取各项绩效考核指标。三是标杆超越法通过与竞争对手或同业最具效率的企业比较,有利于激发企业中的个人、团队和整个组织的潜能,充分发挥他们的潜力。此外,这一方法也可以在一定程度上消除企业的自满心理,克服企业内部经营近视的现象。四是利用标杆超越的方法,企业可建立一套以行业平均水平为基础评估经营者业绩的相对绩效评估指标,以此为基础设计激励机制能够去掉复杂的干扰因素,将行业中的系统风险和共同风险过滤掉,从而更好地体现经营者的努力程度和为绩效付出的原则。此外,标杆超越的方法不是仅仅局限于在行业之内选择标杆对象,而是打破了行业界限,是一个强调"外向型"的工具。

第三节　绩效评估综合分析

绩效评估只是管理的一种手段,评价的最终目的在于员工开发。因此,无论是各部门主管、人力资源部门人员还是评价的专家,都必须具备丰富的评估工作经验和对实际情况的全面把握。只有这样,才能凭借评估者自身的分析能力,剖析相关的绩效信息,对绩效评估的结果作出综合的分析,从中找到问题的本质,进而提高员工和组织的绩效。

综合分析的意见不仅仅只是对评价结果的总结,还要提出对人力资源管理,乃至整个管理工作有价值的建议。同时还必须是现实可行的,在实践过程中有直接的借鉴意义。

一般而言,综合分析主要包括横向比较分析、纵向比较分析以及误差分析等。

一、横向比较分析

横向比较分析是指针对员工或部门在同一个考核期的绩效评估结果进行比较分析的过程。对同一员工的各指标进行比较,可以分析其各项工作执行情况的均衡状况,便于进一步的工作指导和职业发展规划。对部门和类别之间的比较,目的是分析任务完成程度或对组织贡献的优劣顺序,是人力资源决策的依据。同时,在横向比较过程中,也可以发现评价过程造成的各种误差,以利于及时调整,提高以后的绩效评价工作质量。

(一)员工自身评价指标比较分析

员工自身评价指标分析是指某个岗位的员工的每个单项评价指标在相应分组评价指标得分中所占份额大小(即所做贡献大小)的比较分析,即这个指标对总体绩效贡献率的比较分析。

例如,在表5-4中可以看到,尽管该员工的总体绩效评价为优秀(A级),但是其各个单项指标的完成情况是不同的,即对于总体绩效的作用不同。在评估主管看来,该名员工在系统管理的规范性和推广计划实施两个评估指标方面,还有进一步改进绩效的余地。

(二)不同类型人员的比较分析

在企业组织中,通常根据员工工作性质的不同,可以将员工大致分成高层管理人员、中层管理人员、基层管理人员、技术人员和操作人员等。各类人员之间的业绩是相互影响的,管理人员及其管理状况好坏影响着该部门人员的业绩,而部门总的业绩直接体现为主管的业绩。技术人员的成果,如新产品设计、流程的制定合理性和科学性,影响着操作的效率。而操作人员的技术水准决定了新技术的应用,也影响到技术人员的业绩。因此,在分析比较各类人员的业绩时,应该注意有没有出现异常的状况,以便及时纠正。

1. 不同类型人员的单项评价指标的比较分析

根据员工类型的不同,可以分析在某项评价指标上不同类型员工的差异。具体实施步骤如下:

第一,计算各类人员单项指标的平均值。例如,在全面质量管理中,基层操作工、技术人员、部门主管由于采取了不同的质量改进的举措,从而降低了次品率,由此也降低了次品所带来的成本损失。经过绩效评估,发现在“直接降低成本额”的评估指标上,一线操作员工为60万元,技术人员为100万元,车间主任为80万元。

第二,进行比较分析。为直观起见,可以将这些比较的数据绘制成直方图,观察业绩结果的分布是否和目标的导向一致。如图5-1所示,技术人员对于全面质量管理中降低成本的贡献是最大的。

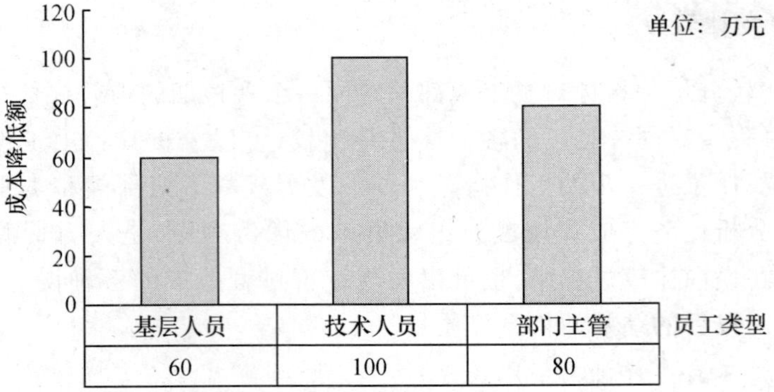

图 5-1 不同员工单项评价指标比较

2. 不同类型人员各组评价指标及综合指标比较

除了单项比较，也可以根据员工类型的不同对各组评价指标进行综合比较。具体实施步骤为：首先计算出不同类型员工各组指标或整体综合指标的评价结果的加权平均值，然后通过绘制直方图，观察各类人员完成组织要求的任务或目标的达到程度，从而对相应的管理工作进行调整，提出正确的决策指导意见。

图 5-2 所示的范例是某公司对中层管理人员的绩效评估的综合比较。通过比较发现，客户经理在考核期内的绩效相对偏低，其上级主管部门就需要采取必要的措施，或者重新考虑新的人选或者对其加强培训和指导。

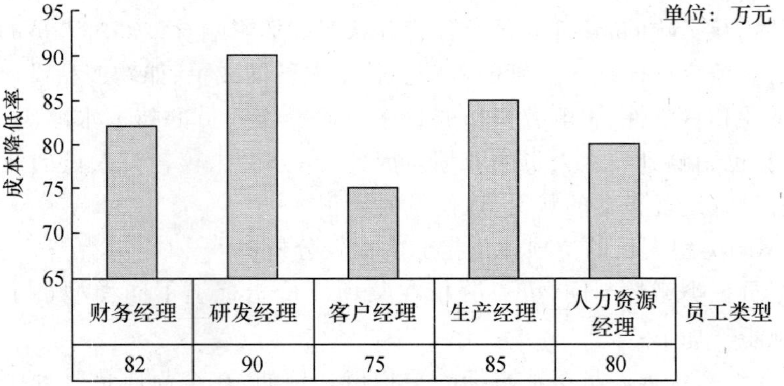

图 5-2 不同部分主管绩效评价结果比较

（三）不同部门同类人员之间的综合比较分析

同类人员由于工作性质或工作要求相类似，具有更大的可比性，比较结果的说服力更强。比较的内容，包括单项指标、各组评价指标和总体评价结果。首先计算不同部门同类人员的各项比较指标的平均值，为了清晰地比较各项指标的绩效差异，可以将以上数值绘制曲线图，从而比较各部门同类人员的业绩水平，分析各自的优势和劣势，为管理决策提供一定的参考依据。图 5-3 是某公司不同车间同类员工的比较图。

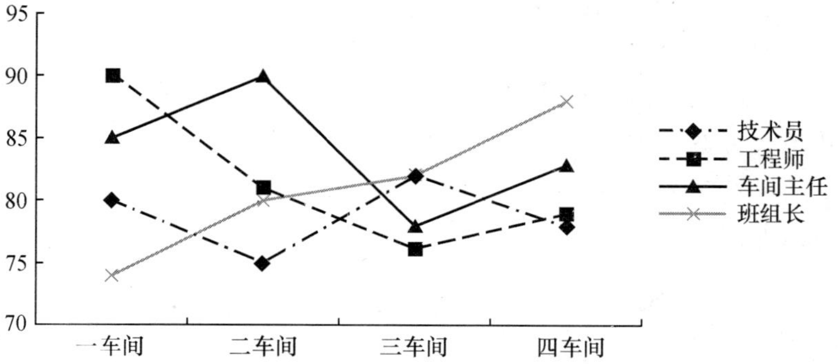

图 5-3 不同部门同类员工绩效评估指标比较

二、纵向比较分析

(一) 单项评估指标的平均水平与基准年度比较分析

将员工个人或部门当年的单项评估指标平均值与基准年度的统一评价指标进行比较,观察其变化情况,据此可以分析员工的绩效有无提高以及提高的程度如何。这类比较可以是综合指标的比较,也可以任选某些关键评估指标进行比较。这种比较,必须是在量化评估方法和评估过程不变的条件下进行的,否则需要对绩效结果进行调整。比较结果可以用直方图表示。图 5-4 所示的范例是一家银行柜台人员本考核期与基准年度各项绩效指标的对比情况。从图中可以看到,本考核期柜台员工的工作绩效比基准年度有较大的提高。

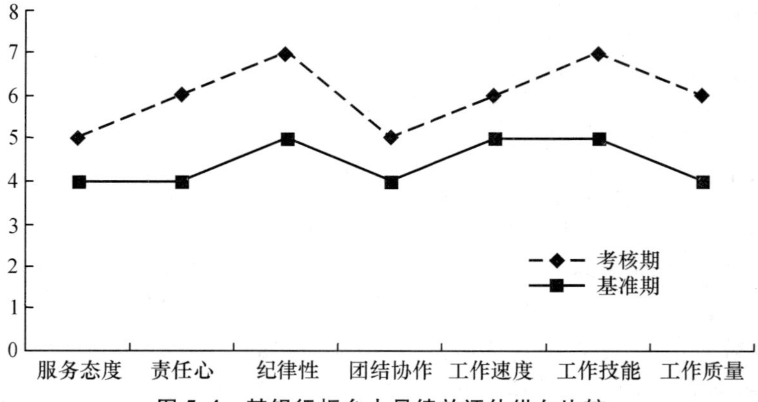

图 5-4 某银行柜台人员绩效评估纵向比较

(二) 单项评价指标的历年变化趋势比较分析

分析单项评价指标平均水平的历年变化趋势,可以用员工或部门在该绩效指标的纵向比较来表示。通过比较分析,可以看到不同年份的工作绩效变化情况,为将来的管理决策服务。图5-5是某车间操作工人生产某产品的次品率指标,图中标出了近年来次品率的变化情况。可以看到,次品率存在比较严重的波动状况。这时就要查找原因,是操作工人的绩效不稳定,还是质量控制人员管理失误,还是技术人员的工艺设计问题。这些问题都需要管理者作进一步的分析,从而提出改进方案。

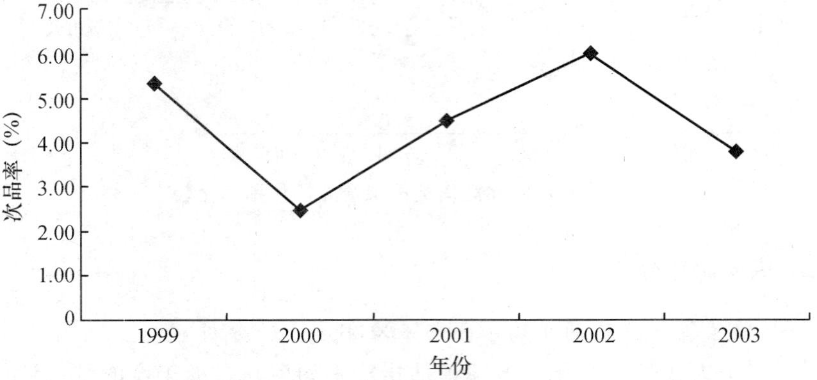

图5-5 车间次品率指标历年变化趋势

（三）评价指标总体水平比较分析

对员工个人或部门总体绩效指标进行纵向比较分析,方法同单项指标的比较分析类似。但需要注意的是,这种纵向比较除了各年度的评估方法和过程保持不变以外,还需要具备两个条件:一是权重体系保持不变;二是单项指标的评价标准保持不变。如果不具备这两个条件,不同年份的总体指标就不具备可比性,在纵向比较时应该给予一定的修正。

三、误差分析及调整

（一）绩效评估中的常见误差

所谓工作绩效评估过程中的误差,是指评估人对被评估人工作绩效的评估与被评估人的实际工作绩效之间的差距。造成评估误差的原因有很多,如评估项目设立不当、评估标准不明确、评估的目的和意义不清晰、评估程序不严格以及评估人未参加过专业培训等等。一般来说,评估误差有如下种类:

晕轮效应误差:工作绩效评估时,对被评估人的某种绩效要素评价较高或较低,将导致对其所有的其他要素也评价较高或较低,造成以偏概全,从而产生评估误差。

近因误差:一般说来,人们对近期发生的事情的印象比较深刻,而对远期发生的事情的印象比较淡薄。在实际评估时往往会出现这样的情况:评估人在对被评估者某一时期内的工作绩效进行评估时,只看其近期的表现和成绩。以近期的记忆或印象来代替被评估人在整个被评估期的工作表现情况，会造成评估误差，该误差被称为近因误差。

感情效应误差：评估人可能随着他对被评估人的感情好坏程度而会自觉或不自觉地对被评估人的工作绩效评估偏高或偏低。

暗示效应误差：暗示是人们通过语言、行为或某种事物提示某人，使其接受或照办而引起的迅速的心理反应。评估人在领导者或权威人士的暗示下，很容易接受他们的看法，而改变自己原来的看法，这样就可能造成评估误差的暗示效应。在评估中，暗示效应引起的误差是难免的。为了防止这种误差，一个有效的办法是，先请评委们发言、投票，最后再请领导或权威人士作总结或讲话，这样，领导或权威最后的讲话就难以起到暗示的作用了。

偏见误差：由于评估人员对被评估者的某种偏见，影响对被评估者工作绩效的评估而造成的误差，被称为偏见误差。为了防止这种评估偏见造成的误差，应严格按照已规定的各种性质的评估标准进行评估。

集中趋势误差：集中趋势误差是一种常见错误，即都将员工评价为接近平均或中等水平。有些业绩评定制度要求评价者对过高或过低的评价写出书面鉴定，在这种情况下，评价者可以通过只给平均水平的评价来避免可能发生的争议或批评。

另外，传统观念对工作绩效评估也会产生一定影响。在组织中，有时会存在一些陈旧的传统观念，如论资排辈、讲私人关系、平均主义、嫉能妒才等等，都影响着工作实绩的评估，造成评估误差。

（二）减少误差的一般举措

为了防止或减少在绩效评估中的误差，提高工作绩效评估的信度和效度，一般可以采取以下措施：

一方面，严格挑选和培训评估人员。首先，要挑选政策性强、坚持原则、办事公道的人负责评估工作；其次，要对评估人进行有关评估政策、原则和纪律的培训；最后，要对评估人进行有关评估标准、评估程序和评估方法的训练，尽量克服人为因素所造成的误差。

另一方面，选择恰当的绩效评估方法。首先要寻找造成误差的主要原因，针对具体情况，选择合适的绩效评价工具。例如，排序法能避免集中趋势误差，比例控制法有助于克服偏见和集中趋势误差，行为锚定等级法可以减少晕轮效应误差、近因误差或感情效应误差等。但还要认识到，每一种评估方法都有其优点和不足，克服了一种误差却难以克服其他所有的误差。

思考题

1. 软评价和硬评价各有什么特点？如何做到软评价和硬评价的有机结合？

2. 绩效评估面谈的注意事项有哪些？以小组为单位,模拟绩效评估面谈。

3. 有哪些主要的绩效评估方法？试比较各种系统的绩效评估方法的优劣。

4. 横向综合分析和纵向综合分析各有什么特点和作用？

5. 举例说明哪些因素可能影响绩效评估效果、哪些方法可以减少评估误差。

案例分析

光明制药公司的绩效管理问题

广州光明制药有限公司成立于1998年,由中科院广州生命科学研究院、中科院广州有机研发研究所以及某生物医药股份有限公司共同发起并投资组建。公司成立之后致力于新药生产和研发。此外,公司还与国内外知名科研机构建立了紧密的业务交流机制。虽然公司取得了一定成就,可最近几年,人员流动频繁的问题一直让总经理很头痛。

总经理薛宝亮,现年43岁,大学毕业以后,进入一家药厂从事车间管理工作,工作多年后考取研究生,在中科院完成博士后研究工作,毕业后即被委任为光明制药公司的总经理。

从该公司创立之初,公司里的技术员工都是中科院在读的和毕业的学生,因此节约了大量人力成本,公司花了大部分财力投入到公司的设备和生产上。可是,在公司安稳度过一年半的时光后,很多问题随之而来。

首先是人员毕业问题,原本在公司工作的研究生都毕业了,只有一个愿意留下来。而最近研发部的主管又要求加薪,如果不加薪水就辞职。最近公司的资金非常紧张,这个时候怎么能加薪呢？其次是人员培训问题,新来的实习研究生,做事情不大顺利,可是抽不出人手来给他们培训,很多问题因为他们的业务不熟练而耽误了,在原料采购上频繁出错。还有公司的人员工作积极性下降得厉害。很多人员加班的场景再也看不到了,每天都盼望着刷卡下班。

研发部主管黄春辉,年轻有为,在公司成立的时候来到了这个药物研发公司,经历了公司成长的各个阶段。三年以前,公司研发部的人事任命出了问题,临危受命,黄春辉不负众望,完成了公司前两任主管都没能完成的任务,使公司的运作步入正轨。

但自从2005年秋季以来,黄春辉就有了离开的念头。自从完成了公司的重大项目以后,黄春辉也从公司拿到了一些奖金,可是最近一年,不管黄春辉如何努力工作,再也没有奖金,原因很简单,部门目前所完成的事务和直接利润不挂钩,这样即使给其他部门提供再多的支持,也不会有奖金。为此,整个研发部门开始消极怠工。总经理薛宝亮在会议上说,研发部主要是配合生产部门开展工作。这些话都很大程度上伤害了黄春辉的心。

黄春辉想要改变。于是,他和总经理进行了多次争执,他坚持自己的观点——没有奖励,下面的人没法干活。总经理坚持,员工应该有忧患意识,广州,最不缺的就是等待工作的人才。在一次争执后,总经理直接问黄春辉:"对于你总要坚持的奖励问题,是你个人的意见还是下面人的意见。如果是下面人的意见,到底是谁?让他来找我。"

这天,黄春辉把下面员工的月加班记录表拿去找总经理签字,按照公司规定,加班一天的加班费是100元,薛宝亮看了一下金额,有人一个月加班了5天。他让黄春辉以后取消加班费的报销,如果出现加班的情况,就调休。黄春辉愣住了,研发实验这样的事情,有的时候必须要加班,难道一个实验做一半就要停?调休,有的时候对进度抓得那么紧,怎么好调休呢?调休了一个,其他人的工作怎么配合?黄春辉回到实验室,没办法面对自己的下属。从这开始,研发部出现了一个不成文的规矩,所有需要加班的实验,是不会去做的,如果要加班才能完成,那么就等第二个工作日再继续做。

这样的状况持续了一段时间之后,公司的气氛很沉闷,大家都在保持沉默。黄春辉觉得有必要和上头谈一次需要建立绩效考评和激励制度的事情了。总经理也觉得对于目前的状况再发展下去,对公司的发展很不利。所以,在公司例会之后两个人在总经理办公室里继续开始讨论。薛宝亮承认公司需要建立绩效考核制度和相应的奖励制度,而黄春辉也说作为公司管理层,应该为公司员工着想。总经理薛宝亮说:"我认为也需要激励,但是你也要回答几个问题,是不是没有了奖金就不做事情了呢?既然研究生可以做事情不要求奖金,为什么你们就要奖励呢,那我该选择哪个呢?现在找外包公司来解决研发问题,经过成本计算,和实验室本身雇用人的成本相差不多,那么我为什么还要花钱去雇人呢?如果你要奖励,那么其他部门会怎么想呢?他们的工作是检查文件、写标书、管理项目进度,无法量计,他们该怎么奖励呢?"一连串的问题下来,黄春辉沉默了很久,离开了办公室,也准备离开公司了。

案例思考题

1. 分析广州光明制药有限公司绩效管理工作中面临哪些主要问题。

2. 绩效考核制度如何实现公平?对于无法定量、性质模糊的工作,绩效考核制度该如何设计?

3. 基于该案例的信息,作为部门主管,你能否为公司研发部门设计一套绩效管理方案?

第六章　员工薪酬管理

本章概要

薪酬是企业支付给员工的劳动报酬，是员工日常生活的基本保障，也是组织吸引和留住优秀人才的重要因素。本章对薪酬管理的相关内容进行介绍，主要包括三部分内容：一是薪酬概述，涉及薪酬的概念和作用、薪酬管理的基本原则、薪酬设计流程等；二是薪酬的各主要组成部分的基本概述及制定方法；三是企业核心人才的薪酬管理，主要是年薪制和股票期权。

第一节　薪酬管理概述

一、薪酬的概念和作用

员工薪酬是指员工在从事劳动、履行职责并完成任务之后，所获得的经济上的酬劳或回报。从广义角度理解，薪酬包括员工直接获得的报酬（如基本工资、奖金、红利等）和间接获得的报酬（如基本福利、办公条件和通讯设备等）。从狭义的角度理解，薪酬仅仅指员工直接获得的经济报酬。本章主要从狭义的角度讨论员工的薪酬管理问题。

薪酬在本质上是企业和员工之间的一种利益交换关系。无论对于员工个人还是企业来说，薪酬都是非常重要的。因此，对于薪酬的作用可以从企业和员工两方面来理解。

首先，薪酬是企业人力资源管理体系中的一个很重要的方面。企业支付薪酬的目的就在于支持人力资源系统，最终帮助企业获得竞争力。因此，薪酬管理问题的重要性主要体现在其对企业竞争力的影响上，主要可以从三个方面产生影响：

第一，对企业吸纳人才竞争力的影响。一套有竞争力的薪酬体系之所以有吸引力，不仅是因为它能够提供有吸引力的货币报酬，而且还体现在它能够根据被吸引目标人群的特殊需求提供各种非货币形式的待遇，体现企业对员工的人文关怀。

第二，对企业保留人才竞争力的影响。企业不仅仅要能够吸引来人才，更重要的是要能够保留住原有的对企业有价值的优秀人才。如果人才被吸引来又流失走，那么对企业造成的损失可能会比没有吸引力更大。在众多留住人才的手段当中,薪酬体系的好坏无疑是见效最快的方法之一。

第三,对使用人才效率的影响。企业拥有了员工,如何使他们最有效率地为企业工作,一直是企业管理者探索的问题。在激励员工的工作行为方面,除了必要的企业规章和文化的约束引导之外,最能提高企业人才使用效率的恐怕就是薪酬的激励作用了。薪酬对员工的激励和导向作用的直接成果就是企业经营业绩的改善。

薪酬对于员工的作用比较容易理解。对员工来说,薪酬主要起着维持、保障和激励的作用。员工通过付出劳动获得薪酬首先是为了维持其自身和家庭的基本生活需要,同时也要保障自身和家庭成员发展的需要。薪酬的引导和激励作用主要是通过薪酬的信号特点来体现的。因为薪酬高低往往是企业内部识别员工个人价值和地位排序的信号,员工自身价值的提升,很大程度上就体现在他所获得的薪酬水平的提升上。

二、薪酬管理的基本原则

薪酬管理始终要坚持贯彻下面五项原则:

公平性原则:薪酬管理的公平原则主要是指薪酬的外部公平性和薪酬的内部公平性两个方面。所谓外部公平性是指与同行业其他组织相比较,工作职位的薪酬水平具有竞争性;内部公平性则是指在同一组织内部,各个工作职位的薪酬水平与该职位员工的劳动付出应该是相称的。

激励性原则:薪酬管理的激励性原则是将员工的薪酬所得与他们的工作行为和劳动产出紧密联系起来,通过满足员工的多元化需求,强化员工的劳动行为,引导并推动员工达成更高的工作目标。

竞争性原则:薪酬管理的竞争性原则要求组织在制定薪酬制度和整体薪酬水平时,充分考虑内、外部劳动力市场的竞争性薪资水平,从而可以更好地从外部市场吸纳优秀人才,或者能够从内部市场充分挖掘具有潜力的优秀员工从事更加重要的岗位工作。

经济性原则:薪酬管理的经济性原则要求组织在确定薪资水平时分析组织自身实际经济承受能力,需要进行人力成本核算,把人力成本控制在一个合理的范围内,谋求组织和员工的双赢发展态势。

合法性原则:薪酬管理的合法性原则要求组织充分关注国家、地区以及行业对最低薪资要求,特殊时期、特殊岗位、特殊人员薪酬要求的强制性规定,如遵守《劳动法》中对薪酬管理的有关规定等。

三、常见的薪酬制度

薪酬制度是由公司根据劳动的复杂程度、精确程度、繁重程度和劳动条件等因素，将各类薪酬划分等级，按等级确定薪酬的一种制度。常见的薪酬制度有结构工资制、职务等级薪酬制、岗位等级薪酬制、技术等级薪酬制、岗位技能薪酬制、岗位薪点薪酬制、宽带薪酬制度等。

结构工资制：结构工资制是我国国有企业在工资制度改革过程中创造出来的一种工资制度。它是基于工资的不同功能，划分为若干个独立的工资单元，各单元又规定不同的结构系数，组成有质的区分和量的比例关系的工资结构。结构工资制的构成一般包括六个部分，它们分别是基础工资、岗位工资、技能工资、效益工资、浮动工资和年功工资。

职务等级薪酬制：职务等级薪酬制是根据员工所履行职务的种类与完成某一特定职位工作所相应要求的工作能力等级确定薪酬等级的一种薪酬制度。这种薪酬制度往往较多在管理技术岗位上采用。

岗位等级薪酬制：岗位等级薪酬制是按照员工在生产中的工作岗位确定薪酬等级和薪酬标准的一种薪酬制度。它的性质类似于职务等级薪酬制，区别在于这种薪酬制度多应用于企业工人岗位的薪酬管理。

技术等级薪酬制：技术等级薪酬制是按照员工所达到的技术等级标准确定薪酬等级，并按照确定的等级标准计付劳动报酬的一种薪酬制度。这是一种适用于技术工人的薪酬管理形式。

岗位技能薪酬制：岗位技能薪酬制是以岗位的劳动技能、劳动责任、劳动强度和劳动条件为基础而确定薪酬的一种基本制度。它建立在岗位评价的基础上，充分突出了薪酬中岗位和技能这两个结构单元的特点。

岗位薪点薪酬制：岗位薪点薪酬制同岗位技能薪酬制一样，是在评价岗位四要素（岗位责任、岗位技能、工作强度和工作条件）的基础上，用点数和点值确定员工实际劳动报酬的一种薪酬制度。

宽带薪酬制度：宽带薪酬制度是与传统的所谓“窄带薪酬”相对而言的，即将传统的较多薪酬等级压缩成较少级别，同时将每一个薪酬级别所对应的薪酬浮动范围拉大，从而形成一种新的薪酬体系。即改变以往薪酬等级是单纯的点值，把它变为一个区间，区间幅度适当加大，上下等级之间有一定重叠。

四、薪酬设计的基本流程

制定健全合理的薪酬方案，需要一套完整而正规的程序来保证。薪酬设计一般需要经过以下七个基本的步骤：

步骤一，制定薪酬原则和战略。设计薪酬之初，首先应该明确组织的总体发展战略。在总体战略的指导下，确定薪酬战略，并集中体现组织的总体发展要求。

步骤二，进行工作分析。在组织结构设计基础上进行工作分析，编写工作岗位职务说明书,形成清晰的组织结构图和工作说明书体系,这是进行薪酬设计的前提条件。

步骤三,进行工作评价。用工作分析的结果进行工作岗位评价,衡量组织内部各项工作与职位的价值,建立各项工作价值间的相对关系,以便使薪酬制度满足内部公平性要求。因此,工作评价是薪酬设计中最重要和基础的环节。

步骤四,市场薪酬调查。为了保证组织薪酬制度的外部公平性,还要进行市场薪酬调查,了解本地区、本行业的薪酬状况,尤其是竞争对手的薪酬情况,从而设计相应的具有竞争性的薪酬体系。

步骤五,薪酬结构设计。薪酬结构设计是将组织中各项工作职位的相对价值与对应的实付薪酬之间确定一种线性或非线性的联系的过程。它可以使每个工作职位的薪酬水平都对应于它的相对价值。组织往往根据自身战略发展要求,参照市场同行业数据以及劳动力市场供求情况,确定薪酬结构。

步骤六,确定薪酬等级和标准。确定工资等级是将工作评价以后得到的相对价值相接近的一组职务或工作编入同一等级,每一工作级别所对应的薪酬水平都有一个幅度,即每个等级有一个起薪点和顶薪点。这样整个组织就可以组合成若干个薪酬等级。

步骤七,薪酬方案的实施、评估和控制。薪酬方案一旦确定,就要严格地加以执行和落实。在实施过程中还要不断听取各级员工的反映,评估系统的公平性、竞争性特征,及时修正方案中的偏差,使薪酬方案更加合理完善。

第二节　薪酬的组成与制定方法

一、薪酬的组成

薪酬是企业支付给员工的劳动报酬。随着现代企业的发展,薪酬不再仅限于工资或薪水,而是呈现出内容丰富的特点。现代企业的薪酬通常以一个“工资包”的形式出现,其中既包括工资、奖金等直接给付,也包括福利等间接薪酬;既涉及各类现金支付,也涉及培训、带薪休假等非物质性收入;既涵盖员工因受雇用而获得的各种形式的外在收入,也涵盖员工由于自身工作努力而受到晋升、表扬或受到重视等内在激励。本节主要从狭义角度讨论企业薪酬问题,因为涉及的薪酬形式主要是直接的货币薪酬。一般而言,企业的货币薪酬主要包含如表6-1所示的四部分内容。

表 6-1 薪酬的组成

薪酬内容	主要功能	例子
工资	保障性（保障员工的基本生活）	销售人员的底薪；基本工资
奖金	激励性（对员工超额劳动的货币补充）	销售人员的提成
分红	激励性（员工以分享企业剩余劳动成果的形式获得长期的激励）	年终奖；股票期权
津贴（补贴）	保障性（对员工特殊劳动的补偿）	高温津贴；教师岗位津贴

工资是员工的基本薪酬，也是员工所获得的劳动报酬的主体。工资的主要功能是为员工提供基本的生活保障，从而确保他们能够基本满足生活所需。

奖金是一种补充性薪酬形式，它是对员工超额劳动或者增收节支的一种以货币形式给予的补偿。与工资相比，奖金的激励作用远大于保障作用，如商场销售人员的奖金制度能够极大地激励他们更卖力地推销产品，从而提升产品的总体销量。

分红，又称“利润分红”或“利润分享”，是企业每年年终时根据员工业绩，以红利形式发放的劳动收入奖励工资。传统的分红形式主要是企业年末设置的年终奖等，而随着现代企业薪酬激励制度的发展，股票期权等新型分红形式也逐渐产生。分红制度的主要功能是激励性，并且与奖金相比，分红的激励效果更为长久，尤其是股票期权制度不仅有助于企业吸引和留住核心人才，更能够长期地激发他们的工作热情。

津贴或补贴，是对员工在特殊劳动条件和工作环境下付出的特殊劳动消耗的补偿，其主要功能是保障性。

由于各个企业规模不同，所属行业不同，所属地区和国家不同，其工资包括的内容和各自的比例可能差别较大，但应该说万变不离其宗。

二、工资概述及制定方法

工资是指一个组织根据员工所承担或完成的工作本身、所具备的完成工作的技能或者能力和资历，以一定的货币形式定期支付给员工的稳定性劳动报酬。

（一）工资的影响因素

影响工资的因素分为内在因素和外在因素两种。

1. 内在因素

所谓影响工资的内在因素，是指与劳动者所承担的工作或职务的特性及其状况有关的因素，主要有以下几种：

（1）员工付出的劳动。员工所提供的现实劳动量差别是导致工资水平高低的基本原因。

（2）职务的高低。职务既包含着权力，同时也负有相应的责任。通常情况下，职务高的人权力大，责任也较重大。因此，其工资水平也较高。

（3）技术和训练水平。原则上，技术水平越高，所受训练层次越深，则应给予的工资越高。这份较高的工资不仅有报酬的含义，还有积极的激励作用，即促使员工愿意不断地学习新技术，提高劳动生产水平，并从事更为复杂和技术要求更高的工作。

（4）工作的时间性。对绝大多数劳动者来说，他们所从事的工作通常都是长期的，而另外一些劳动者则从事季节性或临时性的工作，这部分劳动者的工资无论是以小时、周还是以月计算，一般都比正常受雇的同级别员工的工资高，其基本原因可归纳为三个：一是这些人在工作季节或期间过去之后，可能会不容易找到工作，而在失业期间他们将没有收入来源；二是这些劳动者在受雇期间很可能得不到社会保障的保护，因为雇主或企业通常不需要为他们支付劳动保险等费用；三是这些劳动者很可能不享受企业福利。所以，工资支出应适当高一些，以为这部分劳动者的生活困难提供一定的缓解余地。

（5）工作的危险性。有些工作具有危险性，妨害人体健康，甚至危及人的生命，还有些工作具有比较恶劣的工作环境，这样他们的工资就应当比在舒适安全的工作环境中工作的员工工资要高。这种高工资的作用一方面用于补偿他们的体能消耗、耐力和冒险精神；另一方面，从心理学的角度来说，也是一种鼓励和安慰。

（6）福利及优惠权利。有些企业提供种种福利或给予员工若干优惠待遇，作为员工工资收入的补充，而没有福利或优惠的企业，则需在工资方面给予适当的弥补，方能维持企业骨干人员的稳定。

（7）年龄与工龄。从理论上讲，工龄并不体现劳动者的劳动能力，也不能体现劳动者的劳动成果，因此工龄不属于按劳分配的范畴。事实上，工龄往往是影响工资的一个很重要因素，这是由以下几方面的作用决定的：第一，补偿劳动者过去的投资；第二，保持平滑的年龄收入曲线；第三，减少劳动力流动。连续企业工龄与工资收入挂钩能起到稳定员工队伍、降低企业成本的作用。

2. 外在因素

影响工资的外在因素，是指与员工工作的状况、特性无关，但对工资的确定具有重大影响的一些经济与社会因素。与内在因素相比，外在因素更为具体而易见。主要的外资因素有：生活费用与物价水平、企业负担能力、地区和行业间通行的工资水平、劳动力市场的供求状况、劳动力的潜在替代物、产品的需求弹性等。

（二）工资的评定标准

工资标准又称工资率，是按单位时间规定的各等级的工资金额。工资标准表示某一等级的工作在单位时间上工资收入的水平，是工资收入的基础。具体来说，主要有最低工资标准、固定工资标准和浮动工资标准等形式。

最低工资标准：最低工资标准是指企业中从事最简单工作的最不熟练劳动者单位工作时间的工资数额。最低工资标准是确定工资差别的基础，其水平的高低在很大程度上反映宏观工资的总体水平。企业最低工资标准的确定主要根据企业自身特征，但也要考虑以下因素的影响：

——国家或地区法定的最低工资率，或最低工资标准。企业和国家最低工资标准不是一个概念，但在一般情况下，企业最低工资标准应高于国家或地区法定的最低工资率。

——以企业内最简单、最不熟练的劳动技能和劳动成果为依据。

——企业最低工资标准不应是一个固定的量，应该随着企业生产经营的发展、劳动生产率的提高以及本企业工资基金规模的变动适当作出调整。

固定工资标准：固定工资标准的含义是每一个工资等级只规定一个工资数额，一旦确定，长期稳定不变，与企业经济效益没有直接关系。

浮动工资标准：浮动工资标准的含义是每一个工资等级规定 2—3 个工资数额，随企业经济效益及个人劳动贡献上下浮动。

（三）工资定级和升级

工资定级是对原无工资等级或原有工资等级失效的员工进行工资等级的确定。国外企业重视对新员工即无工资等级员工进行工资定级，我国还包括职业调动和恢复就职员工的工资定级。

1. 新员工的工资定级

企业对新员工的工资定级方式有以下几种：

——新员工考核（考试）定级。考核定级是指对参加定级员工按规定进行考核（考试），合格者按照其所达到的等级标准确定工资等级。对没有工作经历的新员工来说，定级顺序一般是从所任职务内的最低工资等级起，按照职务和岗位的变动，工资逐级上升。

——按职定级。按职定级是对职务已经明确的员工，确定相应的工资标准。这种方式一般是针对有专业特长，或者企业专门招聘的管理技术人员而言的。

——比照定级。比照定级是在工作岗位发生变化以后，比照新岗位的职务或其他定级标准确定工资等级。比较典型的是我国部队退役人员和军队转业人员，到地方企业工作时，按照国家的政策，对照企业工资等级确定等级。

2. 职业调动员工的定级

企业员工因公调动，或企业认可的工作调动以后，其工资、津贴、奖金等待遇，按照调入地区和企业现行的制度和标准评定工资等级。

3. 重新就业员工的定级

重新就业员工，仍从事原工种的，经考核合格后，承认原工资等级；改变工种的，试用期间一般按高于最低等级的工资标准支付工资。

三、奖金概述及制定方法

奖金是一种补充性薪酬形式，它是对员工超额劳动或者增收节支的一种报酬形式，劳动者在创造了超过正常劳动定额以外的劳动成果之后，企业以物质的形式给予补偿。其中，以货币形式给予的补偿就是奖金。奖金的主要特点是：

第一，具有较强的针对性和灵活性

奖金有较大的弹性，可以根据工作需要，灵活决定其标准、范围和奖励周期等，有针对性地激励某项工作的进行；也可以抑制某些方面的问题，有效地调节企业生产过程对劳动数量和质量的需求。

第二，可弥补基本工资制度的不足

任何工资形式和工资制度都具有功能特点，也都存在功能缺陷。例如，计时工资主要是从个人技术能力和实际劳动时间上确定劳动报酬，难以准确反映经常变化的超额劳动；计件工资主要是从产品数量上反映劳动成果，难以反映优质产品、原材料节约和安全生产等方面的超额劳动。这些都可以通过奖金形式进行弥补。

第三，有较强的激励功能

在各种工资制度和工资形式中，奖金的激励功能是最强的，这种激励功能来自依据个人劳动贡献所形成的收入差别。利用这些差别，使员工的收入与劳动贡献联系在一起，起到奖励先进、鞭策后进的作用。

第四，将员工贡献、收入及企业效益三者有机结合

奖金不具有保证企业员工基本生活需要的功能，它既随着企业的经济效益而波动，但又能体现个人对企业效益的贡献。例如，当企业经营效益好的时候，企业和员工的总体奖金水平都提高，但个人奖金不一定与总水平同步提高，因为每个人的贡献是有差异的；反之，企业经营效益不变，总体收入水平下降，但贡献大的员工奖金收入不一定会下降，甚至会脱离总体奖金水平而提高。

（一）奖金标准的制定

奖金标准的作用有两个：其一是规定奖金提取的总额度；其二是规定奖金分配的各种比例关系。在奖金标准的确定中，有几个比例关系需要注意：

1. 奖金与标准工资的比例

基本工资与奖励工资是员工工资的两大组成部分，二者的比例一定要适当。按照一般的工资结构和工资职能原理，基本工资的比重应超过奖励工资，这种比例关系是由两者的不同性质和作用决定的。

首先，奖金是超额劳动的报酬，工资是定额劳动的报酬。在劳动定额合理的情况下，员工超额劳动只相当于定额劳动的一部分，不会超过定额劳动。按照我

国的经验,奖金不超过薪酬总额的30%为常见比例。如果比例过高,说明劳动定额太低,员工很容易完成工作量,造成人力资源闲置;如果比例太低,则不能发挥奖金的激励作用。

其次,与基本工资相比,奖金具有单一性的特点,因此在工资收入中所占比例不宜过大。基本工资是对员工劳动成果诸因素,如劳动技能、劳动熟练和繁重程度、责任程度和劳动态度的全面反映,奖金只反映员工的超额劳动情况,因此,奖金的总和应低于基本工资。如果将奖金比例定得过高,容易对员工劳动起片面的引导作用。

最后,基本工资不仅反映同一企业和同一劳动岗位的劳动差别,还可以反映不同行业、企业和部门间的劳动差别。如果个别企业奖金比重过大,不利于协调各企业之间的工资关系,也不利于国家对企业工资的宏观调控。

2. 奖金占超额劳动的比重

奖金是员工部分超额劳动的报酬,但不是全部超额劳动的报酬,一般而言,奖金在超额劳动报酬中所占的比重,应高于基本工资在其定额劳动中所占的比重。各企业劳动生产率的不同,超额劳动的标准也会不同。劳动生产率高的,标准也高,劳动生产率低的,标准则低。为了克服企业间的差异,应以同行业平均劳动生产率和劳动定额为标准,设定一个奖金提取系数。

这种奖金提取方式虽然可以克服不同企业间高低悬殊的情况,但在实施中难度很大。我国目前许多企业还是在本企业范围内,以纵向比较的方式提取奖金。

3. 各类人员奖金标准比例

各类人员奖金标准比例主要是由一些团队共同创造的超额劳动成果,在集体成员之间的报酬分割。在某种意义上讲,奖金相对比例比绝对额分配更影响员工的劳动情绪。

在一般情况下,根据指标完成情况和工作责任两个因素确定内部奖金分配比例,即主要职务(工种)高于辅助职务(工种)、繁重劳动高于轻便劳动、复杂劳动高于简单劳动。例如,第一层次的奖金是主要经营者和管理者;第二层次的奖金是主要生产者;第三层次的奖金是一般生产者和辅助人员。

(二) 奖励条件

奖励条件是特定奖项所要求的超额劳动的数量和质量标准,在确定时要注意以下原则:

原则一,要与员工的超额劳动紧密结合,实行多超多奖、少超少奖、不超不奖的奖励原则。

原则二,对不同性质的超额劳动,采用不同的评价指标和奖励方式,准确反映各类员工所创造的超额劳动的价值。

原则三，将奖励的重点放在与企业效益有关的生产环节和工作岗位，以实现提高企业生产经营效益、降低生产成本的最终目的。

原则四，奖励条件做到公平合理、明确具体、便于计量。科学化、数量化和规范化的工作评估体系是奖励工作的基础。

（三）奖励总额的确定

奖励总额的确定是指将多少工资收入作为企业全体员工奖励基金。目前，国内外较为常见的计算奖励总额的方式有以下几种：

1. 按照企业利润的一定百分比提取奖金，公式为：

奖金总额 = 报告期利润额 × 计奖比例

奖金总额应随企业利润水平和企业计奖比例而波动，其中计奖比例是一个可调整的因素。

2. 按照产量、销售量计算和发放奖金总额，比较常见的方式主要有三种：

方式一，按企业实际经营效果和实际支付的人工成本量因素决定奖金的支付。在这种方式中，将节约的人工成本以奖金的方式支付给员工。具体公式为：

奖金总额 = 生产（或销售）总额 × 标准单位人工成本费用 − 实际支付工资总额

方式二，按企业年度产量（销售量）的超额程度计提奖金。在这种方式中，奖金随目标产量（销售量）的超额程度等比例提取，或按累计比例提取。具体公式为：

年度奖金总额 =（年度实现销售额 − 年度目标销售额）× 计奖比例

方式三，按照成本节约量的一定比例提取奖金总额，主要目的是奖励员工在企业生产和经营成本节约中作出的贡献。具体公式为：

奖金总额 = 成本节约总额 × 计奖比例

除去上述方式，我国现行的企业奖金来源还有以下渠道：一是，实行工资总额与经济效益挂钩的企业，可以从规定增加的效益工资总额中拨出一定比例的奖励基金；二是，实行奖金和经济效益挂钩的企业，可以从企业利润中拨出一定比例的奖励基金；三是，对某些特定的奖金，可以从节约成本中按比例提取，列入奖励基金。

四、分红制度概述及制定方法

劳动分红制又称“利润分红”或“利润分享”制，是指企业每年年终时，首先按比例提取一部分企业总利润构成“分红基金”，然后根据员工的业绩状况确定分配数额，最后以红利形式发放劳动收入。传统的利润分享制度是年终企业给员工分红，现代分享制度除了分红之外，还包括员工有权购买企业的股票，拥有企业股权，甚至还有的组织向员工提供虚拟的股份，被称为“虚拟股份计划”，其目的是激励员工创造最佳的长期的工作业绩。

分红制度作为企业基本工资和奖金制度的补充,具有以下主要特点:

第一,劳动分红是对企业年终净利润的分配,属于企业内部再分配,一般不计入工资成本;而工资和奖金是预支的人工成本,属于生产费用,在企业初次分配中派发。

第二,劳动分红是对企业剩余劳动成果的分配,分红的数量和规模受企业扩大再生产投资的影响,两者是此消彼长的关系。而工资和奖金是定额和超额劳动的报酬,受劳动力日常供求状况和劳动力价值的影响。

第三,劳动分红一般不与员工的劳动成果直接挂钩,而与个人工资收入基数有关,它对劳动者的激励作用不同于基本工资和奖金,起着一种长期激励的作用。

(一) 建立依据

劳动分红是对企业税后利润的一种内部再分配,是对工资和奖金的一种补充形式,其建立的理论和实践依据是:

第一,在现代企业中,企业员工的收入不仅取决于个人的劳动成果,还取决于企业总的经济效益,即集体劳动的成果。

第二,企业在一个年度中所取得的利润,是各种资本形式的回报,包括物质资本、技术资本和人力资本等多种资本,员工作为人力资本的主要投资者,有权以分红的形式分享企业利润。

第三,工资一般是按短期形式支付,如月工资、日工资等,难以反映全年的企业经营成果,分红制采取年终结算的形式,是企业与员工之间的再分配,有助于补充其他分配形式的不足,协调企业与员工之间的分配关系。

分红收入确定后,员工的全部薪酬为:

$$\text{薪酬} = \text{基本薪酬} + \text{绩效薪酬} + \text{分红} + \text{津贴} + \text{补贴}$$

(二) 分红比例与方式

劳动分红通常是企业在每年年终时,首先按比例提取一部分企业总利润构成“分红基金”,然后根据员工的业绩状况确定分配数额,最后以红利形式发放的劳动收入。劳动分红的发放首先要确定分红总额、比例,以及员工分红比例等。

1. 分红总额与比例

劳动分红总额及其比例一般由企业最高决策层作出。分红比例分为“首期比例”和“续期比例”。“首期比例”是指企业初次建立分红制度的年度所确定的分红比例,用公式表示为:

$$S = (H \times G)/L$$

式中:S 为首期劳动分红比例;H 为劳动分红总额占工资总额的百分比;G 为年度工资总额;L 为年度可分配利润总额。

“续期比例”是指建立劳动分红制度以后的年份中，劳动分红比例可以按照不变、累进或浮动三种方式确定。比例不变是指首期比例确定之后，以后年度的劳动分红占利润总额的比例不变；比例累进是指劳动分红比例逐年按一定比例上调；比例浮动是指劳动分红比例不固定，随企业利润而变化。

分红额度是按照一定的比例从企业利润中提取，比较常用的形式是浮动分红比例，计算方法是在企业获得的利润达到预先规定的“投资回报率”之后，剩余部分即为红利。

2. 员工分红比例

劳动分红总额确定之后，在员工之间的分配方式有三种：

第一，按工资的固定百分比分配。该种方式以工资为基础，把分红作为一种补充劳动报酬。

第二，按工资的累进百分比分配。在该种方式中，工资层次越高，所获劳动红利百分比越高，累进分配方式主要起着拉大工资档次，刺激员工多作贡献的作用。

第三，按“分红系数”分配。根据工作岗位的性质和特点，制定不同岗位的“劳动分红系数”，用年度红利总额除以系数总额，求出标准红利，再乘以个人所承担工作的红利分配系数。公式为：

$$A = [Y/X_{1-n}] \times X_n$$

式中：Y 为年度分红总额；X_{1-n} 为系数总额；X_n 为个人红利分配系数。

这种方法是通过分红体现工作岗位和员工个人对企业利润贡献的双重差异，与其他工资比例法相比，更具有合理性。

五、津贴、补贴概述

津贴、补贴是指对员工在特殊条件下的劳动消耗及生活费额外支出的一种工资补充，通常针对的是各种基本薪酬甚至是奖酬等难以完全、准确反映的情形。与其他工资形式相比，津贴、补贴呈现出几个明显特点：

一是津贴、补贴的基本功能在于补偿性，而且是对员工在特殊环境和劳动条件下劳动消耗的一种补偿报酬；

二是津贴、补贴所体现的是员工所处环境和条件的差别，而不是劳动本身（劳动的数量和质量）的差别，其对不同工种、行业和地区员工的工资关系起调节作用；

三是津贴、补贴具有灵活性的特点，可随工作环境、劳动条件的变化而变化；

四是津贴、补贴的单一性，其是根据某一特定的条件和环境而制定的，每种津贴、补贴都有其特定的（通常只有一个）补偿对象。

目前，我国企业实行的津贴、补贴，按其性质大体有以下几种：一是为保障员工身体健康而建立的津贴、补贴；二是为弥补员工特殊劳动消耗所建立的津贴、补贴；三是为保证员工实际工资水平所采取的弥补员工额外支出而建立的津贴、补贴。具体种类主要包括：

——岗位性津贴。主要项目有冶金企业中炼铁、烧结、烧焦、炼钢等工种实行的高温津贴，野外地质勘探津贴，矿山井下津贴，化工等行业实行的有毒有害津贴，艰苦气象台站津贴，建筑施工企业的员工流动施工津贴，邮电企业实行的外勤津贴，企业夜班津贴，以及一些企业用自有资金建立的内部岗位津贴等。

——地区性津贴。主要项目有林区津贴、海岛津贴、矿山临时生活补贴、高寒山区津贴以及部分边远地区实行的地区生活补贴等。

——生活性补贴。主要项目有1980年的全国性的副食品价格补贴、1985年的肉类等价格补贴、1988年的四种食品价格补贴以及区域性的冬季取暖补贴等。

对于企业实行各种津贴、补贴制度，国家有关政策规定，属于国家统一建立并确定标准的岗位性津贴和地区性津贴，一般都在企业成本（费用）中列支；属于国家统一规定的生活性补贴，有些在企业成本（费用）中列支，有的则不完全在成本（费用）中列支；属于企业自己建立的内部岗位津贴或自行提高国家统一建立津贴的标准部分，用企业自有的奖励基金或效益工资开支。企业无权自行增加在成本、费用中列支的津贴、补贴项目。

第三节 核心人才薪酬制度

企业核心人才的薪酬激励制度种类繁多，这里主要介绍目前应用较为广泛的两种：年薪制和股票期权。

一、年薪制

年薪制是西方国家普遍采用的企业管理人员的激励报酬制度，它是随着现代企业制度和职业经理人的出现而发展起来的。特别是公司制企业中委托代理制的确立对经理人年薪制的形成起到了重要的作用。

（一）年薪制的基本概念

年薪又称年工资收入，是指以企业会计年度为时间单位计发的工资收入，主要用于公司经理、企业高级职员的收入发放，称为经营者年薪制。在我国，年薪制是国务院各部委在国有企业管理体制改革过程中针对经理人的工资收入所提出的一种新的报酬制度，是指以高层经理为实施对象，以年度为单位，根据生产经营成果和所承担的责任、风险，确定其工资收入的分配制度。年薪制目前在我国正处在试点阶段。

年薪制的一般做法是：将企业职业经理人的年薪分为“基薪”和“风险收入”两部分。基薪主要根据企业经济效益水平（同行业比较）和生产经营规模，考虑本地区和本企业员工平均收入水平来确定，其功能是保持经理人基本生活需要。风险收入则视企业上缴利税、资产保值增值、劳动生产率增长等经济指标的完成情况，按基薪收入的一定比例来确定超额完成核定的资产保值增值率基数。其指导思想是实现“高薪养廉”，有效防止经理人的寻租行为。

经营者年薪制度有几个基本的特点：

第一，年薪制的核心是把企业经营者的劳动收入以年薪的形式发放，是对特殊性质的劳动力支出的一种回报形式，本质是一种企业经营活动。同时，年薪制是一种物质激励方式，不同于后文所述的股票期权的期权激励，通常是以现实货币的形式支付。

第二，年薪制是以企业一个生产经营周期——年度为单位的。年薪制，顾名思义，是以年度为时间段进行收入分配。这不同于股票期权的行权期限内自由行权的规定。

第三，年薪制集中体现了责任风险、利益的一致性。它打破了事业单位的稳定无风险的收入分配制度，将管理、技术、责任要素纳入分配因素之中，与其业绩、承担的责任紧密联系在一起，充分体现了风险和收益共存的原则。

（二）年薪制的基本内容与实施要件

1. 年薪的基本内容

在实际运作中，大部分实行年薪制的企业，其经营者报酬主要由两部分构成，即基薪和风险收入（也称效益年薪）。基薪是保证经营者基本生活的比较稳定的收入，风险收入则待年终结算后再兑现或扣除。

基薪的确定因素包括两部分，一部分是企业的经济效益，另一部分是企业（资产）经营规模、利税水平、员工人数、当地物价和本企业员工的平均工资水平等。风险收入以基薪为基础，由企业的经济效益情况、生产经营的责任轻重、风险程度等因素确定。风险收入部分视经营者的经营成果分档浮动发放，可能超过原定额，也可能是负数，从基薪或风险抵押金中扣除。两部分收入的发放方式不同，风险收入一般以日历年作为计发的时间单位，基薪采取分月预付，最后根据当年考核情况，年终统一结算，超出应得年薪而预支的部分退回。

关于基薪和效益年薪的比例，多数学者经过对美国大公司经理年薪结构的研究后认为，国企老总的基薪应为全部年薪的40%—50%，效益年薪为50%左右，但效益年薪发放的具体数额应视经营效益来定，可以为正数，甚至超过原定额，也可为负数，达不到原定经营目标或比上年度效益滑坡的，则可以从经营者基薪或风险抵押金中扣除。

2. 年薪制的实施条件

作为一种特殊的企业薪酬制度，经营者年薪制的实施需要良好的实施环境：

第一，以现代企业制度为基本的运行条件

企业经营者的年薪制度必须以现代企业制度为基础。这主要包括：企业所有权与经营权的分离，以保证经营者有独立的决策经营权；实行公开招聘、优胜劣汰制度，保证经营者的高素质；以契约形式确立经营者的责权利，通过一套科学、严密、完善的监督体系和内部管理机制制衡和规范经营者行为。

第二，有科学的外在评估机制

只有对企业资产和经营状况进行准确的评估，才能决定经营者的基薪和风险收入，这取决于两个条件：一是全面反映企业经营状况的指标体系；二是社会评估机构的介入。

对企业经营状况的考核，必须全面考核反映企业资产的增值保值情况、企业盈利、偿还债务和企业成长的能力，以及技术改造的投入、新产品研究开发投入及人力资源状况。社会评估单位必须有强大的评估力量，能够公正、客观地评价企业经营状况和经营者的工作绩效。

第三，其他条件

年薪制的实施还需要其他的一些外在条件，包括：理顺经营者与出资者的关系，经营者与企业其他员工的关系；加速建立并完善企业家市场，促进经营者职业化、市场化的运行机制；创造一个宽松的宏观经济环境和公平竞争的市场，使企业业绩能够与经营者的劳动付出和经营水平紧密联系在一起。

（三）年薪制的优缺点

作为一种企业核心员工的激励制度，年薪制的优势体现在：

首先，年薪结构中含有较大的风险收入，有利于在责任、风险和收入对等的基础上加大激励力度，使经理人凭多种要素广泛深入地参与企业剩余收益分配，使经理人的实际贡献直接反映到当期各类年薪收入的浮动之中，并进一步影响其应得的长期收入。

其次，年薪制可以为广泛实施股权激励创造基础条件，企业可以方便地把年薪收入的一部分直接转化为股权激励形式，把经理人报酬与资产所有者利益和企业发展前景紧密结合起来。

最后，年薪制可以培育企业家阶层，促进经营者的职业化。以前诸项改革始终都是在经营者选择既定（行政选择）的基础上谈论激励机制的建立，实行年薪制可以有效地促进经营者选择的市场化进程，促使经营者积极投身于与企业前途相关的各项创新活动，实现国有资产的保值增值。

然而，年薪制的实施也具有一定的局限性：

一是，年薪过高时，过大的现金流量会增加公司的运营成本，甚至会带来资金压力，对公司的经营活动产生不利影响。同时，也会引起大部分员工不满，产生逆反、消极心理。而年薪过低时，又失去其激励作用，徒于形式。

二是，年薪制只考虑到企业的年度利益，在信息不对称的情况下，会导致经理人行为短期化。在缺乏动力激励的情况下，经理人也可能通过其他渠道取得收入，通过各种途径寻租。

三是，年薪制无法激励经理人的长期行为。公司高级管理人员时常需要独立地就公司的经营管理以及未来发展战略等问题进行决策，诸如公司购并、重组以及重大长期投资等，这些重大决定给公司带来的影响是长期的，但在执行计划的当年，计划带来的收益可能很少或者为零。那么出于对个人利益的考虑，高级管理人员可能倾向于放弃那些有利于公司长期发展的计划。

二、股票期权

股票期权制度源于美国。自20世纪80年代至今，美国大多数公司都实行了这种制度。实行股票期权制度可以促使经营者关心投资者的利益和资产的保值增值，使经营者的利益与投资者的利益结合得更加紧密，所以，世界上许多企业都纷纷引进这一制度。据资料显示，全球排名前500家的大工业企业中，至少有89%的企业对经营者实行了股票期权制度。我国率先实行股票期权制度的国有企业是上海仪电控股(集团)公司(1997年)。

(一) 股票期权概述

股票期权(Stock Option)，是一种金融衍生工具，由于其授予对象主要是公司的经理层，因此，又被称为经理股票期权或经营者股票期权(Executive Stock Option)，是指公司给予经营管理者在一定的期限内按照某个既定的价格购买一定数量的公司股票的权利。公司给予经营管理者的既不是现金，也不是股票本身，而是一种权利，凭这种权利，经营者可以以某种优惠条件购买公司股票。一般股票期权具有如下几个显著特征：

第一，股票期权是一种权利。同普通股票一样，股票期权也是一种权利，而不是义务，经营管理者可以根据情况决定购买或不购买公司的股票。

第二，股票期权的取得具有无偿性。股票期权是基于无偿的赠与合同而产生的，它的取得是无偿的，被授予者不必为取得权利而作出对待给付。但是，股票期权无偿并不代表取得股票也是无偿的，一般来说，经理人必须在规定的行权日内按规定的价格数量，决定是否购买公司股票。有的公司甚至规定经理人必须购买，这里给付的对价并非是为获得股票期权买单。

第三，股票期权具有时效性。受益人享有股票期权，但是权利的行使并不是没有时间限制的，为了防止受益人滥用权利和规避长期经营风险的短期行为，股票期权的实施都附有一定期限，一般包括股票期权的有效期、行权期限等等。

第四，股票期权的激励作用具有长期性。股票期权是一种可期待的利益，在权利授予与利益实现之间有个时间差。而其他的报酬方式大多以较短的时间为考核周期，容易激发经营者的短期行为，不利于公司可持续发展。

第五，股票期权是利益看涨期权。股票期权首先是一种期待权，股票期权得以广泛应用，是因为企业具有较好的发展空间，接受期权激励的经营者对企业未来的价值“看涨”，以今天的努力换取明天的收益。其次，经理人不承担股权贬值的亏损风险。一旦企业濒临破产，企业经营者是最了解公司内幕的，他们可以提前选择在适当的时机行权兑现期权获得利益，这也是股票期权吸引经理层的魅力所在。最后，股票期权受益人可选择在有利可图时选择行权，并获得期待的利益。当公司股价低于预先确定的价格时，受益人可以选择放弃行权，暂时不去实现期待利益，但这并不意味着消灭期待权。

（二）股票期权的实施环境与实施内容

1．股票期权的实施环境

从西方发达国家的经验看，股票期权的成功实施并非少数公司凭借自身的努力就能做到的，同其他许多制度一样，股票期权的有效运行也离不开制度发挥作用的条件和环境。

第一，健全的法律环境是股票期权有效运行的必要保证

没有相关法律法规的规范，股票期权制度显然无法登堂入室。如美国就不仅在公司法和证券法中明确了股票期权的法律地位，同时还在税法中对股票期权作了非常详细的规定。此外，股票期权的设计和执行需要有明确的可资遵循的法律规范；股票期权的有效运行需要有合法的程序保障；股票期权的顺利推行更需要有相应的法律制度的扶持。这些规范包括公司法、证券法、税法等基本法律及有关的实施规定，会计准则等准法律，交易所、律师协会、董事协会、薪酬协会等各种指南、规则、劝告、建议，以及公司自己制定的自律性规定。法律规定的对象不仅包括公司，还包括券商、律师、顾问公司等相关的服务机构或人员。

第二，明晰产权关系和良好的公司治理结构是股票期权有效实施的基本前提

股票期权实质上是委托人与代理人之间，或者说企业的所有者和经营者之间签订的一种契约，它要求契约的双方必须是明确的，即企业的产权关系必须清晰。此外，从公司治理的情况看，作为公司代理人一方的经理人员通常比作为委托方的股东掌握更多的信息，在这种情况下，如果公司的治理机制不完善，内部运作不规范，公司经理人员就有可能利用所有者的信息不完全性和企业经营活动的不确定性弄虚作假，从而损害股东的利益。

第三,有效的证券市场是股票期权制度存在和发展的土壤

证券市场的"有效性"是指股票在证券市场上的价格波动能基本反映公司的实际经营情况。股票期权制度的激励作用能否发挥及所发挥的大小在很大程度上依赖于证券市场的有效性,因此股票期权计划的设计与执行需要以有效的证券市场为依托。此外,有效的证券市场可以提供检验公司业绩的重要的客观标准。只有业绩检验标准具备客观性,才能如实反映公司的经营状况并间接肯定经理人员的努力和经验才能,才能保证经理人员的付出能够得到应有的回报。

第四,成熟的经理人市场是股票期权制度有效运行的重要基础

股票期权的激励对象主要是公司的经理人员,股票期权的实施客观上要求有一个成熟的经理人市场与之相配合。这是因为成熟的经理人市场可以帮助公司较好地解决经理人员的遴选和聘任问题;成熟的经理人市场有助于经理人素质的提升;成熟的经理人市场能给予经理人员一个合理的市场价位。此外,经理人才的市场化,还有利于解决经理人员任用中的不公平现象,有助于经理人淡化官员意识,增强对企业的归属感。

第五,科学的绩效考评制度是股票期权制度有效运行的关键

实施股票期权,必须建立起科学的绩效考评制度,否则,一方面无法合理确定股票期权的授予规模,另一方面也不能确保将股票期权授予最该得到的人。此外,股票期权的行权期和行权速度等也都与绩效考评有关。股票期权只有与科学的绩效考评制度相结合,才能真正发挥其激励作用。

股票期权的有效实施需要具备相应的条件和环境,不仅要有基本的法律支持,还需要公司内部机构设置合理高效、绩效考核管理体系完善、证券市场不断规范等。

2. 股票期权的实施内容

在一项股票期权制度的实施中包括四个基本要素,即股票期权的受益人、有效期、施权价和数量。通常,在不同的环境背景下实施股票期权计划,需要根据实际情况作出不同的安排。

受益人:股票期权的受益人指的就是股票期权的拥有者,公司所要激励的对象,通常是公司的高级管理人员、"核心层"的高级主管,有时股票期权的激励对象也会包括公司的一些普通员工。

有效期:股票期权的有效期,是指受益人在规定的期限内才可以行使股票期权所赋予的权利,超过这一期限就不可再享有此权利,通常也叫做"施权期"。该期限的长短需要视实际的经营状况以及对经营者激励程度的需要而定。

施权价:施权价是指股票期权计划中规定的受益人按照约定的价格购买公司股票。此价格通常为制定股票期权计划时公司股票的市场价格,也可视实际需要作出适当调整。

数量:股票期权的数量规定了在计划中受益人可以购买的公司股票的数量。此数量需要考虑这样一个问题,即如果购买数量太小起不到激励作用,而购买数量太大则会损害企业所有者的利益。

(三) 股票期权的优缺点

股票期权作为一种激励制度,在20世纪80年代以后对西方发达国家公司的发展起到了非常明显的推动作用。作为一种长效激励机制,股票期权制度在我国起步不久,尽管如此,在实践中仍然取得了极好的效果,其优势表现在:

第一,大大压缩了用于分配的现金,避免了缴纳过高的税收。在股票期权制度下,企业授予管理人的仅仅是一个期权,是不确定的预期收入,并且是在市场中实现这种收入,始终没有现金流出。当获益人购买公司股票或者以公司增发新股的形式实现股票期权时,公司的资本金不但没有减少还会增加。

第二,实施股票期权形式后,员工薪酬分化为部分期待利益和基本工资、奖金等,这更便于员工接受相对较小的收入差距。在我国高低收入差距进一步扩大的形势下,采取这一措施对增强员工的积极性发挥了重要的作用。

第三,经理人承受的风险较小。由于股票期权是一种股票选择权,经理人可以选择对自己有利的时机行权,也可以选择在不利的情况下不行权。而且经理人掌握着公司的第一手信息,行权时机一般也把握得比较准。

第四,有助于吸引和稳定优秀的经营人才。特别是那些尚处于成长阶段势力还不够强大的高新技术企业,股票期权的高额报酬更有吸引力。另外,期权的行使是个长期的过程,若离职则未行使的期权自动失效。

第五,有利于企业降低激励成本和代理费。股票期权的授予数量可以很大,其对经理层的激励强度也会很大,而且企业在授予期权时始终没有现金流出,因此,企业在授予大量的股票期权的同时并不会给公司造成任何经济上的负担。

尽管如此,股票期权制在我国的推广使用仍存在一些尚待解决的难题。例如,如何解决用于激励的股票来源及流通上的问题;如何克服公司内部法人治理结构不规范问题;如何处理股票期权的会计处理及税收上的问题等等。

(四) 股票期权的基本类型

以股票期权发展和运用最为成熟的美国作为标准,股票期权可以分为法定性股票期权和非法定性股票期权两个基本类型,其中,法定性股票期权包含激励性股票期权和股票购买计划。激励性股票期权,是指那些必须满足美国国内税务法则优惠规定的股票期权,因而可以享受税收优惠待遇;员工股票购买计划则是一种授予员工在未来某一时间以低于授予日市场价格购买本公司股票的激励方式。

非法定性股票期权又称非标准股票期权或附条件的股票期权,是目前在美国企业中运用最为广泛的形式,是指那些不符合美国国内税务法则优惠规定的股票期权。采用非标准股票期权的公司可以灵活地设计股票期权方案,不受国内税务法则有关规定的约束。

近年来,随着股票期权制度的推广,大量国外企业根据各自当时当地的法律环境、税收政策、经济条件、文化背景等不同特点,制定出不同的股权激励机制。在前面三种基本形式的基础上,股票期权制衍生出一些其他表现形式,常用的有以下几种:

1. 限制性股票期权

限制性股票期权又叫附加条件的股票期权。这是公司奖励经营管理人员的一般形式,由公司直接向受益人赠予股票期权,受益人不需要向公司支付什么,用以激励受益人在公司留用。其限制条件在于当行权者在奖励规定的时限到期前离开公司,公司将会收回这些奖励的期权。它是专门为某一特定计划而设计的激励机制,在这一计划下,高级管理人员出售股票的权利受到限制,只有当高级管理人员完成预定目标、公司股价达到目标价位后,高级管理人员才可以出售受限股票并从中受益。公司可以无偿地将受限股票赠予高级管理人员,后者可以以远低于市场价格的价格购买受限股票,但公司有权将公司赠与的受限股票收回或以高级管理人员购买时的价格回购受限股票。

2. 绩效股票

绩效股票是指公司确定一个股票赠与的目标数额,最终得到的数额随公司或个人达到、超过或未达到绩效目标而变;最终得到的价值取决于挣得的股票数额和当时的股票价格。绩效股票也可以用与挣得股票数额和当时估价乘积等值的现金来支付,但会使被赠与人实际持有股票的目的无法实现。

例如,某个公司授予其经理人员 1000 股期股(当时的股票市价为 50 美元),条件是经理人员必须在公司工作满 5 年,同时对此 5 年内每年公司股票平均每股收益的增长率作了规定:

如果 5 年内,公司平均每股收益每年至少增加 12%,那么经理人员将获得足额 1000 股期股;

如果 5 年内,公司平均每股收益每年增加 10%—12%,那么经理人员将获得 750 股期股;

如果 5 年内,公司平均每股收益每年增加 8%—10%,那么经理人员将获得 500 股期股;

如果 5 年内,公司平均每股收益每年增加 6%—8%,那么经理人员将获得 250 股期股;

如果 5 年内,公司平均每股收益每年增加低于 6%,那么经理人员将得不到任何股票。

这样,经营者获得的股票数额是与其达到业绩指标的程度相联系的。

3. 股票增值权

股票增值权是指公司给予经营者这样一种权利，经营者可以获得规定时间内规定数量股票股价上升所带来的收益，但不拥有这些股票的所有权。除无须实际行权和持有股票之外，股票增值权的运作机理与股票期权是一样的，是一种增值权形式的与股票价值挂钩的薪酬工具，主要功能是鼓励经营者创新和创造股东长期价值。

对于上市公司来说，股票增值权可以与公司股票的市场价格挂钩，而对于非上市公司，为了确定不同时期公司股票的价格就需要聘请外部独立财务顾问对公司股票的价值进行评估。不过，为了保证股票增值权的激励作用，一般获得股票增值权的员工有权在规定期限内选择执行股票增值权的时间。

4. 虚拟股票

虚拟股票是指公司给予经营者一定数量的虚拟股票的期权，即一个仅有购买名义而非真实股票的期权。对于这些虚拟股票，经营者没有所有权，但与公司普通股股东一样享有股票分红权。这样使得经营者在公司任职期间将其收益与股东收益相联系，而其薪酬中虚拟股票的数量越大，分红在其总收入中所占的比重也越大。

虚拟股票和股票增值权一样，是使用现金来模拟的股票激励机制，与工资和年度奖金相对应，被统一称为长期现金计划(Long-term Cash Plan)或股票等价物。与股票增值权相似，虚拟股票也通常在下述条件下使用：股票薪酬计划可得股票数额有限；股票期权或股票赠与导致的股权稀释太大；封闭公司，没有股票给雇员等。

5. 股票奖励

在一些特殊情况下，如公司创建或公司改变主要业务时，公司常常会授予经营者无偿的股票。一般公司出于以下两个原因向经营者奖励股票：第一，由于公司在创建或业务转向时，公司股票的股价都比较低，因此对公司来说，这种激励方法相对而言比较廉价。第二，公司在创建或业务转向时，资金比较薄弱，而且此时特别需要招收并留住人才，要达到这种目的，比较好的激励办法就是股票奖励。

股票奖励通常分为两种：限制性股票奖励和延迟性股票奖励。所谓限制性股票是指经营者出售这种股票的权利是受到限制的，只有符合一定的条件才能出售。通常限制的是时间，一般的规定是，经营者免费获得限制性股票奖励，但是在一个指定的时间内，经营者不得支配这些股票。如果在此限制期内，经营者辞职、被辞退或因其他原因离开公司，那么他将丧失这些股票；在限制期内，拥有限制性股票奖励的经营者可以和其他股东一样获取股息，并拥有表决权。而延迟性股票奖励是限制性股票奖励的变通形式，即经营者只有在公司工作一段时间后才可以免费获得一定数量的股票。

思考题

1. 工资的作用是什么？如何对不同的员工进行工资定级？
2. 奖金的作用是什么？如何确定奖金的总量？
3. 分红制度的理论依据是什么？分红比例如何确定？
4. 年薪制的对象是什么？年薪制的实施条件是什么？
5. 股票期权激励机制具有哪些特点？简述各类股票期权制度。

案例分析

MKT公司"高薪资、高效益"薪酬管理困境

MKT公司是一家有着45年历史的老牌国有企业，1962年经国务院批准成立，主要从事科研、医疗、教学、生产用各类科学仪器、实验室设备、化学试剂及其他各类产品的进出口贸易业务，已为重庆乃至全国的科技、教育、医疗机构和各类工矿企业提供近百亿元的各类科学仪器设备，是重庆最主要的进口科学仪器设备供应商。在全国同行中也一直处于领先地位，计划经济时期曾经创造过成功的辉煌。但进入市场经济时期，老国有企业的弊端逐渐显现，在经济全球化与中国加入WTO的大背景下，公司的销售业绩受到了很大的冲击。同时，随着中国改革开放步伐的加快，MKT的国际性同行越来越多地加入到中国市场的竞争中来，国内的同类内地企业也纷纷如雨后春笋般出现，国际性同类企业的同样优质化服务和专业化的团队、国内企业的低价策略，这都给了MKT公司很大的冲击。现有的销售部的弊端直接显现出来，销售队伍不够专业，直接导致现有的客户流失。这也迫使MKT必须加快步伐，开拓在中国的新领域、新市场，并加大科学仪器的出口力度，扭转公司销售的困境。于是，在这种形式下，2004年6月公司委派范清民以销售部总监的身份加入了MKT，开始了MKT大力开拓并发展中国国内业务及出口的征程。

范清民今年39岁，毕业于知名高校的市场营销系，也是该校自主培养的最早的一批MBA学员之一，有丰富的市场和销售工作经验。由于其一直任职于大型国资企业，他在加入MKT后不久，就根据该公司快速开拓市场、发展国内外业务的形势，向公司提出了"高薪资、高效益"的计划。他的这个计划不是一味把高效率摆在第一的目标，而是借着提高薪资，来提高员工的工作意愿，然后再达到高效率、高效益的目标。他认为，这个计划一方面可以吸引高素质人才和富有经验的专业化人才加盟公司，另一方面是对老员工为公司辛勤工作的回报，并鼓励老员工为了同一个愿景，更努力地工作，同时也适当平衡新老员工的薪资。为

此,MKT通过人力资源咨询公司给出的该行业市场销售部各级别薪资,重新制定了销售部各级别员工的薪资,大幅度提高了老员工的工资;通过人力资源咨询公司招聘的销售部新骨干员工,普遍都要比该行业相同职位的平均工资高。MKT销售部的各级员工都是按月拿固定薪水,业绩对收入的影响会在年底加薪的时候体现,但是差距不会很大。就这样,稳定高薪的效果再加上MKT原有在行业内的知名度,使MKT中国公司很快就聚集了一大批在该行业有经验的销售人员。

经过一段时间的准备和实施,目前整个部门人员也都已经根据需要配备妥当,"高薪资"的部分已经完成,下一步应该是"高效益"的时候了。公司根据需要重新划分了三大业务板块,即内地部、港澳台地区以及海外市场部。范清民分别召集了三大板块的业务负责人,传达了公司对销售部门短期和长期的期望和要求,同时也提出了自己对各个业务板块的业务量每年增长的期望和要求。经过与各个业务板块负责人的交谈,确认了各个业务板块在各财政年度的销售增长比例及所需的资源。

可是,范清民精心打造的"高薪资、高效益"的计划却并没有如预期的那样顺利,却给他带来了许多烦恼,他面对着桌上助理整理出来的各业务版块报表沉思了许久。MKT的财政年度是从1月到12月,这是新财政年度开始后的第三个月,虽然公司上一年度的整体业绩表现超过了预期,而且国内市场的发展也得到了总部的肯定和表扬,但摆在范清民面前的各块业务新财年这两个月以来的业绩报表仍然显示出与前两年一样的问题,仅有一块业务的业绩基本到达预期的目标,其他两块业务的业绩表现都不尽如人意,与这几块业务部门负责人和工作人员的高薪资相比,与范清民当初的"高薪资、高效益"设想目标相差甚远,这让他在新财政年度开始的第一季度内感到了巨大的压力。他想,业务目标是通过和各个业务板块的负责人沟通后确认的,各板块业务负责人提出的资源需求也都基本满足了,为什么花了高薪,找了有丰富经验的负责人和员工,还是不能达到高效率、高效益的目标呢?为什么给老的销售人员加了薪,也没有高效益的表现呢?

案例分析题

1. 你如何看待范清民精心打造的"高薪资、高效益"的计划?

2. 你觉得"高薪资、高效益"的计划没有取得预期效果的主要原因是什么?

3. 你觉得应该如何调整此计划才能使MKT公司各板块的销售业绩得以提升?

第七章　员工福利管理

本章概要

福利是企业员工薪酬的有益补充。本章对企业员工福利的含义进行了分析，阐述了员工福利发挥的作用，分析了员工福利的特点及其构成要素，对影响企业员工福利的内部因素和外部因素进行了详细描述；通过对我国员工福利的主要种类的介绍，说明了我国员工福利制度的主要构成，最后对如何有效管理我国员工福利进行了阐释。

第一节　员工福利管理概述

一、福利的含义

福利是员工薪酬的有益补充。对企业员工而言，员工福利有广义和狭义之分。广义的福利包括三个层次：首先，作为一个合法的国家公民，有权享受政府提供的文化、教育、卫生、社会保障等公共福利和公共服务；其次，作为企业的成员，可以享受由企业兴办的各种集体福利；最后，还可以享受到工资收入以外的，企业为员工个人及其家庭所提供的实物和服务等福利形式。狭义的员工福利又称职业福利或劳动福利，它是企业为满足劳动者的生活需要，在工资收入之外，向员工本人及其家属提供的货币、实物及一些服务形式。①

（一）员工福利的作用

1．提供安全保障

这是员工福利的基本功能。各种福利项目可以为员工解决生活中生病等突发的意外事件，也为员工退休后的养老做好安排，从而使员工消除后顾之忧，安心本职工作。

2．吸引优秀的人才

吸引高素质人才的加盟，是企业在激烈竞争中获胜的前提条件，周到的员工福利待遇也已成为吸引人才的重要方面。

3．稳定员工队伍

成功的福利管理能够有效地留住员工。因为员工的长远利益与此密切相

---

① 参见黄维德、刘燕编著：《人力资源管理实务》，立信会计出版社2004年版，第251页。

关,员工便不会频频跳槽。

4. 提高工作绩效

有效的福利管理,可以提高员工的士气,增强员工的凝聚力和主人翁责任感,激发员工的工作热情,进而提高工作绩效。

5. 节约成本

充分利用员工福利,一方面可以使员工获得更多实惠,更好地激励员工;另一方面,也可以使企业在员工身上的投入得到更多的回报。

(二) 员工福利的三个主要特点

1. 补偿性

福利是员工为企业提供劳动后的一种物质补偿,是员工工资收入的一种补充形式,因而具有补偿性的特点。

2. 公平性

员工福利的公平性特征是指履行了劳动义务的企业员工,无一例外均有享受各种企业福利的平等权利。员工福利的公平性特征,在一定程度上可以平衡员工收入差距,起到保障员工生产和生活条件的作用。

3. 集体性

企业的福利具有集体性的特点,它为企业的所有员工提供福利。员工集体消费或共同使用公共物品等是员工福利的主体形式,因此兴办集体福利事业也是员工福利的一个重要特征。

总之,企业提供的福利与员工的生存状态有密切关系,有效的福利管理可以在确保员工身心健康的条件下,增强企业员工的凝聚力,充分调动员工的工作积极性,减少员工的流动率,发挥员工的能动性,从而提高员工的劳动生产率和工作绩效。

二、影响企业福利的因素

影响企业中员工福利的因素很多,主要有企业外部因素和企业内部因素两大类。

(一) 企业外部因素

企业外部因素是指企业自身以外的经济、社会、法律、政治等因素,它们是企业不可控的因素,主要包括:

1. 政府政策和法律

各国政府一般都在其公布的劳动政策和法规中明文规定企业的员工可以享受哪些福利待遇。这些福利均为法定福利,如果企业不为员工提供相应的福利项目,就会触犯法律。例如,我国 2008 年开始实施的《劳动合同法》第 62 条第 1 款第 3 项明确规定,用工单位应当履行“提供与工作岗位相关的福利待遇”的义务。随着我国社会保障体系的日益完善，国家要求企业为每个员工交纳养老保险、医疗保险、失业保险和住房公积金等，如不按时交纳，将受到法律的严厉处罚。

2. 社会经济环境

社会经济条件决定了企业员工福利待遇的水平。在经济上升周期中，由于经济环境宽松，企业盈利能力增强，因而可以支付员工较为丰厚的福利；在经济萧条时期，如 2008 年开始的金融危机条件下，各企业纷纷缩减开支，从而影响到员工的福利，致使员工福利水平下降。

3. 社会文化环境

社会文化环境也是员工福利的主要影响因素，而且往往是本地社会文化中一些习惯性的或约定俗成的因素，在潜移默化中造就了企业福利待遇。而这些隐含在当地社会文化中的因素一旦形成，企业往往难以更改。

4. 劳动力市场的供求状况

劳动力市场的供求状况也是影响企业福利的因素之一。劳动力市场供过于求时，企业提供较低的福利待遇也会被员工接受；反之，如果劳动力市场需求大于供给，那么企业除了提供优厚的薪酬以外，还必须通过提供富有吸引力的员工福利来招募和留住员工。

5. 行业的竞争性

企业所在的行业也是影响企业福利水平的直接因素。这意味着行业福利的平均水平将对企业和员工产生重要影响。例如，假如同行业的其他企业提供了某种福利，迫于竞争的压力，本企业也必须为员工提供相似的福利待遇，以消除员工的不满情绪，提高其工作积极性，降低员工的流动率。

6. 工会的力量

在国外，某一地区或某一行业员工的福利待遇，通常是工会与资方谈判的结果。因此，员工能享受何种福利待遇，有时也取决于工会的力量。从这个角度来说，企业为了缓解与劳方的冲突，有时不得不提供某些福利待遇。

（二）企业内部因素

1. 企业自身经济条件

企业自身经济条件主要指企业的经营状况，它决定了企业的支付能力，是企业所能承担的人力成本的限度。它一方面取决于企业的利润，另一方面也取决于企业为维持正常的经营所发生的成本费用，如必要的管理费用、购买原材料的费用以及为保持竞争力而必需的资本投入等。因此，在有限的企业支付能力内，其他支出越多，员工所获的福利待遇就会受到相应的制约。一般来说，企业的经营状况越好，支付能力越强，员工的福利待遇就有可能越好。

2. 工作差别

员工从事的工作不同,在承担的责任、工作环境、劳动强度、工作复杂程度等方面必然也存在差别,因此,员工所能享受的福利待遇也会有所不同。例如,危险性或疲劳性工作一般都会有相应的体检或是休假制度。

3. 员工自身的差别

虽然从事同样的工作,但员工之间因为年龄、工龄、文化程度、专业技能的不同也会导致享受不同的福利待遇。例如,工龄越长的员工,享受的企业年假也越长;年龄越大的员工,享受的医疗待遇也越高等。

4. 企业文化

不同的企业有不同的经营理念。有的企业倾向于对所有员工提供集体性福利,而有的企业则倾向于对部分员工实行个体化福利管理;有的企业实施低工资、高福利的待遇,有的企业则认为高工资、低福利的待遇更能吸引员工。这些不同的企业文化对于企业的福利管理政策实施有重大影响。

三、员工福利的构成①

(一) 经济性福利

经济性福利主要指以金钱或实物形式兑现的福利。经济性福利又分为如下几类:

1. 额外货币性福利

包括各种节假日的加班费,如中秋、国庆等特殊节日的加薪;商业或服务业单位的小费;各种庆典如生日、结婚的礼金;金钱性补贴或补助,如物价补贴、住房补贴、交通补贴、困难补助金等;各种报销,如交通费报销等;退休金、公积金;以及其他以金钱形式支付的福利形式。

2. 住房性福利

主要指以单身宿舍、夜班宿舍或其他形式提供给企业员工的福利性住房,这种福利不同于提供住房补贴的福利形式,其主要以实物(住房)的形式由企业加以提供。

3. 饮食性福利

主要指企业提供的工作餐、免费的饮料(咖啡、纯净水、食品)以及其他涉及饮食的、由企业提供给员工的各种福利(如就餐券)。

4. 教育培训性福利

包括企业员工的进修、培训、书刊的订阅等。这部分福利由企业出资,符合一定条件的员工享受。

---

① 参见黄维德、刘燕编著:《人力资源管理实务》,立信会计出版社 2004 年版,第 254 页。

5. 医疗保健性福利

主要指由企业提供的员工体检、健康检查、保健品开支等福利。

6. 带薪休假

它是指企业规定的、有一定时间限制的休息时间,在这段时间内,企业员工可以在不工作的情况下领取全额工资。

7. 文化旅游性福利

它是指企业举办联欢晚会,提供自建的休息室、阅览室、文体活动室,组织看电影、奖励性旅游、包机看球赛等各种文化旅游活动。

(二) 非经济性福利

非经济性福利主要指以非金钱或实物形式提供的福利。主要包括:

1. 服务性福利

如企业开办幼儿园,提供保姆家庭护理、免费班车、免费预订票服务,以及提供个人职业发展咨询、心理健康咨询、法律咨询等咨询性服务。

2. 保护性福利

如企业提供的保安、各种员工保险、性骚扰保护、隐私保护等。现在,企业的工作时间的弹性制、工作区的绿化等工作环境方面的保护,也越来越受到重视。

3. 荣誉性福利

如企业颁发的"优秀员工奖",授予员工的各种头衔、职位等。

第二节　员工福利种类与制度

福利和工资分配所依据的原则不同,工资分配所依据的是"按劳分配"的原则,其水平是根据员工劳动的数量和质量来确定的。而福利则是根据整个社会的生活和消费水平,根据企业的实际支付能力,有条件有限度地解决和满足员工的物质文化需要,并利用各种休假和修养制度来保证员工的身心健康。我国企业为员工提供的福利,主要分为法定福利和企业福利。

一、法定福利

法定福利是国家通过立法或相关法规的形式,强制实行的保障企业员工合法权利和利益的福利形式。在我国,法定福利主要是指社会保障制度中涉及企业员工的福利政策的相关规定,一般包括通常意义上的"四金",即养老保险金、医疗保险金、住房公积金、失业保险金,以及国家法定的其他福利。其中,养老保险金、医疗保险金、失业保险金、工伤保险金和生育保险金等统称为社会保险。

(一) 社会保险

社会保险是国家通过立法形式建立的、通过强制征集专门资金,用于保障劳动者在暂时或永久丧失劳动力时(如退休、疾病),或在工作中断期间(如生育、失业)的基本生活需求的一种保险制度。社会保险具有以下特点[①]:

(1)强制性。社会保险是国际立法强制实施的社会政策,被保险人必须参加,承保人(企业)必须接受。

(2)保障性。社会保险是一项收入补偿制度。其目标是保障被保险人的基本生活。

(3)公益性。社会保险不以营利为目的,注重社会效益。

(4)普遍性。我国的工薪劳动者都可以参加社会保险。目前我国各地社会保险正逐步推向全体公民。

(5)互济性。社会保险通过收入再分配进行筹集和建立。当被保险人发生被保险事项时,可以享受社会保险相关待遇。因此,社会保险具有风险共担、互助共济的性质。

总体来看,社会保险属于强制性保险,以保障员工的基本生活为目的,以工薪劳动者及其家属为主要保险对象。社会保险对员工和企业具有法律约束作用,即双方必须按照规定向社会保险机构缴纳保险金,社会保险机构依法对受保人承担保险责任。保险的给付和缴纳相联系,费用由员工和企业共同承担,国家给予支持和帮助并统一管理保险基金和保险工作,通过再分配的方式照顾低收入者的利益,这种保险制度针对性强,容易操作,因而比较普遍。我国的劳动保险主要包括养老保险、医疗保险、失业保险、生育保险和工伤保险等。

1. 养老保险

养老保险是社会对因年老丧失劳动能力的劳动者提供物质帮助的制度。符合养老保险资格的人,按规定退休以后,不论其劳动能力如何,都能享受退休的劳保待遇。目前,世界各国的养老保险制度大体可以分为三种形式[②]:

(1)普遍养老金计划。该计划也叫全民平均津贴计划。其特点是:一是无论个人收入有何差别,达到法定退休年龄后均可领取相同的养老金;二是覆盖范围广泛,既包括本国公民,也包括居住在该国一定年限的外国人;三是主要来源是国家的税收。目前上海将70岁以上老人全部纳入社会保险,就具有全民养老保险的含义。

(2)收入关联养老金计划。该计划也叫社会保险计划。该计划是将养老金缴费的多少与员工的工资直接挂钩。一般养老保险金由企业和员工共同承担,当实际支付超过预算时,政府给予财政补贴。

(3)强制储蓄养老金计划。这是通过建立个人退休金账户的方式,逐渐积

① 参见仇雨临:《员工福利概论》,中国人民大学出版社2007年版,第85页。

② 同上。

累养老保险基金。当员工达到退休年龄时,将个人账户发还本人。

我国实行的是社会统筹和个人账户相结合的基本养老保险制度。社会统筹与个人账户相结合的基本养老保险制度是我国在世界上首创的一种新型的基本养老保险制度。这个制度在基本养老保险基金的筹集上采用传统型的基本养老保险费用的筹集模式,即由国家、单位和个人共同负担;基本养老保险基金实行社会互济;在基本养老金的计发上采用结构式的计发办法,强调个人账户养老金的激励因素和劳动贡献差别。因此,该制度既吸收了传统型的养老保险制度的优点,又借鉴了个人账户模式的长处;既体现了传统意义上的社会保险的社会互济、分散风险、保障性强的特点,又强调了职工的自我保障意识和激励机制。

2. 生育保险

生育保险是通过国家立法规定,在劳动者因生育子女而导致劳动力暂时中断时,由国家和社会及时给予物质帮助的一项社会保险制度。生育保险是为了维护企业女职工的合法权益,保障她们在生育期间得到必要的经济补偿和医疗保健,均衡企业间生育保险费用的负担而设置的。

(1) 生育保险根据“以支定收,收支基本平衡”的原则筹集资金,由企业按照其工资总额的一定比例向社会保险经办机构缴纳生育保险费,建立生育保险基金。生育保险费的提取比例由当地人民政府根据计划内生育人数和生育津贴、生育医疗费等项费用确定,并可根据费用支出情况适时调整,但最高不得超过工资总额的1%。企业缴纳的生育保险费作为期间费用处理,列入企业管理费用。

(2) 职工个人不缴纳生育保险费。

(3) 女职工生育按照法律、法规的规定享受产假。产假期间的生育津贴按照本企业上年度职工月平均工资计发,由生育保险基金支付。女职工生育的检查费、接生费、手术费、住院费和药费由生育保险基金支付。超出规定的医疗服务费和药费(含自费药品和营养药品的药费)由职工个人负担。

(4) 生育保险基金及管理费不征税、费。

总体来说,我国生育保险待遇主要包括两项:一是生育津贴,用于保障女职工产假期间的基本生活需要;二是生育医疗待遇,用于保障女职工怀孕、分娩期间以及职工实施节育手术时的基本医疗保健需要。在市场经济条件下,实行生育费用社会统筹和社会化管理服务,对于均衡企业负担、改善妇女就业环境、切实保障女职工生育期间的基本权益,发挥了重要作用。同时,对计划生育、优生优育等工作也产生了积极影响。

3. 失业保险

失业保险是指国家通过立法强制实行的,由社会集中建立基金,对因失业而暂时中断生活来源的劳动者提供物质帮助的制度。失业保险具有如下几个主要特点:一是普遍性。它主要是为了保障有工资收入的劳动者失业后的基本生活而建立的,其覆盖范围包括劳动力队伍中的大部分成员,只要本人符合条件,都有享受失业保险待遇的权利。二是强制性。它是通过国家制定法律、法规来强制实施的。按照规定,在失业保险制度覆盖范围内的单位及其职工必须参加失业保险并履行缴费义务。根据有关规定,不履行缴费义务的单位和个人都应当承担相应的法律责任。三是互济性。失业保险基金主要来源于社会筹集,由单位、个人和国家三方共同负担,缴费比例、缴费方式相对稳定,筹集的失业保险费,不分来源渠道,不分缴费单位的性质,全部并入失业保险基金,在统筹地区内统一调度使用。

4. 医疗保险和工伤保险

医疗保险就是当人们生病或受到伤害后,由国家或社会给予的一种物质帮助,即提供医疗服务或经济补偿的一种社会保障制度。医疗保险具有社会保险的强制性、互济性、社会性等基本特征。因此,医疗保险制度通常由国家立法,强制实施,建立基金制度,费用由用人单位和个人共同缴纳,医疗保险费由医疗保险机构支付,以解决劳动者因患病或受伤害带来的医疗风险。

工伤保险是指国家和社会为在生产、工作中遭受事故伤害和患职业性疾病的劳动者及其亲属提供医疗救治、生活保障、经济补偿、医疗和职业康复等物质帮助的一种社会保障制度。劳动者的这种权利是由国家宪法和劳动法给予根本保障的。

虽然两种保险均是指社会对因伤病需要治疗者给予物质帮助的制度,但二者的区别在于,工伤者是在劳动过程中发生的,因此,除了享受一般的劳动保险外,还有权获得补偿;而医疗保险则没有这样的内容,医疗保险改革的方式与养老保险改革类似,在国家、企业和员工共同承担的基础上,实行个人专户与社会共济相结合的改革方式,其经费由社会医疗保险机构统一管理和使用。

(二) 住房公积金

住房公积金是指国家机关、国有企业、城镇集体企业、外商投资企业、城镇私营企业及其他城镇企业、事业单位、民办非企业单位、社会团体(以下统称单位)及其在职职工缴存的长期住房储金。住房公积金实行统一管理、专户存储、专项使用、安全运作、社会监督的原则。职工缴存的住房公积金和单位为职工缴存的住房公积金,属于职工个人所有。任何单位和个人不得挪作他用。住房公积金的管理实行住房公积金管理委员会决策、住房公积金管理中心运作、银行专户存储、财政监督的原则。

（三）其他法定福利

1. 法定假期

如探亲假、产假、婚假、丧假等。从1995年5月1日起，所有国家机关、社会团体、企业、事业单位（包括国有、集体、私营、个体、外资、中外合资等各类所有制）以及其他组织的职工，全部实行每日工作8小时、每周工作40小时的标准工时制度（以下简称标准工时制度）。如果用人单位安排劳动者在法定标准工作时间以外工作的，应按以下标准支付工资：

（1）安排劳动者延长工作时间的，支付不低于工资的150%的工资报酬；

（2）休息日安排劳动者工作又不能安排补休的，支付不低于工资的200%的工资报酬；

（3）法定休假日安排劳动者工作的，支付不低于工资的300%的工资报酬。

（4）日工资等于月工资除以平均每月制度工作天数20.92天。

2. 其他相关福利政策

如物价补贴、抚恤金等。

二、企业福利

企业福利主要是企业根据实际情况，在不违背国家法律法规的前提下，向本企业的员工提供的福利项目。企业福利不同于法定福利，它没有强制性，而是完全按照企业的战略和文化以及企业的实际情况，由企业自主进行设计和管理的，因此，企业福利也就因企业的不同而不同，呈现出各异的福利解决方案，这就成为企业对员工具有吸引力的差异性之一。但是，不论企业福利的形式多寡，它们可以分为以下几类：

1. 福利设施

这是指企业为员工提供的福利设施，包括为员工建立的食堂、住宅、单身设施、托儿所、幼儿园、浴室、理发室、休息室、保健科等，以及为员工文化娱乐所提供的文化馆、俱乐部、图书馆和体育场等。

2. 补贴福利

这是指企业根据国家的有关政策和规定，按照企业的性质和员工的福利水平，发给员工的补贴和津贴。如探亲补贴、交通费补贴、伙食费补贴、洗礼费补贴、书报费补贴、独生子女费补贴、生活困难补贴等。

3. 教育培训福利

这包括企业给予员工在职或短期脱产免费培训、公费进修（业务、部分脱产或全脱产）等。

4. 健康福利

这主要是指医疗（全部或部分）福利，包括免费定期体检及防疫注射、药费报销等等。

5. 假日福利

这是指带薪假日，包括法定假日、病假、产假以及每年若干带薪事假或休假日，其长短通常按年资工龄的不同而不同。我国法定的休息、休假时间主要有六种，分别是工作日内的休息时间、周休、节假日、探亲假、年假以及婚假或丧假。

6. 其他福利

为帮助员工更好地解决生活和工作上的困难，许多企业还主动为员工提供一些服务项目，以激励员工安心工作，主要有以下几种：

(1) 教育计划。许多企业都鼓励员工在业余时间去学校上课，攻读学位。作为鼓励，每位员工可以获得教育补贴。企业在工作时间的安排上给予方便，并给员工报销部分甚至全部学费。报销的数额可以和学习成绩挂钩。

(2) 住房和搬迁津贴。许多企业为员工提供住房补贴，这是一项深受员工喜欢的福利。除此以外，企业还为员工搬迁住所提供一定数额的经济支持。

(3) 旅游项目。许多企业经常为自己的员工提供公费旅游的项目，不但承担员工旅游的开销，而且还照常支付旅游期间的工资。

(4) 子女教育费。现代员工越来越重视子女的教育，为了使员工子女能接受良好的教育，企业提供的子女教育费用成为一项吸引优秀人才的重要福利。企业会根据自身的情况制定相关的政策，如可以全额报销员工子女的教育费用；可以为员工子女进入优秀学校提供赞助费；也可以为员工子女出国深造提供国际旅费或奖学金等。

以上这些福利，都是由企业提供的，既减轻了员工的经济负担，又丰富了员工的文化生活，对于加强员工的凝聚力和向心力起到了较大的作用：

首先，降低员工的流动率。因为员工在本企业的工资增加后，在其他企业得到更高工资的可能性就小了。但是，这种做法无疑提高了企业的劳动力成本。员工从自己的收入中，一般要安排一部分作为储蓄，以满足退休后的生活需要。企业如果把这部分收入为员工储存起来，作为员工日后的退休金，同时将退休金的多少与员工在企业服务的年限挂钩，就可以少花钱又使员工队伍更加稳定。

其次，企业安排的各种假期，如带薪度假、带薪病假等福利，有助于员工恢复和保持良好的精神状态和体力状态，在正常的工作时间里更加精力充沛地做好工作。

最后，对于保险服务，员工拿到工资后单独去购买这些保险不但价格昂贵，而且可能买不到某些服务。相反，企业为员工集体购买这些服务，由于数量比较大，讨价还价时便处于比较有利的地位。

第三节　员工福利管理

由于为员工提供了精心设计的福利，企业一方面可以显著地降低劳动力成本，另一方面又可以起到高工资所无法实现的激励员工工作热情的作用，因此，许多企业主都愿意在力所能及的范围内，为员工提供多种福利。无论国内还是国外，企业所提供的福利及其管理可以在确保员工身心健康的条件下，充分调动员工的工作积极性，降低员工的流动率，发挥员工的能动性，从而提高员工的劳动生产率和工作绩效。可以说，福利管理是企业人力资源管理职能中的重要组成部分，搞好福利管理对于企业的发展至关重要。

一、企业福利的计划

企业在设计福利计划时应该考虑以下几个问题：

1. 提供什么

企业向员工提供哪些福利，是由多种因素决定的：

(1) 企业必须明确希望吸引的是何种类型的员工。

(2) 企业应该知道自己的竞争对手提供了哪些福利、市场的标准是什么。在了解市场的基础上，再考虑本企业员工福利的竞争力。

(3) 还要考虑企业的历史因素。员工福利与薪资一样，也具有刚性。随意取消一项已经实施的福利，往往会造成员工的不满，影响其工作积极性。

2. 向谁提供

这是指确定不同员工享受福利的数量。为降低福利成本，企业不必向所有的员工都提供一样的福利，而是要根据具体情况，区别对待。不同的标准，反映出企业不同的经营和管理理念，也会造成不同的效果。

3. 选择余地

这涉及为员工提供福利的内容方面的灵活性问题。企业为员工提供福利时，基本上是按一定的标准，统一对待。这样做的好处是管理简单，管理成本较低。但是不能真正满足员工个人的需要。解决这一问题的方法是为员工提供选择的余地，在总额度一定的前提下，让员工选择自己需要的福利待遇。

4. 福利成本的承担对象

员工福利成本的承担有三种方法：一是完全由企业承担；二是由企业和员工共同分担；三是完全由员工个人承担。

二、企业福利的管理

具体的企业福利管理,主要有以下几个步骤:

1. 目标设置

一般的福利管理目标应该包括以下内容:符合国家与地方的法规政策;使福利管理的成本最小化;符合企业长远的发展目标;有较强竞争力;考虑员工的眼前需要和长远需要;能激励大部分员工等。

2. 成本核算

这是福利管理中的重要部分。其主要内容有:

(1) 通过销量或利润计算出公司最高的可能支出的福利总费用;

(2) 与外部福利标准比较,作出主要福利项目的预算;

(3) 确定每一员工的福利项目成本,制定相应的福利项目成本计划,并尽可能在满足福利目标的前提下降低成本。

3. 福利调查与沟通

要使福利项目最大限度地满足员工的需要,福利的调查与沟通就非常重要。只有通过调查真正了解了员工的需要,并将企业制定的福利项目及时与员工沟通,才能使企业的福利问题得以有效解决。

4. 福利实施

这是企业福利管理中最具体的一个方面。实施过程中应注意的是:

(1) 根据目标实施;

(2) 落实预算;

(3) 按照各个福利项目的计划有步骤地实施;

(4) 有一定的灵活性;

(5) 定时检查实施情况。

三、企业福利管理的创新

企业的福利措施,为员工提供了一系列的服务,使员工的身心健康得到保障,并解除了员工的许多后顾之忧。但是因为员工的年龄层次、家庭实际状况的不同,对于福利项目的需求程度也各不相同。比如提供托儿所和子女教育费等福利项目,对于单身的青年员工来说就可能毫无吸引力。因此,现代企业的福利管理已经转变了传统管理的旧模式,将福利管理纳入企业目标和企业人力资源的开发之中,并与员工的薪酬管理组成一个有机的报酬管理体系。许多企业都在尝试改进提供福利的方法,做到既能真正满足员工的需求,又为企业节约成本。

现代企业在福利管理上的创新主要包括:

1. "一揽子"薪酬福利计划

许多企业不再将薪酬与福利管理分成互不搭界的两项管理工作,而是作为一个有机的组成部分。两种手段互相配合,共同围绕企业目标运转。例如,一些报酬适合使用货币的,就采用货币支付的方式;反之就采用非货币,即福利支付的形式。对一些奖励性报酬,可以采取货币与福利并用的方式。具有代表性的有利润分享计划、股票期权计划等。

(1) 利润分享计划

利润分享计划和生产率利益分享计划,就是按照公司的盈利状况决定付给雇员的报酬。具体做法是企业把利润的一部分作为奖金或股份分给雇员,目的在于将员工和公司的经济利益拴在一起,提高工作效率,降低运营成本。

(2) 股票期权计划

股票期权计划是企业提供给员工普通股股票的公司整体奖励计划。这在上一章中已经作过介绍,这里就不再赘述。

2. 弹性的福利提供方式

弹性福利也称"自助餐式"的福利管理方式,即员工可以在多种福利项目中根据自己的需要进行选择。通常的做法是企业提出一份可供选择的福利清单,并给员工一定的福利点数,允许员工在一定的要求下,在点数范围内随意挑选自己的福利项目。例如,单身汉不选择儿童保健,但可选择附加养老金福利;夫妻双方可以选择不同的福利项目,比如一方选择子女保健,一方选择住房或休假。这种弹性福利计划的最大优点就是富有柔性,让员工清楚他们所享受的福利,有利于强化福利的激励作用;此外还可以体现参与精神,提高员工对组织的认同感和主人翁意识。

弹性福利一般有如下三种基本的模式:

(1) 附加型弹性福利模式

在现有的福利计划之外,再提供其他不同的福利措施供员工选择。这是最为普通的弹性福利制,其特点就是提供其他不同的福利措施或扩大原有福利项目的水准。

(2) 核心加选择型的员工弹性福利

核心加选择型的弹性福利计划由核心福利和选择福利组成。核心福利是每个员工都可以享有的基本福利,不能自由选择;选择福利则附有价格供员工任意选择。员工所获得的福利限额,通常是未实施弹性福利制前所享有的,福利总值超过了其所拥有的限额,差额可以折发现金。

(3) 福利套餐型

福利套餐型是指由企业同时推出不同的福利组合,每一个组合所包含的福利项目或优惠水准都不一样,员工只能选择其中一个弹性福利。

总之，弹性福利往往是在给定每个员工福利开支总额前提下，员工在福利菜单项目范围内自行决定的福利结构。弹性福利计划是相对于员工无选择性的统一标准的福利体系而言的。这种方式允许员工根据个人需要和偏好，在福利的内容组合方面有较大的选择余地。极具灵活性的员工弹性福利方案，使得员工个人可以选择最能满足自身特定需求的福利，而且避免了某些福利待遇在不需要的员工身上被浪费，从而在不额外增加成本的前提下，使员工的福利报酬最大化，并加深员工对总体福利构成的了解。当然，弹性福利也有它的缺陷，如增加了管理成本等，但是，弹性福利的正效应毕竟大于其负效应，如果能够借鉴已有的管理经验，弹性福利仍然是员工福利制度中颇具激励性的方法。

思考题

1. 简述员工福利的含义、作用和特点。
2. 分析员工福利的影响因素。
3. 描述员工福利的构成。

案例分析

博开电子设备有限公司的福利措施[①]

博开电子设备有限公司是一家由英国著名的电子设备生产商A与中国国内电子行业的著名企业B合资成立的生产电子设备。由于有A公司的声誉和B公司的客户群，以及产品的质量过硬，博开电子设备有限公司利润以每年30%的速度递增。

电子行业特别是与IT有关的行业被认为是最具前途的朝阳行业，但也是竞争最激烈的地方。王嘉伟自从担任公司的人力资源部经理以来，主要精力就是招聘关键人才。由于电子行业人才的流动率是相当高的，为了确保员工与公司管理层之间的沟通，使管理层更好地了解员工的需要，公司专门设立了一个员工信息反馈信箱，由人力资源部派专人进行处理。另外，通过建立员工俱乐部，增加了管理层与员工之间以及员工与员工之间的交往，增进了公司的凝聚力，增强了公司的工作效率。

博开公司的交通情况

博开公司目前的地理位置在城市边缘的技术开发区内，离市区较远，而且由于目前城市基础设施尚未跟上，交通非常不方便。公司周围只有一个公交车站，而且公交车每20分钟才来一班，因此公司向出租车公司租用了一辆豪华中巴作

① 参见黄维德主编：《人力资源管理开发案例》，清华大学出版社2005年版，第186页。

为公司的班车，在上下班时免费接送员工。由于公司员工的居住点比较分散，一个一个地接送毕竟不现实，因此，公司根据员工居住点的密集度，在城区设立了几个接送点，所有需要乘班车的员工都要自行到该接送点集合，而家就在公司附近的员工则自行解决交通问题。目前班车座位虽然正好能够满足公司人员的需要，但随着公司业务的发展、招聘工作的继续，班车的座位越来越不够，根据公司的招聘计划，年底还要再招聘十几个员工，班车的问题也是早晚要提到议事日程上来的。

自从员工反馈信箱建立后，收到最多的员工反馈就是：许多员工抱怨目前的上下班的交通问题非常麻烦。许多员工上班途中要花两个多小时，中途要倒几辆车，等到了公司人已经筋疲力尽了，如何还能安心工作；还有一部分员工因为到班车接送点很不方便，只好放弃乘班车自己去挤车。有些员工认为与其每个月花上万元租赁班车，还不如给员工发交通费，这样大家可以选择自己最方便的路线，而且对乘不到班车的员工也比较公平一些，但是另外一些员工则认为发不发交通费不是主要问题，关键是应当改变公司的班车路线，使每个需要乘班车的人都可以乘得到。

王嘉伟想到这里，不觉记起上次公司人力资源招聘碰头会上总经理的意见。总经理一直以来是反对设立公司班车的，他认为公司正处于快速成长阶段，业务尚未全面铺开，需要在成本方面尽量节约，这样才能保证公司利润目标的完成。同时，由于城市建设的加快，市政府已经决定加速建立通往技术开发区的高速公路和轨道交通，新增多条公交线路，因此，总经理认为今后交通条件改善了，可以考虑取消公司班车。假如真的按照总经理的意见去做，王嘉伟很担心员工的不满会更加强烈。

班车引发的问题

王嘉伟的担心是有道理的。公司技术部的主管李女士上周已经正式提出辞职。李女士，30岁，英国某大学电子专业博士。李女士技术十分过硬，学术水平也非常高，来到公司短短三个月不但解决了公司许多产品的缺陷问题，为企业的效益作出了很大贡献，而且还多次在著名的学术期刊上发表文章并多次获奖。因此，李女士一直以来就是猎头公司的目标。但是由于李女士对这份工作比较满意，并且由于与公司同有英国背景，因而公司认同感较大。

李女士家住城市的另一头，正好是与公司隔城区相望，是离公司最远的一个员工了。即使乘最便捷的交通路线，从家到公司也至少需要两个小时。但是如果乘公司班车的话，只需一个小时就可以了。对于李女士这样的年纪，正是家庭和工作两难顾的阶段，而且李女士的儿子正在上小学，需要李女士能够多多照顾。因此，李女士曾多次找过王嘉伟，并在员工意见反馈信箱中多次表达了对公司班车的期望，希望班车能延长路线，虽然公司也给李女士增加了交通补贴，但是由于对李女士所提问题一直不够重视,没有认识到李女士的问题不是增加交通费就可以解决的,从而最终导致了李女士的辞职。在李女士递交的辞职信中,她写道:"我也非常不想离开我现在的集体,但我真的是非常失望。每天上下班要花去我将近5个小时的时间,我的工作时间已经不是8个小时了,而是13个小时:早上要5点多起床,这时儿子还没醒来,只能让我的丈夫送他上学;晚上我到家时,已是万家灯火,儿子在饿着肚子做作业。我老公工作也很忙,我的家庭压力太大了,既然公司不能解决我的问题,那我只能辞职了。"

李女士的辞职,在公司引起轩然大波。由于李女士的级别之高,反映的问题之敏感,使公司领导层感到十分尴尬。对于李女士这样的人才,公司深知自己如果放手,那么李女士必然是竞争对手的座上宾。于是公司不惜一切代价都要挽留,总经理多次找李女士谈话,并许诺提高李女士的交通规格,允许她上下班由公司专车接送。但是对于享受不到这种待遇的公司各部门特别是技术部存在对公司交通状况不满的许多员工,在李女士辞职的带动下,纷纷给公司写信,要求改进公司的交通现状,否则就辞职,甚至有员工开始怠工。李女士辞职的导火索,终于引发了员工对公司交通不满的公开爆发。

案例思考题

1. 你认为博开电子设备有限公司的人力资源管理是否存在问题?
2. 博开电子设备有限公司存在什么交通问题?
3. 你认为是什么因素造成了公司员工的辞职?
4. 对李女士的解决方案是否合理?
5. 如何解决博开电子设备有限公司面临的福利问题?

第八章　职业生涯管理

本章概要

职业生涯涉及组织和个人两大主体，它不仅是贯穿于个人整个生命周期的、与工作相关的经历的组合，也是组织人力资源管理的重要组成部分。本章的主要内容包括：职业生涯的概念、意义及主要的理论；个人如何制定职业生涯规划，如何进行有效的职业生涯周期管理；组织职业生涯管理的步骤，以及如何对不同职业发展阶段的员工实施职业生涯管理。

第一节　职业生涯管理概述

一、职业生涯的概念与意义

从广义角度来说，职业生涯是一个人在一生中所经历的一系列工作活动、职位以及与此相联系的过程总和。该定义将"工作"与"时间"作为两条主线，沿着这两条主线，职业生涯是个体及个体工作所处的社会或组织之间呈现出来的相互作用的一个"移动的全景"。从狭义的角度来说，职业生涯仅指与职业活动有直接关联的经验。现代的职业生涯概念不仅仅包括传统意义上的工作经验，还包括职业选择的多样性、个人的抉择以及个人经历等等。

另外，还可以从员工和组织两个角度来理解职业生涯的概念。从员工个体角度而言，职业生涯是员工在一个或几个职业领域内的发展历程，包括员工职业生活的内容、职业生活的方式和职业发展阶段等。从组织的角度而言，职业生涯相当于员工的成就史、薪金史、各方面顾客的认可等等。组织往往利用这些资料来确认表现出色的"明星"员工，并对他们加以培植以便让他们承担更重大的责任。

职业生涯管理就是将组织和员工的工作生活中所期望达到的共同目标明确地表达出来并努力加以实现的过程。从个人的角度看，成功的职业生涯管理的意义就是如何对个人的需求、理想、愿望与个人实际的能力、技术、动机等特征作出现实的、中肯的自我评价。因此，对员工尤其是那些训练有素的员工而言，必须能够将自己的能力、技术、价值观等清晰地表达出来，这是确立切实可行的目标的必要条件。同时，这其中还包括员工对于组织中存在的机会的评估过程。这便是员工个人职业计划过程。

从组织的角度来说,组织必须为员工提供发展的机会,以便使员工能够沿着一定的职业生涯规划前进,并成功地驾驭其发展过程。众所周知,当组织处于成长发展阶段时,会给组织中的员工提供更多的职业生涯发展机会。然而也要认识到,即使组织是处于衰退或战略调整阶段,更应该设计各种开发计划为员工创造职业生涯机会。有时组织发展速度的放慢,会迫使各公司在开发和管理职业生涯方面更具有创造性。因为如果缺乏创意,组织将会因此而失去一些优秀的员工。这便是组织的职业管理过程。

二、职业生涯管理的基本理论

有关职业生涯的研究,近二十年来在全球范围内受到理论界和企业界前所未有的关注。当前主要的职业生涯管理理论可大致分为两类,即职业选择理论和职业生涯发展阶段理论。

(一) 职业选择理论

职业选择是指人们从对职业的评价、意向、态度出发,依照自己的职业期望、兴趣、爱好、能力等,从社会现有的职业中挑选其一的过程,职业选择的目的在于使自身能力素质和职业需求特征相符合。较有代表性的职业选择理论有以下几种:

1. 特质—因素理论

特质—因素理论(Trait-Factor Theory)是职业生涯管理理论中最为悠久的一种。它源于19世纪官能心理学的研究,美国职业指导之父帕森斯将其运用在职业指导方面,提出了职业选择的"三步范式"法。其后,差异心理学、心理测量技术的发展,职业信息资料的建立,充分丰富了特征—因素理论。

特征—因素理论的核心是人与职业之间的匹配,其理论前提是:每个人都有一系列的特性,并且可以对其进行客观而有效的测量;每个人的特质又与特定的职业相关联;为了取得成功,不同职业需要配备具有不同个性特征的人员;个人特性与工作要求之间配合得愈紧密,职业成功的可能性也就越大。因此,帕森斯的"三步范式"法强调在职业选择中要做到:第一,必须要对自身,包括自身的天赋、能力、兴趣、志向、资源、限制条件,以及种种原因考虑清楚;第二,要对不同行业工作的要求、成功要素、优缺点、薪酬水平、发展前景以及机会有较为明确的认识;第三,在这两组要素之间进行最佳搭配。"三步范式"法被认为是职业选择和职业设计的至理名言,并得到不断的发展和完善,形成职业选择和职业指导过程广泛运用的三个步骤:第一步,进行人员分析,评价个体的生理和心理特征;第二步,分析职业对人的要求,并向求职者提供有关的职业信息;第三步,人职匹配,个人在了解自己的特点和职业要求的基础上,借助职业指导者的帮助,选择一种既适合自己特点又有可能获得的职业。

2. 人格类型理论

人格类型理论(Personality Typology Theory)是美国约翰·霍普金斯大学心理学教授、著名的职业指导专家约翰·霍兰德于20世纪60年代创立的。这是一种在特质—因素理论基础上发展起来的人格与职业类型相匹配的理论。

人格类型理论指出,一个人作出职业选择的依据就是寻找那些能够满足其成长的环境,个人对自己的工作环境知道得越多,他就越容易作出正确的职业选择。基于此,人格类型理论提出了一系列假设:第一,在我们的文化环境中,大多数人的人格类型可以归为六种人格类型中的一种,即现实型、研究型、艺术型、社会型、企业家型,或者是传统型,每一种特定人格类型的人,便会对相应职业类型中的工作或学习感兴趣;第二,现实中存在与上述人格类型相对应的六种环境类型;第三,人们在积极寻找那些适合他们的职业环境,在其中他们能够充分施展自己的技能,表达他们的态度和价值观,并能够顺利完成任务和使命;第四,一个人的行为是其个性特征和环境特征共同作用的结果。在上述理论假设的基础上,霍兰德进一步提出了人格类型与职业类型匹配模型。霍兰德认为,同一类型的劳动与职业互相结合,便能达到彼此适应的状态,其结果是劳动者找到适宜的职业岗位,其才能与积极性会得以很好地发挥。

3. 职业锚理论

职业锚理论是美国著名的心理学家和管理学家埃德加·H. 施恩在1978年提出的。所谓的职业锚,是指个人经过搜索所确定的长期职业定位。因此,它被视为是一种职业选择理论。施恩认为,一个人的职业锚由三部分组成:自己认识到的自己的才干和能力(以各种作业环境中的实际成功为基础);自己认识到的自我动机和需要(以实际情景中的自我测试和自我诊断以及他人的反馈为基础);自己认识到的自己的态度和价值观(以自我与组织和工作环境的价值观之间的实际状况为基础)。职业锚的特点是:第一,通过个人的职业经验逐步稳定、内化下来;第二,当个人面临多种职业选择时,职业锚是其最不能放弃的自我职业意向。施恩认为,个人不可能在最初就业时就很明确自身所向往的工作的特点,而是需要通过一段职业经历才能确定个人的职业价值观或所关注的工作焦点。

通过对麻省理工学院的若干名毕业生进行跟踪研究,施恩提出了八种职业锚,即技术/职业型职业锚、管理能力型职业锚、创造型职业锚、安全感型职业锚、自主型职业锚、纯挑战型职业锚、服务型职业锚,以及生活型职业锚等。

(二) 职业生涯发展阶段理论

很多专家学者对职业生涯发展的过程进行了专门研究,将人们生命周期中的职业生涯划分为不同的发展阶段,假设每一个阶段都有自己独特的问题和任务,并提出了解决这些问题、完成这些任务的方法与对策。

1. 金斯伯格的职业生涯发展阶段理论

美国著名职业指导专家金斯伯格对职业生涯的发展进行过长期研究,对于职业发展实践产生过广泛影响。金斯伯格的职业发展理论认为员工的职业生涯分为幻想期、尝试期和现实期三个阶段。

幻想期:处于11岁之前的儿童时期。儿童对大千世界,特别是对于他们所看到或接触到的各类职业工作者,充满了新奇、好玩的感觉。此时期职业需求的特点是单纯凭自己的兴趣爱好,不考虑自身的条件、能力水平和社会需要与机遇,完全处于幻想之中。

尝试期:处于11—17岁之间的青少年,这是由少年儿童向青年过渡的时期。此时期人的心理和生理在迅速成长发育和变化,有独立的意识,价值观念开始形成,知识和能力显著增长和增强,初步懂得社会生产和生活的经验。在职业需求上呈现出的特点是开始出现职业兴趣倾向,同时开始更多地和客观地审视自身各方面的条件和能力,开始注意职业角色的社会地位、社会意义以及社会对该职业的需要。

现实期:17岁以后的青年年龄段。在这一时期,人即将步入社会劳动,能够客观地把自己的职业愿望或要求同自己的主观条件、能力,以及社会现实的职业需要紧密联系和协调起来,寻找合适于自己的职业角色。此时期所期望的职业不再模糊不清,已有具体的、现实的职业目标,表现出的最大特点是客观性、现实性、讲求实际等。

金斯伯格的职业发展论,论述的事实上是一个员工前期职业生涯发展的不同阶段,也就是说,是就业初期人们职业意识或职业追求的变化发展过程。

2. 格林豪斯的职业生涯发展阶段理论

格林豪斯研究人生不同年龄段职业发展的主要任务,并以此将职业生涯划分为五个阶段:

职业准备阶段,典型年龄段为0—18岁。主要任务是发展职业想象力,对职业进行评估和选择,接受必需的职业教育。

进入组织阶段,典型年龄段为18—25岁。主要任务是在一个初步了解的组织中开始自己的第一份工作,在获取相当信息的基础上,尽量选择一种合适的、较为满意的职业。

职业生涯初期阶段,典型年龄段为25—40岁。主要任务是学习职业技术,提高工作能力;了解和学习组织纪律和规范,逐步适应职业工作,适应和融入组织文化;为未来的职业成功做好准备。

职业生涯中期阶段,典型年龄段为40—55岁。主要任务是需要对早期职业生涯重新评估,强化或改变自己的职业理想,选定后期职业目标,努力工作,有所成就。

职业生涯后期阶段，典型年龄段为从55岁直至退休。主要任务是继续保持已有职业成就，维护尊严，做好退休前的心理准备。

第二节 个人职业生涯管理

广义的职业生涯概念涉及个人和组织两个主体。个人的职业生涯要在组织中度过，组织承担着开发员工职业生涯的责任，同时个人也应该对自己的职业生涯负责。本节主要介绍个人如何管理自身的职业生涯。

一、自我认知与环境认知

个人职业生涯管理从自我认知和环境认知开始。只有认清自我、认清环境，才能建立切实可行的职业生涯目标，并制定实现目标的行动方案。

（一）自我认知

自我认知是个人对自己的了解和认识，其中包括认识自己的长处与缺点，意识到并不断调整自己的情绪、意向、动机、个性和欲望，并对自己的行为进行反省等。在求职之前，清楚的自我认知使人能够了解自己的职业价值观、兴趣、爱好、能力特长、人格特征以及弱点和不足，以便作出明智的职业选择，找到一份真正适合自己的工作；在职业转换和职业发展中，通过对自己的总结和盘点，找到成功和失败的原因，从中汲取经验和教训，可以促使自己的职业生涯成功。

自我认知的方法有许多，本书第四章提到的多种测量工具都是帮助一个人认识自己的有效方法（详见第四章）。但几乎所有的测评工具都应该在专业咨询专家的指导和解释下进行。在实际工作中，我们不可能天天使用心理测验。然而，自我认知需要持续进行，从某种意义上说，它和职业生涯管理一样是一个长达一生的过程。实质上，自传式的自我陈述、价值观分类练习、生活经历分析都有助于个人将自己的能力、愿望同别人的希望、社会的期待分开，认清一个独特的自我。这就是说，除了心理测量工具职位，自我反省、自我总结也是自我认知常用的简单易行的方法。

（二）环境认知

一般而言，对环境的认知包括对社会环境的认知和对组织环境的认知两部分。

对社会环境的认知与分析主要包括三方面内容：一是社会政治、经济发展趋势，包括当前和未来一段时期内国家政治环境的稳定水平、经济发展状况、就业政策等；二是社会热点职业门类分布与需求状况；三是自己所选择职业在当前与未来社会中的地位情况。

对组织环境的认知具体包括对自己所选企业的内部环境和外部环境分析。

企业的内部环境分析可以涉及组织规模、结构、文化等组织特征，组织的发展战略、竞争实力、发展态势等经营战略，组织的人力评估，以及薪酬福利等人事管理方案。而关于企业外部环境的分析则主要包括企业所面临的市场状况、在本行业中所处的地位与发展趋势，以及所从事行业的发展状况及前景等。

二、个人职业生涯规划

（一）个人职业生涯规划概述

职业生涯规划是指个人根据对自身的主观因素和客观环境的分析，确立自己的职业发展目标，选择实现这一目标的职业，以及制定相应的工作、培训和教育计划，并按照一定的时间安排，采取必要的行动实施职业生涯目标的过程。

归总而言，职业生涯规划对个人具有以下意义和作用：

——以既有的成就为基础，确立人生的方向，提供奋斗的策略；

——突破并塑造清新充实的自我；

——准确评价个人的特点和强项；

——评估个人的目标和现状的差距；

——准确定位职业方向；

——重新认识自身的价值并使其增值；

——发现新的职业机遇；

——增强职业竞争力；

——将个人、事业与家庭联系起来。

除了个人，个人职业生涯规划还对组织发展具有重要意义，具体有以下几点：

一是，帮助组织更深入地了解员工的兴趣、愿望、理想，以使他能够感觉到自己是受到重视的人，从而发挥更大的作用；

二是，由于管理者和员工有时间接触，使得员工产生积极的上进心，从而为组织的工作作出更大的贡献；

三是，能够了解员工希望达到的目的，管理者可以根据具体情况安排对员工的培训；

四是，可以适时地用各种方法引导员工进入组织的工作领域，从而使个人目标和组织的目标更好地统一起来，降低员工的失落感和挫折感；

五是，能够使员工看到自己在组织中的希望、目标，从而达到稳定员工队伍的目的。

（二）个人职业生涯规划的原则和步骤

在制定个人职业生涯规划时，可以遵循下面几项原则：

第一，实事求是、准确的自我认识和自我评价。这是制定个人职业计划的前提。首先对自己要有清醒的认识，具体来说，要明确自己的价值取向、自我确定的整个人生之路和生活方式；本人的知识、技能水平及工作适应性；个人的特质，主要是气质特点、性格、爱好、兴趣和专长等。准确的自我认识和自我评估是制定个人职业计划的基础。

第二，要切实可行。一方面，个人的职业目标或职业需求，一定要同自己的能力、个人特质及工作适应性相符合，这样，职业计划的实现方有可能；另一方面，个人职业目标的制定要考虑到周围客观环境和条件的允许。

第三，个人职业计划目标与组织目标协调一致。员工只有在特定的组织中工作才能实现自身的职业需求，其职业计划也只有在为组织目标的努力工作过程中得以实现。所以，个人职业计划制定的初始，就必须与组织目标相协调。为此，员工在制定计划之时，应积极主动与组织沟通，获得组织的指导与帮助。

第四，在动态变化中制定与修正个人职业计划。员工的职业生涯会经历进入组织、职业早期、职业中期和职业后期等不同阶段。员工应当根据不同阶段的职业任务和个人职业特征，制定不同时期或阶段的个人职业目标、需求及其实现途径。计划的制定，并非一劳永逸，尚需依据客观实际情况及其变化，不断予以调整、修改和完善，使之可行，且行之有效。

个人职业计划活动的步骤主要包括：自我评估，选择职业发展道路，确立职业目标，策划实施目标的具体行动或者自我职业发展的具体活动。

步骤一，确定志向。志向是事业成功的基本前提，立志是人生的起跑点。在制定生涯规划时，首先要确立志向，这是制定职业生涯规划的关键，也是职业生涯规划中最重要的一点。

步骤二，自我评估。自我评估是指员工采取各种方法对自己的能力、职业兴趣、价值观、自己的职业发展要求进行评价和分析的过程。通过自我评估，可以使员工了解自己的长处与短处，为确定自己的职业目标和职业路径提供决策的依据。自我评估包括自己的兴趣、特长、性格、学识、技能、智商、思维方式、道德水准以及社会中的自我等。

步骤三，职业生涯机会的评估。职业生涯机会的评估，主要是评估各种环境因素对自己职业生涯发展的影响，每一个人都处在一定的环境之中，离开了这个环境，便无法生存与成长。所以，在制定个人的职业生涯规划时，要分析环境条件的特点、环境的发展变化状况、自己与环境的关系、自己在环境中的地位、环境对自己提出的要求，以及环境对自己有利的条件与不利的条件等。

步骤四，职业的选择。职业选择正确与否，直接关系到人生事业的成功与失败。据统计，在选错职业的人当中，有80%的人在事业上是失败者。由此可见，职业选择对人生事业发展是何等重要。在选择职业时，至少应该考虑以下几点：性格与职业的匹配；兴趣与职业的匹配；特长与职业的匹配；内外环境与职业相适应等。

步骤五,职业生涯路线的选择。在职业确定后,向哪一路线发展,需要作出选择。通常而言,可供选择的职业发展道路有四种,即纵向、横向、网状和双重职业发展道路。制定职业生涯道路时,要分析以下这些因素:工作任务的类型、工作信息的流动方式、工作环境的变化程度、工作职位的传统职业前途等等。

步骤六,设定职业生涯目标。职业生涯目标的设定是职业生涯规划的核心,职业生涯目标包括长期职业目标和短期职业目标。

一方面,个人应制定长远的职业生涯目标,建立自己的事业。长期职业生涯目标的确立需要注意以下几点:一是必须能够配合工作环境的需求;二是长远目标期限需适度,10年左右为宜;三是要放眼未来,预测可能的职业进步,不要局限于现实和近期的利益。

另一方面,个人也应制定短期职业生涯目标。短期目标是一种特殊工具,将长期目标具体化、现实化、可操作化,它是结果和行动之间的桥梁。制定个人短期职业生涯目标的注意点有:首先,短期目标必须清楚、明确、现实、可行,对短期内期望完成的事业要有清晰而完整的概念。其次,每一短期目标设输出目标和能力目标。所谓输出目标,即为达到长远目标而设定的具体实施目标,是能以某个标准衡量是否完成的目标;能力目标,则是为达到输出目标所需要的相应能力。

步骤七,制定行动计划与措施。在确定了职业生涯目标后,行动便成了关键的环节。这里所指的行动是指落实目标的具体措施,主要包括工作、训练、教育、轮岗等方面的措施。例如,为达到目标,在工作方面,个人计划采取什么措施,提高个人的工作效率;在业务素质方面,个人计划学习哪些知识,掌握哪些技能,提高个人的业务能力;在潜能开发方面,采取什么措施开发个人的潜能等,都要有具体的计划与明确的措施。同时,这些计划要特别具体,以便于定时检查。

步骤八,评估与反馈。影响职业生涯规划的因素有许多种。有的变化因素是可以预测的,有的则难以预测。在此状况下,要使职业生涯规划行之有效,就须不断地对职业生涯规划进行评估与修订。修订的内容包括:职业的重新选择;职业生涯线路的选择;人生目标的修正;实施措施与计划的变更等等。

三、个人职业生涯周期管理

(一)个人职业生涯早期阶段的管理

职业生涯早期阶段是指一个人由学校进入组织并在组织内逐步"组织化",为组织所接纳的过程。这一阶段一般发生在20—30岁之间,是一个人由学校走向社会,由学生变成员工,由单身生活变成家庭生活的过程,一系列角色和身份的变化,必然要求经历一个适应过程。在这一阶段,个人的组织化以及个人与组织的相互接纳是个人和组织共同面临的、重要的职业生涯管理任务。

1. 职业生涯早期阶段的个人特征

职业生涯早期阶段，人员个人年龄正值青年时期，这一阶段无论从个人生物周期、社会家庭周期还是从生命空间周期看，其任务都较为单纯、简单，个人的主要任务为：进入组织，学会工作；学会独立，并寻找职业锚；向成年人过渡。这一时期，个人突出的心理特征是：

第一，进取心强，具有积极向上、争强好胜的心态。职业生涯早期的员工具有较强的进取心，但也难免表现出浮躁和冲动，表现在职业工作上好高骛远，很少检查自己主观上的不足，经常高估自己，低估他人；工作一旦出现失误就怨天尤人，强调客观；在自己工作的团队中，由于个人争强好胜易造成对他人不服气，不认输，很可能危及人际关系的和谐；由于尚处在职业生涯初期，因而对职业锚的选择犹豫不决或者经常变动。

第二，职业竞争力不断增强，希望能做出一番轰轰烈烈的事业。初就业的青年人精力最旺盛，充满朝气，具有远大的职业理想和抱负，成功的心理要求强烈。随着工作时间的延长，他们会逐步提高工作能力，积累经验，熟悉工作环境，对职业成功的信心不断增加。

第三，开始组建家庭，逐步学习调适家庭关系的能力，承担家庭责任。职业生涯初期，常常是员工处于由单身向初组家庭或有第一个子女过渡的时期，这一时期的家庭问题相对较少、任务较轻。但由于员工始成家，或有了第一个小孩，不可避免地会产生处理同配偶的关系和抚育子女的任务。这一时期家庭的责任使得员工自我意识逐渐削弱，家庭观念增强，逐步学会与配偶相处，开始具有养家的动机和责任心。

在职业生涯早期阶段，个人尚是职业新手，一切还在学习、探索之中。而这一阶段的心智特征将对其职业生涯发展产生重要影响。

2. 职业生涯早期阶段个人面临的任务

在个人的职业生涯早期阶段，个人的主要任务是"个人组织化"。所谓个人组织化，是指应聘者接受雇并进入组织后，由一个自由人向组织转化所经历的一个不断发展的进程，它包括向所有员工灌输组织及其部门所期望的主要态度、规范、价值观和行为模式。个人组织化的途径是组织创造条件和氛围，使新员工学会在该组织中如何工作，如何与他人相处，如何充当好个人在组织中的角色，接受组织文化，并逐渐融入组织的过程。

在职业生涯早期阶段的组织化过程中，新员工和组织都有各自的管理任务，其中个人的管理任务主要有以下几点：

第一，掌握职业技能，学会如何工作。对于新员工来说，第一步就是要掌握职业岗位技能，学会如何在组织中开展工作。在这一过程中，要注意三个方面的问题：一是弄清岗位职责，明确工作任务；二是克服依赖性心理，学会自主地开展工作；三是从小事做起，树立良好职业工作形象。

第二，适应组织环境，学会与人相处。新员工进入组织后要想尽快融入组织必然要经历一个适应组织环境的过程，这也是新员工学会工作、做好工作、获得发展的必要条件。在适应组织环境的过程中，需要注意三个方面的问题：一是要接受组织现实的人际关系；二是要尊重上司，学会与上司融洽相处；三是寻找个人在组织中的位置，建立心理认同。

第三，正确面对困难，学会如何进步。对于刚开始工作的新员工来说，工作中经常遇到各种障碍或困难是正常的、也是难免的，最重要的是要用正确的态度来对待困难和障碍，并逐渐学会克服困难的技巧。首先，面对困难与障碍，千万不要心灰意冷，畏缩不前，必须学会如何解决障碍和困难。其次，要在困境中学会如何进步，避免出现走两个极端的情况：一是只想表现自己，过于关心如何才能进步；二是安于现状，缺乏进取心。在这一阶段，个人思想和行为的重心应该是如何在组织文化氛围中出色地工作，而不是过分地只想"晋升"。

（二）个人职业生涯中期阶段的管理

个人职业生涯在经历了职业生涯早期阶段，完成了员工与组织的相互接纳后，必然步入职业生涯中期阶段。职业生涯中期的开始，有两种表现形态：一是获得晋升进入更高一层的管理或技术职位；二是薪资福利增加，在选定的职业岗位上成为稳定的贡献者。职业生涯中期阶段的年龄跨度一般为25—50岁，部分员工可能达到职业生涯的顶峰。

1. 职业生涯中期阶段的个人能力与职业特征

在职业生涯中期，每个人的职业发展情况和能力状况千差万别，各不相同，但也存在着一些共同特征。主要表现在：

第一，职业能力稳步提高，并逐渐成熟。首先，人到中年，已经具备相当多的生活阅历，具有处理人际交往和各种事情的技能经验；其次，价值观成熟，世界观成型，绝大多数人的事业心、责任心增强，逐步形成了沉稳、踏实和一丝不苟的工作作风；最后，有较为稳定的长期贡献区，职业技能娴熟，积累了相当丰富的职业工作经验。

第二，创造力旺盛，工作业绩突出。在职业生涯中期，员工一般都是作为组织的骨干和中流砥柱在发挥作用。此时，个人也具有创造一番辉煌业绩的潜在实力。因此，职业生涯中期，正是个人创造力最强、工作卓有成效、不断创造辉煌业绩的时期。

第三，职业发展轨迹呈现倒"U"变化。职业生涯中期是个长达20年的时间段。在其初期阶段，职业发展轨迹呈现由低到高逐步上升的趋势，职业顶峰多出现在职业生涯中期的中间段，跨过辉煌的职业高峰后，职业轨迹就会呈现下降的趋势，整个过程呈现为一条倒“U”型曲线。

2. 职业生涯中期阶段个人面临的管理任务

职业生涯中期阶段是一个时间周期长、富于变化，既有可能获得职业生涯成功，又有可能出现职业生涯危机的一个很宽阔的职业生涯阶段。这一时期，个人要克服职业生涯中期阶段可能发生的职业问题，应付人到中年时面临的生命周期的变化，同时还需要担负起该阶段个人职业生涯的特定管理与开发任务，承担新的职业角色。主要包括以下几个方面：

第一，保持积极进取的精神和乐观的心态。职业生涯中期会出现诸多问题，会给个人造成巨大压力，但同时也提供了发展的新机遇。如果能够正确地控制自己的感情，正视客观现实，保持积极进取和乐观的心态，积极寻找解决矛盾和问题的新方案，那么，中期职业危机就可能成为新的机会，从头再来，还可以实现职业发展的新跨越。保持积极进取的精神和乐观的心态是职业生涯中期应完成的重要任务。

第二，面临新的职业与职业角色选择决策。在职业生涯中期，每个人都经历了较长时间的职业工作，也面临着新的职业角色选择。这些选择主要包括：继续留在原来的职业锚位上，使自己的知识和技术更加精深和熟练，成为骨干或专家；通过一定的方式使自身的技能通用化，更多地充当项目带头人和良师角色；离开原职业工作，寻求新的适宜的职业角色；进入行政管理领域，成为主管，从根本上改变职业角色等。这些决策受到内外两方面因素的影响。从内部因素看，主要受个人职业锚约束和指导，所积累的经验和智慧会强化其潜在的贡献，影响其角色选择。外部因素主要是组织对个人才干和个人经验的价值的判别。

第三，成为一名良师，担负起言传身教的责任。处于职业生涯中期的员工，不论其是否具有一种正式的主管角色，都不可避免地要肩负起言传身教的良师责任，给年轻人以监督、教诲和支持。老员工主要的言传身教角色有：老师、辅导员或教练；正面的榜样角色；充当伯乐，作为人才的发现者；指路人或开门者，给予年轻人承担挑战性和出成果的任务的机会；保护人；成功的带头人，在自己成功的同时，保证自己的支持者和年轻人一起受益，提携年轻人。

第四，维护职业工作、家庭生活和自我发展三者间的均衡。在职业生涯中期，每个人都面临着来自工作、家庭和个人发展三个生命周期的问题，及其相互影响、相互制约的矛盾。要完成这一任务，可以从两个方面入手：一是自我重估。包括重估自己的职业锚和贡献区，现实地看待自己的才干、表现和业绩，重新思考自己的成功标准和目标定位等等。二是对今后的人生进行重新定位，决策职业工作、家庭生活和自我发展三者的运作模式。

（三）个人职业生涯后期阶段的管理

从年龄上看，职业生涯后期阶段的员工一般处在50岁至退休年龄之间。由于职业性质及个体特征的不同，个人职业生涯后期阶段开始与结束的时间也会有明显的差别。

1. 职业生涯后期阶段的个人职业特征

处在职业生涯后期的员工，由于其职业能力与身心条件的变化，其职业也呈现出完全不同于早、中期职业生涯阶段的特征。

第一，进取心、竞争力和职业能力明显下降。处在职业后期的员工，由于其体能和精力不可避免地衰退，学习能力及整体职业能力呈下降趋势，其知识、技能明显老化，且已无力更新与恢复，职业工作能力和竞争能力逐渐减弱以至丧失。

第二，权力、责任和中心地位下降，角色发生明显变化。职业中期，是员工年富力强、职业发展至顶峰的时期，但是，到达职业生涯后期，一个个夺目的光环会渐渐消失。领导职务往往逐渐被年轻人所取代，权力与责任随之削弱，核心骨干、中心地位和作用逐步丧失。

第三，优势尚存，仍可发挥余热，尽职贡献。尽管进入职业生涯后期阶段的员工在体能、智能方面已明显下降，在职业工作中处于次要地位，但是，他们仍然有其优势存在。一些年老的员工已深深融入企业文化之中，对企业颇有感情；在长年的职业工作中，练就了娴熟的技能，积累了丰富的实践经验；此外，他们有丰富的人生阅历，见多识广，具有处理工作中各种复杂矛盾的能力和经验。因此，进入职业生涯后期的员工，有条件凭借自身的经验、技能和智慧优势，担当良师的角色，继续在职业工作中发挥自己独有的作用。

2. 职业生涯后期阶段个人面临的管理任务

根据职业生涯后期阶段的个人身心特征及职业工作的变化情况，处在职业生涯后期阶段的员工要完成职业工作，仍面临着其特定的角色转变与心理调适等管理任务。

第一，承认竞争力和进取心的下降，学会接受和发展新角色。处在职业生涯后期阶段的员工，要勇敢地面对和坦然接受生理机能衰退及其所导致的竞争力、进取心下降的客观现实，另辟新径，寻求适合于自己的新职业角色，以发挥个人的专长与优势。在现实工作中，当师傅，带徒弟，培育新员工；充任教练，对员工进行技能培训；充当参谋、顾问等角色，或出谋划策，提供咨询；或者从事力所能及的事务性工作等等，均不失为适宜于职业生涯后期阶段的良好角色。

第二，学会和接受权力、责任和中心地位的下降。首先，要从思想认识和接受个人职业工作权力、责任的减小，以及中心地位的下降，以求得心理上的平衡。其次，将思想重心和生活重心逐渐从工作转移到个人活动和家庭生活方面，善于在业余爱好、家庭、社交、社区活动和非全日工作等方面，寻找新的满足源。

第三，回顾自己的整个职业生涯，着手退休准备。在职业生涯结束之时，员工应当很好地回忆自己所走过的职业生涯道路，一方面，可以总结和评价自己的职业生命周期，为自己的职业人生画上完满的句号；另一方面，通过总结自己职业生涯成功的经验和失败的教训，现身说法对新员工进行培训教育。同时，还要做好退休的准备工作，主要是要制定个人的退休计划。

第三节　组织职业生涯管理

职业生涯管理应被看做是组织和员工个人为了满足各自和对方的需求而采取的对职业行为进行有意识的管理行为。做好职业生涯开发与规划工作，无论对组织还是对员工个人都具有十分重要的意义。本节从组织角度着手，分析组织如何采取适当的措施帮助员工做好职业生涯管理与开发工作。

一、组织职业生涯管理概述

（一）组织职业生涯管理的内涵与功能

组织职业生涯管理，是一种专门化的管理，即从组织角度对员工从事的职业和职业发展过程所进行的一系列计划、组织、领导和控制活动，以实现组织目标和个人发展的有效结合。在员工制定和实施其个人职业生涯发展计划的过程中，都需要组织的参与和帮助，员工个人的职业发展是不可能脱离组织而存在的，因此组织在员工个人的职业发展中起着重要的作用。

职业生涯管理旨在将组织目标与个人目标联系起来，因此组织对员工实施职业生涯管理本身就应该是一个双赢的过程。综合来看，其作用主要可以从组织和员工两个角度来考虑。

首先，组织职业生涯管理对组织的作用表现为：

——使员工与组织同步发展，以适应组织发展和变革的需要；

——优化组织人力资源配置结构，提高组织人力资源配置效率；

——提高员工满意度，降低员工流动率。

其次，组织职业生涯管理对个人的作用主要表现为：

——让员工更好地认识自己，为他们发挥自己的潜力奠定基础；

——提高员工的专业技能和综合能力，从而增加他们的自身竞争力；

——能满足个人的归属感需要、尊重需要和自我实现的需要，进而提高生活质量，增加个人的满意度；

——有利于员工过好职业生活，处理好职业生活和生活其他部分的关系。

（二）组织职业生涯管理与个人职业生涯管理的联系

职业生涯是个人职业变动的整个过程，从表面上看似乎完全是个人的事情，与组织并不相关，实则不然，个人职业生涯与组织有着内在的必然联系。

首先,个人职业生涯与组织天然相连。个人与组织是相互对应的。双方必须相互结合,劳动力的供给和需求才能实现。供求结合与实现的过程即是劳动者让渡自己的劳动力给组织,供组织使用、支配,并与生产资料相结合的过程,也是劳动者求职和组织安排劳动者参加工作的过程。

其次,个人职业生涯以组织为依存载体。职业是劳动者从事的相对稳定的、有收入的具有市场价值的专门工作或活动。劳动者进行专门工作或活动的条件、场所,唯有组织可以提供。也就是说,只有进入组织,个人才能实际地从事有报酬的专门工作或活动,也才可以使个人职业才能得到充分发挥。所以,没有组织,就没有个人职业,更无从谈起职业的发展,组织是个人职业生涯得以存在和发展所依赖的载体或者说是物质承担者。

再次,劳动者及其职业工作是组织存在的根本要素。任何类型的组织,其活动的主体都是劳动者。在诸多生产要素中,劳动者是唯一能动的主导要素,没有劳动者及其在各职业岗位上的工作,劳动工具、劳动对象及技术、资金等一切生产要素均将变成无用之物。劳动者在推动客体生产要素过程中,不仅转移旧价值,而且创造新价值。显然,如果没有劳动者,没有劳动者在组织的多种职业岗位上的辛勤劳动,便没有企业组织的存在。

最后,组织的发展依赖于劳动者个人职业的开发与发展。以企业组织为例。组织的发展,是指企业生产能力的扩大和生产力水平的上升,并且集中表现为不断获取企业生产的高效益,实现利润最大化目标。而这些主要依赖于物质资本和劳动力数量的增加。随着现代科学技术日新月异的发展,企业的产品、原材料的使用、生产工艺流程、生产技术等均处于不断革新、变动中,每项职业工作需要的知识技能也在不断变化,水平也会越来越高,而且企业的岗位设置也在发展变化,这就必须有相应的职业水平和能力的劳动者来承担新的职业工作和胜任职业工作的更高要求。从这个意义上讲,个人职业的开发与发展,是组织不断发展的生命线和根本保证。

二、组织职业生涯管理的步骤

(一)设定目标任务

设定组织职业计划目标的总原则是:必须有利于实现组织的基本目标,必须有利于员工个人职业计划的实现。组织职业计划的目标主要是:

第一,使组织内可用人才得到更快更有效的发展,充分发挥人才在组织发展中的决定性作用。

第二,为组织内一般员工的职业进步提供可行的职业道路。组织有责任帮助员工认识到传统的纵向升迁并非唯一的职业发展选择,因为随着组织结构扁平化趋势的加剧,员工纵向提升机会减少。在这种情况下,组织提供其他可选择的职业计划，以帮助员工确定新的职业道路。

第三，针对组织职业需求和个人职业目标，制定相应的教育培训目标，以满足员工个人职业发展目标的实现。为达此目标，可采取多种职业开发与培训的形式和途径。此外，通过纵向和横向职业工作的变换，拓展职业能力，获得工作经历，创建工作业绩，为员工职业目标的实现准备条件、奠定基础。

第四，调动员工的工作积极性、自觉性和主动性，增强员工的忠诚度、向心力。组织的职业计划为员工发展提供通路，为员工个人职业计划的实现开辟广阔天地，将产生很强的凝聚力。研究表明，那些认为组织对他们的职业计划感兴趣并积极支持的员工，很愿意留在组织内效力。凡是个人发展需要得到满足的员工，对于自身的工作和组织会愈发满意，产生较强烈的归属意识和企业本位意识。而这正是现代企业充满活力和后劲、获得发展和立于不败之地的根本所在。

（二）制定职业发展通道计划

职业通道是指组织为内部员工设计的自我认知、成长和晋升的管理方案。职业通道设计指明了组织内员工可能的发展方向及发展计划，组织内每一个员工可能沿着本组织的发展通道变换工作岗位。具体来说，职业通道是个体在一个组织中所经历的一系列结构化的职位。例如，某公司的员工在进入更高一级的管理层之前经常要在一系列不同的直线与职能部门担任管理工作等。

职业通道的设计是为了帮助员工了解自我的同时使组织掌握员工的职业需要，以便排除障碍，帮助员工满足需要。另外，职业通道通过帮助员工胜任工作，确立组织内晋升的不同条件和程序对员工职业发展施加影响，使员工的职业目标和计划有利于满足组织的需要。

职业通道是组织中职业晋升和职业发展的路线，是员工实现职业理想和获得满意工作、达到职业生涯目标的路径。一般来说，组织有四种职业生涯通道模式。

1. 传统职业通道

传统职业通道是员工在组织里，从一个特定的工作到下一个工作纵向向上发展的一条途径。其前提是每一个当前的工作是下一个较高层工作的必要准备。因此，一名员工必须一级接一级，从一个工作到下一个工作进行变动，以获得所需要的经历和准备。

传统职业通道的最大优点就是它一直向前向上发展延伸。这条道路被清晰地展示出来，员工也清楚地知道自己向前发展的特定工作序列。

然而，如今，传统的发展途径因为经营格局和员工特点发生了变化而出现了缺陷。其中一部分是由以下因素引起的：合并、缩减、停滞、增长周期及重新设计，引起中间管理层的大量减少；家长制管理制度的废除、对工作安全和工作质量的追求；员工忠诚度受到很大的挑战；必须能不断学习到新技术的工作环境等。这些因素都使传统职业发展途径受到威胁。

2. 横向职业通道

横向职业通道是跨职能部门之间的平行工作变换,有助于扩大员工的知识技能,积累阅历,丰富工作内容。企业常常采用横向调动来使员工焕发新的活力、迎接新的挑战。虽然没有获得加薪或晋升,但员工可以增加自己对组织的价值,也使他们自己获得新的工作体验,承担新的工作责任。

3. 网状职业通道

网状职业通道包括纵向的工作序列和一系列横向职能转化与更替的机会。网状职业途径承认在某些层次的经验的可替换性,及晋升到较高层之前需要拓宽本层次的经历。这条途径比传统职业途径更现实地代表了员工在组织中的发展机会。这种纵向和横向选择,减少了堵塞的可能性。这种职业途径的缺点是,向员工解释其职业可能采取的特定路线会比较困难。

4. 双重职业通道

双重职业通道最初被开发出来,是用于解决有关受过技术培训,且并不期望在组织中通过正常升迁程序调到管理部门的这种员工的职业发展问题。双重职业途径认为,技术专家能够而且应该允许将其技能贡献给公司而不必成为管理者。也就是说,他们不必在纵向上提升,也不必在横向上调动,同样能够拥有更多的决策权、更好的待遇和更强的工作认可。

某著名跨国公司创造了被称为"多重阶梯"制度,如表 8-1 所示,这是一种类似第四种职业发展路径的制度。从表中可以看到,员工个人能够在研究部门、技术服务与开发部门以及工艺过程部门中取得职业进步而不必担任任何管理职务。

表 8-1 "多重阶梯"制度

层级	管理部门	研究部门	技术服务与开发部门	工艺工程部门
	副总裁,R&D 董事			
8	经理	高级研究科学家	高级开发科学家	高级工艺工程科学家
7	经理	研究科学家	开发科学家	工艺工程科学家
6	部门经理	副研究科学家	副开发科学家	副工艺工程科学家
5	基层领导	高级研究专家	高级 TS&D 专家	高级工程专家
4		研究专家	TS&D 专家	高级项目工程师
3		项目化学家	TS&D 代理人	项目工程师
2		化学家	TS&D 工程师	开发工程师
1		化学家	工程师	工程师

资料来源:黄维德、刘燕编著:《人力资源管理实务》,立信会计出版社 2004 年版,第 211 页。

组织在了解员工个人职业需求、判明其需求合理性及现实可行性的基础上,根据组织自身发展的需求,以及组织可能提供的帮助和条件,具体策划帮助员工个人职业目标实现的途径,制定出各种职业通道计划,如纵向升迁或横向职业流动或多重职业发展路径的计划,内容包括:

——沿着各条不同职业道路转移或流动的人数、具体的工种和工作职位;

——发生职业流动或转移的原因;

——员工职业转移或流动预计发生的时间;

——安置去向;

——具体实施方案、政策和措施等。

(三) 制定员工职业发展与教育培训计划

当职业通道计划制定后,与之配套的职业发展或教育培训计划应当及时出台,否则,职业道路会受阻而不畅通。

第一,明确教育培训目的。由于员工能力不同、职业目标和职业需求不一,实现职业目标所走的职业道路各异,所以教育培训所需达到的目标也不能整齐划一,组织的教育培训要求和目标要因人而定、因人而异。

第二,确定教育培训内容。企业所进行的教育培训需根据员工的职业需求和职业目标,员工的知识、技能、工作适应性等情况与其职业需求目标之间的差距,以及组织目标实现的需求,分别确定不同的内容。

第三,根据教育培训对象、内容,选择适宜的培训教育形式。上述教育培训内容,可以通过多种形式来获得。按教育方式的不同,教育培训可分为学徒培训、培训中心培训、专题培训、技工学校教育和职工大学教育等。此外,尚有企业自行办学、联合办学、委托培养等方式。企业究竟采取何种形式,要视教育培训对象的情况及其教育培训内容而定。

第四,计划好教育培训的时间,做好教育培训经费的预算、筹集与使用,保证教育培训计划顺利有效的实施。

三、分阶段的组织职业生涯管理措施

(一) 组织职业生涯初期阶段管理

在此阶段,组织的主要任务是进行职业指导与咨询。

1. 了解求职者

职业指导的基础性工作是首先了解被指导对象,即组织通过各种有效的测试方式对求职者的职业素质进行测量、鉴定和了解。

个人职业素质的主要构成包括:(1) 身体素质。表示职业对劳动者身体条件的要求,或者求职者胜任某职业必须具备的心理素质和体质。(2) 能力倾向。表示职业对劳动者工作能力的要求,或者求职者为胜任职业而必须具备的能力。包括智力、职业知识水平、语言和文字表达、数学计算及各种实际动手操作能力等等。(3) 个性特征。主要指劳动者个人的职业兴趣及人格特征。(4) 教育与工作经历。教育是指个人受教育性质及程度,包括普通教育、职业教育和职业培训。工作经历包括工作岗位的类别、工作表现、工作时间等。

2. 宣传职业知识,做好职业咨询

所宣传的职业知识,当然是组织所需要的职业知识。职业知识包括:职业名称与种类、职业的社会经济意义、职业的环境条件、报酬、职业前景、晋升机会、资格要求等。对本组织职业的宣传,要坚持实事求是的原则,目的在于帮助求职者了解组织的职业及其要求。在这一过程中做好职业咨询,耐心回答求职者的问题,帮助其正确地认识和评价自我,引导其将自己同职业需求相对照,并尽可能帮助求职者解决择业的困难或要求。

3. 反映劳动力市场的供求情况

劳动者能否与职业岗位结合,劳动力市场供求关系是重要的决定性影响因素。不过,劳动力市场供求关系处于经常变化之中。有关市场供求及其变动信息,是求职者职业定向的职业依据。

(二) 组织职业生涯中期阶段管理

组织应该帮助个人克服职业中所发生的职业问题,应对人到中年时面临的生命周期的变化,需要承担如下主要任务:

1. 帮助员工保持积极成长的心理取向

职业中期,人已到中年,面临诸多问题和生命周期运行变化,这是人生的关键时刻和人生的转折点。对于有较大发展潜力的中年员工来说,无疑积极发展劲头甚足。他们具有高潜力,有充足的信心将来进入高层领导位置,或者在今后的职业中是一个稳定的贡献者,预期薪金有较大增加,能满足高成就感的需求。但是,相当数量的中年期员工,减弱了原来的工作热情、积极性和干劲,只求平平稳稳地安度后期职业生涯,不想也不肯对工作投入太多、参与太多。少数人因为前途无望,遇到的困难和问题多,以致失望、沉沦,滑向下坡路。后两种情况于己、于组织均十分不利。

组织应该充分认识到职业中期和中年期员工发生的许多问题,为他们创造进一步成长的机会。引导员工正视客观现实,保持积极成长的心理取向,共同寻找解决矛盾和问题的新方案,使员工意识到中期职业危机可能是一次新的职业发展机遇,保持积极心态完成职业中期应完成的任务。

2. 帮助员工进行角色选择决策

在职业中期,每个人都具有较长时间的工作经历和经验积累,以后的职业生涯还长,在中期这个人生关键时期,又一次面临职业选择。这一决策通常受到内外两方面因素的影响。从内在因素看,主要受个人职业锚约束和指导,所积累的经验和智慧会强化其潜在的贡献,影响其角色选择。外在因素,主要是组织对个人才干和个人经验价值的识别。当组织觉察不到或识别不清楚一个人成为技术专家或业务主管的需要与才能时，会限制其发展机会，他只得另作选择和决策。因此，在这一阶段组织有责任帮助和支持员工进行角色选择决策。

3. 使中年期员工担负起言传身教的责任

随着个人职业的进步、贡献区的渐渐圈定，成长中的经验不足的年轻员工必将开始向年长者寻求指导、支持、帮助和保护；新员工也会向年长员工请教如何才能把事情办成，怎样做才行得通，组织的准则是什么等等。所以，处于职业中期的员工，不可避免地要肩负起言传身教的良师益友责任，不论其是否具有一种正式的主管角色。

言传身教的责任主要充当下面的角色：教师、辅导员或教练；积极的榜样角色；才干的发现者，充当伯乐角色；开门者，即给予年轻人承担挑战性和出成果的任务的机会；保护人；作为一位成功的带头人，因自身的成功，保证自己的支持者和周围的年轻人一道享有成就感，提携年轻人。

4. 帮助中年期员工在工作、家庭和自我发展中取得一种适当的均衡

在职业中期阶段，每个人都可能遇到来自工作、家庭和个人发展三个生命空间的问题，以及三个生命空间的相互影响、相互制约的矛盾。因此，帮助员工解决职业中期多方面的问题，正确处理三个生命周期运作之间的关系，求得工作、家庭和发展间的适当均衡。

（三）组织职业生涯后期阶段管理

根据职业后期阶段个人特征、家庭变动及职业工作的变化，员工个人和组织都有其特定的任务。

1. 帮助员工学会接受和发展新角色

人到职业后期阶段，要勇敢地面对生理机能的衰退及其所导致的竞争力、进取心下降的客观事实，不沮丧，不气馁，重要的在于另辟蹊径，寻求适合于自己的新角色，以发挥个人的专长与优势。现实工作中，当师傅，带徒弟，培育新员工；充任老师，对员工进行技能培训；充当参谋、顾问角色，出谋划策，提供咨询；或者从事力所能及的事务性工作等等，均不失为适宜于职业后期阶段的好角色。组织更应该创造良好的环境，鼓励形成互帮互助的组织文化。

2. 帮助员工评估其职业生涯，做好退休的咨询服务

临近职业生涯结束之时，组织应该帮助老年员工很好地度过这个转折时期。重视帮助他们作好退休前心理、工作、生活准备，支持他们培养各种退休后的生活情趣，允许他们增加闲暇时间。并作好退休前的咨询服务工作，如讲解退休后的社会保障福利，财务与投资咨询，健康咨询，心理咨询，谋求组织内外的第二职业咨询，有条件有需要的组织还可以以兼职工作代替完全退休。

思考题

1. 举例说明职业生涯规划对组织和个人的重要作用和意义。
2. 什么是个人职业生涯规划？试着撰写一份自己的职业生涯规划。
3. 组织职业生涯管理与个人职业生涯管理有何关联？
3. 试比较四种不同职业发展通道的利弊。
4. 组织应如何管理处于不同职业生涯阶段的员工？

案例分析

JW 公司的"苗圃计划"

JW 公司成立于1919年,是一家已经传承三代的美资跨国企业,总部位于芝加哥。JW 公司自创建以来便开始创造其在食品行业的辉煌历史,其主要的产品是食品调料和酱料。根据产品的特性,JW 公司主要的客户群包括快餐行业、休闲膨化食品行业、肉制品行业、方便面行业等,服务对象主要是工厂和连锁企业(连锁餐饮和连锁零售商)。

JW 公司在中国的业务,开展于20世纪80年代,主要是通过从其他国家的JW 工厂进口产品来满足中国客户的需求。随着那些国际连锁餐饮企业在中国的扩张,JW 公司单靠从国外进口产品,无论从订货周期、产品价格,还是服务上都已经不能满足客户的需求,于是 JW 公司在1997年决定在中国的广东设立一家工厂,并于1998年正式投入生产,由此,JW 中国公司成立,也使整个亚太区的工厂分布更为完整,在亚太的其他主要业务包括韩国、日本、马来西亚、泰国、新加坡以及中国香港、台湾地区,并在这些地区都建有工厂或应用实验室。此时,JW 公司在全世界的工厂达到23家。

而随着经济全球化及中国本土相关行业的迅速崛起,JW 中国公司在业务开拓上遇到了阻碍,JW 在中国内地的市场份额受到了强烈的冲击,公司的销售业绩连连下滑,严重影响了中国公司员工的士气。公司员工充满了危机感,纷纷提出辞呈,严重影响到了公司的日常业务开展及运作。

而 JW 总公司明显不想放弃在中国的巨大潜力市场,决心加大在中国的投资力度,挽救中国分公司目前的困境。另外,总公司也认识到,这不仅仅是开拓市场这么简单,公司内部人员管理的问题远远复杂于外部的冲击,中国公司员工与总公司派驻员工之间的相互沟通磨合十分重要,JW 中国公司不能完全照搬总公司人力资源管理的模式,应该提出适合于中国现实的管理方案。于是总公司派驻的人力资源总监 Johnny 走马上任了。

通过对公司现有情况的熟悉,新上任的人力资源总监 Johnny 发现了中国公司的不少问题,最主要的是在雇用员工方面缺乏战略考虑,间接造成了公司如此频繁的员工流动。基于目前的困境,Johnny 认为公司必须制定一个立足长远的人才战略规划,他把这个规划称为“苗圃计划”。按照 Johnny 的设想,要着力打造一个“苗圃”。这个“苗圃”将源源不断地培养出优秀的本土人才,逐步给整个公司换血,不仅能实现公司的人才结构优化,还将有助于公司的业务调整,逐步推进公司在中国的本土化管理,从长远看更是公司未来战略转型的基础和保证。这个“苗圃”要成为 JW 中国公司未来的“黄埔军校”。

“苗圃计划”构想大体分三个部分,也即“三步走”:

第一步,引进培养新的市场力量。要在一年里培养出 10 名、两年里培养出 20 名左右优秀的市场销售人员。培养方式可以是直接招聘引进成熟的优秀人才,这种方式操作简单见效快,但代价高风险大,在公司目前情况下很难进行,因此主要靠自身去培养。具体方法是通过招聘引进一批当地有潜力的大学毕业生,对他们施以高强度的培训,安排他们进行商务实战演练,再从中优胜劣汰,筛选出优秀分子。根据“二八法则”,一批人中总会有人会脱颖而出,如果一批招 20 名大学生,通过培训和锻炼,能挑选和培养出 4—5 名优秀销售员,那就是成功的。这些年轻大学生的培养必须打破公司现有的制度约束,要采用有别于公司现有的劳动人事和薪酬模式来管理。还要成立一个全新的独立部门,让他们在相对封闭的环境中成长,避免受到来自公司固有文化的影响,确保他们始终保持清醒进取的精神面貌。

第二步,孕育发展新的增值业务。市场销售队伍的培养具有双重目标:一是充实公司人力资源,二是孕育发展新的业务。要在引进培养新的市场力量的同时,争取在三年里不断增加为中国市场新增连锁餐饮和连锁零售商提供产品。不断开发新产品,符合中国的传统口味,加入中国元素,努力开辟新市场新渠道,创造公司新的经济增长点。通过这些新增业务的发展,培育出更多本土化专业人才,也使这支人才队伍成为主导公司未来发展的新兴力量,全面、正式登上公司的历史舞台。

第三步,全面实现公司战略转型。市场销售队伍的建设和新的增值业务的发展,将为公司进一步实现战略转型做好人力资源和业务资源的准备。三到五年后,这批年轻员工都将成长为可以独挡一方的大将,成为公司的精英,那时再将他们充实到各经营部门,让他们成为各路部队新的领导力量,公司的面貌必将焕然一新。

案例思考题

1. 你如何评价 JW 中国公司的“苗圃计划”?

2. 你认为JW中国公司如此高的人员流动性的主要原因是什么?

3. 你如何评价外资企业在开拓中国市场的过程中的“本土化”？如果照搬外方的固有管理模式会带来哪些问题?

4. 依据“苗圃计划”三步走的思路,为一个新招聘的销售部新人设计职业生涯规划方案。

第九章　员 工 培 训

本章概要

员工培训是企业人力资源管理中的一项重要内容，企业要想优于竞争对手，重视培训、重视员工素质的全面提升是一项有效的措施。当今世界，市场竞争不断升级，企业环境日新月异，企业要想跟上时代前进的步伐，必须不断更新自己的知识、战略目标。通过培训，可以适应市场竞争的变化，可以提高组织核心竞争力。本章围绕组织的员工培训展开，主要涵盖员工培训理论、员工培训的基本过程、员工培训方法分析和培训有效性评估。

第一节　员工培训概述

一、培训的概念与意义

（一）培训的概念

员工培训是指组织在将组织发展目标与员工个人发展目标相结合的基础上，为了使员工获得或改进与工作有关的知识、技能、态度和动机，有计划地组织员工从事学习和训练，全方位提高员工的知识和技能，改善员工的工作态度，激发员工的创新意识和工作热情，使员工适应新的发展要求并能胜任本职工作或担任更高级别职务的人力资源管理活动。

员工培训的概念包括如下含义：(1) 员工培训是建立在组织发展目标和员工个人发展目标相结合的基础之上，从长远看是为组织目标服务的；(2) 员工培训具有前瞻性，既为员工当前也为未来的职业生涯发展进行学习指导和训练；(3) 员工培训是组织实施的一项有目的、有计划的人力资源管理活动。

（二）培训的意义

1. 培训是适应新技术革命挑战的需要

企业所处的环境在剧烈地变化，市场竞争在不断升级，当今世界已由工业化社会步入信息社会，科学技术日新月异，企业管理在经营战略、组织结构、科技研发等一系列领域发生了深刻而复杂的变化。企业要想跟上时代前进的步伐，必须不断用新知识、新思想、新技术武装员工的头脑。通过培训，员工可以尽快适应变化的环境，满足市场竞争的需求。

2. 培训是提高组织核心竞争力的重要途径

市场经济条件下,只有效率高、成本低、质量高、服务优的企业才能在竞争中站稳脚跟。通过培训,使员工掌握先进的技能和方法,从而提高劳动生产率。在全球化、信息化高度发达的知识信息时代,这是增强组织核心竞争力的关键。

3. 培训是实现员工自我发展需要的重要手段

彼得·圣吉在《第五项修炼》中指出,现代企业组织发展与管理的真谛是让企业里所有的人活出生命的意义,这被认为是组织管理的最高境界。在获得满意的收入、稳定的工作后,员工就会追求受尊重、自我价值实现等高层次需要,通过培训对员工的学习和发展进行积极地、有计划地、有建设性地指导,让员工在组织中实现自我价值。

二、培训的目的

从组织角度来说,培训是为了满足企业长远的战略发展需求。从职位要求来说,培训是为了满足职位的技能要求,改进现有职位员工的绩效。从员工角度来说,培训是为了提高员工的知识和技能,满足员工职业生涯发展的需要。从管理变革角度来说,培训有助于改善员工的工作态度,激发员工的创新意识。从影响环境来说,培训有利于员工更新知识,适应新技术、新工艺的要求。

三、培训对象学习的特点

企业培训对象针对成年人,成年人的学习过程有以下特点:

(一) 成年人原有的知识结构、工作经验影响其学习的效果

成年人习惯将新知识与他们以往的知识、经验进行比较后消化吸收新知识,并且通过"实践中学"的形式学习,能使学员留下深刻的感性认识,通过案例教学可以激发学员的学习兴趣。

(二) 成员需要在宽松的氛围中学习

在非正式的环境中开展培训,可以消除学员的恐惧心理。在学员心情放松的环境下,采用灵活多样的培训形式,可以取得更好的培训效果。

(三) 循序渐进式的学习要求

成人学习需要通过多种形式的反复理解、应用和实践,同时通过及时的学习信息的反馈获得进步,使学员的能力逐步得到强化和提高。

(四) 需要确立明确的学习目标

学员在学习一开始就要明确学习的目标,可以制定每个阶段的子目标。整个培训活动也要紧密围绕学习目标展开,每个学员在培训过程中完成一个子目标就要及时地认可和鼓励,才能达成最后的总目标。

（五）培训师的角色和作用直接影响学员的学习投入性

培训师对成人的学习是一个推动者、促进者，而不是一味单向的讲授。培训师的工作投入、培训激情可以直接激发学员投入到学习的角色中。

四、培训内容

一般来说，员工培训项目的内容可能包括：一般性培训、一般专业或制度性培训、管理人员培训和特殊专业性培训等。

一般性培训内容包括：公司的历史、传统与基本方针、公司风气、公司理念、价值观、本行业的现状与公司的地位、企业的制度与组织结构、产品知识、制造与销售、公务礼仪、行为规范等。

一般专业或制度性培训内容包括：公司的就业规则、薪酬与晋升制度、劳资合同、安全、卫生、福利与社会保险、技术、业务、会计等各种管理方法训练。

管理人员培训内容包括：观察力、知觉力、分析、判断力、反思、记忆力、推理、创新力、口头文字表达力、管理基础知识（如经济学、组织行为学、管理学等）、管理实务、案例分析、情感智力等。

特殊专业性培训内容包括：行政人事培训、财务会计培训、营销培训、生产技术培训、生产管理培训、采购培训、质量管理培训、安全卫生培训、电脑培训、其他专业性培训等。

五、培训类别

（一）新员工引导培训（Employee Orientation）

人才是企业的生命，但招募和选拔具有优良潜质的员工并不意味着他们能带来高质量的工作绩效，因为他们并不十分明确自己要做什么或者如何去做，因此必须对他们进行引导和培训。新员工引导培训亦称岗前或职前培训，主要是向新员工介绍企业和工作有关的基本背景信息、岗位职责及部门人员，在短期内让新员工快速融入组织、进入角色，是使其从“局外人”转变为“企业人”的组织社会化的重要过程。新员工引导培训是一种基础性、适应性和非个性化的培训。新员工引导培训的意义在于帮助员工熟悉企业和新的工作环境；为新员工灌输一个全新的组织文化，形成员工的归属感；加强员工对企业的认同感，增强对企业未来发展的信心。

无论什么类型的组织，新员工的岗前引导培训通常在两个不同层次上进行：

1. 组织上岗引导——向所有员工介绍相关内容和利益

组织上岗引导应在组织需求引导和员工需求引导两个层次上进行。组织层面上的引导应涵盖企业利润最大化、风险管理及节约成本、向客户提供优质服务以及企业的社会责任等。个人层面上的引导包括员工的薪酬福利待遇、工作环境、员工和工会关系等。引导培训在组织和个人需要之间寻求良好的平衡,是引导培训计划取得成功的基础。

2. 部门和职位上岗引导——描述新员工所在特定部门和工作岗位的具体内容

部门和职位的上岗引导的内容取决于部门的特定需要和新员工的技能和经验。内容一般包括部门职能、部门员工介绍、部门参观、工作职责和责任及政策、程序、规则和制度。

企业生产经营特点、人力资源战略目标、企业文化以及新员工的自身素质的差异,导致不同企业在新员工引导培训的内容不同,但概括来说,引导培训内容主要分成两大类:第一类是一般内容,主要有规章政策及其程序、公司概况、产品信息知识、企业文化等;第二类是专业知识,主要有业务知识、专业技能、管理实务,如企业报酬系统、人事专员招聘系统、安全与事故预防、具体工作责任与权力等。表 9-1 是某流通集团公司新员工培训课程一览表。

表 9-1　某流通集团公司新员工培训课程主要内容

项目	内容	项目	内容
就业规则	1. 就业规则与劳动法规 2. 工资制度与财务制度 3. 就业资格制度与人事制度	工作方法	1. 对工作意义的理解 2. 科学的工作方法 3. 如何接受工作任务 4. 如何进行工作总结与汇报 5. 文书的写作 6. 业务报告的编写与分析 7. 如何提高工作效率 8. 如何提出合理化建议
企业特点	1. 流通集团的主要特点 2. 市场营销与流通业 3. 本企业批发零售的情况		
自我管理	1. 如何成为优秀职工 2. 健康积极的工作态度 3. 自强、自爱、自重	人际关系	1. 人际关系的重要性 2. 合作精神 3. 上下级关系 4. 公共关系与服务质量
职业道德	1. 对员工的素质要求 2. 新员工须知 3. 服务质量 4. 企业规章制度 5. 企业文化	业务技能	1. 电话沟通的方法 2. 与客户谈判的技巧 3. 争议处理程序

根据企业的具体要求、各部门的业务差异,新员工的上岗培训一般是分阶段进行的。运用较多的是二阶段培训和三阶段培训。

二阶段培训是指经过全公司培训和工作现场培训两个阶段。全公司培训又称为集中培训,即所有新员工,无论将从事什么工作,都接受同样内容的培训。

然后由业务部门安排新员工到岗培训，主要让新员工熟悉具体业务，掌握特定的工作技能。二阶段培训适用于企业管理层次较少，下属部门的组织结构、业务、人员要求基本相似，各部门业务分工较细的组织。

三阶段培训是指包括全公司培训、分支机构或部门培训、工作现场培训相结合的培训形式。分支机构或部门培训是指在一个企业中，业务独立且人员众多的分支机构或部门，往往需要对新员工统一进行专业知识的培训。因此，三阶段培训适用于管理层次较多，部门之间的组织结构、业务、人员要求存在较大差异但部门内部业务单一的企业。新员工培训计划的过程如图 9-1 所示：

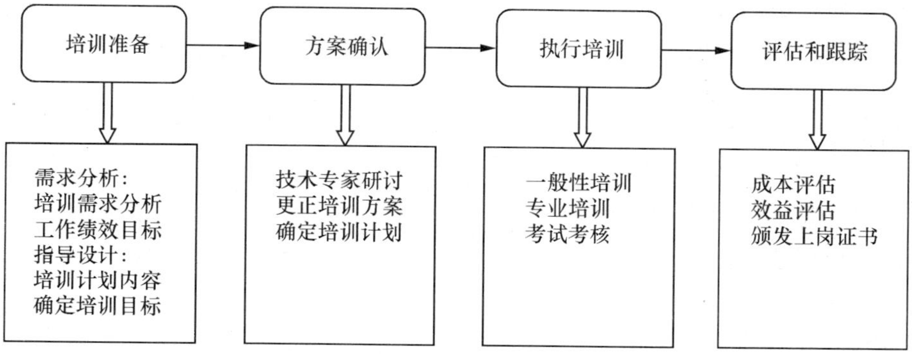

图 9-1　新员工培训的计划过程

（二）员工在职培训（On-the-job Training，OJT）

在职培训是指为了使员工具备有效完成工作任务所必需的知识、态度和技能，在不离开工作岗位的前提下，由组织有计划地对员工进行培训，也称为“在岗培训”、“不脱产培训”。

1. 在职培训的方法

（1）职位轮换

工作轮换也称交叉式培训，是指根据工作要求安排员工在计划控制时间内在不同部门或者同一部门的不同岗位之间进行轮岗，帮助员工更加熟悉地了解企业的运作流程，丰富员工的工作经验。工作轮换是企业人力资源管理战略的有机组成部分，目的是发掘和培养新进入企业的年轻管理人员或有潜力的未来的管理人员。工作轮换的意义体现在能丰富培训对象的工作阅历、拓宽视野；通过工作轮换，企业能发掘培训对象的专长和兴趣点，从而更好地开发员工的潜质；工作轮换能强化部门间的合作交流，为跨部门的、合作性的项目发展搭建舞台。

（2）学徒培训

学徒培训是一种较为传统的、结构化的在职培训方式。参加学徒培训的人员必须连续地接受师傅的督导，进行长期的实际操作和技术学习。学徒式的培训效果取决于三个方面:师傅应具有全面的专业素质,优秀的沟通能力、指导和监督能力;学徒应勤奋好学,积极主动地和师傅建立起良好的工作关系;企业应为员工选择合适的师傅,提供必要的培训资料,并在政策上给予培训工作充分的肯定和必要的奖励。

2. 在职培训的形式

(1) 转岗培训。对已被批准转换岗位的员工进行的培训,旨在使其达到新岗位要求。

员工转岗的原因有组织方面和个人方面的原因,由于转岗原因不同,岗位转换的性质也不同,这也决定了转岗培训方式的不同。具体来说,转岗培训主要有以下几种方式:与新员工一起参加拟转换岗位的职前培训;接受现场的一对一指导;如果岗位变换的跨度很大,就需要对转岗员工进行系统的培训或者外派参加培训;在员工集中转岗的情况下,企业可以根据员工的发展方向组织定向培训。

(2) 晋升培训。对拟晋升人员或后备人员进行的培训,旨在使其达到更高一级岗位要求。把一个具有优秀潜质的员工培养成为优秀的管理者或领导不是一蹴而就的,客观上要求晋升培训以员工职业发展规划为指导,具有培训时间长、内容广、培训方法多样化等特点。晋升培训一般分成两个阶段:一是任职前培训阶段。此阶段的目的是提高受训者的理论水平和业务水平,丰富受训者的工作经验,使其具备任职的基本条件。二是任职后训练阶段。为了进一步提高受训者的专业素质和管理能力,培训时间一般为任职后的1—2年内。根据工作的需要,确定培训的内容,如目标选择训练、工作评估训练、激励训练、时间管理训练、项目管理训练等等。

(3) 岗位资格培训。许多岗位需要通过考试取得相应资格证才能上岗,未获得资格证或资格证已到期的员工需要接受培训并参加资格考试。由国家有关部门规定的岗位资格培训一般由有授权的组织机构开展培训业务,企业自己实施的岗位资格培训主要针对企业自身规定的岗位资格认证。

(4) 更新知识、掌握新技能的培训。由于企业内外环境的变化,员工需要不断学习新的知识和技能。尤其是管理人员、技术人员的培训。

管理人员的培训不仅包括管理岗位所需的知识、技能的培训,还包括管理者的自我管理、管理思维、管理方法等培训。一般而言,培训的层次越高,对培训管理、培训者的素质、培训条件的要求就越高,培训的难度就越大。表9-2是某公司针对不同管理层次的培训要素对照情况。

表 9-2 某公司不同管理人才的培训要素

人才类型	战略型管理人才	技能型管理人才	后备型管理人才
培训对象	高层管理人员（如 CEO）	中层管理人员（如部门经理）	年轻管理人员（如基层技术、管理人员）
培训目标	前瞻型、创业精神、指挥领导能力、决策能力、商业道德和法律	专业知识更新、职能部门管理和沟通能力、制定工作计划、合作精神、职业道德	掌握各职能部门的专业知识、竞争能力、自信心、合作精神、职业道德、领导艺术
培训内容	国内外经济和政治 竞争与企业发展战略 资本市场发展和运作 财务管理和控制 国内、国际市场营销 组织行为和领导艺术 创业管理 投资项目效益评价 企业社会责任和商法	各职能部门专业知识的变化 部门经理工作和挑战 部门间的协调和沟通 部门工作计划的制定和实施 计算机和信息技术应用	财务管理 人力资源管理 生产作业管理 市场营销管理
培训方法	研讨为主，讲授为辅	讲授和研讨并用	讲授、案例分析，调研
组织形式	周末晚上	周末晚上或半脱产	半脱产或脱产
培训时间	60 小时	90—200 小时	400—600 小时

专业技术人员的培训特点是培训内容专业化程度高而且层次深，培训的方法灵活，培训的时间紧迫。专业技术人员培训的方法可以通过自学、合作交流或者通过“专业技术人员高级研修班”的形式开展培训活动。

（5）以绩效考核为依据的培训。在以下三种绩效情况下需要进行培训：一是员工绩效未达到要求；二是员工绩效下降；三是绩效虽达到要求，但员工希望改进其绩效水平。以改善绩效为目的的培训以客观、公正的绩效评估为依据，以一对一指导为主要方法，是任职前培训的延续。

（三）员工外派培训

根据培训的时间划分，外派培训可以分为长期培训和短期培训。在长期培训中，参加培训的学员暂时离开工作岗位，到高校、专业机构、国外进修。短期培训的学员可以参加短训班、研讨会或去国外企业进行短期考察等。

根据培训的推动主体划分，外派培训可以分成组织安排的培训和个人自主选择的培训。前者是根据组织培训计划选择合适的培训对象，如有潜力的管理层或业务骨干外出参加培训；后者是员工个人根据自己的培训需求和计划自主选择暂时离开工作岗位外出参加培训。

根据培训的目的划分，外派培训可以分为取得证书培训和补充知识培训。

前者是以取得学历证书、资格证书为目的的外派培训，后者是以补充或者更新知识结构、提高技能水平为目的的外派培训。

六、员工培训的发展

（一）培训组织的多样性

1．企业大学的进一步发展

企业办大学，可大面积地培训企业员工，提高员工素质，使员工具有良好的团队工作能力和娴熟的技能，从而使企业能及时地适应现代高科技发展的需要。另外，也可以通过企业大学资源来支持上下游及其他业务合作伙伴。

2．产学合作

产学合作即企业员工培训与高校合作，这样不仅发挥了高校科技、人才的优势，也利用了企业的基础设施、资金的优势，相互促进。

3．培训功能部分外包

在知识不断更新、对培训的需求日新月异的情况下，企业需要寻求与外部培训机构的合作。企业可以把基本技能的培训外包给外部的培训机构，也可以共同开发企业所需的专门培训课程。

（二）从培训到持续学习

从20世纪80年代至今，推广和研究学习型组织的浪潮风靡全球。美国的杜邦、苹果电脑等世界一流企业纷纷建立了学习型组织。可见，组织学习已成为组织管理理论和实践的一个热点，这也意味着培训已从一般意义上的员工培训发展为整个组织层面的学习。

（三）培训手段的技术化

信息知识时代要求企业不仅是学习型企业，也必须是信息企业。体现在员工培训上就是培训手段技术化，从基于CD-ROM为媒体的计算机辅助学习，到视听培训和计算机辅助学习相结合的多媒体教学，再到以内部网和外部网为基础的网络培训，以及一些新技术的广泛应用，已经对传统的课堂培训产生了深远的影响。

（四）培训内容国际化和本土化的结合

全球化成为一种趋势，越来越多的企业意识到如果我们自己不走向全球化，那么全球化也会走向我们。全球化也对企业的经营战略、人力资源管理及培训发展产生了深远的影响。所以培训既要尊重本土的实践，也要吸收国际的优秀实践成果。同时，国际化也对经理人员的能力提出了新的挑战。

（五）培训JIT

企业培训JIT(Just in Time)就是及时给予员工需要的培训的观念，这是当今企业外部环境变化莫测的必然要求。这能使员工迅速胜任新的工作和任务要求，但这要求培训管理部门有较强的洞察力和应变能力。

第二节 员工培训基本过程

一、培训的一般程序

人力资源培训的具体工作程序，包括培训需求分析、培训规划方案设计、培训工作实施和培训工作评估四个方面。具体如表9-3所示。

表9-3 员工培训的一般程序

阶段	程序	步骤
培训需求分析阶段	1. 组织层面的培训需求分析	1）分析公司的战略发展目标，找出组织人力资源状况与战略发展之间的差距
		2）预测和分析组织未来人力资源需求与供给情况
		3）对培训环境和培训资源作出预测分析
		4）确定满足组织需求的人力资源培训总体目标和主要内容
	2. 工作任务的培训需求分析	1）分析工作规范中关于岗位应具备技能、知识的描述
		2）评估现有员工技能的差距
		3）确定基于岗位任务的培训需求内容
	3. 员工个人的培训需求分析	1）员工培训意向调查
		2）评估分析员工的工作行为和培训意向
		3）确定员工需要参加的培训目标和内容
	4. 总体需求分析	平衡组织、个人和任务的需求，形成总体培训需求
培训设计阶段	1. 确定培训对象	1）确定培训对象选择的原则
		2）根据人力资源培训的需求分析，确定培训对象
	2. 确定培训内容与方法	1）确定培训的种类与内容，如专业培训还是管理技能培训
		2）确定培训的方法，如现场培训、非现场培训
培训计划与实施阶段	1. 制定培训计划	1）根据人力资源总体规划和上述分析制定培训计划
		2）根据培训计划制定每个项目的实施细节
		3）对培训项目作出经费预算
	2. 实施培训	1）落实培训师资、对象、时间、地点等
		2）实施培训，并监控管理整个培训过程
培训效果评估阶段	1. 确定评估标准	根据人力资源培训计划，制定评估标准
	2. 培训效果评价	对培训过程与培训效果进行评估
	3. 评估反馈	根据评估结果，总结前期培训成果，修正后期培训计划与实施细则

二、培训需求分析

所谓培训需求分析，是指在规划和设计每项员工培训项目之前，由员工培训部门、主管人员、工作人员等采用各种方法和技术对组织战略目标及组织内外环境，组织各项工作特性、标准及其所要求的知识技能，对员工的知识、技术和个人特质等进行科学的、系统的鉴定与分析，以确定组织是否需要培训及培训内容的过程。

培训需求分析的意义在于它可保证培训计划符合组织的整体目标与战略要求；它是决定培训有效性的逻辑起点，也是有效实施培训的前提条件；它是使培训工作实现准确、及时和有效的重要保证；它是确定培训目标、设计培训计划的前提，也是进行培训评估的基础。

一般来说，培训需求分析主要在三个层次上进行：组织层次上的分析、人员层次上的分析和任务上的分析。

（一）组织分析

组织分析是从组织发展层面出发，将培训需求与组织的战略发展结合起来，以实现组织目标为分析的逻辑起点。组织分析具有预见性、动态性等。组织分析通常考虑的培训背景包括以下三个方面的因素：公司的战略方向、可用的培训资源以及员工的上级和同事对于受训者参与培训活动的支持。

1．公司战略

培训的内容与重点因企业经营战略的不同而存在非常大的差异，因而针对以下四种企业经营战略会有不同的培训实践与之相对应：

（1）集中战略注重增加市场份额、降低成本以及建立和维持产品及服务的市场地位。培训的重点主要在于团队建设、跨职能培训、专业化的培训计划、人际关系培训以及在职的技能培训。

（2）内部成长战略强调新市场和新产品的开发和创新。培训的重点主要在于支持或者促进高质量的产品价值沟通，建立一种鼓励创造性思考和分析问题的组织文化，提升工作中的技术能力，开展冲突谈判、沟通方面的管理培训等。

（3）外部成长战略强调通过购并销售商以及供应商或者购买多种业务将自己的经营领域向新的市场扩展。在这种战略模式下，培训的内容在于确定被兼并企业中的员工能力，进行组织文化一体化培训、培训系统一体化建设以及团队协作培训等。

（4）收回投资战略强调业务的清理和剥离，培训的重点在于目标设定、时间管理、压力管理、跨职能培训、领导能力培训、人际沟通培训以及重新求职帮助培训等。

2. 上级和同事的支持

培训取得成功的关键要素在于:受训者的上级及其同事对于受训者参加培训活动要持有一种积极的态度;受训者的上级及其同事愿意向他们提供关于如何将在培训中所学到的知识、技能以及行为运用到工作实践当中去的信息;以及受训者将培训中所学习到的东西运用到实际工作之中的可能性较高。因此,这也是组织分析的内容之一。

3. 培训资源

企业有必要弄清楚自己是否有充足的人力、物力和财力进行培训。培训资源分析包括对组织的培训预算资金、时间、人力等资源的分析,这是保证培训得以正常实施的先决条件,因而需要作出初步的估计与分析。预算资金影响培训的宽度和深度;时间就是生命,培训需要相应时间的保证;人力决定培训是否可行和有效。

在组织分析过程中,不同层次的管理者和培训者所关注的问题是不同的。例如,高层管理者注重的问题是,培训对实现组织的经营目标是否重要,培训将会怎样支持组织战略目标的实现等;组织的中层管理者则关注这种培训投资是否值得、对于部门发展是否有利;而培训主管则关注是否有能力购买培训产品和服务、直线经理是否支持培训等问题。

(二) 人员分析

这是从个人层面出发(主要针对员工的工作绩效层面进行分析),分析员工的培训需求。人员分析有助于确定哪些人需要接受培训以及个人培训的重点。培训的一个主要原因就是业绩不良或业绩低于标准要求,即员工的现有绩效和企业对他们的期望绩效之间存在一定的差距。需要进行培训的另外一个可能原因是当工作出现了变化,员工需要改善绩效水平,或者是员工必须有能力胜任新的任务。如果员工的绩效主要受到缺乏完成工作所必需的知识和技能的影响,那么就需要对他们进行培训。如果员工已经具备了完成工作所需要的知识和技能,但是在其他工作条件或工作环境方面存在不足,那么培训可能就不是解决问题的方法。这是人员分析的主要内容。

一般来说,人员分析采用访谈法、问卷调查法、现场观察法、技能与知识测试法等,也可以通过绩效评估报告与绩效面谈获得员工培训需求的信息。

同样的,在人员分析方面,组织不同层次的管理者和培训者所关注的问题也是不同的。例如,高层管理者关注哪些职能部门和经营单位需要培训,中层管理者关注哪些类型的员工需要接受培训,而培训主管则关注该怎样确定出需要培训的员工等问题。

(三) 任务分析

这是从工作任务本身要求出发,确定培训需求的过程。任务分析的目的主要在于决定培训的内容。对任务进行分析的结果是有关工作活动的详细描述，包括员工执行的任务和完成任务所需知识、技术和能力的描述。

任务分析主要包括以下六个步骤：

(1) 选择待分析的工作岗位。

(2) 列出工作岗位所需执行的各项任务的基本内容。

(3) 确保任务基本内容的可靠性和有效性，并经过专家组的评定。

(4) 明确胜任一项任务所需的知识、技术或能力。

(5) 评估执行该任务的员工现有的技术、知识和能力，衡量他与岗位要求的差距。

(6) 确定该任务所需要的培训需求。

在任务分析过程中，不同层次的管理者和培训者所关注的问题也是不同的。例如，高层管理者注重的问题是公司是否拥有具备一定知识、技术、能力、可参与市场竞争的员工。组织的中层管理者则可能关注在哪些工作领域内培训可大幅度地改变产品质量或客户服务水平等。而培训主管则关注哪些任务需要培训，该任务需要具备哪些知识、技能等。

三、编制培训计划

培训计划可分为长期计划和短期计划。

(一) 长期计划

1. 确立培训目标

通过对培训需求的调查分析，将培训的一般需求转变为企业培训的总体目标，如通过培训达到的各项生产经营目标和提高企业的管理水平。通过对上年度培训计划的总结及分析培训的特殊需要，可以确定需要通过培训而改善现状的特别目标，成为本年度培训的重点项目。

2. 研究企业发展动态

企业培训部会同有关主要管理人员研究企业的生产营销计划，以确定如何通过培训完成企业的年度生产经营指标。一项生产经营目标的达成往往取决于一个或几个员工是否正确完成任务；而要正确完成任务，又取决于员工是否具备完成任务所需的知识、技能和态度。通过检查每一项业务目标，确定要在哪些方面进行培训。企业培训部还要与有关人员共同研究企业的生产经营状况，找到需要改进的不足之处，寻求通过何种培训可以改善现状、实现培训的特别目标。

3. 培训目标分类

围绕企业生产经营目标的培训应列入业务培训方案；围绕提高企业管理水平的培训活动则应列入管理培训方案。因此，培训方案的制定是针对培训目标，具体设计各项培训活动的安排过程。企业的业务培训活动可分为素质训练、语言训练及专门业务训练。企业的管理培训活动主要是班组长以上管理人员的培训，内容包括系统的督导管理训练及培训员专门训练等。

4. 决定培训课程

课程是培训的主题，要求参加培训的员工，经过对某些主题的研究讨论后，达到对该训练项目的内容的掌握与运用。年度培训计划中，要对各类培训活动的课程进行安排，主要是列出训练活动的细目，通常包括培训科目、培训时间、培训地点、培训方法等。注意培训课程的范围不宜过大，以免在各项目的训练课程之间发生过多的重叠现象；但范围也不宜过狭，以免无法真正了解该项目的学识技能，应主要以熟悉该训练项目所必需的课程为限。培训课程决定后，需选编各课程教材，教材应包括以下部分：编写培训教材目的的简要说明；列出有关教材的图表；说明表达教材内容的方法。教材编写的顺序为：编写教材的目的、教材大纲及时间计划、主要内容及实施方式和方法、讨论题及复习的方法和使用的资料。

5. 培训预算规划

培训预算是企业培训部在制定年度培训计划时，对各项培训方案和管理培训方案的总费用的估算。预算是根据方案中各项培训活动所需的经费、器材和设备的成本以及教材、教具、外出活动和专业活动的费用等估算出来的。

（二）短期计划

培训计划包括培训目标、培训对象、培训时间、培训场所、师资和培训方法及教材等方面的内容。

1. 培训目标

培训计划要明确培训的内容和目标。培训内容包括思想文化知识教育、业务技能等。目标在于明确培训对象应达到的工作能力标准。目标要具体、可衡量、能作为评估培训效果的依据。

2. 培训对象

确定培训对象有纵向和横向的划分。纵向可按照级别划分；横向可按岗类、岗群、岗系划分，如营销岗系、财务岗系等。

3. 培训场所

培训场所一般分为内部培训基地和外部培训机构两种，场所要根据培训内容和手段的需要而定。

4. 培训时间

培训的时间可依据培训的目的、场所、师资和上班时间等因素综合确定。

5. 师资

要提高培训质量，必须拥有一支强大的师资队伍。师资包括组织自有的师资和外部聘请的师资两部分，教师必须具有精深的专业知识和丰富的经验，同时应具备卓越的训练技巧和敬业精神。

6．培训方法和教材

教材的选定要服务于培训的内容和培训对象，并根据自身的规模、技术背景、预算经费等实际情况选择培训方法。总之，方法的确定既要理论联系实际，也要注重培训的效果。

四、培训实施准备

（一）聘请培训讲师

1．培训师应具备的素质

在培训与开发中，培训师的优劣在很大程度上决定培训效果。因此应重视培训师的选择与培养。一个优秀的、卓越的培训师，应具备以下特点：

（1）课程知识。员工都希望培训者能熟悉他们的工作或课程。进一步而言，他们希望培训者能充分展现知识。

（2）适应性。某些学员学习速度较快，培训者的指导应该符合学习者的学习能力。

（3）真诚。受训者欣赏培训者真挚的态度。培训者应耐心对待学习者，并具备灵活应变的能力。

（4）幽默感。通过丰富多样的培训手段和方法提高培训的效果，使学习可以成为一种乐趣。

（5）兴趣。优秀的培训者对自己讲授的课题兴趣浓厚，而这些兴趣能够转移给受训者。

（6）清晰的指导。当培训者给予清晰的指导时，培训容易获得成功，并保持长久的效果。

（7）个别帮助。受训员工较多时，培训者应该根据员工需要提供个别帮助与指导。

（8）热忱。激情的演讲和充满活力的个性，表现出培训者热衷于培训，受训者对热忱的氛围往往会积极地给予响应。

2．考察培训师的途径

考察培训师的主要途径有下面几种：

（1）试讲。可以尝试让培训师作一次培训，全面了解其知识、经验、培训技能和个人魅力。如果能够满足企业的培训需要，则可以任用。

（2）考察其过去的工作经历。可以要一份培训师简历，通过简历，可以知道其受过什么教育，有什么经验，从事过什么工作，主持过什么培训。

（3）面试。通过面试提问，可以了解其对培训方法的熟悉程度，是否了解企业职能部门的运作，是否知道培训与一般教育的区别，怎样达到本次培训的目的等等。

(4) 实践操作。如要求其制定一份培训大纲。从大纲中,可以知道其是否熟悉培训,是否知道培训技能,是否善于通过培训达到企业的目标。

3. 寻找优秀培训师的途径

寻找优秀培训师主要可以通过以下途径:

(1) 参加各种培训班。通过培训班,可以直接与各种培训师接触,可以观察到各位培训师的风格,从而可以寻找到企业需要的优秀培训师。

(2) 去高校旁听。高校是一个藏龙卧虎之地,可以去高校旁听某位教授的相关课程,从中发掘出一些优秀的培训师。

(3) 熟人介绍。通过亲朋好友,或者通过同事,相互介绍后可以知道各位培训师的水平,从而选择到合适本企业的培训师。

(4) 专业协会介绍。可以参加企业协会的活动,尤其是专业协会组织的培训或演讲会,从中也可以寻找到一些优秀的培训师。

(5) 与培训咨询公司保持接触。应该说,培训公司是优秀培训师最集中的地方,而许多培训公司为了拓展市场,经常会主动与企业接触。因此,企业也应该与多家培训公司保持接触,寻找优秀的培训师,达到良好的培训效果。

4. 内部培训师的培养

企业内部经常要进行一些常规培训项目,如追求卓越心态、领导技能、推销技能、新进员工定向培训等,可以通过培养自己企业的培训师实现组织追求的目标。一般通过以下程序培养企业内部的培训师:

(1) 寻找培训师候选人。培训师候选人应该具备以下一些基本条件:喜欢培训工作、有一定的相关知识、有一定的实践经验、善于进行信息沟通、积极的心态、善于学习以及善于语言表达等。

(2) 培养培训师。培养培训师有以下方法:参加"培养培训师"的研讨会、请企业内部已有的培训师辅导、让培训师候选人在适当的场合参加培训实践。

(二) 培训费用预算

培训费用主要包括固定费用与变动费用。固定费用是一些经常性费用,如培训的固定器材、培训的场地租用费、保证培训得以正常开展的水电气开支费用、培训管理人员的工资等。变动费用主要包括开发培训的材料费用、评估培训效果的评价费用、培训咨询人员的工资或咨询费用、与培训有关的差旅费用、住宿费用以及培训资料费等。总之,培训的总费用随着培训工作量的大小变化而存在较大的差异。

培训费用的预算将有助于对培训工作的有效管理和控制,同时有利于选择培训机构的决策。根据培训费用的预算,决定进行内部培训还是由外部咨询机构或专家培训。当组织的内部培训费用预算低于外部培训费用预算时,在满足培训要求的情况下，往往实施企业内部培训，否则将考虑选择外部培训形式。下面是关于目前国内外企业及其咨询机构培训费用的一些参考数据。

当前，国际大企业培训总预算一般占上一年的总销售额的1%—3%，最高达7%，平均达1.5%，而我国许多企业都低于0.5%，甚至不少企业在0.1%以下。国内一般企业培训总预算，50%用于企业内部培训，40%用于企业外部培训，10%作为机动。

国内培训公司培训的费用根据地域不同、课程的类型不同以及市场需求状况的差异，呈现出较大的差异。比如同样的培训内容、同样的培训师，培训的费用在内地和沿海就有很大的差距，在内地培训可能是每人每天500元，而沿海地区则可能是每人每天2000元。而国际培训公司培训的费用则更加可观，一次国际培训每人每天的费用可能在800—2000美元之间。同时培训费用还与选择培训师或培训机构的途径有关，如果是通过中介机构聘请培训师，一般来说费用较高，不过培训师的素质也相对较高。因此，作为人力资源管理者要密切关注培训市场的动态和行情，作出合理准确的培训预算。

第三节 员工培训方法分析

一、培训的基本方法

（一）一般培训方法

1. 现场培训方法

现场培训方法分成适应性现场培训和以改善绩效、培养人才为目的的现场培训。

（1）适应性现场培训

适应性现场培训的程序如下：

第一，确定培训项目

确定培训项目的方法有两种：一是查阅工作说明。工作说明书中一般都有从事该岗位所应具备的知识、技能、能力的描述。二是培训需求调查。如果企业没有工作说明书或从工作说明书中不能获得足够的信息，可采取向各部门发放调查表或由各部门申报的办法了解各部门现场培训的需要，据此确定现场培训项目。

第二，编写现场培训指导书

现场培训指导书说明企业某岗位现场培训项目的具体内容、培训时间、培训对象、培训方法等。

第三，确定现场培训的指导者

现场培训应在指导者的指导下进行，受训者进行观察和实践活动，其中指导者的作用是很重要的。指导者一般由本部门的领导或资深员工担任。但是,除了技能培训以外,现场培训应当以自学、观察和实践为主,指导为辅。这是与课堂学习的主要区别之一。

第四,培训结束后对受训者进行考试或考核

现场培训的项目如果属于技能型的,应通过考试来检查培训效果。对于能力型的培训项目,应定期对受训者进行能力考核,以评价其能力是否提高。对需要见习环节的培训,可在见习结束后由受训者写出见习报告,由指导者评价其见习效果。

第五,颁发证书

培训期满后,人力资源部门根据考试或考核结果颁发有关培训合格证明,对岗前培训和转岗人员颁发上岗证书。

(2) 以改善绩效、培养人才为目的的现场培训

以改善绩效、培养人才为目的的现场培训程序如下:

第一,确定培训需求

主要有三种方法确定培训需求:

其一,根据员工职业生涯发展规划确定。在实现每一个职业目标的具体措施中可能都包含现场培训的项目。

其二,根据企业为员工制定的绩效改进计划确定。绩效评估比较完善的企业,在绩效评估以后,企业为员工制定的绩效改进计划中往往包含现场培训的项目。

其三,通过自我申报确定培训需要。主管部门可以将自我申报表发给员工,让员工各自设定目标,制定计划,然后上级和下级通过面谈最后确定目标及相应计划。

第二,制定个别指导计划书

个别指导计划书应当在上下沟通的基础上制定。个别指导计划书应包括指导内容、具体措施、时间、指导者等。制定个别指导计划书有两种方法:一是上下级充分讨论之后,上级凭经验制定;二是上级根据下级的自我申报表从个别指导手册上选择部分合适的项目,制定出一个初步的方案,经上下级协商后确定。

第三,实施培训

以改善绩效为目的的现场培训是一对一的指导,依赖于工作实践,可以在工作中随时进行,这与适应性现场培训完全一致。一般来说,主要采用说明、见习、实习、分担、代理、承办六种循序渐进的培训方法。

第四,培训效果的评价

现场培训的评价应从多个角度进行,并且是通过交流得出结论。主要在以下四个方面评价培训效果,一是看受训者的工作成绩是否提高;二是看受训者的

态度、行为是否发生变化；三是倾听受训者讲述培训后的收获；四是向受训者的同事、顾客了解受训者接受培训后的变化等。

2. 课堂培训方法

课堂培训方法包括案例分析、研讨、授课、游戏、角色扮演和计划性指导。

（1）案例分析

这是一种培训员工决策能力和解决实践问题的方法。先让受训者阅读一则关于某个组织中发生的冲突问题，然后根据案例提供的背景材料，要求受训者找出一个适当的解决方法。案例研究的目的是培训受训者如何分析信息、如何作出判断并提出一些解决问题的建议和方案，以及如何评价这些方案。通过案例分析，受训者学习如何把一些理论原则应用到现实的问题中去。由于费用较低，因此在企业培训中广泛运用。案例分析除了可以提高学员分析问题、解决问题的能力以外，还可以让学生掌握解决问题的一些基本方法和程序。

案例有两种类型：说明型案例和分析型案例。说明型案例是用来说明某理论、方法、程序的运用，或者对理论进行解释。这类案例一般作为讲授的材料。分析型案例都是一个以实践为依据而编写的典型课题，学员通过案例的分析和讨论，找出解决问题的方案。

案例分析法的特点如下：

第一，案例分析法的目的是着重提高学员分析问题和解决问题的能力，是一种较为高层次的训练方法。

第二，案例分析法的学习方式是学员通过案例的分析，从中总结出某些规律，因而是一种归纳式的学习方法。

第三，案例分析法提供给学员一个个生动具体的案例，这些案例为学生的分析与思考提供一种问题情景，指导教师要在案例分析中鼓励和激发学员积极思考。

第四，案例分析法的主体是学生。案例分析法揭示了人在某种具体情景下的行为规律，指导教师的任务就是引导学生以思考、讨论的方式将这些规律寻找出来。

第五，案例分析法提供的情景是具体、全方位的，人们的行为可以从多方面进行解释，很难有一个最优解决方案。

案例分析法的操作程序如下：

第一，准备阶段。培训者根据培训目标和培训对象确定培训课程的具体内容，选择合适的案例材料作为分析的内容。制定培训计划，确定培训时间、地点，培训者对所要讨论的案例做充分的准备。

第二，介绍阶段。这期间既包括培训者向学员介绍培训的目的、培训的方式，案例分析法的基本内容、特点，注意事项，以及本次培训课程的计划安排，还包括学员之间的相互介绍和了解,以便营造一种宽松的学习气氛。同时,将学员分成几个讨论小组,并确定各组的组长。

第三,讨论阶段。培训者展示案例资料,让学员了解、熟悉案例内容,同时回答学员就案例内容提出的疑问。然后各组分别讨论案例,找出所有的问题,并提炼出最迫切需要解决的问题。各组成员分别研讨各种解决方案,并根据某种标准讨论选择最佳解决方案。最后,全体学员共同讨论解决问题的方案。

第四,总结阶段。培训者就案例内容及解决方案进行总结,并就本次培训课程的学习要点进行总结和评价。

用于讨论的案例本身包括以下内容:

第一,说明。包括目的、对象、使用建议和作者等。

第二,正文。一般按照事件发展的顺序展开,一些复杂的案例通常先介绍事件发生的背景。

第三,附件。有的案例需要附件,如数据、图表、有关规章制度、有关背景知识等。

第四,思考题。思考题是案例中的关键部分,是引导学员展开讨论的导火线。

案例编写一般遵循下面的步骤:

第一,确定培训的目的。案例的编写要以培训的目的为依据,培训目的应当具体而明确,不要同时涉及过多的主题。

第二,收集相关信息。信息的来源一般有四个:一是公开出版发行的报刊书籍,二是内部的文件资料,三是有关人员的叙述,四是自己经历过的真实事件等。

第三,写作。写作时事件的起因、发展、结局应忠于事实,引用的数据要准确,涉及的机构和人名可以采用匿名的形式。如果所写的案例需要公开发表,应征得有关组织、个人的同意和认可。

第四,检测。请不熟悉该案例的人或经验丰富的人审阅该案例,看是否存在缺陷或遗漏。

第五,定稿。根据审阅者的意见对案例进行修改,最后定稿。

(2) 研讨

按照研讨的主体分类,研讨分为以下两种:一种是以教师为中心的研讨,一种是以学生为中心的研讨。以教师为中心的研讨从头至尾都由教师组织,教师提出问题,引导学生作出回答,教师起着活跃气氛、使讨论不断深入的作用。讨论的问题除主题本身以外,还包括由学生提出的问题。以学生为中心的研讨有两种方法:一是由教师提出问题或任务,学生独立提出解决办法;二是不规定研讨的任务,学员就某议题进行自由讨论,相互启发。

按照研讨的着眼点分类,研讨分成任务取向的研讨和过程取向的研讨。任务取向的研讨着眼于达到某种事先确定的目标,通过讨论得出某种结论或者澄清某个问题;过程取向的研讨着眼于讨论过程中学生之间的相互影响,相互启迪,信息交换,以此增进彼此的了解和感情。一个成功的研讨应当既能得出某种结论,又能达到相互影响的目的,这就是任务—过程取向的研讨。

研讨的形式主要有以下几种:

第一,集体讨论。在教师的组织下,学员就某一主题展开讨论。学员可以自由发言,也可以由教师选择若干学员作为主要发言者,发言完毕其他学员可以发表看法。

第二,分组讨论。当学员人数较多时,可以将学员分成若干小组,就某一问题展开讨论。讨论结束后,教师将各个小组的讨论情况汇集在一起,进行总结。

第三,辩论式讨论。将学员分成意见对立的两组,双方针对某一命题进行辩论,学员在相互的辩论中锻炼自己的分析能力、反应能力和说服能力。研讨既可以用于知识学习,又可以用于能力开发、心理训练等。

研讨法强调学员的积极参与,有利于培养学员的综合能力,在讨论过程中是多向式的信息交流,加深了学员对知识的理解,提高了其理论应用能力,适合不同的培训项目。但是,研讨法对于指导教师的要求较高,不仅要对研讨的题目、内容有充分的准备,而且在研讨过程中还要善于积极引导,组织学员围绕主题展开讨论,并创造轻松自由的讨论气氛,以达到良好的培训效果。为使研讨能够顺利进行,在具体实施研讨过程中要注意以下几点:

① 确定研讨的题目要具有代表性,既要与实际工作紧密联系,又要体现所需培训内容的核心问题;题目还要具有启发性,题目应能启发学员思考、研究,以利于学员能力的提高和对知识的掌握;题目难度要适当,要根据培训目标的要求,结合培训对象的知识、能力水平确定。

② 确定指导教师。研讨法是在教师指导下,以学员活动为主的培训方法,因此教师的能力和经验对培训的效果起着至关重要的作用。同时,指导教师应对研讨内容进行认真研究,明确通过研讨要解决的问题,设计研讨的进程,预计研讨过程中可能出现的问题及各种应对措施,准备研讨的总结报告。

③ 在实施研讨过程中,指导教师要明确讨论要求,引导讨论过程,创造讨论气氛以及总结讨论结果。

(3) 授课

授课是学校或专业培训机构采用的方法,主要由培训师讲述知识,由受训者记忆知识,中间会穿插一些提问,由受训者来回答。授课的效果取决于培训师的演讲水平和受训者的动机。授课法作为一种传统的基本培训方法,有着易于操作、经济高效和有利于发挥指导教师作用的优势。同时,也存在明显的缺点,如单向式教学、缺乏实际的直观体验、对学习内容的记忆效果相对不佳、培训的针对性不强等。在企业员工培训中，授课法往往与其他培训方法结合采用。

授课的方式主要有以下三种：

① 灌输式讲授。知识信息完全从教师一方向学员一方单向传播，学员只是被动地接受，不要求学员发现问题、分析问题、解决问题。完全依靠指导教师的作用来吸引学员的注意力。

② 启发式讲授。指导教师先讲授一部分内容，将有关知识点以问题的形式向学员提出，先让学员思考和回答问题，然后进行总结归纳。采用这种授课方式可以使教师和学员之间有一定的交流，学员有一定的学习自主权和参与性。

③ 画龙点睛式讲授。教师将要讲授的讲义、辅导材料事先发给学员，让学员有充分的时间预习和自学，课堂上教师只针对重点、难点进行讲解，并回答学员的问题。这种授课方式使学生的参与性和自主性大大提高，授课的学时数减少，授课的效率提高。

为使授课法能充分发挥作用，增强培训效果，操作中应注意以下几个问题：

① 讲课内容应根据培训的具体对象和目标确定。培训前应先了解学员的基本情况和具体工作需求，由此确定授课的内容、方式，形成具体的授课计划。

② 授课教师是授课培训法成功的关键因素。授课教师应对所讲授的知识有深入的了解和研究，并且有丰富的实践经验。授课教师要掌握授课技巧，提高学员的听课兴趣。同时，要通过一些具体的举措，如让学生积极参与、通过其他一些视听手段以及教师自身的语言、形体语言等个人魅力，保持学员的学习兴趣。

③ 授课法要注意与其他方法相结合使用，如和研讨、角色扮演等多种方法结合，充分发挥其基础作用，以取得良好的培训效果。

（4）游戏

游戏是指由两个或更多的受训者在一定规则的约束下，相互竞争达到某种目标的训练方法，是一种高度结构化的活动方式。由于游戏本身的趣味性，这种训练方法能激发受训者的学习兴趣，使学员在不知不觉中学习、巩固所学的知识、技能，开拓思路、提高解决问题的能力。游戏法一般不作为单独的培训方法被采用，而总是被穿插在其他培训方法中进行。游戏培训法的基本程序是：培训者介绍游戏规则和方法，将学员分组或以个人形式进行比赛，培训者对游戏活动进行评价和总结。

游戏法实施过程中要注意的事项：

① 选用恰当的游戏。培训者应根据培训目标、培训内容的需要选择合适的游戏，游戏本身只是培训过程中的辅助工具；在整个培训过程中，进行游戏的时机应慎重选择，应将游戏的目的、效果与培训内容相结合，避免脱节。

② 培训者的职责。培训者在游戏过程中充当组织者和观察者角色。作为组织者,需要创造活动的气氛,要保证游戏规则的执行,要根据现场情况适当调整活动进程,要处理各种突发事件,要控制游戏的时间等。作为观察者,在游戏进行中要观察团体及个人的行为,洞察其心理变化,以便活动结束后对培训过程进行评价和总结。培训者在平常工作中应注意积累各种训练游戏,充分了解游戏方法、游戏规则及游戏的目的和效果,以便针对培训目标、内容选择合适的游戏,使游戏起到应有的辅助训练的作用。

(5) 角色扮演

角色扮演是以有效开发角色的行为能力为目的的训练方法。这种方法往往在一个模拟真实的情景中,由两个以上的受训者相互作用,处理各种问题,掌握必要的技能,以此提高学员的行动能力。角色扮演能进一步改变学员的态度,培养学员解决问题的能力。它适合于各类员工的培训。角色扮演的培训效果主要取决于培训师的能力,如果培训师能作及时、适当的反馈和强化,则培训效果会比较理想。

角色扮演的操作程序如下:

① 准备阶段。根据具体的培训对象和目标确定演练的主题和内容,设定角色,为角色扮演者准备演练指导,提供明确的表演剧本或表演的基本框架,为观察者准备观察指导等。培训者还应制定课程计划并做好时间安排,考虑所需的道具和材料等。同时,还应确定培训的时间、地点等等。

② 演练准备。首先,培训者介绍角色扮演法的基本内容、操作方法和应注意的问题,同时介绍本次训练课程的题目及预期达到的目标。接下来是培训者进行角色分派以及扮演者准备角色。在演练开始前可以做一些热身活动,如自我介绍等,以创造一种轻松愉快的气氛。

③ 正式扮演阶段。培训者介绍演练的特定情境和角色特点,演示者开始表演,表演结束后观察者以小组为单位对演示者的行为进行分析评价。然后是各小组代表发言,最后是培训者对各组的评论加以评价。角色扮演者发表对自己和对对方角色的感想,并讨论此次培训的收获。

角色扮演要注意以下实施要点:

① 角色扮演活动中存在三种角色,一是导演,由培训者担任,负责指导整个演练过程,在演练过程中起着重要的组织、指导作用;二是演示者,可由学员轮流担任,作为训练活动的表演者由导演确定,负责扮演各种角色;三是观察者,由除演示者之外的所有学员担任,是此培训课程的主角,其主要任务是仔细观察整个表演过程,并进行分析和评论。

② 演示内容可以是内容详尽的剧本,也可以由演示者自由表现在某特定情境下的正常反应。指导者应认真监督演示者的准备,以便保证演示效果。

③ 可以辅助以讲授、研讨、案例研究等方法，以增强培训效果。

(6) 计划性指导

计划性指导是指一种以书面材料或电脑屏幕提供阶段性信息的职业培训方法。在学习了一个阶段知识技能之后，受训者必须回答这一阶段的有关问题，培训者会提供正确答案作为反馈。受训者只有通过前一阶段的所有问题，才能进入下一阶段的学习。计划性指导的优点在于受训者可以根据自己的速度进行学习，反馈程度较高并且及时，对培训效果较佳的受训者提供了激励。同时，这种培训方式还不受时间地点的限制。计划性指导的缺点在于开发成本较高，学习的知识、技能难以转移到工作情景中去。

3. 自学方法

自学一般有以下几种方法：

(1) 指定学习资料

人力资源管理部门在培训需求分析的基础上制定培训计划、确定培训项目，然后指定与培训项目、培训要求相匹配的学习材料让员工学习。学习材料可以是教材、资料、音像制品等。在自学的任务比较繁重，或者理论性比较强的情况下，组织要给员工规定学习完成的时间和提出具体学习要求，并且提供必要的指导和帮助。在规定的时间内，员工自己安排学习进度，直到完成学习任务。员工在完成指定的学习任务之后，应反馈学习结果，一般采用考试、写心得体会或者举办学习成果交流报告会或研讨会等，有助于学习效果的强化。

(2) 网上学习

企业在互联网上建立网页，开设网上课程，员工随时可以通过访问企业的网页学习。不受时间和空间的限制、费用低廉是网上学习的最大优势。网上学习需要一些基本条件，如建立企业自己的网页；员工需要拥有个人电脑；公司需要专门开设网上课程；设置包括网上学习的课程体系、各门课程的内容以及学习指南等；同时为了解答员工在自学中遇到的问题和困难，还需要配备专门的自学辅导员。辅导员可以单独解答，也可以采用网上对话的方式集中解答问题。当然，网上学习也存在一些劣势。例如，课程内容很难根据学习者的具体情况改变，不够灵活；只适合进行知识方面的培训，其他操作技能性培训项目较难开展；无法对学习过程进行控制，完全依靠学习者的自觉性；由于个人单独学习，容易产生单调感和孤独感。

(3) 电视教育

一些企业拥有自己的闭路电视教育系统，课程是分类设置的，每次课一般会在不同时间段多次播放，员工可以选择合适的时间学习。这也是一种比较灵活的学习培训方式。但是，开展电视培训教育的投资费用比较大，不适合在中小企业中开展。对中小企业来说，半脱产培训或鼓励员工利用业余时间自学是最好的方式。

（二）E-Learning 模式

关于 E-Learning 模式的定义有很多，从技术和学习观念的结合角度来定义：E-Learning 是指运用互联网技术传送一系列的关于增加知识和改进绩效的方法。从纯技术角度定义：E-Learning 是借助网络化的相互影响和一系列的其他知识收集和分配技术发送培训和教育。从通过技术获得的优势来定义：E-Learning 是由电子技术提供的指导性内容或学习经验，该技术转变了学习者的学习方式和学习地点。从技术内涵的扩大化角度定义：E-Learning 中的 E 不应仅仅指 electronics，还代表 experience、extension、expanded、engagement、enhancement、ease 和 empowerment。

根据美国教育部《教育技术白皮书》（2002 年）的定义，E-Learning 模式是一种受教育的方式，包括新的沟通机制和人与人之间的交互作用。该模式使学习可以随时随地进行，从而为终身学习提供了可能。在该模式中，学习者是以一种全新的方式进行学习。它改变了教师的作用和师生之间的关系，从而改变了教育的本质。它是提高学生批判性思维和分析能力的重要途径。它能很好地实现某些教育目标，但不能代替传统的课堂教学；不会取代学校教育，但会极大地改变课堂教学的目的和功能。

E-Learning 的理论内涵包括：E-Learning 利用现代网络技术手段传送、分配信息、知识给学习者，在 E-Learning 条件下，信息、知识能得以及时更新，学习者的自主作用得以充分体现；技术条件很重要，信息技术是一种工具和手段，所能改变的只是知识交换的渠道和存储系统。E-Learning 的真谛在于学习本身以及通过学习产生的巨大变革。

E-Learning 的实践价值在于：第一，E-Learning 的高效率。相对于传统的非 E-Learning 来说，减少了许多花费项目，促进知识及时更新、单位产品成本下降和个人平均学习成本下降，可以节约公司 40%—50% 的培训费用，使员工学习时间压缩 40%—60%，学习效果提高。第二，E-Learning 的服务特点。一般情况下，E-Learning 的服务不会轻易变化，且具有柔性、不易消失性、可利用性等特点。第三，E-Learning 的速度特点。E-Learning 具有开发速度快、交付速度快和转变速度快等优势。第四，E-Learning 的可持续性。E-Learning 还具有全员性、重复性、适应性和超前性等特点。

运用 E-Learning 模式开展培训，应该注意以下两个层面的问题：从组织层面看，技术的引入方要重视 E-Learning 的实施和体现的效果。技术的提供方要进行良好的技术开发和服务。从个体层面看，学习者要注意学习观念的更新，树立自我学习理念和终身学习理念。同时，培训者应该转变教学者习惯的控制心态。

二、管理能力的培训方法

（一）管理者训练

管理者训练（Manager Training Plan，MTP），是产业界最为普及的管理人员培训方法。这种方法旨在使学员系统地学习、深刻地理解管理的基本原理和知识，从而提高他们的管理能力。具体训练内容和操作程序等请参见表9-4和表9-5。

表9-4　中低层管理人员培训

培训对象	中低层管理人员
培训目标	掌握管理的基本原理、知识 提高管理能力
培训内容	管理的基本原理、方法
培训方式	专家授课，学员间讨论 企业可进行大型的集中训练，以脱产方式进行
培训时间	约40课时

表9-5　操作程序

准备	A．确定指导教师	指导教师是管理者训练法的关键，一般采用外部专家或由企业内部曾接受过此训练的高级管理人员担任
	B．确定培训对象	中低层管理人员
	C．确定培训时间、地点	此训练共计40课时，可以采脱产方式，用一周时间集中完成
	D．印发资料	将培训涉及的主要内容以书面形式整理成资料发给学员。资料可以从管理者应具备的知识、技能和态度三方面进行总结整理
授课、研讨	A．管理基础	管理的基本概念、管理思想、企业的组织原则、组织的重新设计等（6课时）
	B．工作改善	改善工作组织、改进工作方法、改进工作质量、开发创造力等（8课时）
	C．工作管理	工作计划、命令的贯彻执行，管理与生产的统一等（10课时）
	D．下属的培养	培养下属的能力、培养组织能力等（6课时）
	E．人际关系	了解下属的行为，启发下属良好的态度，激发士气，处理人的问题（8课时）
	F．管理的方式	主要包括领导艺术等（2课时）

（二）创造力训练

1．头脑风暴法

头脑风暴法又称为脑力激荡法，是用于激发创造性思维的方法。它以会议讨论的形式，让培训学员在轻松愉快的气氛中畅所欲言，充分自由地提出自己的观点和想法，不追求想法的质量，不评价他们的建议，以获得尽可能多数量的解决问题的方法。

2．川喜二郎创造力开发法

川喜二郎创造力开发法是由日本人类文化学家川喜二郎开发提出的解决复杂问题、开发创造力的方法。它通过向学员收集大量相关的信息、资料、建议和想法，根据聚类分层的原理进行归类，形成多个子系统，再通过发现各子系统之间的关系来找到问题的实质和解决问题的途径。

3．检查表法

检查表法是从结构性的问题角度启发学员的创造性思维，发现新的思考角度，获得新的解决方案。所谓检查表，是一个由10类问题组成的结构性问卷，每类问题又由若干个方面组成，通过对每个问题的思考和回答，开阔思路并寻找新的突破口。

（三）人际沟通能力培训

1．敏感性训练法

敏感性训练法（Sensitivity Training）又称T小组法，简称ST法。敏感性训练法要求学员在小组中就参加者的个人情感、态度及行为进行坦率、公正的讨论，相互交流对各自行为的看法，并说明其引起的情绪反应。目的是要提高学员对自己的行为和他人的行为的洞察力，了解自己在他人心目中的形象，感受与周围人群的相互关系和相互作用，学习与他人沟通的方式，发展在各自情况下的应变能力，在群体活动中采取建设性行为。

2．交往分析法

交往分析法（Transactional Analysis，简称TA训练），是由美国人开发的小团体心理治疗方法，后被引入日本，成功地运用于员工教育，成为改善人际关系和沟通的培训课程。

交往分析法以体验学习为基础，在与他人的交往、接触过程中，认识自我和他人行为的状态，以改进沟通效果，提高沟通效率，达到改善人际关系的目的。

3．面谈沟通训练

面谈是管理者最常用的一种重要的沟通方式，它是指导部下工作、了解员工的心理状态和各类问题、加强与员工间合作的重要手段。面谈沟通法是使管理者通过学习、体验面谈沟通的技巧，来提高其沟通能力的训练方法。

（四）员工行为调整

管理方格法由管理方格理论衍生而来，该理论认为管理者的行为可以从“关心员工”和“关心业绩”两方面进行评价，形成管理者不同的管理风格和类型。管理方格法是训练中高层管理者如何确定自己的管理风格以改进管理方法、提高管理水平、适应特定的环境的一种方法。

具体操作程序如下：

- 学习领导行为理论和管理方格理论的内容。
- 利用案例研究、小组讨论，研习各管理类型的特征、团队合作的意义，加强集体合作的方法、管理沟通等。
- 管理风格的自我分析评价。
- 按部门将学员分组，小组成员间相互分析各自的管理风格。
- 小组讨论，确定各部门管理者在组织中的角色，确定各部门适合的管理类型及相应的工作标准。
- 各小组间相互沟通，对相应管理类型的工作标准进行讨论。
- 制定改进目标，分析现实状况与预期目标的差距，确定改进方法和措施。

如图 9-2 所示，主要有五种典型的管理行为模式：

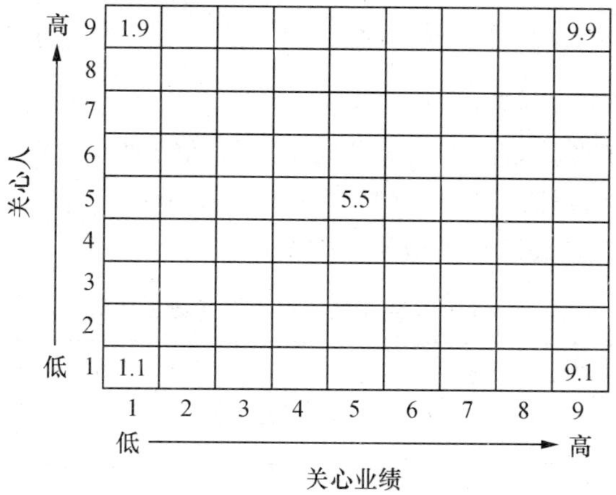

图 9-2　管理方格图

1.1 型——缺乏管理型。只传递上级指示，不表达自己的看法，对工作尽较少的努力，不犯会遭降级的错误。

9.1 型——任务管理型。只注重任务的完成，不注重人的因素，控制欲强，是独裁式的领导，使下属失去进取精神。

1.9 型——快乐管理型。重视下属的态度和情感，关心下属，以大家赞同作决定，但缺少主见，对他人的态度和行为过分敏感，害怕冲突。

5.5 型——中间管理型。乐于听取意见和劝告，通情达理，重视工作的完成,但不喜欢冲突,善于扩散责任。

9.9型——团队管理型。追求个人目标和组织目标的统一协调,重视组织与个人的共同发展,工作自主性强,分析问题切合实际,能正视矛盾和冲突,积极发现鼓励因素。

三、培训方法的效果比较

(一)培训方法的特点比较

选择合适的课堂培训方法,主要根据成人学习的特点和不同培训目标和需求来决定。表9-6是几种员工课堂培训方法的特点比较情况。

表9-6 各种课堂培训方法学习特点比较

培训方法	信息反馈	强化作用	实践程度	激励作用	理论应用	适应个体	开发费用
案例研究	中	中	良	中	中	差	低
研讨会	优	良	良	优	良	中	中偏低
授课	差	差	差	差	差	差	低
游戏	优	中	差	良	中	差	中偏高
角色扮演	良	良	良	中	良	中	中偏低
计划性指导	优	中	良	良	差	中偏良	高

(二)培训方法的效果比较

以上各种员工课堂培训方法对不同培训目标的效果比较如表9-7所示。该表针对不同的培训目标,按照培训效果由好到差排列,因此,表中“1”表示培训效果最佳的方法,“6”表示培训效果最差的方法。

表9-7 各种课堂培训方法的效果比较

培训方法	获得知识	转变态度	解决问题技能	人际关系技能	参与者接受度	保持知识
案例研究	4	4	1	4	1	4
研讨会	1	2	4	3	4	2
授课	5	5	6	6	5	3
游戏	6	3	2	2	2	6
角色扮演	2	1	3	1	3	5
计划性指导	3	6	5	5	6	1

从表中可以看出,如果培训的目的是促使员工获得知识,可以选用研讨会、角色扮演、计划性指导等方法;如果培训的目的是促使员工转变态度,可以选用角色扮演、研讨会、游戏等方法;如果培训的目的是促使员工掌握解决问题的技能,可以选用案例研究、游戏、角色扮演等方法;如果培训的目的是促使员工掌握

人际关系技能,可以选用角色扮演、游戏、研讨会等方法;如果培训的目的是促使员工保持知识,可以选用计划性指导、研讨会、授课等方法。在各种培训方法中,参与者接受度最佳的是案例研究法,参与者接受度最差的是计划性指导。

第四节　培训有效性评估

一、影响培训成果转化的因素

（一）企业近期目标与长远战略相结合

企业培训既要满足当前生产经营的迫切需要,又要具有战略眼光,为企业的未来发展做好人力资源方面的战略储备,尤其是对核心人才的培养。

（二）学以致用

企业员工的培训要有强烈的针对性,要根据企业的实际需要组织培训,一切从岗位的要求出发,而不是图形式、赶时髦。

（三）注意成人学习的特点

成人学习一般具有以下一些特点:逻辑记忆能力较强,机械记忆能力较弱;学习的效果与学习的动机有很大的相关性;容易接受与过去经验有关的学习内容;在实践活动中学习;在一种非正式的、宽松的环境中学习效果较好。因此,要根据成人学习的特点和规律,更好地运用各种培训方法,来达到培训的目标。

（四）企业高层管理者的支持

员工培训是企业高层领导者的重要职责,要取得良好的培训效果,需要各种资源条件的配备,因此员工培训要受到高层管理者的充分重视和支持。

（五）充分考虑员工个体的差异

从一个基层的普通员工到公司的最高决策者,由于所从事的工作不同,创造的绩效不同,完成工作所需要的能力和技能也不同。员工培训应当充分考虑不同的特点和需求,做到因材施教。

（六）注意培训效果的反馈与培训结果的强化

在培训过程中,培训效果反馈的信息越及时、准确,培训的效果就越好。同时,应在培训后的工作中对培训的结果予以强化。

（七）注意培训的激励作用

培训也是一种激励方式,是为了让员工感受到组织对他们的重视,提高他们对自我价值的认识,改善工作绩效,增加员工职业发展的机会。

（八）发挥培训的福利作用

员工培训从组织的角度看也是一种投资行为,而对于培训的受益者来说,则可以把培训看做是其享有的一种福利待遇。事实上,当前有相当多的组织以良好的培训机会作为吸引人才的一种手段。

二、评估培训绩效的指标

1983 年,柯克帕特里克提出了培训评估的四级评价标准,即受训者的反应评估、受训者的学习评估、受训者的行为评估和受训者的结果评估。

(一) 反应指标

受训者的反应是指受训者在多大程度上喜欢和认同这项计划。通常在培训期结束时通过一个简短的问卷来了解受训者的反应情况。反应评估涉及的内容广泛,包括计划内容、计划结构和格式、指导技巧、指导者能力和风格、学习环境的质量、培训目标的实现状况和改善建议等。如表 9-8 所示。

表 9-8　培训项目评估表

培训课程内容：　　　　日期：　　　　指导者：
1. 你如何评价整个课程安排？　(1) 很好　(2) 一般　(3) 较差
2. 培训效果如何？　(1) 十分有效　(2) 有些效果　(3) 完全无效
3. 受益最大的地方？　(1) (2) (3)
4. 本次培训中的优缺点　(1) (2) (3)
5. 今后应举办哪些课程　(1) (2) (3)
6. 本单位应加强服务的项目　(1) (2) (3)
7. 哪些项目需增加课时数,哪些应减少？
8. 你对课程有何建议？

(二) 学习指标

受训者的学习效果是指受训者对培训内容的掌握程度,可以通过培训前后举行的书面考试(所授原理、事实及概念)或操作测试(操作技能等领域)来衡量。评估的重点是受训者在培训前后知识及技能的掌握方面有多大程度的提高。

(三) 行为指标

受训者的行为是指受训者培训前后在工作行为上的变化,通常由受训者自己或由那些和受训者工作最接近的人,如管理者、同事或下属进行评定。通常结合下期的绩效考核进行评估。评估的重点是受训者在培训后的工作行为有无变化,以及他们在工作中是否使用了在培训中学到的知识。

(四) 成果指标

培训的结果是指通过培训所带来的组织相关产出的变化。这个层次的评估强调培训所产生的整体效果,即组织是否因为培训而经营效益更好。这可以通过一些量化的指标来衡量,如事故率、生产效率、人员流动率、不合格品率等等。但是,存在的问题是这些指标是否一定是因为培训而变化的,这不能确定,因为可能存在其他诸多的影响因素。这种情况下,往往采用对照组的方法,在一定程度上可以克服这个问题。

三、培训的投资收益分析

培训的投资收益分析主要涉及两个指标——成本和收益,但这两个指标之间并不是孤立的。常见的投资收益分析模式有成本—有效性分析(Cost-Effectiveness,C/E)和成本—收益分析(Cost-Benefit,C/B)。

成本—有效性分析用于确定在一个给定项目中产生一组效果的成本。其好处在于可以对可供选择的两种为实现同一目标而设计的培训方式进行比较,但C/E分析没能从财务观点解决一个项目是否应该是首选的问题。同时,收益也没有以货币形式表现出来。

成本—收益分析是指用财务的方式来计量培训有效性的过程。

C/B与C/E分析很类似,两者都注重目标、成本和收益。区别在于C/B分析以货币的形式来表达收益。C/B分析中最流行的一种形式是投资回报分析(Return-on-investment,ROI),通过将项目收益与投资资本相联系的方式来评估在培训活动中的投资回报,通常以项目的投资回报率来衡量收益的大小。ROI的优点是以数字的形式综合了所有重要的和可能的部分,并且ROI数据可以和公司其他的内外投资进行比较。而做这些分析的前提是确定培训的成本和收益。

(一) 培训成本分析

培训成本分为直接成本和间接成本,直接培训成本包括组织支付的讲课费、外请教师的食宿费与交通费、办公费用、受训者的补贴等。间接培训成本包括受训者在培训期间损失的工作量等方面。

培训成本可以采用奎因(Quinn)等人在1996年提出的资源需要模型进行估计和衡量,即创造的培训矩阵。该培训矩阵模型从培训不同阶段所需要的培训资源入手来分析整个培训过程所产生的成本。如表9-9所示。

表 9-9 培训成本矩阵

	人员费用	场地设施费用	设备材料费用
培训前(设计)	1(A)	1(B)	1(C)
培训中(实施)	2(A)	2(B)	2(C)
培训后(评估反馈)	3(A)	3(B)	3(C)

该模型的优点是可以对不同培训的成本进行比较,为后面进行培训成本—有效性分析和成本—收益分析提供基础。表 9-10 是康乃尔大学和上海交通大学在 1999 年和 2000 年合作的远程人力资源管理中对应用传统的面授方式和多媒体远程教学进行国际人力资源管理培训的预计成本的比较。

表 9-10 传统面授方式与多媒体远程教学成本比较

	传统的面授方式	多媒体远程教学
1(A)	培训需求分析 开发课程 计划项目	培训需求分析 开发课程 计划项目 技术支持 更多的准备时间
1(B)	办公室 电话 传真	办公室 电话 传真
1(C)	计算机 培训教案 胶片等 印刷,复制	计算机/扫描仪/网络 培训教案 胶片等 印刷,复制
2(A)	讲师费用 学员工资成本 差旅费 住宿和饮食费用	讲师费用 学员工资成本 较少的差旅费 较少的离开工作的时间 较少的旅行时间
2(B)	教师/会议室 培训设备	可视电话/会议室 培训设备 更多的电子设备
2(C)	投影 录像机 计算机/网络 培训讲义	网络传输 投影 录像机 计算机/网络 培训讲义

（续表）

	传统的面授方式	多媒体远程教学
3(A)	设计问卷 追踪访谈 数据收集和分析 评估报告	设计问卷 追踪访谈 数据收集和分析 评估报告
3(B)	办公室 电话 计算机	办公室 电话 计算机/*网络*
3(C)	测验 问卷 *邮寄*	测验 问卷 *计算机/网络*

说明：表中用斜体的部分表示在两种方式中产生的不同成本，以便于进行成本的比较。

（二）培训收益分析

收益分析需要和预期的培训目标、效果结合起来考虑。通常的做法之一是通过以往研究和培训记录来确定培训的收益；二是在公司范围内进行小样本的试验，由此来确定某一培训可能带来的收益，这在公司要推行一些大的培训项目前尤为重要；三是通过观察培训后绩效特别突出的员工，来分析培训的收益，往往和生产力的提高、事故的减少、离职率的降低等联系在一起。

培训的投资回报 ROI = 收益/培训的成本。

培训收益可分为直接效果和间接效果两个方面。培训收益的直接效果是指培训者劳动生产率的提高。因为培训使培训者工作能力提高，使其工作态度改善。培训收益的间接效果是指由于培训有利于接受培训者的工作能力的提高、工作状况的改善和发展晋升，从而促进群体内从业人员间的竞争意识和奋发向上精神，增加组织活力，提高劳动者的劳动生产率和组织的投入产出率。

思考题

1. 比较培训需求分析在三个不同层面上的重点和内容的差异。
2. 有哪些主要的培训方法？试比较各种培训方法的特点与利弊。
3. 影响培训成果转化的因素有哪些？
4. 培训评估的目的是什么？试比较不同层面上培训评估的差异。
5. 模拟一个培训项目，并设计一个项目培训评估表。

案例分析

东方银行骨干人才的流失问题

深夜，吴明总经理紧锁眉头，面对着桌上一份份辞职报告，他毫无睡意。1999年他从县支行人事科长调到分行人事部门担任部门副职，不到一年就被提升为部门负责人，此后他就发现公司员工普遍对薪酬以及一些人事安排不满，还有好多人对公司的未来以及自己的职业发展不抱希望。最近两年来，浦发银行、杭州银行进入本地，江苏银行、招商银行也将抢滩，有好多员工甚至一些中层干部都有意无意间透露出要换换工作环境，以期实现自我的人生价值。特别是近两年来，公司已经先后有多位部门经理和业务骨干纷纷辞职跳槽。

吴经理意识到问题已经到了非解决不可的地步了，这些问题已经严重影响到公司的某些业务的正常运转，一把手沈行长还亲自就这个问题找了吴经理多次，可事情并不是想象得那么简单，一己之力，鞭长莫及。

东方银行的背景

东方银行原先是一家县级支行，1999年8月8日，由于行政区划的调整，在市机构筹备领导小组的筹备下，市分行成立。2005年股份制改造，成功上市，同年12月，市分行更名为东方银行。

东方银行成立分行以来，紧随地方经济发展的大潮，积极培育核心竞争力，努力推进经营模式和增长方式的转变，全面调整经营结构，不断增强风险控制和精细化管理能力，加快提升盈利水平，逐渐成长为东方地区有影响力的现代商业银行。

但是，东方银行的同业占比却在逐年下降，往昔半壁江山，眼前断壁残垣。随着中国加入WTO，外资银行纷纷挺进中国，同业竞争加剧，东方银行作为国有商业银行，除了要与其他国有商业银行竞争，还要与那些有着财务优势、体制优势、网络优势、经营优势和创新优势的非国有商业银行、外资银行竞争。东方银行的存贷款比例已经不到1/4，职工工资普遍偏低，出现负增长。这使东方银行的处境每况愈下。

吴明及其所在人力资源部的情况

吴明年轻有为，业务管理知识精湛。部门领导除了吴明外，还有一位副总经理陈坤，此人舞文弄墨尚可，但是远离部门的决策。部门还有两个科长，一个是部队转业回来的李承，四十来岁，主要管理党务、老干部以及干部任免这一块工作；另一个也是一直在人事岗位工作了近三十年的老同志金宏，主要处理劳资以及各类报表统计一块，他的专业能力也非常强，领导本来也想提拔他，但由于年龄以及学历的原因，一直未能如愿。还有是两个毕业没多久的大学生，一个是国际贸易专业毕业的小柳，一个是计算机专业的小杨，两个人也才工作三四年的样子，经常抱怨收入太少。

人力资源部作为对人力资源的管理的部门，它对专业性的要求非常严格，可是以上几个人没有一个是人力资源管理专业出身。

企业的人事任免制度

虽然市分行对省分行有对口部门，但其重要岗位领导的任免主要仍由直接主管人力资源部的沈行长说了算。

2002年10月，由于市分行机构改革，有些部门领导需要调整，空出了四个部门领导副职岗位：资产风险管理处、办公室、公司业务处、个人金融业务处。然后在全行进行招聘，整个过程也算公正透明，但最终并没有提拔前几名，而是提拔了名次并不靠前的与一把手沈行长在“同一条战壕”的两位“战友”。

2005年11月市分行又组织了一次中层竞聘。一个早晨，市分行大厅内人头攒动，原来一周前中层干部竞聘上岗的结果已经出来了。“怎么有好多都是老沈的人！”有人在议论。“沈家”欢乐他家愁，英雄壮志未酬，因而走为上计。

企业的培训制度

东方银行作为国有商业银行的二级分行，也经常参加省行组织的各项培训，同时也组织本辖区的员工参加各种培训，可是这些培训大部分是以培训技术、技能为目的，对象主要是基层干部和员工，而缺少对中上层管理人才的培训，这只是单纯注重技术而忽略心态整合，往往是治标不治本。对于培训的人员安排，往往是各部门的领导决定培训参加人员，常常出现业务骨干由于忙于应付工作，本该由他们参加的培训，却不能参加，反而安排那些平时不太会做事甚至是不做事的人员参加，这样就出现做事的专门做事，培训的经常培训，参加培训的又不主动与这些业务骨干主动沟通，使培训陷入一种怪圈。培训方法上，企业大多引进传统的教学模式——授课，你讲我听，由企业内部人员实施，很少借助于外力；现在还有比较常用的是视屏培训、网络培训，参加培训学习的人也缺乏主动性，常常是上面讲课，底下开小差。这样的弊病就是枯燥，效果不好，长此以往会使企业失去对培训的兴趣。

至于对培训效果的评估，更是无从谈起。人力资源部虽然每个月都让各个部门和支行上报培训统计表，记录每个时间段内完成了几次培训，有多少人次参加，但是为了完成任务而完成任务，从来没有对培训效果的评估，所谓定性、定量或者两者相结合的综合分析基本没有，这就对培训的目的有没有达到、效果如何、是否需要改进以及今后是否还要举办其他的培训等也一无所知。

案例分析题

1. 从组织的内外部环境分析东方银行人才流失问题的成因，并从制度设计层面提出解决对策。

2. 从组织的培训制度思考，如何平衡员工个人的职业生涯发展目标和组织的长远的战略目标。

3. 分析制约当前国有企业员工培训的成因,思考解决国有企业员工培训的对策。

4. 请为东方银行设计一套员工培训方案。

第十章　国际人力资源管理与开发

本章概要

随着市场竞争在全球背景下展开，国际企业人力资源管理的研究也已成为当今人力资源管理研究的一个热点领域。就国际企业人力资源管研究对象而言，目前学术界主要集中关注两个方面：一是研究如何将国际企业人力资源管理程序整合到为跨国公司全球战略服务的整体范式中；二是研究跨国公司外派人员的选择、培训、评价、薪酬确定等问题。本章围绕影响国际人力资源管理的特殊性因素、国际企业人员配置、绩效管理以及跨文化管理等问题进行探讨。

第一节　国际人力资源管理概述

一、国际人力资源管理的概念和特点

国际人力资源管理是在跨文化的背景下，涉及不同国家的企业、不同国籍员工的人力资源管理活动。从广义的概念看，国际人力资源管理和国内人力资源管理的职能相类似，它们都涉及诸如人力资源计划、员工招聘、员工职业生涯管理、绩效管理、培训与开发、薪酬福利管理等相关的职能活动。但是，国际人力资源管理由于其跨文化的特点，因而其管理活动的复杂性要比国内人力资源管理更甚。跨国公司的每一项人力资源活动不但要考虑职能本身的普遍性问题，还要考虑在不同语言、不同社会文化条件下的特殊性问题，因而跨国公司的人力资源管理活动是一种多维度的管理工作。

与国际人力资源管理相关的三种国家类型是：母国、东道国和第三国。母国是指跨国公司总部所在的国家，东道国是指跨国公司海外分公司所在国，第三国是指除母国和东道国以外的提供人力资源的国家。与此相对应，员工的类型也存在母国员工、东道国员工以及第三国员工。另外，那些被某一国境内的某公司派遣到另外一个国家管理企业的人称为外派员工。

与国内人力资源管理相比较，国际人力资源管理呈现以下几大特点：

第一，需要考虑更多的外部环境因素。对于跨国公司而言，会更多地关注东道国的社会制度、经济状况、价值观念、文化背景等问题。人力资源管理部门需要考虑不同背景下的人力资源政策，这些政策的制定既要符合母公司的利益，又

不能和东道国的相关政策与文化相冲突。

第二,对跨国公司的高层管理者和人力资源管理部门提出了更高的要求。在跨国经营的情况下,需要公司高层管理者和人力资源管理部门具有更宽广、更国际化的视野,任何政策的制定都要在国际化的框架下进行。但是公司的高层管理者往往容易忽视不同文化背景的政策冲突问题,尤其是在跨国公司刚刚创立的初期。这时,公司的人力资源管理部门的职责之一是要不断加强与高层的联系沟通,强化高层的国际化意识。当然,这对人力资源管理者本身也是一种挑战。

第三,从人力资源管理部门的工作范围看,国际人力资源管理有着更加宽泛细致的管理领域。一些在国内人力资源管理工作中不曾出现的工作事项和细节,诸如国际税收问题、跨文化的培训问题、与东道国政府和各种组织的协调问题、外派员工的个人生活细节问题、语言翻译问题等都是人力资源管理部门所要考虑的工作职责。在进行外派人员甄选时,不但需要考虑候选人自身的条件,还要关注其配偶的工作问题、文化适应能力、对于外派任务的支持程度,此外,人力资源管理部门还需要关注其子女的上学、抚养问题,甚至需要考虑到外派员工及其家属的娱乐休闲问题等等。因为任何一个细小的失误都可能影响到外派员工的绩效,从而决定外派的成功与否。

第四,从经济的角度看,国际人力资源管理的管理成本要远远高于国内人力资源管理的管理成本。基于以上所提到的各种因素,外派人员的薪水福利、培训成本、旅行费用等都相当可观,据估算,一旦外派失败(指外派人员未完成外派任务提前回国),给公司造成的损失将是国内任职失败的三倍。这是造成跨国公司人力资源管理风险偏高的原因之一。同时,东道国的社会经济状况的不确定因素,或者出现突发的政治事件,都将使跨国公司面临高风险的困境。意识到风险的存在,同时事先制定规避或补救措施,也是跨国公司人力资源管理部门义不容辞的责任。

二、国际企业人力资源来源

国际企业人力资源的来源包括三个部分:母国来源、东道国来源和第三国来源。

(一) 母国来源

母国来源是国际企业人力资源的一个非常重要的来源,是指那些从国际企业总部所在国家外派的雇员。例如,一位英国高级人力资源经理被英国的母公司外派到中国上海的子公司任职。母国来源具有以下优势:在国际企业创建的早期阶段,任用母国人员更有利于传播技术和保守技术秘密,有利于和总部保持良好的沟通、配合与交流。但它也有不足之处,如可能引起东道国的民族情绪,由于跨文化的差异可能影响外派员工的工作生活质量。同时,选择、培养和维持外派员工的费用也较高。

(二)东道国来源

东道国来源是国际化人力资源中比重最大的来源,是指那些来自企业所在地的本土雇员。例如,一家在中国经营业务的美国化工企业雇用了一名上海本地的员工。东道国的选任人员有很多本土的优势:熟悉当地的环境;没有文化上的隔阂;管理费用较低;由于人员的稳定性较好,可以保持管理政策的连续性等。当然,选任东道国的人员也有不足之处,如限制了公司员工的国际化发展需求,不利于和总部的沟通和交流,公司总部对东道国员工的工作控制受到限制等。

(三)第三国来源

第三国人员也是国际人力资源的重要来源之一,是指雇用来自除母公司总部所在国家以及业务经营所在地国家以外的任何其他国家的雇员。例如,德国企业在中国的工厂雇用了一名法国的工程师。相对于母国人员和东道国人员,第三国员工有其自身的优势,如可能具备出色的技术、专业特长或者丰富的国际化管理经验,具有更大的文化适应性,同时,其管理成本比外派母国人员要低。但选任第三国人员也有不足之处,如他们的任职可能受制于东道国就业政策的限制,同时可能和东道国的员工在合作上会有一些被排斥的情况发生等。

三、影响国际人力资源管理特殊性的因素

跨国公司在进行国际人力资源管理时,存在以下几方面的影响因素:

(一)东道国的政策与法规

跨国公司选派经理管理和经营子公司时,可能发现其管理方式会受到东道国政府政策和法律法规的抵制。在一些发展中国家,当地政府一般鼓励跨国企业雇用、培训和发展当地的员工,特别是管理和技术型的员工。

(二)东道国的管理文化与技术水平

如果跨国公司的子公司所在国的管理和技术教育水平不能满足公司的要求,当地的劳动力又缺乏先进的从事生产、服务活动的基本技能,则只能由母国的管理技术人员执行东道国的管理职能。

(三)产品和技术的自然属性

如果跨国公司总部需要保持产品的标准和有效的质量监控,就需要母国公司人力资源的集中管理和配置。另外,为了提高产品在当地市场的占有率,适应东道国市场的需求,又需要实行熟悉当地市场的本土化的人才战略。

(四)经营文化的差异

母国公司的民族文化决定着跨国公司人力资源管理的惯例,比如由于日本

民族更多地显示出强烈的民族优越感，因而日本的国际企业比欧美的国际企业更多地运用民族中心的管理方式。另外，跨国公司各子公司之间文化的混合和文化水平的差异情况，可能会抵制所实施的跨国公司人力资源管理的方式。

（五）企业的生命发展周期

适宜的跨国公司人力资源管理方式将由组织的生命周期和公司在多变的国际市场上的产品的生命周期决定。

第二节 国际人力资源管理实务

一、国际企业人员配置的基本方法

国际企业人员配置是指国际企业基于自身发展中合作与控制的需要，在其实施全球战略过程中对管理和技术人员的配置。具体来讲，它涉及国际企业国外分支机构的外派人员与东道国人员管理的问题。根据国际企业发展过程中产品的周期性特点，企业国际化经营可以划分为国内生产阶段、国际化阶段、多国经营阶段和全球经营阶段。

国际企业的人力资源配置是一个“动态”的发展过程，每一阶段适合不同的配置方法，归纳起来主要有民族中心法、多中心法、地区中心法和全球中心法四种方式。

（一）民族中心法

民族中心法是指跨国公司所有的关键岗位都由公司总部人员担任，形成以总部人员为中心的管理格局。这种政策普遍运用于跨国公司国际化发展早期阶段（即国内生产阶段，国际市场较小），适用于东道国暂时缺乏胜任的技术和管理人员，同时也有利于跨国分公司与公司总部之间保持良好的沟通、协调和控制等方面的联系。但是这种政策也有不少缺点，它限制了分公司员工的职业发展机会，同时关键岗位和非关键岗位之间的待遇差距很大，造成不同国别员工间收入的不公平感，从而影响当地员工的士气，造成较频繁的员工流动；担当分公司关键岗位的总部人员还需要相当一段时间的适应期，在此跨国公司发展起步阶段，很容易作出不恰当的决策，影响跨国经营的业绩。另外，完全由总部外派员工的费用也是相当昂贵的，一般是正常水平的3倍至4倍。

（二）多中心法

多中心法的人员配置原则是指招聘东道国的人员担任当地子公司关键岗位的职务，总部所在国的人员只在本国任职，从而形成了以总部和各个分公司为不同工作中心的管理格局。这种配置方法适用于企业国际化发展阶段及多国经营阶段，在管理和经营方面需要较多考虑文化差异等因素。此时产品市场的发育比较成熟，价格和生产成本的竞争激烈，企业出于控制成本的目的将推行管理的本土化建设。这种政策克服了民族中心法的弱点，降低了跨文化的风险和管理成本，有利于提高当地分公司人员的工作积极性，降低员工的流动性。当然，多中心法也有不足之处，主要表现在公司总部与分公司之间沟通困难，尤其在跨文化冲突方面，有时往往使总部对分公司失去控制。尽管多中心法有利于不同国别的员工在本国的职业发展，但是从跨国公司的整体发展战略看，却不利于培养具有国际化眼光和工作经验的员工，也限制了各国员工在整个公司的职业生涯发展。

（三）地区中心法

地区中心法是指按照跨国公司经营的地理区域划分不同的人员配置中心，人员可以在地区内部流动，但很少有机会进行跨地区的人员聘用。这就形成了以多个地区为中心的人员任用模式。地区中心法是跨国公司逐渐由纯粹的民族中心法或多中心法向全球中心法过渡的一个途径。由于同一地区的国家可能有着相近的文化背景，因而在一个地区内的人员流动将比全球范围内的流动具有更强的适应性和灵活性，同时也有利于总部与地区、地区与各分公司之间的互动和信息沟通。然而，地区中心法也可能像多中心法一样形成以地区为中心的自我保护模式，从而限制公司的全球化发展战略。尽管员工在国家层面上提高了职业生涯发展前景，但也仅仅限制在地区层面上，人员很少有跨地区或到公司总部任职的机会。

（四）全球中心法

全球中心法是指在整个组织中选择最佳的人员来担任总部或分公司的关键岗位而不考虑其国别，从而形成统一协作的真正意义上的国际化运作模式。这一方法适用于企业的全球经营阶段。在这一阶段，企业的经营将同时在生产、市场和价格等多个角度进行全球化竞争，而经营中对差异性和全球化的共同关注，使得文化差异因素再次引起管理者的注意。这时海外的分支机构的人员配置将以全球为导向。全球中心法有利于组建具有丰富国际化经验的高层管理队伍，克服多中心法分散管理的缺点，解决了具有发展潜力的员工的职业生涯发展问题，同时也有机会聘用到各地最优秀的人员。当然，全球中心法也有其缺陷。这种人员配置原则往往和各国政府的用人政策相抵触，因为大部分国家的政府希望保证本国人员的就业机会，采取某些行政性的法规限制聘用过多的非本国人员。同时，由于在全球范围内设置人员配置方案，进行人员的培训和重新安置，国际化的人员配置还需要根据国际化标准设计薪酬与福利水平，这些都要花费较高的管理成本和人力成本。另外，实施全球化的人员配置政策，要求公司总部对各个分公司的人员采取更集中的控制和管理，减少了分公司人力资源管理的独立性和自主性，可能引起各个分公司的不满与抵触情绪。

以上四种人力资源配置方式的对照如表 10-1 所示：

表 10-1 跨国公司人力资源配置方式对照

国际企业的管理内容	人力资源配置方式			
	民族中心法	多中心法	地区中心法	全球中心法
管理制度的制定、评估和控制	通过母国的总公司	通过当地子公司管理	在地区的各个国家内协调	按全球统一标准管理
通讯和协调	从总公司到当地的子公司自上而下进行	子公司之间以及子公司与母公司之间较少协调	子公司与总公司之间较少协调，地区内的子公司之间较多沟通	子公司之间完全由总公司的网络系统联系
东道国员工管理	由母国经理统一实行	由东道国经理实行	经理可能来自于地区内的某个国家	经理在全球范围内统一配置

事实上，跨国公司在实际运作过程中，并不一定会采取单一的人员选聘原则。它往往要根据跨国公司的整体发展战略，在不同的发展时期、不同的地理区域实施不同的人员配置政策，以期达到最佳的绩效水平。在公司发展的初期阶段，公司集中精力尝试性地建立国际市场，国际化的程度比较有限，这时往往趋向于以民族中心方式进行国际人力资源配置。在跨国公司功能性成长阶段，公司开始建立国外产品的细分市场，使国际化成为一个重要的经营部分，公司把国际业务视为组织成长的“促进因素”，这时一般采用多中心的国际人力资源配置方式。在跨国公司处于快速成长阶段，公司充分利用规模经济扩展海外业务，这时地区中心法成为国际人力资源配置的主要方式，并且向全球中心的趋势发展。当跨国公司处于战略成长阶段，国内和国际竞争的形势迫使公司将它的业务看成全球性的事务时，往往采用全球中心法配置人力资源。

二、国际企业招聘与甄选的特点与方法

（一）选聘外派人员的标准

一般来说，在进行外派人员甄选时，需考虑两方面因素：一个是个人因素，一个是环境因素。其中个人因素主要考察外派候选人的专业能力、跨文化的适应能力、语言能力以及家庭因素，环境因素主要考虑东道国的政治、文化和经济因素及跨国公司自身的因素等。

1．专业能力

跨国公司在甄选外派人员时一般把外派人员的专业能力和管理能力作为首要的选择标准。对多家跨国公司外派人员的个性特质研究表明，导致外派成功概率高的个性特质首要因素便是专业技能高，而导致外派失败的首要因素则是专业技能缺乏和工作能力欠缺等。

2．跨文化的适应能力

由于外派人员需要在一种跨文化的环境中工作和生活，外派人员对陌生环境的适应能力成为决定他们工作成败的重要因素。这些能力包括：思维方式的灵活性、环境的适应能力和应变能力、外交能力、学习当地语言的能力、逆境中的心理承受能力等等。

3．语言能力

第二语言能力常常是与跨文化的适应能力相联系的，因为语言能力的缺乏将是跨文化沟通的主要障碍。当跨国公司的工作语言和员工的母语不一致时，语言的学习能力将会影响外派员工的工作绩效。

4．家庭因素

在家庭因素中考虑外派人员的配偶对跨国公司驻外人员工作成败的影响，主要考察配偶对外派任务的支持程度以及配偶自身的跨文化适应能力。因此，在外派人员甄选过程中，人力资源管理部门同样要重视甄选人员的家庭因素，虽然有时候这种关注可能涉及员工的个人隐私，但是这关系到外派人员工作的绩效以及整个公司的利益，人力资源管理人员应该通过非正式的途径了解外派员工家庭的想法和态度。

5．东道国的因素

东道国的政治、经济和文化因素也是决定甄选人员的标准之一。东道国的经济发达状况、政治环境的稳定情况以及特定的宗教文化传统，都是人力资源管理部门进行人员甄选时需要逐一斟酌的因素。这些不确定的因素很可能会增加跨国公司外派人员的风险，导致外派失败。

6．跨国公司自身的因素

跨国公司在进行外派人员的甄选时，一方面要根据上文介绍的人员配置原则进行决策，还要根据跨国企业自身特定的变量选派人员，这些特定的因素包括企业国际化历程所处的阶段、企业所在的行业类型、企业的战略和结构、企业的组织结构等等。

（二）外派人员招聘甄选过程

与国内一般企业经理人员相比较，跨国公司的驻外经理人员的工作更加具有多元性和复杂性，因而在确定了选拔的标准以后，招聘工作一般经过以下三个过程：

1. 外派子公司经理职务确认与分析

职务确认是指对该职务是否有存在的必要,或者是否有必要增减相关职务,从人员管理费用、信息沟通与反馈以及公司全球化组织战略等诸因素进行全面权衡。在职务确认之后,还要进行职务、人员要求的分析,如对行业技术和管理要求、对不同文化环境的适应能力要求、语言与人际交往能力、职业道德及责任感,以及健康状况、年龄、家庭状况等具体要求加以确认,以保证经理人员的素质水平。

2. 从公司内部招聘外派经理人员

这是跨国公司传统的招聘方式。公司往往从人才档案库和应聘员工中进行选拔和招聘工作。可以通过口头、书面方式面谈、考核,也可以通过案例模拟的方式招聘员工,或者通过将候选人员派往东道国实地实习来观察他的实际表现。

3. 从公司外部招聘外派经理人员

从公司外部招聘外派经理人员可以扩大招聘的范围,充分开发利用全球的人力资源。同时,吸收新生力量进入跨国公司,有利于给公司注入新的管理风格和管理思想。一般来说,外部招聘的来源主要有以下几种:

(1) 母国大学的本科生或研究生,其中包括母国公民或东道国在母国的留学生,特别是东道国在本国的留学生,他们既熟悉东道国的语言文化,又受到母国大学的教育、培训,往往能成为国际企业青睐的对象。

(2) 东道国培养的本科生或研究生。

(3) 母国、东道国或第三国的高级管理人才。一般通过专业信誉良好的猎头公司,把竞争对手公司的高级人才挖掘过来。此外,还可通过传统的招聘方式如招聘广告、招聘信函以及国际互联网进行全球招聘。

(三) 甄选过程中测试法的应用

许多跨国公司通过面谈、标准化测试、评估中心等方式对驻外候选人员的综合素质进行全面评估,越来越多的公司利用 OAI (Overseas Assignment Inventory)选拔可以成为国际主管的人才。OAI 中有一份问卷,利用 85 个问题衡量受测者 15 个层面的能力,分别是激励、期望、开阔的胸襟、尊重他人信仰、信赖他人、弹性、容忍力、自制力、耐力、适应力、自信创新、幽默感、与人相处的兴趣、能和谐与人相处、与配偶或家人的沟通。测试后,再将填答结果与资料库对照,资料库中有上万人的回答情形。OAI 可以作为较正确的筛选工具。样卷如表 10-2 所示。

表 10-2　外派人员选拔表(部分)

引言

申请或者接受一份国际派遣任务显然是一项专业化的决策,其中包含了许多个人的因素和专业的因素。尽管每个人的情形都是独特的,研究结果和实践经验都表明有一些因素影响着一个人在其他国家生活和工作的适应能力。

这份清单包含了一系列的问题,涉及你的背景、兴趣、态度和行为。在回答这些问题时,请选择最能表达你目前想法和感受的答案,而不是你一旦到达目的国家后可能的想法和感受。

说明

在回答问卷前请先填好背景信息。

仔细阅读每一个问题,涂黑问题旁边你的选择项目。在回答问题时,请记住没有"正确"与"错误"答案之分,选择你对问题的最初反应。

你可能注意到了有些问题似乎相似。事实上,没有两个问题是完全一样的。所以,请毫无顾虑地回答每一个问题。

有几个问题是关于你的配偶的信息。如果这些问题对你不合适,可以不作回答。在测试手册中你将会找到这些问题的详细说明。

当你填完问卷以后,请检查你是否完成了所有要求回答的问题。

背景资料

名字________　　姓________　　年龄________

孩子个数________　　工作年数________　　国籍________

原工作单位____

申请国家________　　申请海外工作年数________

E-MAIL 地址(重要)____

等级程度

非常同意①	同意②	不确定③	不同意④	非常不同意⑤

1. 我不能容忍面临新的挑战	①	②	③	④	⑤
2. 在团队当中,我不会大声说话并且不会想要控制团队	①	②	③	④	⑤
3. 当我处在一个新的或者不熟悉的情境中时,我感觉不舒服	①	②	③	④	⑤
4. 我不想改变我目前的生活水平	①	②	③	④	⑤
5. 一般来说,我的配偶和我总能相互理解(无配偶者不用回答)	①	②	③	④	⑤
6. 准备一项国际间的调动将是一件非常困难的事	①	②	③	④	⑤
7. 当作一项决定时,我会考虑不熟悉的选择	①	②	③	④	⑤
8. 我很难非常耐心地和别人沟通	①	②	③	④	⑤
9. 我常常自嘲,并不总是严肃地对待自己	①	②	③	④	⑤
10. 当承担一项义务时,别人的话对我是有用的	①	②	③	④	⑤

三、国际企业绩效管理特点与标准

国际企业随着企业地理空间的拓展、产品和运作模式的多样化和丰富化，绩效管理也将越来越复杂。其中最具挑战性的莫过于对东道国子公司和外派人员的绩效管理上。

（一）国际企业对子公司进行绩效考评的影响因素

1. 国际环境的多变性

国际环境进行巨大变动要求公司的长期目标具有灵活性，以便对潜在的市场机遇作出反应。不灵活的方法意味着子公司可能正在执行一种可能不再适合新环境的战略。例如，国际局部地区间的冲突、中国30年来的改革开放、2008年全球经济危机等事件都对相关国家的国际企业的全球战略和本地战略产生了深远的影响。所以要求子公司在多变复杂的全球环境下灵活地对长期目标进行调整。

2. 时空造成的隔离

国际企业和本地子公司业务的协调性，因时空差异，公司总部与负责人同各子公司管理层的沟通情况以及报告系统的成本等进一步复杂化。而先进的现代通讯技术并不能完全取代"面对面"的交流。所以在设定绩效管理系统时，人力资源负责人需要综合考虑一国的特定因素。

3. 成熟的不同层次

一般来说，国外子公司的市场开发，如果没有子公司的支持，比国内更慢、更难以实现。国外市场需要比国内市场更多的时间来实现其目的，因此在绩效管理评估过程中应考虑这一情况。

4. 整体与局部的关系

国际企业作为一个实体在不同国家面对不同的环境，未来整体利益和必要的控制常会牺牲子公司的短期利益。这种全球性战略决策对子公司的绩效影响应在绩效管理中予以考虑。

（二）国际企业绩效管理的标准

绩效标准一般分成硬目标、软目标和情景目标。硬目标是客观的、可以量化的指标，如投资回报率、市场份额、利润率等。软目标则倾向于以关系或个性特征为基础的指标，如领导风格、人际关系。情景目标是将绩效发生时的具体情景作为绩效评价的参考因素。同时，各国的绩效评估也存在着差异，如美国、加拿大以个人表现来进行评估；中东国家的人们认为他们主要受环境的支配，所以很少作绩效评估；日本每隔五年、十年才作一次评估；以色列比北美更重视团队活动，所以着重进行团体绩效的评估。表10-3是某跨国公司市场经理绩效评估的范例。

表 10-3 某跨国公司经理绩效评估表

姓名		性别		国籍		部门	
类别	评价项目			满分	自我评价	主管评价	综合评价
绩效目标达成	1. 是否能够进行销售网点的开发			10			
	2. 是否使各个销售网点之间保持充分联系			10			
	3. 是否在销售网点与品牌之间建立直接的联系			10			
	4. 是否建立了客户服务系统			10			
	5. 是否树立了良好的品牌形象			5			
	6. 是否及时准确地进行市场报告与分析			5			
	7. 是否能有效降低销售成本			5			
	8. 是否能严守期限达成目标			5			
领导能力	9. 领导下属时,是否能自己率先示范			10			
	10. 遭遇困难时,是否能沉着果断指导下属工作			5			
	11. 部门员工是否充满活力			10			
激励能力	12. 员工的工作是否有保证			5			
	13. 是否对个人绩效高的员工及时奖励			10			
	14. 是否关心员工的工作条件			5			
责任感	15. 是否能以整个企业的立场发表建议			10			
	16. 是否能以长期的观点制定部门规划			10			
	17. 是否能和总部、其他子公司交流信息			10			
协调能力	18. 是否积极与其他部门协调			5			
	19. 是否积极地听取下属的建议和意见			5			
	20. 是否经常汲取新的潮流技术			5			
评价分数合计				150			

四、国际企业薪酬管理的特点与方法

跨国公司对外派管理技术人员确定正确的薪酬政策,不但可以吸引全球的优秀人才,而且会对企业现有的员工起到行为导向的作用,还对提高工作质量和工作效率、降低经营成本起到重要的作用。

(一) 国际薪酬政策的特点

一个有效的薪酬政策应该具备以下特点:

(1) 能使外派服务工作对员工具有吸引力,并能保留合格的员工;

(2) 使员工在各个子公司间的调动和子公司与母公司之间的调动能顺利进行;

(3) 使各子公司的薪酬制度之间有稳定的关系;

(4) 要使公司的薪酬制度与主要竞争者的薪酬制度相当。

除了货币形式的报酬外,各种非货币形式的报酬对员工行为的激励同样具有重要的作用。主要包括以下几个方面：

(1) 职务提升以及令人羡慕的工作岗位的同级调动；

(2) 获得事业发展的机会；

(3) 上级的器重与认可；

(4) 顾客或下属的肯定评价与尊重；

(5) 有学习新知识、技术及培养新能力的机会；

(6) 有出色地完成艰巨工作任务的自我心理满足感。

跨国公司人力资源的薪酬管理与国内人力资源的区别主要是关注外派人员的薪酬制度问题，一般来说是按照国际薪酬水平制定薪酬计划。

(二) 国际薪酬的主要组成部分

国际薪酬的主要组成部分包括：基本工资、出国服务的奖励或补贴、津贴以及福利制度。

1. 基本工资

外派人员的基本工资是其整个薪酬计划、各种报酬和津贴的基础，跨国公司在制定基本工资时一方面关注公司所在国当地的实际工资水平，同时还要关注国际市场的工资水平，使公司在国际环境中获得人力资源的竞争优势。

2. 出国服务的奖励或补贴

外派人员一般可以获得出国派遣的奖励或艰苦补贴，一般以工资的百分比形式支付，通常为基本工资的5%—40%，并且随着任职岗位、实际情况、税收水平以及派遣时间的长短不同而会有所差异。还有的跨国公司将国外工作奖金分成两种形式：一种是长期国外工作奖金，即持续地支付给长期在国外工作的管理技术人员；第二种是一次性奖金，即支付给临时外派的管理人员作为一种物质鼓励。

3. 国外工作津贴

跨国公司一般根据东道国的工作环境，对外派人员支付不同的津贴。一般有以下几种：

(1) 生活费津贴。由于外派人员在新的工作环境中不能很快改变自己原有的生活方式与习惯，相对母国的生活费用就比较昂贵，跨国公司在此情况下会给外派人员一定的生活费津贴。当外派人员返回母国工作后，这种津贴便会取消。

(2) 国外服务津贴。外派人员到异国工作会感到生活上有种种不适应，如孩子的教育、生活福利系统的不健全、家务劳动时间的增加等，跨国公司往往考虑给外派人员一部分国外服务津贴。

(3) 艰苦条件津贴。跨国企业可能派遣管理技术人员到一些气候、经济、政治条件比较艰巨的国家或地区工作，外派人员因此会增加生活的负担，或者要承受有损于身体的健康或受到人身攻击等风险。基于这种情况，跨国企业为了鼓励外派人员安心工作并且弥补他们的经济损失，会给予他们相应的艰苦工作条件津贴补助。

（3）税收调节津贴。许多跨国公司的母国政府都与其跨国子公司的东道国政府签有双边居民税收协议。外派人员应该按照当地政府有关税收法律与条款报税和纳税。如果他们的总税赋超过在母国的纳税负担，跨国公司将通过税收调节津贴给予一次性补助。

另外还有其他一些津贴，如住房津贴、探亲津贴、为外派员工子女提供的教育津贴、搬家费、配偶工作损失补助等等。跨国公司除了关注总部外派人员的津贴和补助以外，也开始关注分公司所雇用的当地高级技术管理人员，通过给他们适当的津贴和补助实施人才本土化战略。

4. 福利政策

福利政策比薪酬政策更具有复杂性。它涉及外派员工的养老金计划、医疗保险问题以及一系列社会保险问题，并且各国之间的差异很大，可移植性很差。一般美国公司的外派人员享受母国的福利计划，而欧盟各国的外派人员在欧盟范围内享受可转移的社会保险福利。有些跨国公司则让外派人员参加当地的社会保险计划，公司在此基础上给予员工一定的经济补偿。另外，跨国公司还提供定期的休假和一些特殊假期。

（三）国际薪酬的计算方法

计算国际薪酬的方法主要有两种：现行费率法和资金平衡法。

1. 现行费率法

现行费率法的特点是使外派人员的基本工资与工作所在国的工资结构挂钩。跨国公司在制定外派人员的基本工资时常常参考东道国当地市场相同职位的工资水平。跨国公司通常首先从当地的薪酬调查机构获得信息，然后以东道国人员相似职位的工资水平为基准，并对低工资国家的外派人员，在基本工资和福利之外提供额外支付。这种方法的优点在于能够使外派人员得到与当地人员平等的待遇，并且使来自不同国家的外派人员待遇平等，使薪酬管理方法简洁、明了。但是这种方法也有不足之处，它使得不同派遣地区的员工之间的收入有较大的差距，对于同一外派人员在不同的任职地点和任职期间收入存在较大差异，这给派遣工作和召回工作带来了一定的困难和阻力。

2. 资金平衡法

资金平衡法是使外派人员具有与母国公司相同的薪酬水平，并且通过经济奖励补偿不同派遣地之间的生活质量的差异，从而保证外派员工享有与总部所在国相同的生活水平。跨国公司总部的薪酬支付方式和福利政策是适用此方法的基础，跨国公司可以通过调节本国的薪酬计划来平衡工作所在国的额外支出。该方法以增加财政激励的方式使薪酬计划具有吸引力，因而是跨国公司最常用的薪酬计算方式。外派人员体现在资金平衡法中的花费主要有四种：

(1) 商品和服务。某些在本国的相同花费，如食品、个人保健、衣服、家具、休闲、交通、医疗等。

(2) 住房。在工作东道国与住房有关的主要费用。

(3) 收入税。在本国和东道国的收入税。

(4) 储蓄。存款、福利、养老金、投资、教育费用、社会保险税等款项。

若因派遣到东道国造成的花费超过在母国的花费，企业和外派人员要共同支付这些费用以确保达到与母国相同的购买力。

资金平衡法的主要优势在于使派往不同国家的驻外人员享受到与总部人员相同的待遇，降低了派遣和召回的难度，便于外派员工的理解和认同，并使员工之间有一种公平感。与之相对应，这种薪酬制度也有不足之处，它使得不同国籍的外派人员之间以及外派人员和当地员工之间的收入产生较大的差距，同时使派往经济发达地区的跨国公司在招聘当地员工时成为一种障碍。另外，这种方法在管理和操作上比较复杂。

第三节　国际人力资源开发实务

一、国际企业员工培训的方式

国际企业的员工培训是指国际企业创造一种学习环境，改变员工的价值观、工作态度和工作行为，从而使他们能在现在或未来的工作岗位上为企业创造更大的价值。跨国公司的培训按照培训的对象不同，可以分成两种：一是针对母国公司外派到国外子公司工作的人员组织的培训，一般称为文化敏感性培训。目的是使母国人员了解东道国的文化环境，增强对东道国工作、生活环境的适应性。二是为东道国招聘的当地员工提供的培训，主要是管理方法、管理技能、技术以及有关公司总部的企业文化培训，目的是使东道国的人员技术、管理水平尽快达到总部的要求。国际企业员工培训的方式主要有：

(一) 针对总部外派人员的培训项目

有助于外派人员在海外任职尽快适应和顺利过渡的出发前培训项目主要包括：文化意识培训、初步访问、语言培训等等。

1. 文化意识培训

文化意识培训项目主要包括下列五项内容：环境和文化介绍、文化吸收、语言培训、敏感性训练、实地经验。当外派人员的本国文化与所在国文化之间的差距程度较低时，培训的重点放在与工作任务相关的项目上，而不是在与文化相关的问题上。如果两国的文化差异程度很高，则培训的重点应该着重于跨文化的技能开发与培训。

2. 初步访问

指导外派员工尽快熟悉异地的环境的一个有效方法就是将员工派往东道国作初步的访问,使外派人员及其家属可以初步了解外派所在国的环境,完成初期的跨文化适应阶段。同时初步访问对于外派候选人而言,也是作出是否接受外派任务决策的重要时机。因为通过实地考察可以帮助外派员工获得对这份工作任务的感性体验。

3. 语言培训

语言培训是外派人员必须经历的一个培训项目。主要培训外派员工对东道国语言的应用能力,包括口语训练、听力训练以及写作训练等等。

(二) 东道国人员的培训

东道国人员的培训主要包括东道国人员的初级技术培训和东道国人员的高级国际培训问题。

1. 东道国人员的初级技术培训

许多跨国公司考虑到经济成本和风险的问题,往往将东道国人员的培训委托给当地的分公司实施。具体而言,由跨国公司的总部制定培训的方案,由分公司复制并执行培训方案。还有的跨国公司利用网络或卫星等现代化的远程通讯系统,由公司总部直接向分公司传送培训课程。

2. 东道国人员的高级国际化培训

跨国公司将根据公司人力资源规划开发计划,将东道国的员工调回总部或其他分公司接受培训,使其获得国际性的实战工作经验。这可以帮助分公司人员快速获得跨国公司内部先进的技术水平和管理能力,同时也有利于跨国公司总部的员工拓展视野,得到国际化合作的工作经验。

二、国际企业员工开发途径

国际企业管理人员的发展策略即长期的人才培养开发是跨国公司进行管理活动的一项战略性举措。为了保证全球竞争战略的实现,越来越多的跨国公司开始制定与其公司总体增长战略相适应的管理人员发展规划与策略。

国际企业为了实现其全球性的竞争战略,需要从长远角度出发,制定出长、短期的人力资源开发计划,并逐步加以实施,在不同的发展阶段上培训与开发不同的管理人员。从各国跨国企业的人员开发实践看,其主要为了开发与培养母国公司外派到东道国的高层管理人员和高级专业技术人员。跨国企业制定人力资源开发计划一般遵循以下几个步骤:

(一) 需求预测

企业根据自己的总体发展战略要求,预测在将来所需要的管理人员的数量与类型,同时还需要预测东道国和其他相关各国人才市场的供求状况以及发展前景。

（二）能力评估

在预测的前提下,企业还需要对企业内部现有的管理人员的能力、类型以及相关员工的素质进行评估,以判断将来从企业内部可以开发与培养出适合于从事国际生产经营活动的管理人员的人数与比例。

（三）具体的培训方案

跨国企业从预测与评估中看到企业自身在人力资源方面的需求后,需要进一步落实如何开发所需的管理人员。为了保证落实计划,企业可以制定出适应不同需求的培训方案,逐步有系统地培训准备从事国际管理的人才。

开发国际员工队伍的主要方法是国际工作轮换法。它通过由来自母公司、东道国和第三国的员工参加的在母国、地区中心或双方共同举行的普通培训和开发项目而得到支持,通过一段时间的集中学习可以掌握全球企业管理技能,使学员获得全球思维的能力,也有利于形成跨国公司的全球工作团队。

三、国际企业员工个人职业生涯管理

支持跨国公司发展的最重要的资源是高素质的人才资源。没有员工的发展,也就没有公司的发展。

（一）国际企业有效进行员工职业发展的政策

1. 公司必须有明确的组织环境,包括远景、价值观、文化、组织机构设置及相关的管理手段,这是全体员工得以成长发展的土壤。

2. 公司必须有清晰的组织需要,所有的职位都有明确的职位描述和工作分析,员工知道自己的工作目标和公司对自己的期望。

3. 员工必须有符合公司需要的个人技能,可以满足及超过公司的期望。为帮助员工达到公司期望的工作技能,公司应向员工提供与此相关的业务培训。

4. 公司在为员工设置岗位时,需充分考虑到员工个人的兴趣和热情,将员工安排在他们喜欢的工作上。

员工只有在做他们喜欢做的工作时才能做得最好,而只有在员工尽情发挥他们的优势时,公司的业绩才能达到最好。国际企业应该在国际的大环境下,在组织需要、个人技能以及员工个人的兴趣点之间寻求最优区域,这种最优区域可以使员工有尖端的表现并达到职业的顶峰。如果多数员工能够进入这种区域,那么公司就可以在行业和市场竞争中立于不败之地。

（二）国际企业员工职业发展的管理阶段

1. 评估阶段

该阶段包括员工自我评估和公司评估,评估的目标就是要确定员工的优势和弱项。分清优势和弱项可以帮助员工选择适合自己的现实可行的职业，明确为达到他们的职业目标需要克服的弱点。

2. 指导阶段

该阶段包括决定员工希望的职业类型和为实现他们的职业目标需采取的步骤。恰当的指导需要公司指导人员对员工职位的精确理解。如果指导阶段不是基于对该职位的完全理解，那么所确定的目标和步骤也就不适合了。同时，企业对员工职业的确定也应考虑到员工本人的愿望，只有员工本人感兴趣的工作才能发挥员工完全的积极性和潜能。再者，员工个人职业的发展不是员工一个人可以完成的，国际企业员工的职业发展必须和其他人力资源管理工作如员工配置、绩效考核和培训联系起来。

3. 发展阶段

达到国际企业必要的要求并在公司里得到长足进步，可以帮助个人得到发展和成长。在发展阶段，员工将采取具体的行动来创造和增加个人技能，并为将来的工作或晋升机会做准备。国际企业在发展阶段可以采用的发展计划包括"导师指导"、工作轮换和教育开发投资。

上述三个管理阶段从组织方面概括了国际企业员工职业发展的管理内容，但员工职业发展不仅是公司的责任，员工自身的参与程度、员工对其职业发展的重视程度直接影响着员工的职业前景。

（三）国际企业员工职业发展途径和发展

1. 360 度评估

360 度评估也称为多种来源反馈意见，是员工服务绩效管理系统的一个组成部分。它的目的是向与员工本人合作并了解员工的工作和行为的团队成员（包括员工本人、员工主管、员工同事、员工直接下属、客户及供应商）征求意见。这一程序旨在针对员工对周围人的影响提供深刻的反馈意见，并帮助员工把握成长和发展的机会。

360 度评估是员工职业评估的基础。通过 360 度评估，员工可以了解除自己以外的其他人员对自己表现的评估，并对比员工本人的评估结果，寻找差异。而主管人员可以通过该评估结果了解员工的自我评估和其他同事对员工的评估，结合主管人员自己对员工的评估，可以给予员工较为客观公正的评价，对员工的能力也能有一个较为全面的认识。通过员工的自我评估，主管人员可以获悉员工本人对自己职业的看法并了解他对职业发展上的需求，从而避免因面对面交谈可能存在的障碍，为主管人员为员工提供职业咨询和指导提供帮助。

2. 绩效考核评估

绩效考核评估指的是一体化绩效管理和发展体系，它是一个将公司的目标、从行为和结果上对员工进行持续性的评估、公正的反馈和长期的职业发展计划结合在一起的程序。这一程序是公司员工服务绩效管理系统的一项重要内容,它在公司中不仅起着对公司的人才进行基础评估的作用,而且还对员工的职业目标和职业发展起着定位和计划的作用。

四、国际企业员工的归国管理

一个完整的出国工作过程不仅仅包括外派人员的招聘、甄选、出国前的培训、绩效管理和薪酬福利政策,还包括一个重要的环节,即外派员工的归国管理或者重新安排其他外派任务。

(一) 归国的过程

一个外派员工归国过程主要包括以下四个相关的阶段:

1. 准备阶段

从跨国公司的角度看,它可以向外派人员提供一份回国的准备事项清单,还有一些关于未来发展计划的安排、新岗位的信息等等。而对于外派人员及其家属来说,也要为归国做好物质上、工作上以及心理上的准备。跨国公司往往不会像出国派遣前的准备工作那样重视归国管理,但有些跨国公司就在出国培训时就涉及一些归国管理的问题。

2. 搬家阶段

即将归国的外派人员将自己的生活用品托运回国,并且与当地的同事、朋友道别。一些跨国公司则通过国际搬家公司或者搬家咨询人员处理外派人员的出国和归国的搬家事宜,这常常成为国际人力资源管理工作中的一项常规性的工作规定。跨国公司对外派人员细致的安排有助于减弱外派人员及其家人因工作环境的变化而产生的不确定感、压力和生活中断的感觉。

3. 过渡阶段

在外派人员回到本国以后,工作生活还没有马上安定下来之前,跨国公司应该为归国人员安排临时的住处先暂时安顿下来,然后再考虑工作安排、住宅、子女的入学、配偶的工作问题以及其他一些生活方面的事情,如申请本国的医疗保险、开设银行账户等等。一些跨国公司在过渡阶段也会请有关的咨询公司协助解决归国人员的具体问题。

4. 重新适应阶段

主要指归国人员重新面对反向文化冲击和职业生涯发展的困惑,同跨文化适应一样,外派人员在归国过程中也会受到各种因素的影响而需要重新适应从前本已熟悉的工作生活环境。

(二) 外派人员回国后的待遇与职业生涯发展

跨国公司的外派人员回国后,会感到在个人收入、生活方式以及公司的文化上都有很大的变化或者不适应。这主要是因为当初为了吸引管理人员到国外去工作，公司支付了较高的工资和津贴，使得外派人员在当地的生活非常便利。而回国以后，这些待遇取消了，工资收入也减少了，管理人员面临着一个重新调整自己收入与生活安排的问题，即重新适应问题。这种情况下要求跨国企业在外派人员归国前就要做好充分的信息沟通，以便外派人员早做思想准备。

当外派人员回国以后，往往会看到自己当初的同事大部分都已被提升到重要的岗位上，而自己却从国外可以独当一面的地位降回到要事事听从上级安排的地位。这很容易使归国人员在心理上产生不平衡感。对于外派人员归国后的工作安排，是否能够获得提升，要视公司的具体情况和外派人员的个人绩效而定。这也需要公司的人力资源管理部门在外派人员归国前有一个事先的交流，使公司和员工之间充分了解双方的意愿，使外派人员归国后尽快适应新的工作环境。

总之，从跨国公司的角度看，外派员工归国管理一般需要注意以下这些问题：

第一，密切关注外派员工在归国过程中各阶段的相关信息；

第二，给予财务和税收方面的协助；

第三，给予归国后职位与职业生涯发展的帮助；

第四，帮助归国员工适应文化的反向冲击；

第五，考虑外派员工孩子的教育以及配偶的工作安排问题等；

第六，关注外派员工工作部门、工作性质的变化；

第七，强调并进行管理沟通相关的培训；

第八，为外派员工提供建立社会网络的机会，帮助建立新的社交关系。

第四节　国际企业跨文化管理实务

一、跨文化管理的基本概念

跨文化研究始于二战后的美国，并通过美国学者发展起来。由于战后美国人大批到海外生活、工作和学习，并且每年都有数以万计的外国留学生在美国学习，因此美国学者开始关注文化之间的差异对人们生活和交往的影响，并开始寻求不同文化之间的融合和管理问题。此后的几十年里，跨文化领域的研究吸引了不同国家的众多学者的参与，并在20世纪后25年里得到很好的发展。

（一）跨文化管理的概念

跨文化管理又称交叉文化管理，就是在跨国经营中，对不同种族、不同文化类型、不同文化发展阶段的子公司所在国的文化采取包容的管理方法，其目的在于如何在不同形态的文化氛围中设计出切实可行的组织结构和管理机制，在管理过程中寻找超越文化冲突的公司目标，以维系不同文化背景的员工共同的行为准则，从而最大限度地控制和利用企业的潜力与价值。

（二）文化差异的维度

最早从文化层面对不同民族差异进行比较的理论应该追溯到1961年，克拉克·汤姆和斯特罗·贝克从人性的善恶、个人集体、等级体系等几个方面指出不同文化之间的差异。与此同期的豪尔（1960、1966年）也从协议、空间占有物的数量、过去将来的时间关系等方面对文化差异提出了自己的见解。这一时期的学者并没有提出完整体系的文化比较成果，研究方法也欠缺科学性，没有从实证角度提供有力说明。

时间推移到20世纪70年代后期，美国管理心理学家吉特·霍夫斯泰德（1984—1991年）使用心理测验的方法，对在某一跨国公司任职的来自世界40个国家和地区的各类职员进行了一项长达7年的研究，发现这些国家在文化上的差异主要表现在四个方面。这四个方面也就是民族文化差异的四个维度，每一种文化的特点都可以用它在这四个维度上的强弱来表示。霍夫斯泰德发现的四个文化维度是：权力距离、不确定性避免、个人主义—集体主义、男性度—女性度。

1. 权力距离

霍夫斯泰德的四个维度考虑的主要是从社会角度分析文化对组织的影响，他充分考虑了权力、环境以及社会对女性的重视程度，通过权力距离这个维度，判断权力在社会和组织中不平等分配的程度。对这个维度，各个国家由于对权力赋予的意义不完全相同，所以也存在着很大的差异。例如，美国对权力的看法跟阿拉伯国家的看法就存在很大的差异，美国不是很看中权力，他们更注重个人能力的发挥，对权力的追求比阿拉伯国家要逊色不少；阿拉伯国家由于国家体制的关系，注重权力的约束力，由此，阿拉伯国家的机构，不管是政府部门或者企业都多多少少带有权力的色彩。

2. 不确定性的规避

霍夫施泰德认为，人们抵抗未来这种不确定性的途径主要有三种：科技、法律和宗教。人们用科技抵抗自然界的不确定性，用法律（成文和不成文）抵抗来自其他社会成员的不确定性，而宗教则被人们用来化解不可抵抗的死亡和来世的不确定性。霍夫施泰德的调查表明，不同民族文化之间在不确定性状态的回避倾向上有很大的不同，有的民族把生活中的未知、不确定性视为大敌，千方百计加以避免，而有的民族则采取坦然接受的态度，“是福不是祸，是祸也躲不过”。为了对这种不同进行衡量，他提出了不确定性回避（Uncertainty Avoidance）的概念。

所谓不确定性回避，是指一个社会感受到的不确定性和模糊情景的威胁程度，并试图以提供较大的职业安全，建立更正式的规则，不容忍偏离观点和行为，相信绝对知识和专家评定等手段可以避免这些情景的发生。其强弱是通过不确定性回避指数（Uncertainty Avoidance Index，UAI）来显示。一个鼓励其成员战胜和开辟未来的社会文化，可被视为强不确定性回避的文化；反之，那些教育其成员接受风险，学会忍耐，接受不同行为的社会文化，可被视为弱不确定性回避的文化。

强不确定性回避国家的人民比较起来更忙碌，常常坐立不安，喜怒形于色，积极活泼，其文化对法律、规章的需要是以情感为基础的，这不利于产生一些根本性的革新想法，但却可以培养人们精细、守时的特质，因而善于将别人的创意付诸实施，使之在现实生活中生效；而弱不确定性回避国家的人们比较起来则显得更沉静些，也更矜持，随遇而安、怠惰、喜静不喜动、懒散一些，人们对于成文法规在感情上是接受不了的，除非绝对必要，社会不会轻易立法，其文化能容忍各种各样的思想和形形色色的主意，因而有利于产生一些根本性的革新想法，但却不善于将这些想法付诸实施。

3. 个人主义—集体主义

在霍夫斯泰德的研究中，一个社会的个人主义/集体主义倾向是通过个人主义指数（Individualism Index，II）来衡量的。这一指数的数值越大，说明该社会的个人主义倾向越明显，如美国；反之，数值越小，则说明该社会的集体主义倾向越明显，如日本和亚洲大多数国家。

我国在改革开放之前，几乎没有人敢提个人主义，都是提倡集体主义，组织考虑的是大集体，而不是小集体。美国则几乎没有集体主义这个概念，跟美国人说集体主义，他们可能会一脸茫然。在行政方面，个人主义与集体主义倾向所产生的影响是很大的。在强调集体主义的社会，为了保证集体的利益，上级自然会派一个组织上信得过的、政治过硬的人来领导某家企业，而个人主义者就不允许这种情况发生了。这种矛盾在事前就应该考虑到，否则后果将是不堪设想的。

4. 男性化和女性化

霍夫施泰德把这种以社会性别角色的分工为基础的“男性化”倾向称为男性或男子气概所代表的维度，即所谓男性度（Masculinity Dimension）。它是指社会中两性的社会性别角色差别清楚，男人应表现得自信、坚强、注重物质成就，女人应表现得谦逊、温柔、关注生活质量。而与此相对立的“女性化”倾向则被其称为女性或女性气质所代表的文化维度，即所谓女性度（Feminine Dimension），是指社会中两性的社会性别角色互相重叠，男人与女人都表现得谦逊、恭顺、关注生活质量。

男性度/女性度的倾向用男性度指数（Masculinity Dimension Index，MDI）来衡量，这一指数的数值越大，说明该社会的男性化倾向越明显，男性气质越突出

(最典型的代表是日本);反之,数值越小,说明该社会的男性化倾向越不明显,男性气质弱化,而女性气质突出。

在男性气质突出的国家中,社会竞争意识强烈,成功的尺度就是财富功名,社会鼓励、赞赏工作狂,人们崇尚用一决雌雄的方式来解决组织中的冲突问题,其文化强调公平、竞争,注重工作绩效,信奉的是"人生是短暂的,应当快马加鞭,多出成果",对生活的看法则是"活着是为了工作"。而在女性气质突出的国家中,生活质量的概念更为人们看中,人们一般乐于采取和解的、谈判的方式解决组织中的冲突问题,其文化强调平等、团结,人们认为人生中最重要的不是物质上的占有,而是心灵的沟通,信奉的是"人生是短暂的,应当慢慢地、细细地品尝",对生活的看法则是"工作是为了生活"。

到 1991 年,霍夫斯泰德在原有的四个文化纬度基础上增加了第五个纬度——"长期取向"。霍夫斯泰德的这一发现对跨文化研究有非常重大的意义,在西方产生了重大影响。霍夫斯泰德除了在跨文化基础理论上的突破之外,还应用这一理论作了大量的实证分析。例如,在《文化的重要性》、《文化与组织》中霍夫斯泰德(1991 年)对各国文化差异背景进行比较,以寻找被视为某一特殊民族的行为准则。在《欧洲印象:过去、现在和未来》(1991 年)一文中他对 11 个欧共体国家进行分析,从五个文化纬度阐述了它们的差别。从某种意义上说,霍夫斯泰德是跨文化研究理论的奠基人,他的理论成果引领了后人对跨文化的研究。

(三)解决组织内文化差异的方案

加拿大著名的跨文化组织管理者南希·爱德勒提出了解决组织内文化差异的三种可供选择的方案:

一是凌越,是指组织内一种文化凌驾于其他文化之上扮演着统治者的角色,组织内的决策及行为均受这种文化支配。这种方式的好处是能在短时间内形成一种"统一"的组织文化,其缺点是不利于博采众长,其他文化因受到压制容易使其成员产生强烈的反感,最终加剧冲突。

二是折衷,是指不同文化间采取妥协与退让的方式,有意忽略回避文化差异,从而做到求同存异,以实现组织内的和谐与稳定,但这种和谐与稳定的背后往往潜伏着危机,即只有当彼此之间的文化差异很小时,才适应采取此法。

三是融合,是指不同文化间在承认、重视彼此间差异的基础上,相互尊重、相互补充、相互协调,从而形成一种你我合一的、全新的组织文化,这种统一的文化不仅具有较强的稳定性,而且极具"杂交"优势。

二、跨文化管理的类型

（一）照搬母公司文化（文化移植）

这种管理方式直接将母公司的文化体系映射到子公司所在的国家和地区，而无视子公司所在地的本土文化或合作方的原有组织文化，在具体的文化贯彻和实施的过程中，都不可避免地带有强迫的色彩。文化交融的冲突体现在力量的较量上。如果母公司文化是强势文化，而子公司的地域文化是弱势文化，那么在文化移植的过程中冲突相对会小些。如果两文化势均力敌，都属于强势文化，那么冲突就会激烈。如果子公司所在地域文化为强势文化，则弱势的母公司文化将被子公司文化同化。

国际企业在进行跨文化管理的同时，由于企业文化的冲突等综合因素的影响，难免会产生摩擦。所以，在文化移植的过程中应注意以下事宜：

第一，在企业文化移植中，宏观层面上要调查了解新环境的主要参数，包括政治、经济、文化、习惯、民族综合情况等。

第二，在企业文化移植中，微观层面上要了解行业内部各个环节的主要情况，包括财务、生产、招聘人事、销售、市场、采购、沟通等。

第三，在企业文化移植中，除了宏观层面和微观层面之外，对当地特殊的风俗、政策、习惯等情况也要特别关注。由于各地区的发展不平衡，特色各异，因此，对这些细节的了解和把握，也有利于企业文化的移植和企业在新环境下的生存。

（二）尊重子公司文化（文化嫁接）

这种类型的跨文化管理是在母公司认识到子公司所在地域的文化特征，并在尊重当地文化的前提下采取的方式。嫁接多以子公司的组织文化为主体，然后选择母公司文化中关键和适应的部分与之相结合。文化嫁接的优点在于对当地文化的充分认识和尊重，但容易出现的问题则是母公司文化的特性不突出或者没有尽取精华，对当地文化中的不适宜成分也没有充分剥离，使协同效应无法充分地发挥出来。

（三）多种文化的融合（文化合金）

这是跨文化管理的最高层次，也是经实践证明最有效的方式。文化合金是两种文化的有机结合，选择各自的精华部分紧密融合，成为兼容性强、多元化的合金。具有这样性质的文化可以兼容更多的文化，适应更多不同文化的环境，因此是经济全球化背景下国际企业最强的核心竞争力。

三、国际企业跨文化管理的对策

（一）加强外派人员的培训

在选择外派人员时，应该尽可能选择那些具有全球经营技能和素质的人，以较快地适应文化的融合要求。同时，还要加强一系列关于东道国语言、文化和个人职业生涯发展的培训，以便更好地适应今后的工作，还要为外派人员的配偶提供类似的培训项目。

图 10-1 展示了一个为外派人员准备的综合培训项目。它主要包括三个阶段，每一阶段都有其特定的目标。出发前训练的主要目的是使那些外派人员对海外委派有所准备，使他们熟悉东道国，以减少外派人员及其家庭将来在东道国可能遇到的文化冲突，同时也帮助增强那些外派人员对母公司的使命感，或许能带来更好的工作绩效。培训项目的第二个阶段发生在东道国，也就是说，在这个阶段内，语言的培训继续作为一个重点。此外，"指导性计划"被证明是非常有效的。培训的最后一个阶段"归国"被认为是一件再简单不过的事情了，然而有证据表明，与在海外工作中遇到的文化冲突相比，归国过程中遇到的问题更头疼。归国的现实是这样的：管理者经过海外委派后回到国内，往往比较容易离开母公司，到一些国内比较相似的公司工作，这在很大程度上是因为他对回到国内生活的期望与现实中得到的不一样。所以，如何使得海外委派的工作同该管理人员的职业生涯与期望相适应，也是跨国企业在外派管理人员上应考虑的问题。

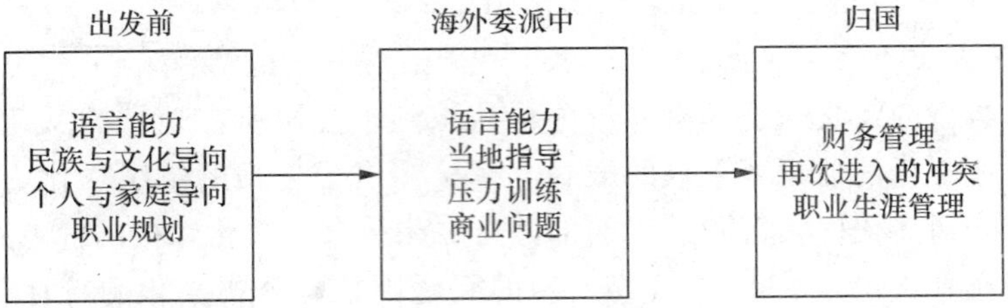

图 10-1 对外派管理人员进行培训的各个阶段

Adopted from Edward Dunbar and Allan Katcher, Preparing Managers for Foreign Assignments, Training and Development Journal, September 1990, p.47.

（二）管理人员本土化甄选

由于本土的管理者对本土文化有深刻的了解，其观念容易为员工所接受，同时也为本土员工的晋升提供了有利的渠道，具有较强的激励作用，因此，利用本土管理者进行管理就成为跨文化人力资源管理中的明显特征。当然，跨国公司往往选用具有国际学习和工作经验的本土化人才。

（三）宽容态度对待文化冲突

即使准备充分，跨文化管理中的冲突仍然不可避免。面对冲突，管理者需要一个平和的心态、宽容的态度和理智的处理方式。要相互尊重和理解,对本土文化要进行分析,要对其优秀部分采取学习态度,不可抱有成见,或一概排斥。管理者的立场要客观中立,处理方式要尽量温和、宽容。

(四)取长补短,形成文化合金

文化融合是一个系统工程,要有计划、有步骤地分阶段实施,而文化融合的最终目标就是塑造"文化合金"。在人力资源管理跨文化管理过程中,管理者要时刻关注文化的变化,并积极主动地推动文化的变革和融合,以使企业真正成为兼收并蓄、集各种文化之所长的"文化合金"。

思考题

1. 影响国际企业各子公司发展的不同层次的因素中,是内部因素支配,还是外部因素主导?

2. 与国内人力资源培训相比较,国际人力资源培训有何特点?

3. 金融危机对国际企业人力资源管理有何影响(可以就国际企业人力资源管理的某一具体方面来谈,如绩效管理、薪酬管理、员工培训等)?

4. 收集有关跨文化管理的案例,讨论国际企业在进行跨文化管理过程中如何解决文化冲突。

案例分析

飞虹电梯有限公司上海分公司辞职事件

连同黄宇,这已是项目部半年内第四位辞职员工了。总经理已特意在周一的部门经理会议上责成人事经理李彤及项目部经理对近阶段人员频繁流动问题给出书面解释。同时,由于人员的流动频繁,造成了许多项目在执行过程中,不得不中途换帅,而新项目经理又一时无法及时上手,客户的投诉不断。该怎么处理黄宇的辞呈,以及找出其内在的原因及解决方法,李彤在沉思中。

行业背景

目前我国已经成为全球最大的电梯市场。20 世纪 80 年代以来,随着经济建设的持续高速发展,我国电梯需求量越来越大。总趋势是上升的,但 20 多年来有起有落,目前进入了"第三次浪潮",2005 年总产量超过了 10 万台,而且目前还没有减速的迹象。从 1949 年新中国成立以来全国共生产安装了65 万多台电梯。尽管如此,我国的电梯远未达到饱和的程度。全世界平均 1000 人有 1 台电梯,我国如果要达到这个水准,还需要增加 80 万台。到那时候,全国在用电梯将达到 130 万台,每年仅报废更新就需要 8 万台。如此庞大的市场需求为我国电梯行业创造了广阔的舞台。

我国电梯行业已经具备了很强的生产能力。由于房地产市场的持续高速发展,兴旺的电梯市场吸引了全世界所有的知名电梯公司,美国奥迪斯、瑞士迅达、芬兰通力、德国飞虹及日本三菱、日立、东芝、富士达等13家大型外商投资公司在国内的市场份额达到了75%。先进技术和先进管理的引进对国内电梯企业产生了强大的推动作用。现代企业的示范作用使我国优秀电梯企业看清了自己的定位与出路。目前国内市场需要的电梯产品,我国电梯行业几乎全部可以生产,不但大量替代了进口,而且有一定的出口。

电梯行业产业结构正在改善。在国外各大电梯公司纷纷进入我国的同时,德国威特、西班牙塞维拉等一些优秀的电梯配件公司也在我国建立了合资企业,一批内资配件生产企业如宁波欣达、上海新时达、老港申菱、沈阳蓝光、常熟曳引机、河北东方等也迅速发展起来。目前,越来越多的电梯企业注意到了安装和维修保养的重要性,单纯扩大制造能力的重复建设减少了,尽量贴近使用现场的服务网点增加了,这样不但提高了电梯的使用可靠性,缩短了企业和用户之间的服务距离,而且为企业的长远发展奠定了基础。

飞虹电梯有限公司上海分公司简况

飞虹电梯公司是一家目前占中国电梯市场份额较大的德资电梯公司。作为世界500强的飞虹集团下属的子公司,飞虹电梯有限公司于1995年登陆中国最大的电梯市场——上海。通过近二十年的不懈努力,飞虹电梯已在上海、广东中山拥有了亚洲一流的电梯扶梯生产基地,销售额从最初的数百万发展到2006年的50亿,员工从数十人发展到上千人的规模。市场占有率近20%,并且产品大量返销欧洲市场。应该说飞虹电梯在中国市场的发展是迅速的,已超出当初德方预期。

上海分公司作为飞虹电梯在中国市场的桥头堡,随着中国房地产市场的蓬勃发展而迅速膨胀,公司的效益也蒸蒸日上。一批元老见证了公司的起步、发展,成了公司的骨干。作为回报,这批员工的薪酬水平,远远超出行业标准。而从2008年开始,由于国家对宏观经济发展,特别是房地产市场的调控,对电梯行业产生了较大的影响。电梯行业从一个高速发展的时期逐步走向低潮,在CPI(消费者物价指数)大幅上升的情况下,各品牌电梯公司为争夺有限的市场份额大打价格战,电梯价格不升反降,利润率大打折扣。新入电梯行业员工的薪酬逐步与市场同行持平,这就造成了部分新管理者的工资低于技术工人的现象。而项目经理在此尤为突出。一方面要评估下属员工,对其进行绩效考核;而另一方面,下属的工资及加薪幅度却远高于他。

项目部组织结构说明

项目部主要承接公司对外项目扶梯、电梯的安装。项目部经理作为该部门的最高管理者,下设若干项目经理。每个项目组由1名项目经理负责若干个项目，每个项目分包给不同的安装队，由安装队负责本公司的产品安装、调试、报验等工作。调试人员作为公司的技术人员由项目经理指派到相关工地指导协助安装队安装；PAD文档人员作为项目经理的助理负责协调工厂、客户内部各种文书往来及处理应收账款事项。

工资和绩效考核

公司的绩效考核是从2002年开始的。2002年上海分公司根据亚太区的要求，针对飞虹电梯中国人力市场的特点，开发了一套绩效评估的表格。根据员工的职位不同，分别设计了对应管理人员、工厂人员、办公室普通员工的三套绩效评估表格。而管理人员由于公司上层的定义，认为只包含到部门经理级别，这样，项目经理这个公司最直接面对客户的管理者也被放入了普通员工行列。

每年加薪幅度是与绩效考核相互关联的，根据各人的不同表现分为四等：

A. 优：加薪幅度5%—10%

B. 良：加薪幅度1%—5%

C. 中：0%

D. 差：0%

同时每个部门根据其平时工资总额有年终加薪总额的预算，每个部门经理在考核下属绩效的同时，还必须权衡优良者的具体工资，以免出现几个高薪者的加薪就占整个部门加薪总额一大半的现象。

黄宇其人

黄宇，现年30岁，毕业于东方大学。毕业后曾在多家电梯公司任项目经理，他刻苦好学，做事严谨。对工作一丝不苟，严格要求。2000年应聘于飞虹电梯有限公司上海分公司项目经理，分管地铁9号线、拜耳化工园区、申花大厦等重大市政工程。由于其精通专业，对下属严格要求，安装队、助理和调试人员都对其非常敬畏。与其他项目组相比，由于黄宇管理有方，所以该项目组的业绩是所有项目组中最突出的。也正因为如此，公司经常把最重要的客户、工期最紧或者是工程难度最大的项目交给他。这也造成了其下属员工的工作量远远超过其他项目组。而在年终的绩效考核中，由于各项目组都按照公司的比率评定“优良中差”。即各项目组都必须评定出该项目组中的优秀及末尾人员，分别予以奖惩。可事实却是，由于黄宇项目组的管理方式得当，就算是在该小组评为“中”的员工，其工作表现在其他项目组中都可以被评定为“优”。而这部分员工辛苦工作一年却由于评为“中”而得不到加薪，怨声四起，工作上开始消极怠工。黄宇也深感评定不公，多次找人事经理沟通。然而由于种种原因，绩效考核评定方式及优良人员比率为总部设定，分公司无权更改。同时由于项目部考评以项目组为单位，各项目经理的考核与该小组业绩相挂钩。虽然黄宇被评为“优”，但由于其在公司工作时间不长，起薪较低，虽然有每年10%的加薪幅度，但和一些项目部的老员工相比，他们的5%的绝对数量却远大于黄宇，工资差距反而拉大了。干了两年，黄宇深感公司制度的弊端，却又无力改变，最终提出辞职。

案例分析题

1. 员工辞职的主要原因是什么？
2. 该公司绩效考核中存在的问题有哪些？
3. 请为管理人员设计一套绩效评估表。
4. 请帮助人事经理拟定一套解决公司现存问题的方案。

第十一章　人力资源管理信息系统

本章概要

本章对人力资源管理信息系统进行了界定，并对人力资源管理信息系统的功能进行了详细分析，通过对人力资源管理信息系统开发的描述，以具体实例阐述了设计和开发的基本流程和模块，对人力资源管理信息系统日常的维护和安全等工作作了介绍，最后对人力资源管理信息系统的发展作了展望。

第一节　人力资源管理信息系统概述

一、人力资源管理信息系统的定义

人力资源管理信息系统（Human Resource Management Information Systems，HRMIS）是组织进行人力资源管理并获取所需信息的一种有效方法。它通常利用计算机和其他先进技术，处理反映企业日常经营活动的数据和以信息的形式加以组织的数据，来提高人力资源决策的效率。

企业的人力资源管理系统是与企业的整体信息系统挂钩的，是企业整个管理信息系统的一个重要组成部分。由于近年来企业间的竞争已从传统的自然资源优势竞争、资本资源优势竞争逐步转移到人力资源优势竞争上来，人力资源信息的有效利用成为企业高度重视的竞争性战略资源。人力资源管理信息系统作为辅助企业进行有效的人力资源管理的先进工具，必将成为企业信息管理的重中之重。而人力资源管理信息系统作为人力资源管理的一部分，起着支持企业人力资源管理的核心作用：它是招聘与调配系统的重要参照标准，是岗位分析、员工激励和培训的直接依据。

二、人力资源管理信息系统的特点和作用

人力资源管理信息系统提供的信息应该具有以下四个特征：一是准确性，也就是提供的信息必须准确无歧义；二是及时性，即提供的信息应该包含最新的信息；三是相关性，即管理者能够获得与特定情况相关的信息；四是完整性，即管理者必须能够获得完整的而不是部分的信息。

人力资源管理信息系统是人力资源管理者与现代信息技术的有机融合，可以辅助人力资源管理人员合理高效地完成管理工作。人力资源管理信息系统的

主要目的如下：

（1）提高工作效率。人力资源管理的日常工作，如薪酬管理、绩效考核、招聘等事务均需耗费大量的时间和精力。传统的手工管理效率较低，且易出错。随着企业的发展，繁重的人力资源管理工作往往使人力资源管理者感到难以应对。因此，人力资源管理信息系统的出现，使信息化工具取代了手工劳动，解决了信息处理的问题，提高了工作效率。

（2）管理流程再造。人力资源管理从制定规划到员工招聘和有效使用，具有科学系统的流程。但是在实际工作中，人力资源管理人员往往难以做到规范管理。工作的不规范和不系统容易导致人力资源管理出现各种各样的纰漏和问题。人力资源管理信息系统建立在系统规范的人力资源管理工作上，通过各种科学的管理模块和系统有机的运作，解决了人力资源管理中存在的流程问题，实现了人力资源管理的系统化和规范化。

（3）提供决策信息。人力资源管理部门是企业的重要职能机构，直接掌握着企业的各类人员信息。这些信息是企业决策的重要参考。因此，人力资源管理部门的一项重要职责，就是服务于企业战略决策，为管理层制定企业规划提供相关信息。常规的人力资源工作往往不能及时满足管理层对信息的需求，人力资源管理信息系统通过合理的设计，可以实时分析并提供各种所需的人员信息。通过各种相关分析模块的嵌入，可以满足企业管理层决策所需。

（4）服务企业员工。人力资源管理信息系统不光可以满足企业高层和自身部门的需要，而且通过人力资源管理信息系统的公共平台，可以为企业内部所有员工提供一系列的服务项目，如政策规定、招聘公告、薪资制度、职业发展等。这些信息可以为企业内部员工提供清晰明确的辅助信息，有助于企业员工了解企业运行动态，提高与企业的互动，对增强员工的归属感和提高满意度具有重要意义。

第二节　人力资源管理信息系统功能分析

人力资源管理信息系统可以帮助人力资源管理部门实现数据的集中管理和共享，优化业务流程及人力资源管理过程，为人力资源管理部门进一步提高日常工作效率、提升部门整体业务水平提供有力支持。同时通过有效利用人力资源管理系统中提供的统计分析、决策支持等工具，将逐步对企业的长期人力资源战略规划产生积极影响。[①]

① 参见张爱卿和钱振波：《人力资源管理：理论与实践》，清华大学出版社 2008 年版，第 92 页。

一、人力资源管理信息系统的管理功能

(一) 人力资源规划(HR Plan)

人力资源管理信息系统的规划子系统是从组织人力资源管理战略层面出发,具有辅助人力资源管理者进行人力资源供求分析的功能。

人力资源规划子系统的主要功能有:

1. 人力资源补充更新,对组织人力资源结构进行分析,从优化人力资源配置的角度,提供人力资源的数量和质量要求。

2. 人力资源使用和调整,提高组织人力资源使用效率,分析组织内部人力资源的现有配置,并提供人力资源调整和流动计划。

3. 人力资源薪酬,通过内外部员工薪酬相关数据的输入,分析薪酬相关要素,形成有效的薪酬管理体系。

4. 人力资源发展,形成组织人力资源职业生涯发展系统,建立组织人力资源发展库,形成人力资源梯队;拟定培训项目,确定培训的日程和内容,管理培训结果。

5. 退休和聘任,计划员工的退休和聘任,分析员工的任期,使人力资源管理有序运行。

6. 人力资源规划总系统,根据企业的战略和发展目标,通过上述各子系统的运行,做好人力资源的供求分析和平衡,制定并发布人力资源规划。

(二) 招聘管理(HR Staffing)

招聘管理子系统是根据组织人力资源规划的总体目标和要求,依据人力资源规划相关系统的分析结果对组织招聘进行管理的模块。

招聘管理子系统具有的功能有:

1. 招聘计划,根据人力资源规划和人力资源部门的相关输入,分析并整理人力资源招聘计划,并生成人力资源招聘方案,用以指导人力资源招聘活动,并可以有效监督人力资源招聘工作的开展。

2. 简历管理,根据系统提供的简历模板,高效准确地将应聘者的简历按照预定的数据格式存入系统;通过内容分析等技术,自动分拣并筛选潜在的应聘者,从而可以大大降低招聘人员的工作量;同时,将应聘者信息录入数据库,建立组织人才资源。

3. 招聘流程管理,根据人力资源管理者事先设定的招聘程序,对招聘流程进行控制;部分系统可以实现招聘过程的电子化管理,即招聘测试实行机考,应聘者在电脑上完成相应的测试后,由系统自动打分;面试和其他测试环节,由面试者将分数直接或间接输入电脑中,由系统自动统计和识别各招聘阶段的合格者,降低了主观因素的干扰。

4. 录用管理,根据最终的招聘结果,自动生成录用通知,进行批量打印并邮寄。

(三) 人事信息管理(HR Personnel Information Management)

人事信息管理子系统负责对组织相关员工的信息更新、维护和升级。一般来说,组织员工不论何种级别、何类工种,在人事信息管理子系统中均作为一个记录。这个记录包括人员的姓名、性别、出生年月、进入组织时间、职务、任现职时间等基本信息,还包括培训信息、技能情况、薪资等级等组织专有信息。这些信息的及时维护和更新,有利于组织人力资源管理工作的开展,便于组织及时掌握组织人员的变动情况。

人事信息管理子系统的功能有:

1. 信息录入。人事信息的录入主要通过人工完成,一般有两种途径:一种是由当事人自己输入更改,但必须由人力资源部门审查通过才可以正式进入系统。这种途径的优点是:减少了人力资源部门的工作量,将信息录入工作分散到个人;而且当事人对自己更为了解,自己录入信息可以更好地维护信息,保证信息的准确性和完整性。但是这种途径加大了人力资源部门的审查工作。第二种途径是由人力资源部门自己录入,这种途径现在使用较多。其优点是人力资源部门录入具有权威性和信息安全性,缺点则是加大了工作量,同时对一些具体信息往往会忽视,或不准确。目前,很多信息系统都根据具体信息的特点,采用上述两种途径的结合方式。

2. 信息更新。信息更新与信息录入相类似,也具有两种途径。但不同的是,信息录入是对系统原来没有的信息作采集,而信息更新是对系统现有信息的修改和更正,因而两者之间在信息的对象上存在不同。人力资源管理部门一般采取的措施是,对于基本信息,由于改动较小、对企业的人事管理影响较小,一般由当事人自己修改;而对组织专有信息,则由人力资源管理部门对数据库进行更新。

(四) 合同管理(HR Contract Management)

劳动合同是企业人力资源管理的重要内容。因此,合同管理子系统也成为人力资源管理工作的一个重点。由于合同条款具有法律的严谨性,因此,合同管理被人力资源管理者当做最为“严谨”的工作之一。

合同管理子系统具有的功能包括:

1. 合同管理主模块,主要包括对组织内部员工的劳动合同、用工协议等具有法律效力的文书管理,相应的功能包括对合同的签订和续签等正常程序,合同的变更、解除和终止等过程的管理。这些具体条款基本内置在电脑中,属于格式文本。

2. 合同管理辅助模块,包括合同到期提醒、合同更改提醒等相关的辅助支持性功能。同时也可以根据组织的具体要求,开发相应的管理工具。

另外,合同管理子系统中,还包含合同文本变动的管理。这是对合同条款的本质性修改，组织在制定好合同后，一般不会随意或经常改动。但是，如果外部环境如法律法规发生变化，合同文本也必须考虑进行修改。此时，就需要在合同管理子系统中，设立一个合同文本修改的控制模块。这个模块由于涉及组织的利益和法律，具有相当强的敏感性，因此，一般要有组织最高领导的授权才能进行。

（五）考勤管理（HR Attendance Management）

现在很多组织都建立了员工考勤管理制度。将员工考勤机与人力资源管理信息系统进行联网，就可以自动完成对员工的考勤管理。同时，考勤子系统可以根据组织需要，定期（每周、每月、每季度等）生成组织员工考勤情况汇总表，甚至可以针对每个员工或某个时间（段或点）进行统计分析，以便发现员工考勤的规律，便于进行员工管理。

（六）绩效管理（HR Performance Management）

绩效管理子系统是针对组织中个体或团队或部门进行绩效统计、评估和管理的系统模块。通过组织事先设定的考核模式和方法，可以完成对组织的绩效考核工作，并为其他子系统提供数据支持。

绩效管理子系统具有的功能包括：

1. 绩效考核设定。由于组织内部部门与部门、团队与团队甚至岗位与岗位的不同，相应的绩效考核标准和方法也存在不同。而且每次考核都需要根据当时的具体情况进行标准的调整，因此绩效考核的设定就需要根据组织的不同情况加以完成。同时，这部分还涉及绩效考核流程，包括考核的时间、考核顺序和考核人等有关内容，也需要认真加以设定。

2. 绩效考核实施。通过完整清晰的考核步骤，并结合组织制定的考核标准和方法，可以有效指导组织员工填报绩效考核表。系统可以自动检查、汇总并分析考核情况，对于不合格的考核表，系统会发回重填，并进行记录。在考核完成以后，将根据组织需要，生成绩效考核格式文档，供组织在各项工作中使用。

3. 绩效沟通。包括组织与员工就绩效考核的前馈和反馈系统，以及员工的申诉等。系统一般在绩效考核设定完成以后，依时间点对参与考核人员发送电子邮件进行提醒或通知，并能建立员工和人力资源管理部门的交流渠道；在绩效考核完成，考核结果得到组织认同后，系统将按照设定，把考核结果分发到考核对象手中，并开通申诉系统，接受被考核对象的申诉。

（七）薪酬和福利管理（HR Payment & Welfare Management）

薪酬和福利管理是传统人事管理的核心，也是现代人力资源管理的重点。薪酬和福利管理子系统就是辅助人力资源管理部门进行相关管理的功能模块。

薪酬和福利管理子系统具有的功能包括：

1. 薪酬体系。按照组织的要求，对组织内部的薪酬等级、薪酬类型等进行设定，并进行管理。

2. 薪酬核算。根据薪酬体系的设定，对组织的薪酬进行整体核算，可以计算每个具体员工的薪酬数，并能生成相关部门和组织总体的薪酬核算表，备组织和相关部门查核。本模块与组织财务系统须有良好的数据接口和通讯，确保两者之间可以互通并准确交流信息。

3. 福利管理。本模块可以独立成为一个功能模块，也可以与薪酬管理合并效用。福利管理包括组织福利体系的定义、自助式福利的提供、应需福利的管理等。另外，由于福利管理可能涉及个体的不同设定而出现不同情况，因此，福利管理模块要求有充足的能力处理组织个体的福利事项，并能有足够的扩展空间。

（八）培训与发展管理（HR Training & Development Management）

培训与发展管理子系统主要是对组织员工的培训和发展进行管理，提供有针对性的培训方案和发展建议。

培训与发展管理子系统的主要功能包括：

1. 培训规划，对组织员工的培训进行具体计划。包括通过人力资源规划子系统所获得的组织培训需求，通过组织内外部培训资源的输入所获得的培训供应，以及在组织战略背景下，对组织培训的系统进行设计，从而制定组织的培训计划。

2. 培训实施，发布培训计划，跟踪组织的培训进程，管理并协调培训。及时更新培训内容，公布培训的相关资料，提供网络培训平台，可进行网络在线培训，便于组织利用信息技术开展培训工作，节省培训成本。

3. 培训质量控制，提供培训评估表，对培训者和被培训者进行双向评估。考核培训者的素质和培训能力，备案后作为培训规划中培训供应的参考；考核被培训者的培训成绩，并汇编进入人事信息系统，以此作为薪酬/福利、绩效评估、晋升等的依据。

4. 发展管理，主要包括一个思路清晰、路径明确的职业发展系统，提供给员工明确的职业发展路径，并能针对员工当前的绩效表现提供较为简洁的建议；提供给组织清晰的员工发展趋势分析，使组织可以及时掌握未来员工的职业发展情况，掌握组织内部人员的晋升和流动情况。

二、人力资源管理信息系统的服务功能

人力资源管理信息系统的服务功能主要是指为企业各层次人员提供人力资源相关信息和帮助，辅助人力资源管理信息系统管理模块工作，并协助员工进行自我管理。

（一）管理服务

管理服务主要是为企业各级管理部门或人员提供人力资源的信息服务和工作支持。例如，对应于人力资源管理信息系统的管理功能，人力资源服务模块将相应地为管理者提供相关管理信息，包括人力资源规划报告、招聘计划及操作流

程、人事信息服务、合同签改服务、绩效考核及分析服务、薪酬汇总和分析服务以及培训管理等。其目的就是基于组织人力资源管理的相关信息和数据，在适当的公开权限内，为各层级、各部门的管理者提供决策参考和工作支持，最大限度地提高信息利用的效率和效果，为组织的运作提供基础支持。

（二）个体服务

个体服务主要完成对组织内部个人自身工作的服务和支持。例如，对内部招聘的信息服务，可以为员工提供转换工作和晋升的机会；人事信息服务，可以使员工及时更新自己的个人信息；绩效考核服务，可以为员工提供绩效考核结果及分析服务，便于员工进行自我提升；薪酬和福利信息可以使员工对应得报酬有详细了解，并能自助选择相应的福利和奖励；培训可以为员工提供公司的培训项目，便利员工选择并参加感兴趣的课程等。其他个体服务如合同服务等，可以根据组织的需要进行系统定制。

不得不指出的是，与人力资源管理信息系统管理功能一样，服务功能部分也需要设定相应的职责权限。不同层级的管理者、不同部门的人员所授系统权限应当严格区分，避免组织机密信息的泄漏。例如，很多组织要求不同部门间的信息不可以相互公开，企业核心业务部门的信息对非直接领导者也严格保密，这就要求人力资源管理信息系统服务权限部分要进行系统设计，保证按照组织的要求，设定不同的服务权限。

第三节　人力资源管理信息系统开发实务

一、人力资源管理信息系统的建立

人力资源管理信息系统的建立需要四个步骤完成：

1. 项目的准备

项目的准备阶段包括对企业情况的熟悉、建立工作联系和确定信息系统的工作基础。这个阶段，要对企业的人力资源管理情况、相关资料和工作环境有一个初步了解；向有关人员解释和宣传人力资源管理信息系统的目的、作用和意义，使其有良好的心理准备并能够在以后的开发过程中积极配合；确定系统开发的联系对象和工作范围，决定信息系统建立过程的有关人员类型等，进行可行性论证。

这个阶段，还要注意成立人力资源管理信息系统项目推进小组。一般来说，项目小组应包括组织不同部门的代表，以便能够互相沟通，更好地完成项目。最好是由企业的高级管理者负责总协调，以便能够更好地推进项目的开展。项目小组要严格按照企业所设定的目标和要求，明确分工和任务，并保证能够及时有效地进行沟通。

2. 开发前的调研

这个阶段是对整个企业人力资源的工作过程和环境进行正式的研究和调查,包括对企业人力资源管理的各种工作信息进行收集、深入广泛地了解企业人力资源的工作流程、收集人力资源管理相关的各种数据。

这个阶段还要对现有组织的系统进行评价和分析,了解现有系统的优缺点,同时还要对企业各部门、各层级的人员进行广泛调研,分析他们对新系统的期望和建议。特别是要详细了解企业高层管理者对现有系统的意见及新系统的建议,将企业的战略思路和日常流程融入新系统中。

在做好各项开发前调研后,需要将新系统的构架清晰地画出来,规划系统的整体结构、子系统构成、系统内容以及开发日期。然后将生成的详细开发计划呈报项目小组进行讨论和修改,最后报请企业最高决策层审批。可能这个过程需要反复进行,因为系统蓝图的反复斟酌和修改就是组织不断与新系统磨合的一个前期过程,也是企业和开发者不断磨合的过程,只有开发者和企业能够达成一致意见,未来的项目开发才能够得到最大程度的保证。

3. 系统的设计

这个阶段的主要工作是按照第二步的分析和蓝图,有步骤、有计划地进行系统开发。一般来说,这个阶段包括的主要工作有:对人力资源管理总系统的搭建、人机界面的开发、各个子系统功能的设计、系统数据的格式和存储、人力资源管理系统和其他企业信息系统的接口等。

系统设计需要一定数量和技术水平的程序开发人员协调工作,也需要项目经理和项目小组的积极配合和监督,因此是一个非常复杂的过程。这个阶段需要注意的是,信息系统的开发往往难以按期完成,因而需要企业和开发人员的积极配合。

4. 系统的调试和正式运行

系统在开发完成之后,还不能立即投入使用。虽然新系统在开发完成后已经进行了实验室检验,但仍然需要在实际工作环境中进行调试。真实的工作环境是检验系统成败最好的试金石。为了防止系统可能发生严重问题,这个阶段一般都是企业同时实行新系统和旧系统并行工作,这样,即使新系统发生问题,也不至于影响企业的正常运行。

当系统经过一段时间的调试无误后(一般是能够对企业所有人力资源管理职能进行连续正确处理),即可将系统付诸正式运行。这个时期,系统开发人员仍然要密切监视系统的日常工作,最好定期对系统日志进行检查,以便最大限度地完善系统。

二、人力资源管理信息系统的构建——一个实例

1. 系统说明

企业人力资源管理信息系统是要建立一个基于现有管理信息系统(MIS)的辅助决策支持系统,充分发挥职能化决策功能的优势,侧重于实现企业人力资源管理的电子化,减少人力和物力的投入,最大限度地为企业的生产运行提供支持。

为了实现系统较强的智能化水平,系统采用模型库和知识库(方法库)体系,并结合企业总的管理信息系统数据库和相关模块,由友好的人机对话接口接受用户的使用和完成结果的输出。实际上,人力资源管理信息系统是建立在企业管理信息系统之上的一个新功能,是为企业人力资源管理服务的新的方式。相对于传统的手工和有纸化的旧的方式,新的基于现代计算机技术和网络技术以及先进人力资源管理理念的人力资管理信息系统无疑是对企业人力资源管理方面的一个变革,也是传统人力资源管理的一种流程再造。

2. 人力资源管理信息系统结构及系统流程

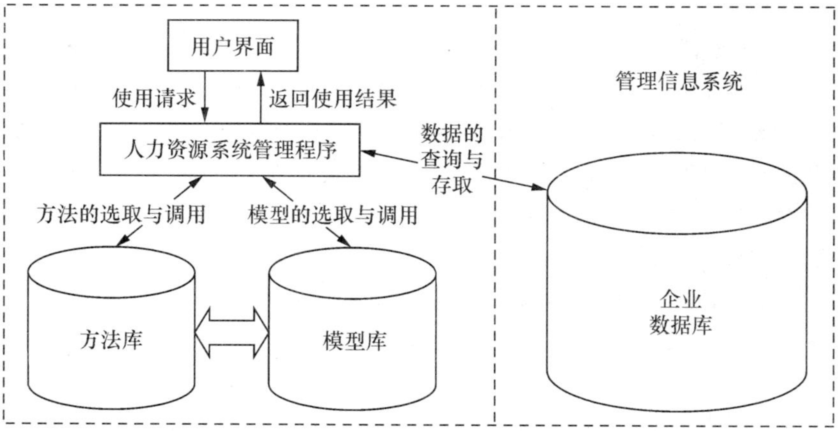

图 11-1　人力资源管理信息系统结构及流程

由上图可知,人力资源管理信息系统实际上是一个三库系统,方法库和模型库是人力资源管理信息系统的核心,用户通过友好的用户界面,借助于人力资源管理信息系统的管理程序对人力资源管理信息系统进行操作,即调用模型库中的模型进行人力资源管理。方法库和模型库是可以互相通讯的,二者是统一的,是相互支持的。有些方法本身就是一种模型,而多种方法的综合运用和组合可以重新构建起一个新的模型,因而方法库和模型库在人力资源管理信息系统中是相辅相成的。方法库中的方法是由具体的人力资源部门和信息部门的维护人员进行维护的,例如,当人力资源部门需要新的模型进行人力资源绩效考核或有

了新的更先进的人力资源绩效考核方法，可以通过与信息部门维护人员的协作，对方法库中的方法进行维护。

（1）人力资源管理信息系统方法库的结构及流程

方法库是人力资源管理信息系统的重要组成部分，它是一种算法程序库，将用来构成各种人力资源管理模型的许多算法程序存于其中。而方法是具有特定功能的模块化程序设计单位，具体地说，也就是一个个过程算法。方法亦可以定义为用户进行问题模型化的各种分析、构造工具，主要是模型中涉及的各种算法、解法、方程，通过这些工具算法的执行，可确定一个具体的模型及其参数。方法库是方法的可扩充的集合，即这些工具的集合，从整体角度看，也可以将其看做是知识库的一部分，涉及有关如何将概念模型化方面的知识。方法具有共享性，不同的模型可以采用相同的方法。

方法库的作用是提供用户概念的模型化的分析工具。当决策用户面临某一决策问题时，首先要理解问题，在头脑中形成概念；接着，要对问题的各个要素及各要素之间的联系进行分析、描述，也就是将形成的概念模型化。在这个过程中，需要各种分析方法和分析工具，方法库就是预先将这些分析工具储存在方法库中，一旦需要就提供支持。

人力资源管理信息系统方法库中的方法分为两类：其一是传统的方法和算法，具体指现有的各类人力资源分析方法和算法。这部分方法、算法比较固定，每一种方法或算法都可以模块化。具体包括基本数学方法、数值方法、统计方法、优化方法、运筹方法、查找算法等。其二是创造性方法。这部分是随用户环境而变的随机方法，即根据专家的知识和经验所随机创建的方法，亦可采用现成的方法拼接而成。

构建人力资源管理信息系统方法库结构如图 11-2 所示：

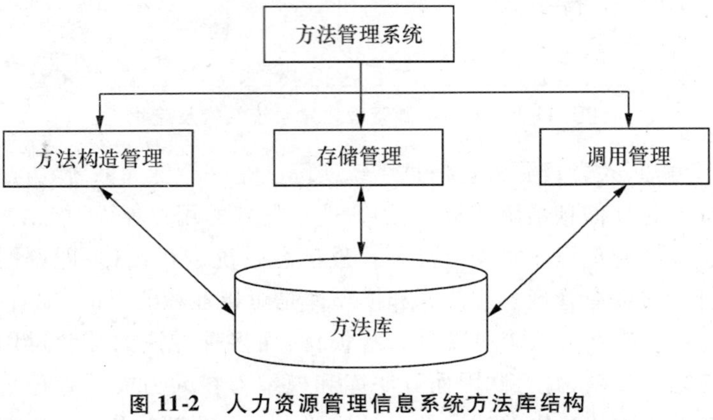

图 11-2　人力资源管理信息系统方法库结构

由上图可知，人力资源管理信息系统的方法库是由方法管理系统进行管理的，对人力资源管理方法的存储、调用以及方法的修改和增添进行维护，它提供生成、检索和更新各种人力资源管理方法的手段，重构方法以及从方法库中存取各种方法。具体的人力资源方法管理流程如下：

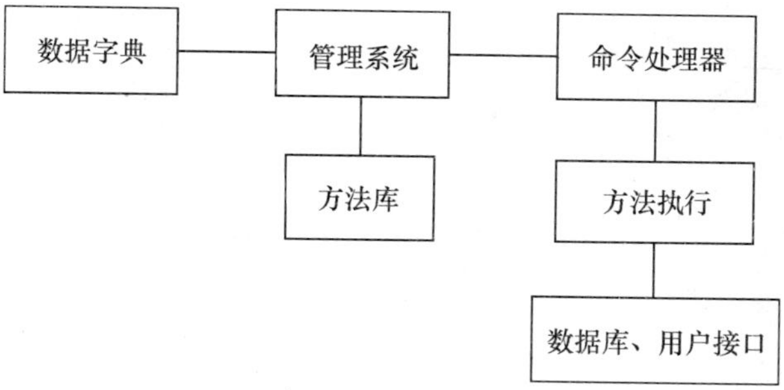

图 11-3　人力资源管理信息系统方法库管理流程

方法库由命令处理器接受和解释来自用户接口的各种方法指令，并把它发送给方法管理系统中的方法执行功能部分；

方法执行控制人力资源方法的实际执行：先判断所执行的是传统方法还是创造性的新方法，然后通过方法库管理系统调度相应的方法库信息并加以执行，最后将结果送到所需各库或用户接口。

（2）人力资源管理信息系统模型库的构建及流程

模型是客观系统在人们头脑中的简化描述，是对问题领域的实际问题的抽象。人力资源管理信息系统模型库中的模型主要有两大类：一类是预制模型，另一类则是用户用系统提供的模型构造方法所创建的模型。此外，约束、决策变量以及目标形式的选择，甚至对模型的适当的修改均是模型构造的一部分。这就需要人力资源管理信息系统模型库能够提供有关模型使用方法和应用范围的知识，引导用户构造模型。本书限于问题的范围，不讨论具体模型库的实施，只是对模型库中模型的逻辑结构进行讨论。

模型库作为人力资源管理信息系统的相当重要的组成部分，是企业人力资源管理信息系统的核心，模型的好坏直接关系到企业人力资源管理的可信度和准确性。模型库主要提供以下功能：

- 支持问题的定义和模型概念化的过程；
- 提供模型构造语言，创造新的模型；
- 维护已有的模型，包括模型的修改、删除；
- 与方法库、数据库及其他人力资源管理信息系统的相关部分进行通讯，实现模型的输入、输出以及中间结果保存过程的自动化；
- 执行模型运算和各种灵敏度的分析。

根据企业人力资源管理信息系统的指标和模型特点，构建企业人力资源管理信息系统模型库如下：

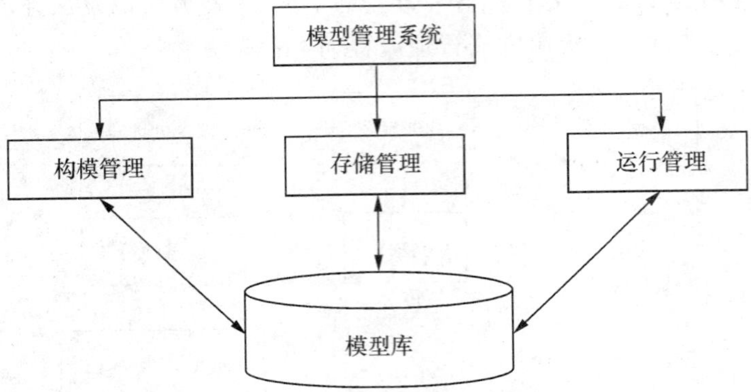

图 11-4 人力资源管理信息系统模型库结构

由上图可知，人力资源管理信息系统的模型库是由模型管理系统进行管理的，对人力资源管理模型的存储、调用以及模型的修改和增添进行维护，它提供生成、检索和更新各种人力资源模型的手段，重构模型以及从模型库中存取各种模型。具体的模型管理流程如下：

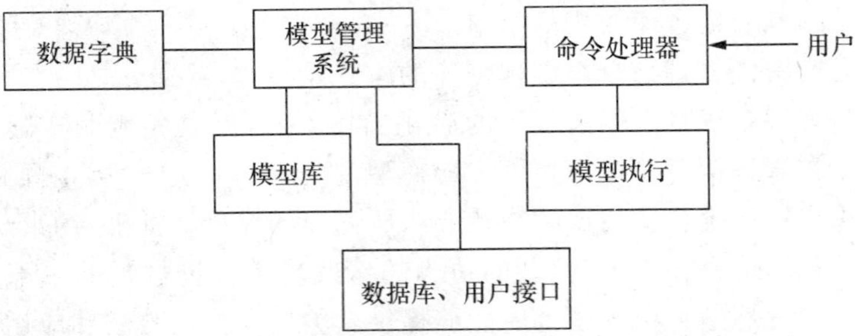

图 11-5 人力资源管理信息系统模型库模型管理流程

命令处理器是一个建模命令处理器，它接受和解释来自用户接口的建模指令，并将它们发送给人力资源管理信息系统模型库中模型执行功能部分；

模型执行控制模型的实际执行，在需要时，可根据用户要求创建新的人力资源管理模型，或将模型连接在一起；

模型管理系统生成、检索和更新参数，重构模型以及维护模型；

模型库存储各种人力资源模型以供决策使用；

DB、MB 接口为执行模型而检索各库中的信息，最后将模型输出供进一步的处理，或作为其他模型的输入。

三、人力资源管理信息系统的日常运行

（一）人力资源管理信息系统的日常运行

由于信息系统的开发过程存在诸多不确定因素，同时企业和开发人员在功能上的沟通以及企业在实际运行过程当中逐渐发现的问题，都会造成人力资源管理信息系统出现问题。因此，人力资源管理信息系统在日常运行过程中，需要企业人力资源管理者随时记录产生的问题并及时与开发人员沟通，以便能够更好地提高系统运行的效率，最大程度发挥系统的设计功能。

（二）人力资源管理信息系统的安全

由于人力资源管理信息系统具有高度的机密性和敏感性，涉及的数据和信息都是企业的隐私，一旦泄露，对企业的伤害非常大，因此，企业必须采取严密的措施确保系统的安全。

人力资源管理信息系统的安全主要指数据安全。可以接触信息系统的任何个体和单位都有可能泄密。人力资源管理信息系统的安全包括：首先，要采取严密措施确保员工在使用系统时，只能接触自己权限内的相关信息，敏感和机密的数据只应被人力资源管理部门或具体规定的个人接触；其次，组织还要建立人力资源管理信息系统严格的使用制度，防止人力资源管理系统的管理人员私自拷贝、下载和传递机密数据。

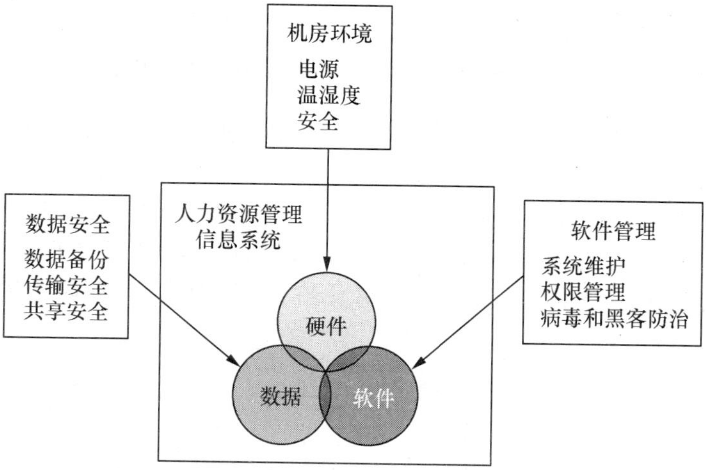

图 11-6　人力资源管理信息系统安全图

（四）人力资源管理信息系统的新发展

随着信息时代的到来，Internet 的逐渐普及，越来越多的企业逐步向网络化推进，现时企业内部的 Intranet 已不适应管理信息系统的新发展，未来的企业将是电子商务高度整合的社会群体中的一份子，企业的 Intranet 内部网将前向和

原料供应商直接挂钩，后向与顾客建立密切的信息联系，这就使企业人员在日常工作中不仅要与企业中的员工打交道，而且可能与所有与企业有关的诸如原材料供应商、销售人员、顾客等个体和实体打交道。同时，借助于高度发达的信息网络和现代信息安全性能的日益完善，越来越多的人力资源管理信息系统的很多功能不一定非要在企业内部网络上完成，由于相当多的管理人员将会坐在家中办公，这就要求企业的人力资源管理信息系统能随时随地提供接入服务，不论是在外地的工作人员，还是暂时未在企业中的员工，或者企业的战略伙伴，都可以在任意的时间、任意的地点随时进入企业的人力资源管理信息系统，而所需的条件只是要一台能连入 Internet 的计算机，这就大大方便了企业的人力资源管理，使企业更加适应未来高科技的管理和新型企业的发展。

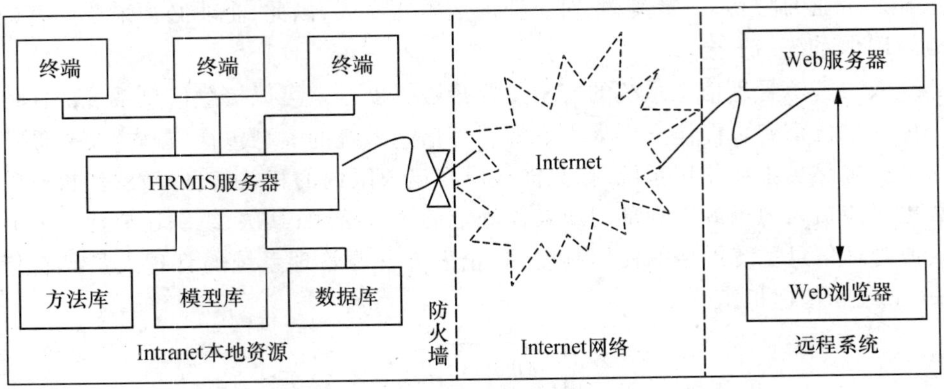

图 11-7　基于 Internet 网络的人力资源管理信息系统架构

从上图可以看出，当人力资源管理信息系统实现与因特网的连接后，在公司内部的本地网上日常的人力资源信息正常流动，由于人力资源管理信息系统服务器与因特网之间网关和防火墙的作用，企业内部机密的人力资源数据不会被外部网络所获得，而远程终端通过浏览器可以访问人力资源管理信息系统，在加密后的信息保证下，可以将人力资源数据传输入人力资源管理信息系统服务器。

思考题

1. 分析人力资源管理信息系统的特点和作用。
2. 阐述人力资源管理信息系统的功能。
3. 说明人力资源管理信息系统日常运行所需注意的事项。

案例分析

某公司人力资源管理信息系统应用案例

某公司是隶属某省某集团的大型企业。总公司设有人力资源部，和各下属分公司的人力资源部门一起承担公司人力资源管理责任。其中总公司人力资源部主要负责整个公司战略目标和人员的综合管理、调配，进行人力资源政策、制度的制定与实施监督。

伴随着企业信息化的进程，人力资源管理者也越来越多地考虑如何利用信息技术改善企业人力资源管理状况，以更好地协助业务部门进行工作。×××公司人力资源管理信息系统正是在这种环境下开始建设，将人力资源管理和服务结合，为企业建立一套完善的信息化管理体系。

整个项目计划从2008年9月开始，2009年5月试运行，2009年6月正式投入运行，拟用集中的数据库将所有与人力资源相关的数据（如薪酬福利、劳动保险、培训、工作描述、个人信息和历史档案）统一管理，形成集成信息源。同时采用友好的人机界面、强大的报表生成和分析工具以及企业内外部互联网的信息共享使人力资源管理人员摆脱繁重的日常工作，集中精力从战略的角度考虑企业人力资源规划和政策。此外，也可使企业相关人员获得更为快捷和便利的数据和信息。

案例分析题

1. 简述某公司人力资源管理信息系统产品的选择和开发模式。
2. 指出某公司如何组织并实施项目工作。
3. 说明某公司人力资源管理信息系统应当具备的基本功能。
4. 简述某公司如何加强系统运行管理和相关培训工作。

第十二章　员工关系管理

本章概要

员工关系管理正日益成为组织管理过程中一项重要而艰巨的任务，处理好员工关系，管理好员工关系对于组织绩效的实现、组织更好地运作及有效实现组织各阶段目标都起着至关重要的作用。良好的员工关系也是创造和谐工作环境的根本前提。本章主要内容包括：员工关系管理的基本概况；劳动保护和我国社会保障制度等。

第一节　员工关系管理概述

一、员工关系管理的含义和特点

1. 员工关系与员工关系管理的概念

对于大多数员工来说，工作不仅是物质财产的重要来源，而且也是社会地位和个人心理获得满足的主要源泉，工作条件、工作性质和薪酬福利决定着他们的生活水平、发展机会、个人尊严、自我认同感和身心健康。对企业来说，员工的工作绩效、忠诚度、工资福利水平是影响生产效率、劳动力成本、生产质量的重要因素，甚至会影响企业的生存和发展。员工关系是组织中由于雇佣行为而产生的关系，是人力资源管理的一个特定领域，良好的员工关系管理是企业留住人力资源的法宝。

"员工关系"一词来自西方人力资源管理体系。在西方，最初由于劳资矛盾激烈、对抗严重，给企业正常发展带来了不稳定因素。员工关系又称雇员关系，与劳动关系、劳资关系相近，是指管理方和员工及团体之间产生的，由双方利益引起的表现为合作、冲突、力量和权利关系的总和，并受到一定社会中经济、技术、政策、法律制度和社会文化背景的影响。

员工关系管理是人力资源管理的一个特定领域。越来越多的企业不仅把"以客户为中心"作为经营、发展的导向，更把组织内的"第一资源"即员工当做"客户"对待，从理论上说就是"员工关系管理"。广义上讲，员工关系管理包括企业各级管理人员和人力资源职能管理人员，通过拟定和实施各项人力资源政策和管理行为，调节企业与员工、员工与员工之间的相互关系和影响，以实现组织目标。狭义上讲，员工关系管理主要指企业与员工之间的沟通管理，这种沟通更多采用柔性的、激励性的、非强制性的手段，以提高员工满意度，支持企业目标的实现。

2. 员工关系的特点

员工关系包含各方利益的冲突与平衡，因此具有以下特点：

（1）个别性与集体性

就员工关系主体而言，可分为个别员工关系与集体员工关系。个别员工关系是指个别员工与管理方之间的关系，其主要特点是个别员工在从属的地位上提供职业性劳动，而管理方给付报酬；集体员工关系则是指员工的团体，如工会，为维持或提高员工劳动条件与管理方之间的互动关系。

（2）平等性与不平等性

以劳动换取报酬，处于从属地位的员工提供职业性劳动，是员工的主要义务，员工在劳动过程中有服从管理方指示的义务，从这一点讲，员工关系有其不平等的一面。但员工在签订劳动合同之前，与管理方就劳动条件协商时，并不存在从属地位关系，即使在劳动关系存续期间，与管理方协商劳动条件的维持或提高时，也无服从的义务，这是员工关系平等性的一面。

（3）对等性与非对等性

就员工关系双方相互应履行的义务而言，具有对等性和非对等性之别。所谓对等性义务，是指一方没有履行某一义务时，他方可以免除另一相对义务的履行。所谓非对等性义务，则是指一方即使没有履行某一相对任务，他方仍不能免除履行另一义务。如员工提供劳动与管理方支付劳动报酬之间具有对等性，但员工提供劳动与管理方的照顾义务、员工的忠实义务与雇主的报酬给付，以及员工的忠实义务与雇主的照顾义务之间则无对等性。对等性义务，属于双方利益的相互交换，而非对等性义务则是属于伦理上的要求。

（4）经济性、法律性与社会性

员工通过提供劳动获取一定的报酬和福利，体现了员工关系的经济性，在员工关系中含有经济性要素。同时，员工关系在法律上是通过劳动契约的形式表现，员工在获取经济利益的同时，还要从工作中获得作为人所拥有的体面、尊严、归属感、成就感和满足，其经济要素和社会要素同时并存于同一法律关系之中，不过在这些要素中，以社会要素为员工关系中的主要成分。

二、员工的权利与义务

（一）员工的权利

员工被正式录用后，公司必须与其签订劳动合同，员工享有《劳动法》规定的各项权利。

- 公司录用员工视岗位需要按招聘工作流程进行，同等条件下公司员工优先，即先考虑内部招聘。

- 内部招聘须公开进行，考核结果公开，确保公平竞争。
- 公司员工不因民族、种族、性别、宗教信仰不同而受歧视。
- 公司员工有权按劳取酬，不得低于国家规定的本地区本行业的最低工资标准，工资应以货币形式按月支付给员工本人，不得克扣或者无故拖欠。
- 公司员工在法定休假日和婚丧假期间以及依法参加社会活动期间，有权取得工资报酬。
- 员工有获得劳动安全、卫生和保护的权利。公司必须为员工提供符合国家规定的劳动安全卫生条件和必要的劳动保护用品。
- 公司员工有享受社会保险和福利的权利。
- 公司员工有参与企业的民主管理的权利。员工有权提出合理化建议，有权投诉直接上级的不公正待遇，有权投诉公司高层领导的违法乱纪行为，有权按规定参加职工代表大会活动或其他企业活动。
- 公司员工有提请劳动争议处理的权利，当事人可以向本单位职工代表大会申请调解；调解不成，当事人一方要求仲裁的，有权直接向劳动争议仲裁委员会申请仲裁。对仲裁裁决不服的，可以向人民法院提起诉讼。
- 公司员工享有国家法律规定的其他劳动权利。

（二）员工的义务

员工被正式录用后，应该承担以下义务：

- 遵守国家法律、法规及本公司有关规章制度，遵守本岗位所属部门的各项管理细则。
- 遵循公司利益第一的原则，自觉维护公司的利益和形象，严格保守公司的商业秘密。
- 严格按公司的管理模式运作，确保工作流程和工作程序的顺畅高效，对工作流程、工作程序及工艺流程中不合理之处及时提出，并报直接上级，确保工作与生产的高效。
- 积极学习，刻苦钻研，努力提高业务水平，提高职业技能水平，积极参加培训和考核。
- 遵守公司的各项劳动安全卫生规程，严格按岗位操作规程操作，对操作规程中不合理的问题，及时提出并报直接上级尽快解决。严禁违章作业，杜绝事故发生。
- 创造和谐的工作环境，互相学习，互相帮助，共同提高，发扬团队精神，增强公司的凝聚力。

三、工会管理体制

1. 工会组织的构成

工会的组织体系是指工会组织机构的层次及其相互关系。我国工会的组织体系包括:基层工会组织、地方总工会、全国和地方产业工会、全国总工会。

基层工会组织是落实工会各项任务的基层单位。《工会法》第 10 条第 1 款规定:“企业、事业单位、机关有会员二十五人以上的,应当建立基层工会委员会;不足二十五人的,可以单独建立基层工会委员会,也可以由两个以上单位的会员联合建立基层工会委员会,也可以选举组织员一人,组织会员开展活动。”

地方总工会是按照我国地方行政区划建立的,包括省(自治区、直辖市)、省辖市(自治州)和县(市、旗、区)总工会三级。各级地方工会的领导机关是各级地方总工会。

目前,乡镇、街道企业规模不断扩大,职工人数大量增加。《工会法》第 10 条第 2 款对此规定:“企业职工较多的乡镇、城市街道,可以建立基层工会的联合会。”

产业工会是同一行业或者性质相近的几个行业,在全国或者地方按照需要建立起来的。产业工会一般在全国、省、市三级建立。地方产业工会的设置,由同级地方总工会确定。各级地方产业工会可以按照联合制和代表制原则,由下一级工会组织民主选举的主要负责人和适当比例的有关方面代表组成。产业工会的全国组织由中华全国总工会确定。产业工会全国委员会可以按照联合制、代表制原则组成,也可由产业工会全国代表大会选举产生。

2. 工会的权利、义务与职责

(1) 工会的权利和义务

工会的权利和义务主要体现于以下几个方面:

① 参与立法。修改后的《工会法》第 33 条第 1 款规定:“国家机关在组织起草或者修改直接涉及职工切身利益的法律、法规、规章时,应当听取工会意见。”修改后的《工会法》将工会参与立法从原来的“研究起草”扩展到“组织起草或者修改”;参与立法的内容从“涉及职工利益的重大问题”,变为“直接涉及职工切身利益”的问题,重点是劳动关系和劳动权益、工会组织和工会活动、民主参与和民主监督方面的问题;参与立法的主体从原来的“同级工会”修改为“工会”。

② 参政议政。修改后的《工会法》第 33 条第 2 款规定:“县级以上各级人民政府制定国民经济和社会发展计划,对涉及职工利益的重大问题,应当听取同级工会的意见。县级以上各级人民政府及其有关部门研究制定劳动就业、工资、劳动安全卫生、社会保险等涉及职工切身利益的政策、措施时,应当吸收同级工会参加研究,听取工会意见。”

③ 参加劳动关系三方协商。修改后的《工会法》第 34 条第 2 款规定:“各级人民政府劳动行政部门应当会同同级工会和企业方面代表,建立劳动关系三方协商机制,共同研究解决劳动关系方面的重大问题。”劳动关系三方协商机制是指由政府、企业方面的代表和工会三方就劳动法律和政策的制定与实施进行相互协商的组织体制、运作程序的制度。工会作为职工利益的代表参与其中,享有权利,履行义务。

④ 维护职工的民主权利。修改后的《工会法》第 19 条规定:“企业、事业单位违反职工代表大会制度和其他民主管理制度,工会有权要求纠正,保障职工依法行使民主管理的权利。法律、法规规定应当提交职工大会或者职工代表大会审议、通过、决定的事项,企业、事业单位应当依法办理。”对于妨碍工会组织职工通过职工代表大会和其他形式依法行使民主权利的,修改后的《工会法》规定,工会有权向县级以上人民政府提出要求予以纠正。人民政府有责任责令企业、事业单位改正。对于拒不改正的,人民政府应当给予相应的处罚,对有关责任人给予相应的处分。

⑤ 维护职工的劳动权益。修改后的《工会法》第 22 条规定:“企业、事业单位违反劳动法律、法规规定,有下列侵犯职工劳动权益情形,工会应当代表职工与企业、事业单位交涉,要求企业、事业单位采取措施予以改正;企业、事业单位应当予以研究处理,并向工会作出答复;企业、事业单位拒不改正的,工会可以请求当地人民政府依法作出处理:(一)克扣职工工资的;(二)不提供劳动安全卫生条件的;(三)随意延长劳动时间的;(四)侵犯女职工和未成年工特殊权益的;(五)其他严重侵犯职工劳动权益的。”当前,企业侵犯职工合法权益的情况主要有:拖欠、克扣甚至是拒不发给职工工资;不执行国家的劳动安全卫生标准,甚至不提供任何劳动保护;迫使职工超时劳动,长期加班加点,休息日、法定节假日不准休息而且不支付加班工资;女职工的四期保护难以保证等。针对上述侵犯职工合法权益的现象,工会应与企业、事业单位交涉,要求其采取措施予以改正。企业、事业单位拒不改正的,工会有权请求当地人民政府依法作出处理。根据劳动法的有关规定,政府及其劳动行政部门有责任对此进行监察和处罚。情节严重的,还应当由司法部门追究有关责任人员的刑事责任。

⑥ 帮助指导职工签订劳动合同。修改后的《工会法》第 20 条第 1 款规定:“工会帮助、指导职工与企业以及实行企业化管理的事业单位签订劳动合同。”根据劳动法的规定,建立劳动关系必须签订劳动合同。劳动合同是职工与用人单位依法在平等自愿和协商一致的基础上签订的,确定双方劳动关系,明确双方权利义务的协议。劳动合同一经签订就具有法律效力,受法律保护,双方必须严格履行,不得随意改变或解除,否则要承担相应的法律责任。这就要求职工签订劳动合同时必须慎重,同时要求工会给职工以帮助和指导。

⑦ 代表职工协商签订集体合同。修改后的《工会法》第 20 条第 2 款规定："工会代表职工与企业以及实行企业化管理的事业单位进行平等协商，签订集体合同。集体合同草案应当提交职工代表大会或者全体职工讨论通过。"在市场经济条件下，平等协商、集体合同制度是维护职工合法权益、协调劳动关系的有效机制。工会组织必须积极代表职工与企事业单位开展集体协商、签订集体合同。

⑧ 用人单位解除职工劳动合同时工会的职责。修改后的《工会法》第 21 条规定："企业单方面解除职工劳动合同时，应当事先将理由通知工会，工会认为企业违反法律、法规和有关合同，要求重新研究处理时，企业应当研究工会的意见，并将处理结果书面通知工会。"工会认为企业处理决定不正确，有权提出意见、建议，要求重新研究处理。但是，工会不能代替职工决定是否服从处理决定。职工申请仲裁或者向人民法院提起诉讼，工会可以给予帮助和支持，但不能代替职工申请仲裁、提起诉讼。

⑨ 主持劳动争议调解。修改后的《工会法》第 28 条第 1 款规定："工会参加企业的劳动争议调解工作。"《企业劳动争议处理条例》规定，企业应当设立劳动争议调解委员会。调解委员会由职工代表、用人单位代表、企业工会代表组成。调解委员会办事机构设在企业工会委员会。根据上述规定，企业工会委员会有责任和义务做好企业劳动争议的调解工作。作为办事机构，工会负责组织召开劳动争议调解委员会会议，受理争议案件，主持调解委员会的工作。

⑩ 参加劳动争议仲裁。修改后的《工会法》第 28 条第 2 款规定："地方劳动争议仲裁组织应当有同级工会代表参加。"《企业劳动争议处理条例》规定，劳动争议仲裁委员会要有同级工会的代表参加，作为三方代表之一，共同裁决劳动争议案件。同级工会参加劳动争议的仲裁，有助于劳动争议仲裁委员会对争议案件作出及时、公正的裁决。基层工会组织不参加仲裁委员会。但是，职工认为企业侵犯其劳动权益而申请劳动争议仲裁或者向人民法院提起诉讼的，基层工会和上级工会可以为其提供咨询、代理和服务。

⑪ 开展劳动安全卫生的"三同时"监督。修改后的《工会法》第 23 条规定："工会依照国家规定对新建、扩建企业和技术改造工程中的劳动条件和安全卫生设施与主体工程同时设计、同时施工、同时投产使用进行监督。对工会提出的意见，企业或者主管部门应当认真处理，并将处理结果书面通知工会。"这一规定强化了工会对劳动安全卫生"三同时"的参与权与监督权。"三同时"是指在新建、扩建、技术改造工程项目中，坚持劳动条件和安全卫生设施与主体工程同时设计、同时施工、同时投产使用的原则。同时，在设计审查和竣工验收时，要有劳动、卫生、环保等部门和工会组织的代表参加。

⑫ 调查处理工伤事故和严重危害职工健康的问题。修改后的《工会法》第

26 条规定:“职工因工伤亡事故和其他严重危害职工健康问题的调查处理,必须有工会参加。工会应当向有关部门提出处理意见,并有权要求追究直接负责的主管人员和有关责任人员的责任。对工会提出的意见,应当及时研究,给予答复。”工会参加伤亡事故和危害职工健康问题的调查,可以监督和防止出现对伤亡事故隐瞒不报、虚报或者故意延迟报告的情况,促使有关方面关注危害职工健康问题,及时保护职工的合法权益。修改后的《工会法》第 53 条还规定,“妨碍工会参加职工因工伤亡事故以及其他侵犯职工合法权益问题的调查处理的”,由县级以上人民政府责令改正,依法处理。这从法律上保障了工会参加伤亡事故调查处理的权利。

⑬ 对侵犯职工合法权益的问题进行调查。修改后的《工会法》第 25 条规定:“工会有权对企业、事业单位侵犯职工合法权益的问题进行调查,有关单位应当予以协助。”这一规定,强化了工会对侵犯职工合法权益行为的监督权。工会有权进入企业,及时了解、发现侵犯职工合法权益的问题,企业有义务予以协助。

⑭ 发生停工、怠工事件时工会的职责。修改后的《工会法》第 27 条规定:“企业、事业单位发生停工、怠工事件,工会应当代表职工同企业、事业单位或者有关方面协商,反映职工的意见和要求并提出解决意见。对于职工的合理要求,企业、事业单位应当予以解决。工会协助企业、事业单位做好工作,尽快恢复生产、工作秩序。”在处理停工、怠工事件上,工会是职工方面的代表,有权代表职工与用人单位协商,提出意见和建议;用人单位应满足职工的合理要求,同时工会应协助用人单位做工作,尽快恢复生产、工作秩序。

⑮ 工会法律帮助与服务。修改后的《工会法》第 29 条规定:“县级以上各级总工会可以为所属工会和职工提供法律服务。”随着我国社会主义民主与法制建设的发展和完善,各项工作、各种行为都逐步地纳入了法制化的轨道。工会必须适应我国法制建设的要求,依法开展活动,维护职工的合法权益。工会代表职工参政议政,参与立法,需要具有法律意识;工会组织职工进行民主管理,行使民主权利,需要依照法定程序,按法定权限进行;工会监督政府、企事业单位依法办事,执行国家法律法规,特别是劳动法律法现,需要有法律知识;工会维护职工合法权益,需要知道哪些是合法权益;职工因劳动争议起诉到法院时,工会要支持和帮助职工,有时还要代理职工参加诉讼,需要有专门的法律知识。县级以上总工会有条件的,应当培养、选拔和引进专门的法律人才,建立相应的机构,为工会和职工提供法律服务。《工会法》的规定为此提供了法律依据。

⑯ 协助用人单位办好集体福利事业。修改后的《工会法》第 30 条规定:“工会协助企业、事业单位、机关办好职工集体福利事业,做好工资、劳动安全卫生和社会保险工作。”集体福利事业是解除职工后顾之忧,保证职工身体健康,调动

职工群众的生产积极性，更好地发展生产的有效手段。工会关心群众生活，为他们办好事、办实事，要协助行政管理部门兴办集体福利事业，改善各项集体福利设施，以激发和保护职工群众的劳动热情，充分调动职工群众的生产积极性。

⑰ 教育和动员职工促进企业生产发展。修改后的《工会法》第7条规定："工会动员和组织职工积极参加经济建设，努力完成生产任务和工作任务"；第31条规定："工会会同企业、事业单位教育职工以国家主人翁态度对待劳动，爱护国家和企业的财产，组织职工开展群众性的合理化建议、技术革新活动"。在社会主义市场经济条件下，工会应当动员和组织职工积极参加经济建设，教育职工以国家主人翁态度对待劳动。在非公有制企业，工会应提倡劳资两利、劳资共建。

⑱ 做好劳动模范的评选、表彰、培养和管理工作。修改后的《工会法》第32条规定："根据政府委托，工会与有关部门共同做好劳动模范和先进生产(工作)者的评选、表彰、培养和管理工作。"这一规定表明，劳动模范的评选、表彰、培养和管理工作是在政府的授权下由工会承担的。劳动模范的评选要充分发扬民主，表彰以政府的名义进行。劳动模范的评选、培养和管理工作是工会的光荣职责。

(2) 全国总工会的职责

全国总工会是各地方总工会和各产业工会全国组织的领导机关。全国总工会由中共中央书记处领导。其主要职责是：

① 根据党的基本理论、基本路线、基本纲领和工运方针，围绕党和国家工作大局，贯彻执行中国工会全国代表大会和执委会议确定的方针、任务和作出的决议。

② 依照法律和《中国工会章程》，组织和指导各级工会坚定不移地贯彻落实党的全心全意依靠工人阶级的根本指导方针，进一步突出和履行维护职能。

③ 对有关职工合法权益的重大问题进行调查研究，向党中央和国务院反映职工群众的思想、愿望和要求，提出意见和建议；参与涉及职工切身利益的政策、措施、制度和法律法规草案的拟定；参与职工重大伤亡事故的调查处理。

④ 负责工会理论政策研究，研究制定工会的组织制度和民主制度，监督检查《中国工会章程》的贯彻执行；研究指导工会自身改革和建设；指导各级工会组织开展以职工代表大会为基本制度的民主选举、民主决策、民主管理和民主监督工作，推动建立平等协商、集体合同制度和监督保证机制的工作。

⑤ 协助省、自治区、直辖市党委管理省级总工会领导干部，协助中央国家机关有关部委(局)管理全国产业工会的领导干部；监督、检查全国总工会机关和直属单位党员干部党风廉政建设情况；研究制定工会干部的管理制度和培训规划，负责市以上工会和大型企事业单位工会领导干部的培训工作。

⑥ 协助国务院做好全国劳模的推荐、评选工作，负责全国劳模的管理工作；负责全国“五一”劳动奖章、奖状获得者的评选表彰和管理工作。

⑦ 负责工会经费和工会资产的管理、审查、审计工作；研究制定工会组织兴办职工劳动福利事业的有关制度和规定；负责对工会兴办职工劳动福利事业的指导、协调工作。

⑧ 负责工会国际联络工作，发展同各国工会的友好关系；负责与香港、澳门特别行政区和台湾地区工会的交流工作。

⑨ 承担党中央、国务院交办的其他事项。

3. 工会组织管理体制

我国工会的组织体制，是在中华全国总工会的统一领导下，分别建立地方工会和产业工会两大组织系统。

中华全国总工会是我国工会的最高领导机关，在国际活动中代表中国工会组织。中华全国总工会执行委员会由中国工会全国代表大会选举产生，是中国工会全国代表大会执行机构。执行委员会在全国代表大会闭会期间，负责贯彻执行大会的决议，领导全国工会工作。在中华全国总工会执行委员会全体会议闭会期间，由主席团行使执行委员会的职权，主席团下设书记处，主持全国总工会日常工作。中华全国总工会执行委员会委员、主席、副主席、主席团委员和书记处书记的任期与中国工会全国代表大会届期相同，每届任期五年。

地方各级工会代表大会是地方各级总工会的权力机构，由同级总工会委员会召集，每五年举行一次。各级地方总工会委员会，在代表大会闭会期间，执行上级工会的决定和同级工会代表大会的决议，领导本地区的工会工作，定期向上级总工会报告工作。根据工作需要，省、自治区总工会可在地区设派出代表机关，直辖市和设区的市总工会可在区建立区一级工会组织或设派出代表机关。目前，我国各级地方工会组织的建立与国家行政区划相统一，分为三级：省、直辖市、自治区总工会；省辖市、自治州总工会或省、自治区地区工会办事处；县（市）、区总工会。在一些经济发达地区，已经出现了乡镇工会、城市街道工会。乡镇、街道工会具有地方工会和基层工会双重职能，在当前私营企业、外资企业和乡镇企业工会组织不健全，工会还比较薄弱的情况下，乡镇、街道工会更多地发挥基层工会的作用，直接承担和处理新建企业工会难以承担的工作以及遇到的矛盾和问题。

产业工会是按照产业系统建立起来的工会组织。产业工会的设置主要分为全国产业工会和地方各级产业工会。全国产业工会的设置是由中华全国总工会根据需要确定。按照国民经济部门分布情况，经中华全国总工会批准，目前共有10个全国产业工会，其中铁路、民航、金融等三个全国产业工会实行产业工会和地方工会双重领导，以产业工会领导为主的体制，其余七个全国产业工会均实行全国产业工会和地方工会双重领导，以地方工会领导为主的体制。根据《中国工会章程》的规定，产业工会全国委员会可以按照联合制、代表制原则组成；也可以由产业工会全国代表大会选举产生，任期为五年。

各级地方产业工会组织的设置，由同级地方总工会根据本地区的实际情况确定。除实行垂直领导的产业工会外，其余产业工会组织不要求上下对口。地方产业工会组织委员会和工会领导机构设置的原则大体与全国产业工会相同。

第二节　劳动保护

一、劳动保护的基本范畴

劳动保护是现代人力资源管理的一个重要的环节。人力资源的维护与一般的资源维护有很大的不同。基于人力资源维护固有的生理、心理等特性，人力资源的耗费可以通过适当的维护给予弥补。本节主要探讨关于劳动保护的基本概念及主要内容。

1. 劳动保护的基本概念

劳动是人类赖以生存和发展的基础，而保护劳动者自身在劳动过程中的安全和健康，则是人们最基本的需求之一。著名的人本主义心理学创始人美国学者马斯洛于 1943 年首次提出人有五种从低到高依次排列的基本需求，其中安全需求被放在生理需求之上的第二层次需求。当然，他讲的安全需求包括职业稳定、社会保障等更为广泛的含义，但劳动保护、安全生产乃是其中一个重要的方面。我国政府历来重视保护劳动者的安全与健康。安全生产与劳动保护也是人力资源与现场管理、劳动力维护有关的主要内容。

劳动保护，是为了保护劳动者在生产过程中的安全与健康，预防职业病，防止人身事故发生而对于作业条件与劳动环境进行改善的一系列措施与活动。劳动保护的范围，只限于劳动保护者在劳动过程中的安全和健康，而不包括劳动者其他政治和经济方面的权益，不包括对普通疾病的治疗和保健，也不包括劳动者在劳动过程之外诸如社会治安等方面的安全和健康保护。

劳动保护是与人力资源管理直接相关的一项综合性工作，它既有属于社会科学范畴的政治、法律、经济等学科中关系到劳动保护方针政策、法规条例、管理制度、思想教育方面的问题，又有属于自然科学范畴的物理、化学、力学、生物、医疗卫生、生产技术等多种学科，有关改善劳动条件、减轻劳动强度、消除危险因素和致病因素等方面的技术性问题。

2. 劳动保护的主要内容

劳动保护主要包含以下内容：

（1）积极采取各种安全技术措施，控制或消除生产过程中极易造成员工伤害的各种不安全因素。

（2）积极采取各种劳动卫生措施，改善作业现场的劳动条件，避免化学的、物理的、生理的有毒有害物质危害职工身体健康，防止发生职业性中毒和职业病。劳动卫生的任务就是从“防”字出发，采取预防性治理措施，如采取密闭、湿式作业防止粉尘危害，用隔音式消声措施减少噪声危害。

（3）做好劳逸结合。严格控制加班加点，保证劳动者有适当的工余休息时间，使劳动者保持旺盛的劳动热情，精力充沛地从事生产劳动。同时，要结合季节特点，如夏季搞好防暑降温，冬季要做好防寒保暖工作。

（4）根据工作性质与生产特点，做好劳动保护用品（工作服、头盔、皮鞋、护目镜、护腰带、耳塞、面罩、手套等等）的选购、储存、保藏、发放等工作。

（5）对特殊工种（高空作业、有毒有害环境中的操作、电气作业、易燃易爆作业、潜水作业、高热或寒冷环境中的工作、振动作业等）进行上岗培训并组织考核发放上岗准许证。

（6）对女工应根据其生理特征，做好经期、产期、哺乳期的劳动保护，制定保护女工健康的特殊规范，如规定女工不参加井下作业、负重过大的搬运作业、水下作业等等。

3. 对特殊劳动者的保护

特殊劳动者是指女工和未成年人。由于生理特点，女职工在工作中会遇到特殊的困难，同时她们还必须承担养育孩子的职责。因此，有关法规规定了对女职工的特殊劳动保护：

（1）招工时不得歧视妇女；

（2）实行男女同工同酬；

（3）禁止安排女职工从事高强度的劳动和其他女职工禁忌从事的劳动；

（4）对女职工的“四期”提供特殊保护，即对女职工在月经期、孕期、哺乳期、已婚待孕期提供特殊保护。

未成年工处于成长发育期，过累过重的工作可能影响他们的健康，甚至引起疾病。对于他们的特殊保护有：

（1）禁止招用未满16周岁的童工；

（2）对未成年工实行缩短工作日制度，并且不得安排他们从事加班加点和夜班工作；

（3）禁止安排未成年工从事矿山井下作业、深水作业以及其他特别繁重的或者对身体有毒有害的劳动；

（4）要提供适合未成年工身体状况的劳动条件。

二、职业病防治

1. 职业病的概念与种类

生产过程、劳动过程和劳动环境中的职业危害因素的作用达到一定的程度，持续一定时间，在防护不良的情况下就会造成劳动者患上急性或慢性的功能性疾病或器质性病变，即职业病。职业病的特征一是在较长时间内形成，属于缓发性伤残；二是比较多地表现为体内器官生理功能的损伤，如放射性白血病等，一般很少有痊愈的可能，属于不可逆性损伤。

企业、事业单位和个体经济组织的劳动者在职业活动中，因接触粉尘、放射性物质及其他有毒、有害物质等而引起的疾病为职业病。我国把职业病分为10大类115项病种。10大类职业病包括：尘肺、职业性放射疾病、职业中毒、物理因素所致职业病、生物因素所致职业病、职业性皮肤病、职业性眼病、职业性耳鼻喉口腔疾病、职业性肿瘤和其他职业病。

2. 职业病的测定

职业病的检测可以通过职业病的患病率、职业病发病率、职业病受检率、职业病治愈率以及职业病发病工龄等指标测定。

职业病的患病率是指每百名（或千名）从事某种作业的职工中患有某种职业病的总病例数，它表明了某种职业病的患病程度。

职业病发病率是指每百名（或千名）从事某种作业的职工中新发现的某种职业病的病例数，它表明了某种作业新发生职业病的情况。

职业病受检率是指在职业病普查中实际接受过检查的职工占应接受检查职工总数的比重，它反映了职业病资料的可靠性程度。一般认为，受检率在90%以上的职业病患病率或发病率是可信的。

职业病治愈率是指一定时期内每百名（或千名）某种职业病患者中经治疗痊愈的人数，它表明职业病情的严重程度。

职业病发病工龄是指从开始从事某种作业，到被确诊为某种职业病时的工作年限。它可以分为平均发病工龄、最高发病工龄和最低发病工龄。这有助于研究职业病的发病规律、分析职业病的发病因素等。

对职业病进行测定可以掌握职业病发病、患病的一般情况，对研究致病原因、制定预防措施以及在不同企业中进行比较分析等都是很基础性的工作。

3. 预防职业病的法律规定

我国《劳动法》规定了国家建立职业病统计报告和处理制度。为了保障劳动者的健康，国家规定从事某种有害作业的职工，其所在单位必须为职工进行定期的健康检查，并建立个人健康档案。

职业病的统计报告制度也是国家统计工作的一项重要内容，我国有专门的职业病研究所对全国职业病负责统计、分析、报告等工作。通过对职业病的统计分析,可以确定预防和防治的重点,以及可以有效制定相关的政策。

4. 预防职业病的技术举措

预防职业病除了医疗措施以外,还可以从技术层面上予以控制。职业病预防的技术措施主要是合理规划厂区,建筑符合标准的厂房,优化工作环境的通风条件,对与空气含毒量过大的场所可加设机械排风装置,进行局部通风;对于尘缘、毒源和热源,在可能的条件下使之与劳动者隔离;加强密闭设备的管理,防止有毒物质的泄漏,采用新技术,改造旧设备或进行设备的更新换代,提高有危害性工作的自动化程度,从而从根本上消除职业病的根源。

三、员工工伤管理

1. 员工工伤管理的定义与种类

员工工伤是指在企业生产活动所涉及的区域内,由于生产过程中危险因素的影响,职工身体组织受到损伤或人体的某些器官失去正常功能,致使受伤人员立即中断工作的伤亡事故。它和职业病危害相比具有突发性、偶然性的特点。工伤不仅给受害者及其家属带来痛苦,也给企业和国家带来经济损失和社会负担。

根据国务院《企业职工伤亡事故报告和处理规定》以及劳动部对《企业职工伤亡事故报告和处理规定》的有关问题所作的解释,伤亡事故分为四种:

(1) 轻伤事故,即职工负伤后休息1个工作日以下,构不成重伤的事故。

(2) 重伤事故,即造成职工肢体残缺,或视觉、听觉等器官受到严重损伤,一般能引起人体长期存在的功能障碍,或劳动能力有重大损失,但无死亡发生的事故。

(3) 死亡事故,即一次死亡职工1至2人的事故。

(4) 重大死亡事故,即一次死亡达3人以上(含3人)的事故。

2. 影响工伤发生的主要因素

工伤事故的发生率和严重率是经常变化的,这是因为受到一些相关因素的影响。影响工作事故的原因主要有职工的工作经验和受培训的程度、劳动条件的状况以及累进性疲劳等。

(1) 职工的工作经验和受培训的程度。研究表明,在危险的岗位上使用没有经验的或未经严格培训的临时工就容易发生事故。

(2) 劳动条件的状况。有时这是工伤事故发生的主要原因,诸如安全措施不完善、设计不合理等,都会影响工人的判断力,从而导致事故发生。

(3) 累进性疲劳。当工作时间过长时,工人的疲劳程度逐渐增高,反应迟钝,对事故的敏感性降低,会使事故发生概率上升。

3. 工伤事故的测定

工伤事故的测定就是运用一些指标对工伤事故的规模和严重程度进行测定。主要用事故发生率和工伤事故的严重率或工伤事故的死亡率测定。

工伤事故发生率是指每千人时的工作中工伤事故发生的次数,是表明工伤事故发生频繁程度的一种指标。

工伤事故的严重率是指每千人时的工作中由于工伤事故所造成的工作日损失数,它表明工伤事故的严重程度和发展趋势,有时还用工伤事故的死亡率作为工伤事故严重程度的补充指标。

工伤事故死亡率是指因工死亡人数在所有工伤人数中所占比例。

4. 工伤事故的处理

工伤事故的处理,应在查清事实、分清责任的基础上,由发生事故的企业及其主管部门负责具体处理。根据《企业职工伤亡事故报告和处理规定》第四章,有下列行为之一的,应当对单位负责人或直接负责人给予行政处分,构成犯罪的,依法追究刑事责任:

(1) 忽视安全生产,违章指挥、违章作业,玩忽职守或者发现事故隐患、危害情况而不采取有效措施以致造成伤亡事故的。

(2) 工作事故发生后,隐瞒不报、谎报、故意迟延不报、故意破坏现场,或者无正当理由,拒绝接受调查以及拒绝提供有关情况和资料的。

(3) 事故调查中玩忽职守,徇私舞弊,打击报复或隐瞒包庇的。

伤亡事故的处理应在 90 天内结束。因特殊原因不能如期结束的,经批准后可以适当延长,但最迟不能超过 180 天。伤亡事故处理结束后,应当公布处理结果。

第三节　我国社会保障制度

一、社会保障的基本内涵

1. 社会保障的基本概念

社会保障是指国家通过立法,采取强制手段对国民收入进行再分配,并集中形成社会消费性共同基金,对由于年老、疾病、伤残、失业、死亡以及其他灾难等的发生导致生活出现困难的社会成员,给予物质性社会援助,以保证其最低生活需要或基本生活需要的一系列有组织的措施、制度和事业。

根据对社会保障的各种理解,国际劳工组织对社会保障作了一般的宽泛的解释:社会保障,就是通过采取一系列综合性的政策和措施而达成的一种社会成果。这些政策和措施是对因疾病、失业、年老以及死亡而中断收入来源、陷入贫困的公众(或者其中的大多数)加以保护。

2. 社会保障的特征

社会保障是消费基金分配的一种特殊方式,是分配领域中的一个特殊渠道。一般说来,社会保障具有以下六大特征:

(1) 公平性

社会保障所追求的目标是实现公平分配。社会保障的公平性主要体现在社会成员享受社会保障的权利和机会是均等的。任何一位社会成员,当其基本生活发生危机时,都能均等地获得社会保障的机会和权利。

(2) 强制性

社会保障是国家通过立法强制实施的,确定了国家和社会成员的权利义务关系。国家必须保证社会成员在遇到年老、疾病、生育、死亡等风险时得到基本生活的保障,同时,必须依法向社会成员强制征收社会保障税。

(3) 保障性

国家按照现有的生产力水平和经济承受能力,对遇到生活风险的社会成员给予基本生活需要方面的物质和服务保障的一种社会经济制度。这种保障性体现在维护社会安定,为社会成员提供一种"安全感"。

(4) 普遍性

社会保障应覆盖到每个社会成员。各行各业的劳动者及无业者,一旦遇到生存危机,原则上都应该得到基本生活的保障。不少国家在建立社会保障功能的初期,覆盖面仅仅限于部分社会成员,随着社会经济的发展,再逐步扩大实施范围。

(5) 互济性

社会保障是按照社会成员共担风险的原则组织进行的。社会保障基金由国家统一筹集,集中调剂使用,在社会成员之间开展互助共济。社会保障的统筹支付和管理,充分体现了人类互助互济的原则。

(6) 福利性

社会保障事业是一种非营利的社会福利事业。一些社会保障项目直接由国家财政预算开支,使享受者获益。

3. 社会保障的主要内容

社会保障包含了多方面的内容,完善的社会保障体系应当包括以下几方面的内容:

(1) 社会保险

社会保险是现在社会保障体系中的核心内容,涉及面最广,适用对象最多而且运用资金和保障作用最大,在整个社会保障体系中处于中心地位。其含义是国家通过立法采取强制手段,形成一定的社会消费基金,对劳动者在暂时或永久丧失劳动能力和失业时的基本生活需要，在物质上给予社会性帮助的制度。社会保险包括疾病医疗保险、养老保险、工伤保险、失业保险等。

(2) 社会救助

社会救助是社会保障体系中历史最悠久的项目，一般指保障社会成员最基本的生活需要。救助对象主要是没有任何生活来源的孤儿、孤老，遭受自然的、社会的不幸而失去生活能力或因残疾失去了大部分或全部劳动能力的社会成员，虽有生活收入但生活水平在本国最低标准的贫困线以下的社会成员。社会救助是一种权利单向性的非缴费制度，资金来源于国家与地方的财政收入以及社会机构的资助，遵循的是无偿援助原则。

(3) 社会优抚

社会优抚是群众优待和国家抚恤的总称，是国家和社会依据法律规定，对那些保护人民利益和保卫国家安全而牺牲、伤残的人员及其家属，提供生活和工作上的优待、照顾、抚恤的制度。它在社会保障制度中属于一种特殊性质的社会保障。

(4) 社会福利

在社会保障制度中，社会福利的形成是比较晚的，但其迅速的成熟使得社会保障的发展出现了一次跃进，标志着现代社会保障制度进入到一个新的阶段。按照国际上的通常说法，面向全体社会成员的社会福利实际上包含了两个相互联系但又有区别的内容：一是公共福利，即国家为全体公民创设各种生活必需的条件和环境，以及提供各种社会性津贴和保护性福利措施；二是特殊人群福利，即向社会中需要特别给予关怀的人群，如儿童、老人、残疾人、妇女等，提供必要的社会援助，改善他们的生活水准和自立能力。

二、我国社会保障制度的现状

自党的十四届三中全会通过的《关于建立社会主义市场经济体制若干问题的决定》，对我国社会保障制度改革的目标、原则和基本内容作出明确规定以来，我国社会保障事业的发展取得了较快的发展，社会保障制度的基本框架已经基本确立，在养老保险、失业保险、医疗保险、社会救助、管理体制等方面均取得了实质性的进展。目前我国社会保障制度基本包括两部分：一是完全由国家财政支撑的项目，包括对社会脆弱群体的救助、对军人及军烈属的优抚安置、对无依靠的孤老残幼以及对社会大众举办的社会福利和相关社区服务，这部分完全属于国民收入再分配范畴；二是由用人单位、职工交费以及由国家给予适当补助的三方共同筹资的项目，包括养老、医疗、工伤、失业保险等，这些都属于社会保险的范畴，其中养老和医疗保险是个人账户和社会统筹结合，其他则属于完全统筹项目。

改革开放以来,为了与建立市场经济秩序相适应,我国进行了社会保障制度改革。经过这些年来的发展,许多制度从保障方式到管理体制,都进行了彻底的变革,新的制度和保障体系已初步形成。但不可否认的是,在进行一系列改革的过程中仍旧存在一些问题,主要包括以下几个方面:

第一,社会保障仍然没有实现全社会覆盖,社会化程度低。社会保障制度中最基本和核心的内容是社会保险,以实现社会公平为目标的基本社会保险,在客观上就要求全社会的覆盖。但迄今为止,我国社会保障制度的覆盖面基本上局限于城市居民。乡镇企业职工、进城农民工、城镇私营企业就业人员以及许多灵活就业人员大多没有参加社会保险,而这部分人员占从业人员的比例逐年增加。由此可以看出,我国社会保障的覆盖面还比较小,与国际比较,只相当于低收入国家水平。这种状况不适应我国社会主义初级阶段多种所有制长期并存的经济格局,并在相当程度上限制了劳动力在各种经济成分之间的流动,阻碍了企业经营机制的转轨,也制约了社会保险分散风险功能的发挥。

第二,社会保障的体制建设有待进一步的改革和完善。就目前情况看,社会保障体制存在很多问题。管理分散,政出多门,没有形成统一的管理体制,比如养老保险方面,公务员、事业单位人员的养老由财政包揽,城镇企业职工由企业和个人共同负担。这就容易形成多头管理,而且造成管理成本的加大和各自为政局面的出现。

第三,社会保障管理体制和法律体系尚有待建设。目前社会保障管理体制存在的主要问题是中央与地方社会保障权责划分不够清晰,社会保障基金的监督与管理机制不健全。在社会保障法律体系建设方面,社会保障法制建设滞后的问题日益暴露。

第四,对传统经济体制有严重的依附性。现行的社会保障制度是随着传统经济体制的建立而发展起来的,它既服务于传统经济体制,同时又必须严重依附于传统经济体制,受到这种体制下经济运行方式的制约。随着社会主义市场经济的发展,这种依附性日益暴露出不适应企业的市场行为。

应该说,社会保障制度的最根本问题,是它在很大程度上与我国经济体制改革的发展进程不相适应,所以必须对传统社会保障制度进行改革,这也是深化经济体制改革的客观要求。

三、完善我国社会保障体系

完善社会保障制度是完善社会主义市场经济体制的中心环节之一。党的十六大明确提出了到2020年我国现代化建设的目标是全面实现小康社会,十六届三中全会也把完善社会主义市场经济体制作为中心任务。这两次重要会议通过的文件都把健全和完善社会保障制度作为一项战略任务。这是我国社会保障制度建设在观念上的一个重大转变。

十六届三中全会《关于完善社会主义市场经济体制若干问题的决定》明确指出了完善社会保障制度的主要目标和任务。党的十七大报告中再次明确了要加快建立覆盖城乡居民的社会保障体系,保障人民基本生活。社会保障是社会安定的重要保证。要以社会保险、社会救助、社会福利为基础,以基本养老、基本医疗、最低生活保障制度为重点,以慈善事业、商业保险为补充,加快完善社会保障体系。完善社会保障制度的主要目标和任务主要包括以下几个方面:(1) 促进企业、机关、事业单位基本养老保险制度改革,探索建立农村养老保险制度;(2) 全面推进城镇职工基本医疗保险、城镇居民基本医疗保险、新型农村合作医疗制度建设;(3) 完善城乡居民最低生活保障制度,逐步提高保障水平;(4) 完善失业、工伤、生育保险制度;(5) 提高统筹层次,制定全国统一的社会保险关系转续办法;(6) 采取多种方式充实社会保障基金,加强基金监管,实现保值增值。

社会保障体系的建设与完善关系到最根本的民生问题,近些年来一系列的社会保障制度的改革正朝着更加完善的社会保障制度前进,这对于我国全面实现小康社会、建设和谐社会都有着重要意义。

思考题

1. 如何理解员工关系管理对于实现组织目标的重要性?
2. 如果你是企业的高层管理者,你觉得应该如何制定适合本企业的员工权利义务条例?
3. 请你设计一份有关“工伤处理”的应急预案,并制定一份工伤管理条例。
4. 你对完善我国社会保障制度有何建议?

案例分析

宏奇钢铁公司的“跳槽风波”

宏奇钢铁公司是一家全国有名的民营钢铁企业,在我国钢铁产业蓬勃发展的大好环境下,经过短短几年的发展已经从原来的一家小型炼铁厂发展成为一家在业界颇有声望的中型钢铁企业,并带动了当地焦化、轧钢、建材、矿产以及服务等一系列相关产业的发展,解决了当地四千多名职工的就业与再就业问题,为当地的社会稳定和经济发展作出了突出贡献,公司管理层也是踌躇满志,希望把握住钢铁产业良好的发展机会,争做我国民营钢铁企业的领先者。

但是,宏奇钢铁公司最近连续发生了好几起骨干员工跳槽事件,让公司的管理层感到坐立不安。随着钢铁产品市场形势持续看涨,钢铁投资浪潮一浪高过一浪,一边是新建的钢铁厂如雨后春笋般出现,一边是原有的钢铁企业纷纷扩建，这些新建的钢铁企业为了尽快生产，纷纷采取“挖墙脚”的方法获取企业所需的人才。一时间，钢铁行业的技术人员和熟练技术工人呈现供不应求的局面，身价不断攀升，很多技术人员和技术工人禁不住外部高薪的诱惑，纷纷跳槽。宏奇钢铁公司也不例外，仅一季度离职的骨干员工就达到十几人。刚开始，管理层还算是比较镇定，觉得几千人的企业走十几个人对公司的正常经营生产不会有什么大的影响。但是，跳槽风波越演越烈，前两天公司下属的炼钢厂的两名技术非常出色的炼钢工被竞争对手给挖走了，更为严重的是去了之后又陆续带走了一些工人。

管理层知道这件事情之后感到异常恼火，责令人力资源部尽快采取措施改变当前被动的局面。公司人力资源部在经过一番调查和研究之后，向公司领导递交了一份报告，报告要求公司把那些已跳槽员工的还在公司工作的家人和亲戚全部开除，以防止事态的蔓延。公司管理层很快就批准了人力资源部的报告，一星期之内，就有数十名员工因为与跳槽员工有亲属或者朋友关系被公司单方面解除了劳动合同。

但是，事情并没有管理层想象得这么简单，后来发生的一连串连锁反应令管理层始料未及：被开除的员工都为自己叫冤，纷纷进行抗议，并向当地的劳动主管部门上诉，要求维护自己的权利。当地劳动主管部门在经过现场调查之后，认定这样的“株连政策”是严重的侵权行为，责令宏奇钢铁公司尽快恢复这些员工的劳动关系。当地媒体也为这些被无辜解雇的工人声援，纷纷谴责宏奇钢铁公司。公司内部的员工一方面觉得公司的“株连政策”很不近人情，同时也担心自己会不会受到牵连。公司管理人员对此也纷纷发表意见认为“株连政策”很不人性，对于那些被解雇的“家人和亲戚”是非常不公平的。

宏奇钢铁公司的“跳槽风波”迅速上升为公司的重大危机，管理层无奈之下只好撤销已经发布的“株连政策”，恢复那些被开除员工的劳动关系，并且花了很大力气做劳动主管部门和媒体的工作才化解了这次危机，但是，“株连政策”的负面影响却很难消除，员工关系变得非常脆弱。

案例思考题

1. 你认为宏奇钢铁公司发生的“跳槽风波”的主要原因是什么？

2. 你如何看待人力资源管理部门解决“跳槽风波”的“株连政策”？它对宏奇钢铁公司的员工关系管理产生了哪些负面影响？

3. 如果你是宏奇钢铁公司的高层管理者，对解决好公司的员工关系管理有何合理化建议或对策？

第十三章　劳动立法及其对人力资源管理的影响

本章概要

2008年开始实施的《劳动合同法》、《就业促进法》、《劳动争议调解仲裁法》，是我国劳动法治阶段性和里程碑式的发展，也引发了社会上的热议，同时对用人单位人力资源管理带来重大影响。正确、全面地理解国际劳工立法趋势和我国劳动立法的新发展，是人力资源管理面临的新课题。本章着重阐明了尊重劳动、实现人类体面劳动的重要性，分析了劳动立法的历史进程、调整机制和我国劳动立法的适用范围，说明了劳动人事关系的规范性、契约性与用人单位职能性管理之间的关系，以激发人力资源管理理性互动的内在潜力。

第一节　劳动立法与人力资源管理空间

一、现代社会不但崇尚劳动，还要实现体面的劳动

人类社会的存在与发展同劳动密不可分。劳动，从根本上说，就是人们运用自身的体能和智慧所进行的一种有意识、有目的地把自然界的一些元素转换成财富的实践活动。在人类历史的长河中，劳动在完成从猿转变到人的过程中具有决定意义，“以致我们在某种意义上不得不说：劳动创造了人类本身”①。人们通过自己的生产劳动，不仅创造了一个物的世界和满足自身需要的物质资料，而且创造了他与别人的联系和自己的社会生活。

在资本原始积累时期，劳动同资本曾经有过长时期的强烈对抗，在资本面前劳动力是纯粹的商品，劳动者被社会鄙视。这种情况在近代、现代史上曾经延续了二三百年，而其影响则更为绵长。1944年5月10日，在费城举行的第26届国际劳工大会通过了《关于国际劳工组织的目标和宗旨的宣言》（即《费城宣言》），特别重申“劳动不是商品”。大会确认：全人类不分种族、信仰或性别都有权在自由和尊严、经济保障和机会均等的条件下谋求其物质福利和精神发展，一切国内、国际的政策和措施，特别是具有经济和财政性质者，均应以此观点来加以衡量。世界的持久和平只能建立在社会正义的基础上。在国际社会的不懈努力下，劳动在不断恢复它的魅力。

---

① 《马克思恩格斯选集》（第4卷），人民出版社1995年版，第373—374页。

现代社会离不开人类的劳动成果，现代社会是劳动社会，更应是崇尚劳动的社会。劳动的具体形态包括物质劳动、精神劳动和涵盖管理性劳动在内的服务劳动三种。不同形态的劳动都是社会劳动必不可少的组成部分，它们以不同的方式创造着物质商品、精神产品和服务商品的使用价值和价值，它们之间并不存在高低和贵贱之分。

劳动者付出的劳动，根据其劳动的量和质，都会这样或那样地物化在作为劳动使用者的成果中。而作为劳动者，他们既是物理意义上的人，又是法律意义上的人。作为物理意义上的人，他们要生存要生活；作为法律意义上的人，他们又是具有法律人格的客观实体。人之所以为人，不是因为他是一种有肉体和精神的生物，而是因为他展现了一种自我目的，人不但有独立性而且有群体性。因此，在现代社会，崇尚劳动最重要的是要尊重劳动者的人格，让劳动者得以实现体面的劳动。2008 年 1 月 7 日，胡锦涛同志在出席“2008’经济全球化与工会”国际论坛开幕式的致辞中指出：“让各国广大劳动者实现体面劳动，是以人为本的要求，是时代精神的体现，也是尊重和保障人权的重要内容。”

“体面的劳动”，是国际劳工局局长胡安·索马维亚在 1999 年 6 月第 87 届国际劳工大会上提出来的，主要是指“在自由、公正、安全和具备人格尊严的条件下，获得体面的、生产性的工作机会的权利”，其内容体现在国际劳工标准、促进就业、社会保护和社会对话四个方面。实现“体面的劳动”是国际劳工组织的战略目标。当前，这一口号不仅已经成为世界劳工运动的基本目标，也成为各国政府的经济和社会政策的重要内容。我国也不例外，2007 年 4 月，原国家劳动和社会保障部、中国企业联合会、中华全国总工会与国际劳工组织北京局签署了“中国体面劳动国别计划”，确立了我国国家层面上的实现体面劳动的综合行动框架，并把它作为人类前途命运的重大目标和实现可持续发展的重要使命。

当今社会已进入了经济全球化时代，在表现贸易自由化、市场全球化、生产全球化、资本流通国际化、金融活动全球化的同时，劳动全球化已经成为检验经济全球化进程的试金石。这一趋势必然要求劳动法制全球化。劳动用工不再仅仅是单个用人单位的孤立行为，它越来越受到全社会的高度关注，并受到来自社会各方面的压力、规制和促进。崇尚劳动、实现体面的劳动，已日益走向国际化、法制化，保护劳动者的合法权益已经成为国际上劳动立法的通行规则，这种趋势来势汹涌，并且正在不断深入人心。

二、劳动立法上的劳动者/求职者和劳动供给契约

首先需要说明的是，在这里我们使用了“劳动立法”和“劳动者/求职者”的提法，而没有直接使用“劳动法”和“劳动者”的提法。这是因为“劳动立法”的范围比较宽泛，包括我国单行的《劳动法》（即狭义劳动法）、《劳动合同法》及其

相关的实体法规范和程序法规范，即“劳动立法”指的是广义的劳动法；而“劳动者/求职者”区分了向不同性质的单位提供劳动的主体，我国的劳动立法适用对象是企业、个体经济组织、民办非企业单位和与之形成劳动关系的劳动者，但在国务院没有特别规定的情况下，也可参照适用于事业单位的聘用制员工，也即我国的劳动立法也调整事业单位的部分人事关系。为了区分不同性质单位的劳动提供者，我们把聘用制员工称为“求职者”，与此相应求职者与单位建立的劳动关系称为“聘用关系”。为了叙述方便，我们有时把劳动关系和这部分聘用关系统称为“劳动人事关系”。

随着我国“服务经济”的发展，根据劳动供给或者就业形态的不同，可以把劳动区分为“雇佣劳动”和“契约劳动”。区分这两者之间的不同，对于正确认识和界定劳动者/求职者与契约就业者的含义，进而正确认识我国劳动立法的调整对象有重要作用。

雇佣劳动，是指劳动者或者求职者直接受雇于用人单位或者其他经营者，在雇主即使用人的直接指挥和监督下在固定的场所从事有薪酬的劳动。雇佣劳动在雇主和劳动者/求职者之间形成相对固定的劳动关系/聘用关系，这种劳动关系/聘用关系的两极即雇主和劳动者/求职者之间除了具有债的经济要素外，还有身份上的隶属关系，即在劳动的使用上具有被雇用性、从属性和服从性。所谓债的经济要素，是指雇主和劳动者/求职者依据他们之间的契约具有的直接的权利义务关系，双方既享有劳动/聘用法律关系上的权利，又应承担劳动/聘用法律关系上的义务，而且一方的权利正是另一方的义务。

契约劳动则不同，一般是指不被雇用也不雇用他人的劳动，而是以契约形式向需要者提供劳务，故有时又被称为“独立承包人”、“契约就业者”等，这种劳务关系中的劳动者具有独立性。1997 年，国际劳工组织（ILO）把这种就业形态称为“契约劳动”（Contract Labour），后被世界广泛周知。“契约劳动”，主要用来指个体经营型、承包型、委托型、派遣型、家政服务型、外勤型、专门知识和技能型、艺术型等的专属性劳动。

如何区分雇佣劳动与契约劳动的界限，我国学者田思路、贾秀芬认为，契约劳动与雇佣劳动虽然同是劳动供给契约，但在契约的目的和劳务提供等方面存在明显差异。他们认为，要区分这两者，至少有两个基准可以考虑：一是劳务成果是不是契约的要素，换言之，与实现成果相关的风险是否由劳务提供者方面承担；二是提供劳务时（或劳动的过程），劳务提供方面是否从属于劳务受领方面，即是否具有独立性。具体地说，雇佣劳动以劳务的自体给付为目的，契约劳动则是以劳务带来的结果（工作的完成）为目的；雇佣劳动的劳务在其受领利用者（使用者）的指挥命令下进行（即劳动力受使用者支配），而契约劳动的劳务者为了完成工作利用什么样的劳务、怎样利用，都是自由的、自主的；雇佣劳动完成工作的风险由雇主承担，契约劳动产生的风险原则上由劳务者自己承担（即便是“劳动”，如果工作没有完成也不能得到报酬）。学者把以利用他人劳务为目的的劳动供给契约，划定为雇佣、承揽、委托三种主要形式，这其中的后两种即属于契约劳动。①

根据上述观点，可以作如下归纳：

- 劳动供给契约
  - 雇佣劳动
  - 契约劳动
    - 承揽合同
    - 委托合同

这样的区分，源自日本《民法》上劳务供给契约的立法实践与学说界关于劳动契约的理论，它在一定程度上涉及国际劳动法学的先端课题，这对我们颇具借鉴意义。通过本章第三节的研究可以看到，我国劳动人事法并不包含社会上所有的劳动供给关系，它实际上区分了雇佣劳动和契约劳动，强调广义劳动法意义上的劳动者/求职者应当与用人单位建立劳动人事关系，《劳动法》和《劳动合同法》调整的是雇佣劳动关系而不是契约劳动关系，契约劳动关系在我国由《合同法》中相应的承揽合同、委托合同等规范调整。

三、劳动人事关系的规范性、契约性和自由意志空间

劳动人事关系是现代社会一种基本的社会关系，当然也就离不开社会调整。社会调整，就是确定个人和集体的行为，指明其发挥作用的方向，并把这些行为纳入一定的范围、目的和秩序之中的活动。社会调整可以分为个别性调整和规范性调整两大类。前者是指使用针对具体的人和具体的情况的行为方案所进行的一次性调整。它具有具体性和一次性的特征，是最简单的社会调整。后者是指通过制定和借助针对某一类情况和某一类人的一般性规则所进行的调整。它具有普遍性和重复适用的特征，在社会调整中占有重要意义。2004 年度诺贝尔经济学奖获得者基德兰德和普雷斯科特，曾于 1977 年共同发表了一篇文章《规则胜于相机抉择：最优计划的不一致性》，认为规则比相机抉择更为重要。规范性调整的显著优点是，它通过一般的规则能够在社会生活中建立起统一的、不断发生作用的秩序，这种秩序保证着人们的行为服从于经济和整个社会生活需要的一般条件，从而降低了受盲目性、任意性和偶然性支配的可能；此外，因为它是通过规范调整社会关系的，而规范都是一种行为的尺度和标准，所以规范性调整具有判断未来行为的价值。法律在多种多样的相对独立的社会规范体系中具有极其重要的地位，其调整作用自然无可非议。

---

① 参见田思路、贾秀芬：《契约劳动的研究——日本的理论与实践》，法律出版社 2007 年版，第 65—66 页。

现代社会劳动人事规范集中体现在各国的民法典和劳动人事立法中。一般认为，劳动人事法仍然属于特别债法的范畴，所以原则上也存在和适用契约自由，但在特定情况下，当合同双方的地位和实力不完全对称时，契约自由就会变得毫无意义，这就很明显地产生了保护弱势一方的必要性，而且生产要素中劳动力的特殊性也要求必须对他们进行保护。因此，从这个角度同样可以看出，劳动人事立法具有公法和私法的兼容性，既有私法性的意思自治，又要求有公法性的劳动保护，就其大多数规范看都是单边强制性保护劳动者的，更多地体现了法律的公平、公正和协调的作用。

劳动人事关系的契约性，是指劳动人事关系的订立和存续应当合同化、书面化、标准化。今之“合同”，在我国古代称为契书、契约。“契约”一词最早出现于北齐天保五年（公元554年）魏收所撰的《魏书》中，在民间一直沿用至今。现合同和契约并用，用来指当事人意思表示一致并受其约束而设立、变更或者终止权利义务关系的协议。契约是发生债权债务的重要原因。私法上的契约，其首要条件是当事人意思表示一致，不论其为明示还是默示。建立劳动人事关系就应当订立劳动合同/聘用合同，劳动合同/聘用合同是建立劳动人事关系的基本形式，这已为世界各国普遍采用。劳动人事关系合同化的同时还要求“书面化”。我国1995年首次实施的《劳动法》不但要求用工单位用工一律要与劳动者订立劳动合同，还对劳动合同的要式性作了明确规定：“劳动合同应当以书面形式订立”；2008年开始实施的《劳动合同法》进一步完善了劳动合同书面化法律制度，明确规定“建立劳动关系，应当订立书面劳动合同”，并对已建立劳动关系而未订立书面劳动合同的用工单位作出了更为严厉的惩戒性规定。“标准化”是对劳动人事关系形式和合同内容的要求，使具有灵活性的非标准劳动人事关系规范化、标准化，使劳动人事合同条款法定化。在劳动人事关系的形式上，《劳动合同法》对非法用工单位、个人承包用工、劳务派遣、非全日制用工等作出了规制；在劳动人事关系的内容上，《劳动合同法》对合同的必备条款提出了强制性要求。

但是，我国法律对劳动人事关系的规范性、契约性要求，并不等于要取消用人单位的人力资源管理，不能认为既然法律对人力资源有规制，那么就直接照搬和套用好了，人力资源管理在法律面前只得止步。其实，规范化、契约的标准化是一种管理模式、导向和基本要求，任何法律规范和标准化契约都不可能是包罗万象的，不可能也不应该与用人单位人力资源管理的空间完全重合，人力资源的配置和管理不可能完全通过法律对号入座，当中留有广阔的自由意志空间。这是因为，“人力资源管理是一种管理员工关系的战略方法，它强调开发人的潜力对获取持续竞争优势至关重要，通过结合各种员工政策、活动和实践获得这种优势”[①]。同时还因为,“劳动法作为社会法兼有公法与私法的特征。劳动法出于保障劳动者生存利益的需要,将一部分内容规定为强制性的规范,而使劳动法具有公法特征,这部分内容应当成为人力资源管理的底线性规定。劳动关系作为一种劳动力支配权与劳动报酬的交换,使劳动关系仍需保留任意性规范,也使劳动法具有私法的特征。这种私法特征给出了一个相对灵活的空间,也成为人力资源管理的基础”[②]。笔者十分赞同从此出发而形成的这样一种学说观点:劳动人事法只应该是为人力资源管理提供一个框架与底线。

第二节 劳动者权利立法的发展

随着人类社会文明的进步和发展,作为政治上层建筑的立法也发生着深刻的变化,尤其体现在人类文明的风向标——劳动立法上,对于这个立法长河中从血腥到文明的发展变化以及发展趋势的理解和把握,将有效地拓展人力资源管理的视野,消弭一些无谓的论争、偏见和抱怨,激发理性互动的内在潜力,大大提升和推进人力资源管理的水平。

一、充满血与火的劳动立法——以早期英国工厂立法为例

1. 资本原始积累时期的恐怖立法

英国是现代工业的发源地,工厂法最先出现在英国。马克思认为,要使货币转化为资本,进而完成资本的原始积累,首要前提是要造成社会上对立的、资本主义生产所必需的两极:拥有一定量的货币、生产资料和生活资料的所有者,与除了出卖自己的劳动力以外再也别无他物的自由劳动者。当时英国的统治者就顺应这种趋势,运用国家权力,创立新法,进行原始积累。马克思在《资本论》中对这一立法的历史必然性及其过程、法律的残酷性和工厂劳动者的非人生活作了全方位的揭示。这在今天,对于人力资源管理仍然是一种厚重的历史启示。

(1) 惩治流浪者的立法。从15世纪末开始到17世纪,血腥的剥夺造成大批的乞丐、盗贼和流浪者。在16世纪,英国颁布一系列法令,迫使被剥夺了土地、被驱逐出来而变成流浪者的农村居民结束流浪状态,到手工业工场去当雇佣工人,否则身强力壮的流浪者要被处以鞭打、监禁,甚至当做重罪犯和社会的敌人被处死。英国这些惩治流浪者的恐怖法律,实行了二百多年,通过鞭打、烙印和酷刑,迫使劳动者自愿地出卖自己并习惯于雇佣劳动制度所必需的纪律。

---

① 〔英〕约翰·布里顿、杰弗里·高德:《人力资源管理——理论与实践》,徐芬丽等译,经济管理出版社2005年版,第6页。

② 董保华、杨杰:《劳动合同法的软着陆——人力资源管理的影响与应对》,中国法制出版社2007年版,“序”第6页。

（2）工资立法限制在有利于资本家赚钱的界限内。在资本主义生产的初期，英国通过规定工资，把雇佣工人的工资强制地限制在有利于资本家赚钱的界限内，并使工人为了基本的生活资料而不得不延长工作日。法律只规定工资的最高限度而从不规定工资的最低限度，并规定支付高于法定工资的人要被监禁10天，而接受高工资的人则要被监禁21天。当时的统治者认为，高工资会使雇佣工人懒惰和堕落。用法律规定最高工资的情况在英国持续了四百多年，雇佣工人为了不冒因无人愿意使用而被割去耳朵和打上烙印的风险，不得不忍受着刻薄的工资待遇。

（3）工人结社被认为是严重的犯罪。镇压工人的一切反抗是资本主义生产得以维持的另一个重要条件，英国从14世纪起到1825年废除《禁止结社法》止，工人结社一直被认为是严重的犯罪，统治者可以按特别刑法对待工人的罢工。当时的法国也是如此，认为工人不应当彼此商定自己的利益，不应当为此而采取共同行动，否则会损害企业主的自由。

2. 19世纪上半叶英国工人状况

资本狼一般地吞噬活劳动。18世纪60年代，英国在原始积累和掠夺的基础上开始工业革命。机器生产的出现和扩大，要求投入更多的资本，这个要求连同资本家的奢欲，只有通过疯狂地吸吮工人的血汗来满足。到了19世纪上半叶，工人成了资本家和机器的奴隶，他们不得不在非常恶劣的环境里劳动。工厂狭小、拥挤、闷热、不透风，有的作业点温度竟高达86—90度之间，还有的地方充满了化学毒物，使大批工人发育不良、胸部畸形、未老先衰和早死。工厂的一切处罚除了皮鞭、镣铐和虐杀以外，都简化成罚款和扣工资，罚则名目繁多，工人所得的工资只是他应得的工资的85%，有的甚至只能拿到40%。

工作日突破了道德极限和纯粹身体的极限。一个工作日有它道德和自然的界限，但这种界限的伸缩性很大。在资本家眼里，一个工作日就是一昼夜24小时减去劳动力重新工作所必需的几小时的休息时间。9—10岁的孩子，在大清早2、3、4点钟就从肮脏的床上被拉起来，一直干到夜里10、11、12点钟。他们四肢瘦弱、身躯萎缩、神志呆痴，麻木得像石头人一样，使人看一眼都感到不寒而栗。

3. 早期英国工厂立法的演变

14世纪中叶到18世纪中叶，资本处于萌芽时期，为了榨取足够的剩余价值，资本要借助国家政权的力量进行干预，这一阶段劳工立法的基本点在于“力图强制性地延长工作日”。例如，1496年亨利七世时期的法令、1562年伊丽莎白时期的法令都规定所有手艺人和农业工人每天净劳动时间为12小时。就是这样的标准劳动时间，也遭到资本的强烈反抗，它们越过标准劳动时间，突破道德和自然、年龄和性别、昼和夜的界限，攫取最大限度的剩余劳动。

1802 年—1833 年之间英国议会颁布的五个工厂法是一纸空文。19 世纪初,英国的雇佣工人开始觉醒,起来反抗。这五个工厂法,出现了所谓保护劳动者的内容,但因为没有设立专门机构来监督执行,所以这些法令只是用法律来敷衍劳动者的一纸空文。

1847 年英国议会颁布的新工厂法通过 10 小时工作日法案。1833 年英国颁布的有关纺织业的工厂法,出现了现代工业中的正常工作日、9—13 岁的儿童每天劳动限制为 8 小时的规定,这个法前后实施了十余年。直到 1847 年 6 月 8 日,在宪章运动和争取 10 小时工作日运动的推动下,议会才通过了新工厂法,把少年(从 13 岁到 18 岁)和女工的工作日劳动最终限制为 10 小时。10 小时工作制的实行,在当时遏制了雇佣工人体力和精神的激剧退化,给工业带来了惊人的发展,工厂主开始普遍认识到在法律上规定工作日的必要性。

4. 英国工厂立法对其他国家的影响

以强制缩短一个工作日中的劳动时间的新工厂法,直到 1867 年才在英国普遍实行。随着资本主义生产在欧洲大陆的发展,法国、普鲁士、奥地利、瑞士等国也仿效英国限制劳动时间。1848 年 9 月 8 日,法国国民大会通过法令,把工厂工人每天劳动时间规定为不得超过 12 小时。1866 年 9 月,根据伦敦总委员会的建议,在日内瓦召开的"国际工人代表大会"通过决议:"限制工作日是一个先决条件,没有这个条件,一切进一步谋求工人解放的尝试都将遭到失败","我们建议通过立法手续把工作日限制为 8 小时"。

以对劳动日时间进行法律限制为主要内容的英国工厂法,是国家干预经济关系的产物,体现的是资本的"文明",它一部分属于劳动保护法,一部分属于劳动管理法。这时,资本与劳动的关系已不再是原来的自由契约关系,国家意志已经加入到这种关系之中,它的发展有利于生产力的发展和社会关系的发展。这种国家干预,超越了英国国界,对欧洲大陆和北美洲都产生了很大的影响,以至于 19 世纪中叶后形成了独立的法律部门——劳动法。

二、从我国承认和批准的 25 个国际劳工公约看国际劳动立法趋势

19 世纪中叶,世界主要资本主义国家之间的贸易迅速扩大,为了限制日益残酷的贸易竞争,工业国家的眼光开始从不惜牺牲劳工的工作条件、大量使用童工来增加竞争优势,逐步转到了消除和限制这种残酷竞争的立场上来了。1919 年应运而生的国际劳工组织(ILO)从成立起就为谋求社会正义、人类的物质福利和精神发展、实现公平而不懈努力,把制定和实施体现正义和公平的国际劳工标准作为其首要任务。从 1919 年成立到 2008 年,国际劳工组织(ILO)已经举行了 97 届大会,制定的国际劳工公约和国际劳工组织建议书两者总计近 400 件,它们共同构成国际劳工标准。我国已经承认和批准了其中的 25 个国际劳工

公约：

（1）《1920年最低年龄（海上）公约》（第7号公约），我国1936年12月2日批准。该公约禁止14岁以下儿童在船舶上工作。[①]

（2）《1921年农业工人集会结社权利公约》（第11号公约），我国1934年4月27日批准。该公约规定农业工人与工业工人有同等的集会结社权。

（3）《1921年工业每周休息公约》（第14号公约），我国1934年5月17日批准。该公约规定工业企业中全体职工每周至少有连续24小时的休息时间。

（4）《1921年扒炭工和司炉工最低年龄公约》（第15号公约），我国1936年12月2日批准。该公约禁止18岁以下未成年人在船舶上充任扒炭工和司炉工。

（5）《1921年海上儿童和未成年人强制体格检查公约》（第16号公约），我国1936年12月2日批准。该公约规定18岁以下在海上工作的工人必须经体检证明适合于工作。

（6）《1925年工伤事故赔偿同等待遇公约》（第19号公约），我国1934年4月27日批准。该公约规定外国工人及其扶养的家属可得到与本国工人同等的事故赔偿待遇。

（7）《1926年海员协议条款公约》（第22号公约），我国1936年12月2日批准。该公约规定了船主与海员双方协议的宗旨、内容及有关措施。

（8）《1926年海员遣返公约》（第23号公约），我国1936年12月2日批准。该公约规定，海员在受雇期间或受雇用期满时被送登岸者，应享有被送回本国或受雇的港口或船舶开航的港口的权利。

（9）《1928年最低工资办法公约》（第26号公约），我国1930年5月5日批准。该公约要求批准国在工资低廉的行业制定最低工资标准并监督实施。

（10）《1929年海运重大包裹标明重量公约》（第27号公约），我国1931年6月24日批准。该公约规定一吨以上物件交付航运前须注明重量并由政府负责监督实施。

（11）《1932年码头工人事故防护公约（修订）》（第32号公约），我国1935年11月30日批准。该公约为防止装卸工作事故，详细规定了具体措施和标准。

（12）《1935年妇女井下作业公约》（第45号公约），我国1936年12月2日批准。该公约规定任何年龄的妇女均不得从事矿场的井下工作，但从事管理、卫生福利及实习工作者可除外。

（13）《1937年工业工作最低年龄公约（修订）》（第59号公约），我国1940

① 在1930年至1947年间，国民党政府先后批准了14个国际劳工公约。1984年5月，中华人民共和国政府对上述公约进行了审议并予以承认。

年2月21日批准。该公约规定15岁以下儿童不得在工业企业中工作。

(14)《1946年最后条款修订公约》(第80号公约),我国1947年8月4日批准。该公约无实质内容。

(15)《1951年男女工人同工同酬公约》(第100号公约),我国1990年11月2日批准。该公约规定对于男、女劳动力同等价值的劳动应给付同等的报酬。

(16)《1958年消除就业和职业歧视公约》(第111号公约),我国2005年8月28日批准。该公约要求各国应制定一项国家政策以消除就业和职业歧视。

(17)《1964年就业政策公约》(第122号公约),我国1997年12月17日批准。该公约目的在于促进充分的、自由选择的生产性就业。

(18)《1973年准予就业最低年龄公约》(第138号公约),我国1999年4月28日批准。该公约目的在于提高就业的最低年龄,保证有效废除童工。

(19)《1976年三方协商促进实施国际劳工标准公约》(第144号公约),我国1990年11月2日批准。该公约规定政府应制定实行政府、雇主和工人三方代表间有效协商的程序。

(20)《1978年劳动行政管理公约》(第150号公约),我国2002年3月7日批准。该公约规定了各国劳动行政管理机构的职能和组织,强调了劳动行政管理的三方性原则。

(21)《1981年职业安全和卫生及工作环境公约》(第155号公约),我国2007年1月25日批准。该公约要求各国就职业安全和卫生以及改善工作环境问题制定全面的国家政策。

(22)《1983年(残疾人)职业康复与就业公约》(第159号公约),我国1988年2月2日批准。该公约规定政府应根据条件尽可能保证让残疾人在充分参与和平等的基础上从事各项合适职业并融入社会。

(23)《1988年建筑业安全卫生公约》(第167号公约),我国2002年3月7日批准。该公约对建筑业的安全施工、机械设备的安全操作和个人的防护装置作了全面的规定。

(24)《1990年作业场所安全使用化学制品公约》(第170号公约),我国1995年1月11日批准。该公约要求各国在工作场所安全使用化学品,使工人不受化学品侵害。

(25)《1999年禁止和立即行动消除最恶劣形式的童工劳动公约》(第182号公约),我国2002年8月8日批准。该公约要求各国采取立即有效的措施,把禁止和消除最恶劣形式的童工劳动作为一项紧迫事务。

从上述我国已经承认和批准的国际劳工公约中可以看出,其主旨在于统一国际劳工标准,保障劳工在就业、待遇、休息休假、工作条件、生产安全、健康卫生、社会保障、人格人权等方面的权益,使劳动者有一个适合个人能力发展的条件和环境，为社会服务。国际劳工标准的制定和推动实施，是文明社会理智的选择和社会进步的标志。

三、社会责任国际标准体系——从“企业社会责任”到“全球契约”

由于国际劳工组织（ILO）的成员国没有批准国际劳工标准的义务，发达国家于是谋求把一些劳工标准纳入国际贸易的法律框架，以贸易壁垒的形式强制发展中国家实施某些劳工标准。1997 年，总部设在美国的社会责任国际组织（Social Accountability International，SCI）发起并联合欧美跨国公司和其他国际组织，制定了以保护劳工条件、劳工权利等为主要内容的管理标准体系即社会责任国际标准体系（Social Accountability 8000 International Standard, SA8000），它也是全球首个道德规范国际标准，目的是确保供应商的产品符合社会责任标准的要求。SA8000，又称“蓝色壁垒”、“劳动壁垒”、“社会壁垒”，它使劳动法制高标准化、强势化，并且具有了超国家的性质。

SA8000 的内容主要由九个要素组成：

（1）童工。标准要求公司不得使用或支持使用童工，必须制定书面的童工救济政策和程序；保护未成年人的安全和健康，必须制定书面的推广未成年工教育的政策和程序；无论工作地点内外，公司不得将儿童或青少年工人置于危险、不安全、不健康的环境中。

（2）强迫性劳动。标准禁止一切形式的强迫劳动，不能以惩罚、恐吓为手段，强迫或者使他人非自愿地进行劳动；公司不得要求员工在受雇起始时交纳“押金”或寄存身份证件。

（3）安全卫生。标准要求公司提供安全卫生的工作条件，确保厂房结构安全、机器设备安全，有效控制工作场所的职业危害；最好要指定高级管理代表负责施行公司的安全卫生政策和计划。

（4）结社自由和集体谈判权。结社自由权，包括组织工会的权利、成立国内劳工联盟的权利、参与国际劳工同盟组织的权利。标准要求公司充分尊重工人自由结社和集体谈判的权利，允许工人自由组织工会和参加工会组织，并且提供适当的场地、资金、设备和工作时间。

（5）歧视。标准要求公司提供公平合理的工作机会，在决定聘用、报酬、培训机会、升职、解聘或退休等事务时完全根据个人的工作能力和工作需要作出决定，不得因为种族、社会阶级、国籍、宗教、残疾、性别等原因歧视对待。

（6）惩戒性措施。公司应尊重工人的人格和尊严，不得采取体罚、辱骂或其他侮辱人格的行为；公司应该为违规工人提供申诉渠道，考虑让工人代表参与惩罚程序的实施。

（7）工作时间。标准规定工作时间每周 40 小时，每天加班时间不得超过 3

个小时，每月加班累计不得超过36小时，每周至少休息一天；加班加点应征得工人同意并支付额外的加班工资。

(8) 工资报酬。标准要求标准工作周的工资至少应达到当地法定的或行业规定的最低工资标准，能满足工人的基本需要，并提供一些可随意支配的收入；公司应保证不采取纯劳务性质的合约安排或虚假的学徒工制度以规避涉及劳动和社会保障法律所规定的对员工应尽的义务。

(9) 管理系统。标准规定高级管理阶层应制定公司有关社会责任和劳动条件的政策；让非管理层自选一名代表与其沟通；建立适当的程序，证明所选择的供应商与分包商符合本标准的认证。

从国际贸易角度提出和强化的劳工标准，使得处于经济全球化中的世界各国无法规避，SA8000已开始在国际贸易中被广泛应用。当前的趋势是，劳工的工作条件和福利等问题在国际贸易中已被高度重视，供应商和承包商只有通过SA8000社会责任认证，才能取得发达国家企业的订单，而不仅仅是产品的质量和价格。伴随以劳工标准为主要内容的社会责任国际标准体系为社会公认和被企业逐步采纳，企业的社会责任也被进一步强化，在这样的国际环境下，企业除了营利目的以外，不得不考虑改善劳工的工作条件，以最终达到公平体面的工作条件的目标。

SA8000出台两年后的1999年，新的人权问题引发了时任联合国秘书长的安南向全世界企业主管们发出严正的呼吁："在人权、劳动权和环境方面通过、坚持和实施一整套必要的社会规则"，"使得各企业与联合国各机构、国际劳工组织、非政府组织以及其他有关各方一起结成合作伙伴关系，以建立一个更加广泛和平等的世界市场"。[①]这就是著名的"全球契约"，又称"全球协议"、"社会规则"。全球契约在实施国际公认的各项人权、劳工标准和环保责任方面提出了九项基本原则，以倡导企业承担社会责任、推进实施基本劳工标准、积极开展社会认证活动的"全球契约"行动计划已于2000年在世界范围启动，并旋即得到很多国家和众多国际著名大公司的响应和参与，成为世界性潮流。

第三节　劳动和社会保障的法律调整机制

一、劳动和社会保障法律调整机制的形成和完善

1993年《宪法修正案》对计划经济体制作出了重要的修改，把"国家实行社会主义市场经济"作为一项宪法原则载入宪法总纲，它标志着我国已从旧经济

---

① 参见林燕玲主编：《国际劳工标准》，中国劳动社会保障出版社2007年版，第335—336页。

体制向新经济体制过渡和转变。

在社会主义市场经济条件下，劳动力从道德上讲已不再是商品，但仍具有一定的商品属性，劳动关系的建立要通过市场形成，其基本形式是以劳动合同/聘用合同为纽带，使过去多年来形成的过分单一的劳动关系和人力资源的统配制度被多种劳动关系和劳动合同制所代替。《劳动法》、《劳动合同法》及其配套的法律法规作为培育、发展和完善以人力资源市场为中心的新型劳动人事体制的法律调整体系便应运而生。这种对于劳动人事关系的法律调整机制不仅对提高劳动者/求职者的综合素质、维护稳定和谐的劳动人事关系具有重要意义，而且对我国的经济体制改革也起到了促进作用。我国是国际劳工组织的会员国之一，承认或批准的国际劳工公约已有25个，我国又是“全球契约”行动计划的参加国，这说明我国劳动人事法律制度已逐步与国际接轨，而且接轨的速度在加快。

同时还应看到，人力资源的市场化配置并不只是简单地把劳动者/求职者抛向市场，市场经济体制的基本框架之一是建立多层次的社会保障制度，为城乡居民提供同我国国情相适应的社会保障制度，促进经济发展和社会稳定。这不仅是人力资源市场竞争机制的必然要求，也是劳动者/求职者和社会成员的重要权利，同时为人力资源的合理配置、正常流动和健康发展创造了前提条件。在建立、完善与社会主义市场经济体制相适应的用人单位与劳动者/求职者双向选择的劳动人事制度，实现人力资源市场配置的同时，加快社会保障制度改革，完善社会保障体系，是我国当前促进劳动人事关系和谐稳定、进一步深化改革的重要任务之一。中国共产党第十四届三中全会通过的《中共中央关于建立社会主义市场经济体制若干问题的决定》就已明确指出：“社会保障体系包括社会保障、社会救济、社会福利、优抚安置和社会互助、个人储蓄积累保障。”这种与人力资源市场配置相辅相成的社会保障体系正在规范化、法律化，以逐步形成和不断完善一整套的劳动和社会保障法律体系。

综上，人力资源管理的重要职责之一，就是要在做好人力资源市场化配置的同时，不断完善社会保障方面的衔接和促进工作。

二、劳动关系和劳动立法

人们在劳动中所结成的关系谓之社会劳动关系。法律所调整的劳动关系只是用人单位和劳动者/求职者之间，直接运用劳动能力实现其效能过程中所发生的社会关系。劳动关系的主体，又称劳动关系当事人，一方为劳动者/求职者，另一方为用人单位。在劳动关系中，劳动者/求职者一方并非同自有的或其直接支配的生产资料相结合，而是同用人单位提供的生产资料相结合，因此用人单位构成劳动关系的另一方当事人。劳动关系的标的，就是劳动关系双方当事人权利义务所共同指向的对象,即劳动者/求职者提供的活劳动。劳动关系标的的特殊性,决定了在提供和使用活劳动过程中双方权利义务的特殊性,顺应当代通行的保护劳动者基本权益的国际劳工标准,我国法律对此作了多为强制性的具体规定,这是在人力资源管理中值得特别重视的。

目前,全国人大常委会通过或修正的《劳动法》(1994 年)、《劳动合同法》(2007 年)、《就业促进法》(2007 年)、《争议调解仲裁法》(2007 年)和《工会法》(2001 年)是保护劳动者权益最为重要的基础性法律。从 1978 年起,历经 16 个春秋,易稿 30 余次,具有鲜明的社会主义市场经济特色的《劳动法》在 1994 年出台,并于 1995 年 1 月 1 日起施行。《劳动法》就劳动就业、劳动合同、劳动报酬、劳动保护、社会保险和福利、职业培训、劳动争议处理、劳动执法监督和检查等作了全面规定,在当时的经济条件下给予了劳动者/求职者最大限度的法律保护。2008 年 1 月 1 日起施行的《劳动合同法》,是尊重劳动、保护劳动者的重要法律举措,是我国劳动和社会保障法制建设的又一个里程碑。2008 年 5 月 1 日起施行的《劳动争议调解仲裁法》,对劳动争议的处理程序作了更为切实可行的全新规定,从程序上使劳动者更易于行使权利。不可忽视的是,2001 年 10 月 27 日修正的《工会法》,对企业单方面解除职工劳动合同作了严格的程序性规定。

上述法律出台后,国务院及国务院人事部、劳动和社会保障部(后两者现合称为“人力资源和社会保障部”)发布了若干有关劳动关系的行政法规和部门规章,如国务院发布的《关于职工工作时间的规定》(1995 年修订)、《工伤保险条例》(2003 年)、《劳动保障监察条例》(2004 年)、《职工带薪年休假条例》(2007 年)、《劳动合同法实施条例》(2008 年),《劳动部关于贯彻执行〈中华人民共和国劳动法〉若干问题的意见》(1995 年)、《劳动和社会保障部最低工资规定》(2003)等,与上述单行法律共同构成了目前我国的劳动法体系。

我国的人事立法相对滞后,立法层级也相对较低,除了《公务员法》以外,在人员聘用和人事争议处理方面的规范性文件主要有原人事部 2002 年 7 月 3 日制定、国办发[2002]35 号通知转发的《关于在事业单位试行人员聘用制度的意见》,原人事部 2005 年 11 月 16 日通过、2006 年 1 月 1 日起执行的《事业单位公开招聘人员暂行规定》,中共中央组织部、原人事部、解放军总政治部 2007 年 8 月 9 日发布、同年 10 月 1 日起施行的《人事争议处理规定》。因此,《劳动合同法》、《劳动争议调解仲裁法》均规定,事业单位实行聘用制工作人员的劳动合同和劳动争议也依照各相关法律执行,但法律、行政法规或者国务院另有规定的,依照其规定。

三、社会保障和社会保障立法

社会保障是劳动人事关系的重要内容，是完善社会主义市场经济竞争机制的基本要素之一，也是测试社会承受能力的重要标志。社会保障早已引起国际社会的高度重视，世界上绝大多数国家和地区都已建立社会保障制度。在我国深化改革的同时，社会保障已为党和国家高度重视，国家通过立法提供最基本的社会保障。在具体做法上，坚持实行企业、社会、财政各负担 1/3 的办法；企业、社会筹集不足的部分，财政给予保证。这“三条保障线”是目前条件下有中国特色社会主义社会保障制度的重要组成部分。

社会保障，是指国家和社会根据法律规定，为保证全体公民的基本生活权利而提供的物质帮助和社会救助。社会保障主要由社会保险、社会福利、社会救济和社会优抚构成。社会保险，是指劳动者因生育、年老、患病、伤亡等原因影响其劳动能力或失业时，从国家和社会获得物质帮助以维持基本生活的一种社会保障制度，包括生育保险、养老保险、疾病保险、伤残保险、遗属补贴、失业保险等。社会福利，是指国家和社会举办公共福利设施、提供生活补贴和服务，以提高和改善人们生活的一种社会保障制度，包括医疗保健设施、幼托事业、老年福利事业、社会保障服务等。社会救济，是指国家和社会向无生活来源或失去劳动能力的公民，提供资金、实物或服务等救助，以保证其基本生活权利的一种社会保障制度，包括城市贫困户救济、农村“五保”户救济、灾民救济、城乡特殊对象救济等。社会优抚，是指国家和社会依法对特殊对象提供资金、物品或服务，保障或改善其生活条件的一种社会保障制度，包括现役军人、复退军人、军烈属优抚等。

社会保障立法是劳动人事法的有机组成部分，我国的社会保障立法包括《宪法》第二章“公民的基本权利和义务”及《劳动法》、《劳动合同法》中的有关规定等，同时还大量体现在行政法规中，如《国务院关于建立统一的企业职工基本养老金保险制度的决定》、《工伤保险条例》、《失业保险条例》、《社会保险费征缴暂行条例》、《城市居民最低生活保障条例》等。

四、劳动立法的适用范围

劳动立法，是指调整劳动关系和聘用关系、规范劳动活动和聘用活动、保护劳动者/求职者基本权益的法律规范的总称。劳动立法是一个学说概念，指的是广义的劳动法，区别于规范性文件名称称谓上的劳动法。在我国，狭义的劳动法即是指《劳动法》，而劳动立法除了指称狭义的《劳动法》外，还包括其他重要的单行法如《劳动合同法》等相关实体法、其他法典如《宪法》中的劳动法律规范以及解决劳动人事争议的程序法等。劳动立法以保护劳动者/求职者的合法权益为宗旨,其核心是保护劳动者/求职者有一个体面的工作条件、通过体面的劳动获取生存和再生产能力及生命健康的权利。

我国劳动立法即广义劳动法的适用范围的确定有个发展变化过程。

《劳动法》第2条规定:“在中华人民共和国境内的企业、个体经济组织和与之形成劳动关系的劳动者,适用本法。”“国家机关、事业组织、社会团体和与之建立劳动合同关系的劳动者,依照本法执行。”《劳动法》于1995年1月1日起施行后,随着社会的发展和客观情况的变化,一些新的用工主体、用工形式不断出现,2008年1月1日起施行的《劳动合同法》扩大了适用范围,第2条规定:“中华人民共和国境内的企业、个体经济组织、民办非企业单位等组织(以下称用人单位)与劳动者建立劳动关系,订立、履行、变更、解除或者终止劳动合同,适用本法。”“国家机关、事业单位、社会团体和与其建立劳动关系的劳动者,订立、履行、变更、解除或者终止劳动合同,依照本法执行。”第96条规定:“事业单位与实行聘用制的工作人员订立、履行、变更、解除或者终止劳动合同,法律、行政法规或者国务院另有规定的,依照其规定;未作规定的,依照本法有关规定执行。”第93条规定:“对不具备合法经营资格的用人单位的违法犯罪行为,依法追究法律责任;劳动者已经付出劳动的,该单位或者其出资人应当依照本法有关规定向劳动者支付劳动报酬、经济补偿、赔偿金;给劳动者造成损害的,应当承担赔偿责任。”第94条规定:“个人承包经营违反本法规定招用劳动者,给劳动者造成损害的,发包的组织与个人承包经营者承担连带赔偿责任。”

嗣后,《劳动争议调解仲裁法》第52条规定:“事业单位实行聘用制的工作人员与本单位发生劳动争议的,依照本法执行;法律、行政法规或者国务院另有规定的,依照其规定。”国务院制定的行政法规《劳动合同法实施条例》第3条规定:“依法成立的会计师事务所、律师事务所等合伙组织和基金会,属于劳动合同法规定的用人单位。”

据此,根据劳动立法对主体是否属于法律规定的“用人单位”和“劳动者”这个双重标准的界定,广义劳动法的适用范围或调整对象可以概括为三大方面:(1)直接适用范围:企业、个体经济组织、民办非企业单位与其职工、雇工之间的劳动关系。属于劳动立法直接调整的用人单位主要是企业,也包括个体经济组织、民办非企业单位和会计师事务所、律师事务所等合伙组织和基金会,并以是否形成劳动关系为原则,只要劳动者事实上已成为企业等用人单位的成员,并为其提供有偿劳动的,就适用劳动法(广义的)。(2)依照执行范围:除公务员和参照公务员管理的人员以及事业单位中实行聘用制的工作人员外,国家机关、事业单位、社会团体与其他劳动者建立劳动关系的;事业单位中实行聘用制的工作人员,应优先适用特别规定,法律、行政法规或者国务院未作规定的,则参照适用。(3)特别适用范围:就是《劳动合同法》第93、94条规定的不属于法律规定但有违法用工行为的用人单位与其他劳动者之间的劳动关系。该用人单位主要包括两类:一是没有合法经营资格的非法用人单位;二是违法招工的个人承包经营者及其发包组织。《劳动合同法》首次把这些对象纳入调整范围,并加重了其法律责任。

在新的法律环境下,人力资源管理部门应当对广义劳动法的适用有一个清晰的认识和判断,这样才能用好用活用工形式。在劳务或项目发包中,尤其要注意防范个人承包经营这种单纯的经济关系被不当利用,以致使承包人非法招工导致的后果变成与发包人有关的劳动关系来处理,从而使发包人承担连带赔偿责任。

思考题

1. "体面劳动"是在什么背景下提出来的?有何重要意义?

2. 从充满血与火的劳动立法到"全球契约"的发展,说明了什么?

3. "雇佣劳动"与"契约劳动"有何联系和区别?

4. 如何理解当代劳动人事关系的规范性、契约性与人力资源管理空间的关系?

5. 我国劳动立法的适用范围包括哪些?

案例分析一

"山西黑砖窑"事件

2007年6月初,网络媒体揭露了在山西省运城、临汾、晋城等地发生的一些黑砖窑严重侵犯农民工和未成年人的合法权益的刑事犯罪和非法用工行为,立即引起社会的强烈反响和中央的高度重视。

截至2007年8月,山西省共检查乡镇砖瓦窑4861户,查出无证砖瓦窑3186户,占砖瓦窑总数的65.5%,涉及用工8.1万人,占排查砖瓦窑用工人数的63.3%。其中,有拐骗殴打工人、强迫工人劳动和非法雇用童工、智力残疾人员等严重违法犯罪行为的砖瓦窑17户;有13户无证照的砖瓦窑非法使用童工15名。共解救农民工359人,最小的年龄13岁。截至2007年7月31日,山西省司法机关已对"黑砖窑"事件中涉及犯罪的27起69人提起公诉,其中25起60人已依法判决,包括死刑、无期徒刑和有期徒刑等。纪检部门对"黑砖窑"事件中监管不力、失职渎职的95名党员干部、公职人员作出了包括开除党籍、开除公职、撤职、降级、记大过等在内的党纪政纪处分。

"黑砖窑"事件影响恶劣,性质十分严重。

一是,有些不法分子在火车站等地许以高薪待遇诱骗农民工,或拐骗智障人员到砖窑厂做工，并限制人身自由、强迫劳动，故意伤害甚至致人死命。已解救的农民工359人，其中被拐骗的174人，被强迫劳动185人，其中有65人是智障人员。例如，临汾市洪洞县广胜寺镇曹生村砖窑场主王兵兵、衡庭汉案件中，砖窑建于2004年3月，是一个无营业证、资源许可证、税务登记证的砖窑厂。2006年3月，砖窑厂主王兵兵将其转包给河南籍人员衡庭汉经营。在该砖窑厂做工的32名农民工，其中有9名是智障人员，全部为衡庭汉及其同伙从西安、郑州火车站等地诱骗而来，并被限制人身自由，强迫劳动，每天劳动时间在15小时以上，且从未领取工资报酬。到2007年5月27日案发时，就有1名农民工被打成重伤、4人轻伤、13人轻微伤。再如，临汾市乡宁县昌宁镇大石头村刘养农案件中，自2007年3月以来，砖窑主刘养农雇用工头，通过打骂等手段，强迫农民工劳动。

二是，少数"黑砖窑"厂非法使用童工。一旦进入窑厂，窑主会扣留孩子的行李、证件，并重新起名，应付人口登记和家长的追寻。每隔一段时间或适逢有关部门检查，包工头一个电话，他们就会被专门押送转运到其他窑厂。童工在窑厂做工犹如监狱服刑。"黑砖窑"大都依山坡而建，三面为土山，一面是出口，出口处狼狗当道，监工和包工头就住在出口处。有的童工逃跑未遂被打成了残废。有的被迫去还未冷却的窑口出砖，被滚烫的红砖严重烫伤，工头鼓动孩子用土法治疗——用黄土往伤口上抹。一位医生说："这样的情形，如果继续感染，完全可以致命。"

三是，大量无证砖窑厂非法用工。一些无证砖窑厂和部分有证企业存在着不支付农民工工资、劳动时间过长、劳动条件差等违法问题。对此，山西省各地工商行政管理部门已立案534件，取缔非法砖窑厂315个，各地劳动保障部门依法对358户砖窑厂进行了立案调查，责令企业补发拖欠农民工工资72万元，涉及农民工1024人。

案例分析题

1. 在国际劳工立法强势发展的当今社会，为什么我国个别地方还在发生类似"黑砖窑"这样的事件？痛定思痛，从中可以吸取一些什么经验教训？

2. 我们究竟应当树立什么样的劳动法治观念，来应对日益严峻的社会就业、企业发展以至于人类生存等一系列重大问题？

3. 在当今社会，用人单位应当如何面对和践行社会责任？

案例分析二

"华为员工辞职门"事件

2007年9月，深圳华为技术有限公司内部通过鼓励员工辞职的方案，至10月华为公司先后分批次与老员工私下沟通取得共识，10月开始至11月底实施，共计将有超过7000名在华为公司工作年限超过8年的老员工，需要逐步完成"先辞职再竞岗"工作。按照华为公司的要求，工作满8年的员工，由个人向公司提交一份辞职申请，在达成自愿辞职共识之后，再竞争上岗，与公司签订新的劳动合同，工作岗位基本不变，薪酬略有上升。据华为员工透露，华为总裁任正非、副总裁孙亚芳在内的一批华为创业元老，也进行了"先辞职再竞岗"。

此次"先辞职再竞岗"时，所有自愿离职的员工都获得了华为公司相应的补偿，补偿方案为"N+1"模式。N为在华为工作的年限，打个比方，如果某个华为员工的月工资是5000元，一年的奖金是60000元，平摊到每个月就是5000元的奖金，假如他在华为工作了8年，那么他得到的最终赔偿数额就是10000元（月工资+年奖金平摊）×（8+1），计90000元。而此次自愿辞职的老员工大致分为两类：自愿归隐的"功臣"和长期在普通岗位的老员工，工作年限均在8年以上。其中一些老员工已成为"公司的贵族"，坐拥丰厚的期权收益和收入，因而"缺乏进取心"。由于这些老员工的收入相对较高，华为公司为他们辞工支付的赔偿费，外界预测总计将超过10亿元。由此引发了近万名员工集体辞职的所谓"华为员工辞职门"事件。2007年11月7日，华为公司表示，长达一个多月的"7000人集体辞职事件"已结束。

"华为员工辞职门"事件是2007年最受媒体关注的事件之一，华为公司的此次操作被法制日报《公司法务》专刊、国内领先的人力资源类杂志《人力资源》、国内领先的劳动关系网站"劳动法世界"（www.laboroot.com）联合评选为"2007年十大劳动争议案件"之一，并被媒体称为可能成为中国人力资源管理史上的标志性事件。①

案例分析题

1. "华为员工辞职门"事件众说纷纭，外界普遍认为华为公司此举是为了规避新的《劳动合同法》第14条关于无固定期限劳动合同的新规定。对此，你是怎么看的？

2. "华为员工辞职门"事件对劳动立法给企业人力资源管理会带来什么样的深刻影响？用人单位应如何面对新法以积极提升和改进人力资源管理水平？

---

① 参见《2007年十大劳动争议案件》，载《法制日报》2008年1月20日第10版。

第十四章　劳动人事争议的防范与处理

本章概要

劳动人事争议的防范与处理属于用人单位人力资源管理非常重要的认知范畴，也是用人单位职能管理的不可或缺的组成部分。本章所涉及的实体法的逻辑起点是对人力资源市场的规制，中心是劳动人事合同的签订和履行，重点在于把握2008年1月开始实施的在我国劳动立法体系中处于基础地位的《劳动合同法》，构建和发展和谐稳定的劳动人事关系。2008年5月开始实施的《劳动争议调解仲裁法》，是一部崭新的处理劳动争议的程序法，它对于高效、有力地处理多元化的劳动者诉求和高发态势的劳动争议案件起到了积极的作用。劳动人事争议是可以预测、可以防范的，关键在于依法办事。

第一节　劳动人事争议概述

一、劳动人事争议的概念

随着我国社会主义市场经济体制的建立和逐步完善，企业的劳动力配置和事业单位的用人机制均以市场作为基础性手段，这一重大改革，使劳动人事制度充满生机和活力。劳动人事制度市场化的标志之一，就是劳动合同和聘用合同成为建立劳动人事关系的基本形式；相关的法律、法规成为调控劳动人事关系的主要手段。劳动人事制度市场化之后，用人单位与个人之间在签订尤其是在履行劳动人事合同过程中，基于各自权利义务的考虑，不可避免地会出现各种各样的劳动人事争议。

劳动人事争议，是指用人单位和员工之间在执行劳动人事法律、法规和履行劳动人事合同过程中，因劳动人事的权利义务而发生的纠纷。劳动人事争议的前提是当事人之间有劳动人事关系，并为此而发生纠纷。劳动人事争议的当事人及其内容都是特定的。当事人就是用人单位和用人单位的员工个人，在特殊情况下职工一方也可能是用人单位的全体职工。劳动人事争议的内容就是因劳动和工作而形成的权利和义务，这种权利义务纠纷可能发生在订立、履行、变更、解除或者终止劳动合同/聘用合同的各个阶段，即它与实现劳动和进行工作的过程相联系。

劳动和工作是人们谋生和实现自我价值的主要途径，也是用人单位生存和发展的首要因素。因此，一旦发生劳动人事争议，凸显的是劳动人事关系双方当事人之间的利益冲突，解决的难度相对来说也较高。

二、劳动人事争议的范围和法律适用

1．劳动人事争议的范围

在我国，劳动和人事长期以来分属不同的管理系统，形成了较大的制度差异。因此，在劳动人事争议的发生和处理上也有所不同，通常我们把劳动人事争议拆分为劳动争议和人事争议，两者在制度和实务的层面上既有交叉，又存在一些区别。

劳动争议，是指我国境内的用人单位与劳动者之间，就劳动用工所涉及的相关权利义务而发生的争议。依照《劳动争议调解仲裁法》第2条，目前我国劳动争议的范围包括六大类：(1) 因确认劳动关系发生的争议；(2) 因订立、履行、变更、解除和终止劳动合同发生的争议；(3) 因除名、辞退和辞职、离职发生的争议；(4) 因工作时间、休息休假、社会保险、福利、培训以及劳动保护发生的争议；(5) 因劳动报酬、工伤医疗费、经济补偿或者赔偿金等发生的争议；(6) 法律、法规规定的其他劳动争议。从劳动争议的主体上看，除了企业与劳动者之间的劳动争议外，国家机关、事业单位、社会团体与本单位工勤人员之间，个体工商户与帮工、学徒之间，因劳动用工发生的纠纷，也属劳动争议之列。但因农业劳动、家政服务等发生的纠纷，不包括在内。

人事争议，是指我国境内的用人单位与聘用人员之间，就人事聘用所涉及的相关权利义务而发生的争议。作为用人单位的人事争议主体一方，可以是国家机关、事业单位、社会团体和军队等。依照《人事争议处理规定》第2条，人事争议的范围包括五大类：(1) 实施《公务员法》的机关与聘任制公务员之间、参照《公务员法》管理的机关(单位)与聘任工作人员之间因履行聘任合同发生的争议；(2) 事业单位与工作人员之间因解除人事关系、履行聘用合同发生的争议；(3) 社团组织与工作人员之间因解除人事关系、履行聘用合同发生的争议；(4) 军队聘用单位与文职人员之间因履行聘用合同发生的争议；(5) 依照法律、法规规定可以仲裁的其他人事争议。

2．处理劳动人事争议适用的程序性法律规范

由于劳动人事争议的当事人和内容的特定性，为及时、有效地保护当事人的合法权益，其适用的法律程序规范具有专门性。《劳动争议调解仲裁法》除统一适用于我国境内的各类企业与劳动者的劳动争议外，该法第52条还规定："事业单位实行聘用制的工作人员与本单位发生劳动争议的，依照本法执行；法律、行政法规或者国务院另有规定的，依照其规定。"

从我国现行的法律渊源上讲，《劳动争议调解仲裁法》是全国人大常委会制

定的，属于国家基本法律以外的其他法律，是我国当前重要的法律渊源。对于处理劳动争议来说，它是特别法；对于处理人事争议来说，它是一般法。因此，在处理事业单位内部发生的劳动争议时，统一适用《劳动争议调解仲裁法》为原则，除外适用为例外。自此，劳动争议和人事争议的处理，已基本上纳入统一的程序。但此前由中共中央组织部、原人事部、总政治部于 2007 年 8 月 9 日联合发布并于同年 10 月 1 日起施行的《人事争议处理规定》有特别规定，其规定又与《劳动争议调解仲裁法》不相冲突的，或者法律、行政法规、国务院另有规定的，人事争议的处理则应优先适用各有关规定。

三、劳动人事争议的缘起和防范

随着劳动人事制度改革的深化和加快，劳动人事争议大量产生。究其缘由，一是在社会转型、经济转轨过程中，劳动人事关系双方出现利益失衡。如因企业改制、兼并重组、歇业破产、岗位整合、人才流动，引发劳动人事合同纠纷和追索经济补偿金纠纷。二是劳动人事关系当事人一方或双方的法治意识淡薄，当事人的合法权益得不到充分、有效的保障。如有的用人单位不能正确地贯彻、实施劳动人事法律、法规和规章，作为弱势群体的员工一方，其权益往往得不到及时实现，纠纷不能得到切实解决；有的员工提出非分要求侵犯用人单位的合法权益，据此引发维权纠纷。三是当事人劳动人事合同意识不强，签订、履行劳动人事合同有较大的随意性，最终导致纠纷不断。如不规范用工、擅自变更劳动人事合同、违法或违约解除劳动人事合同、不履行合同义务、合同终止后不及时办理相关衔接手续等。

劳动人事争议一般都带有较强的维权性、利益追索性和社会影响性，它的产生有主客观方面的原因，如果处理、协调失当，不但当事人双方困扰其中难以解脱，也会在一定程度上激化矛盾，扩大事态，影响社会稳定。因此，积极防范和及时化解劳动人事争议，对于维护劳动人事领域的和谐稳定和社会安定，推动各项改革的深入、持续发展，具有非常重要的意义。

在当代法治社会里，劳动人事争议的缘起是可以预测，也是可以防范的。这种预测和防范的重要环节在于双方当事人的法治意识和劳动人事合同意识的增强，诚信意识和制度意识的提高。在劳动人事领域，法律、法规、规章同样具有指引作用、评价作用、教育作用、预测作用和强制作用。依法成立的劳动人事合同视同当事人之间权利义务关系的一把“法锁”，在缔结合同的双方当事人之间具有相当于法律的约束力，受法律的保护，缔约双方均应恪守。依法建立的用人单位的劳动人事规章制度同样受法律保护，双方当事人也应遵守。因此，防范劳动人事争议的最佳方法就是研习和掌握这方面的法律、行政法规、国务院各部委制定的部门规章、地方性法规和地方政府规章，以及相关的司法解释，信守合同，遵守规章制度，做个明明白白的当事人。

劳动人事争议防范的逻辑起点是当事人迈入人力资源市场的那一刻，当然更不应忽视劳动人事合同订立、履行、变更、解除和终止的各个阶段和各个环节。

第二节　人力资源市场规制

一、人力资源要素市场及其法律规制

劳动者求职与就业、用人单位招用人员，第一道门槛就是人力资源市场。各种人才通过市场同用人单位建立劳动关系，并通过劳动获得生存与再生产能力；用人单位通过市场招用职工，并通过用工获得生存与发展。这是社会动态、有序前进的基点。我国改革开放后，随着劳动用工制度的改革和干部人事制度的改革，针对不同的服务对象先后出现过劳动力市场和人才市场，当时的人才市场以具有中专以上学历或取得专业技术资格的人员以及其他专业技术人员或管理工作人员为服务对象。2007 年 12 月，全国各地的劳动力市场和人才市场进行贯通，两个市场打通后改称人力资源市场，从此两个市场融合，人力资源要素市场开始了新一轮的发展。

2007 年 8 月 30 日，全国人大常委会通过《就业促进法》，第一次从更高的立法层次上对人力资源市场的健康发展进行了新的全面的规制，该法于 2008 年 1 月 1 日起施行。2007 年 11 月 5 日，原劳动和社会保障部发布《就业服务与就业管理规定》，于 2008 年 1 月 1 日起配套施行。原人事部和国家工商行政管理总局于 2001 年 9 月 11 日制定、2005 年 3 月 22 日修正的《人才市场管理规定》，也对人力资源要素市场的运行进行了规制。

二、就业服务与就业管理

1．就业服务和管理及其机构

县级以上人民政府培育和完善统一开放、竞争有序的人力资源市场，为劳动者就业提供服务；加强人力资源市场网络及相关设施建设，建立健全人力资源市场信息服务体系，完善市场信息发布制度；建立健全公共就业服务体系，设立公共就业服务机构。各级人民政府建立健全就业援助制度，采取税费减免、贷款贴息、社会保险补贴、岗位补贴等办法，通过公益性岗位安置等途径，对就业困难人员实行优先扶持和重点帮助。

公共就业服务机构和职业中介机构是提供就业服务的常见机构。

公共就业服务机构根据政府确定的就业工作目标任务，制定就业服务计划，推动落实就业扶持政策，组织实施就业服务项目，为劳动者和用人单位提供就业

服务，开展人力资源市场调查分析，并受劳动保障行政部门委托经办促进就业的相关事务。公共就业服务机构免费向劳动者提供以下服务：(1) 就业政策法规咨询；(2) 职业供求信息、市场工资指导价位信息和职业培训信息发布；(3) 职业指导和职业介绍；(4) 对就业困难人员实施就业援助；(5) 办理就业登记、失业登记等事务；(6) 其他公共就业服务。同时，公共就业服务机构根据用人单位需求提供以下服务：(1) 招聘用人指导服务；(2) 代理招聘服务；(3) 跨地区人员招聘服务；(4) 企业人力资源管理咨询等专业性服务；(5) 劳动保障事务代理服务；(6) 为满足用人单位需求开发的其他就业服务项目。

职业中介机构，是指由法人、其他组织和公民个人举办，为用人单位招用人员和劳动者求职提供中介服务以及其他相关服务的经营性组织。职业中介机构可以从事下列业务：(1) 为劳动者介绍用人单位；(2) 为用人单位和居民家庭推荐劳动者；(3) 开展职业指导、人力资源管理咨询服务；(4) 收集和发布职业供求信息；(5) 根据国家有关规定从事互联网职业信息服务；(6) 组织职业招聘洽谈会；(7) 经劳动保障行政部门核准的其他服务项目。

2. 劳动者平等就业和自主择业

劳动者就业，不因民族、种族、性别、宗教信仰等不同而受歧视。

劳动者自主求职、就业，应满足以下条件：年满 16 周岁，有劳动能力且有就业愿望。然后，可凭本人身份证件，通过公共就业服务机构、职业中介机构介绍或直接联系用人单位等渠道求职。劳动者求职时，应当如实向公共就业服务机构或职业中介机构、用人单位提供个人基本情况以及与应聘岗位直接相关的知识技能、工作经历、就业现状等情况，并出示相关证明。

国家采取措施建立健全劳动预备制度，县级以上地方人民政府对有就业要求的初高中毕业生实行一定期限的职业教育和培训，使其取得相应的职业资格或者掌握一定的职业技能。地方各级人民政府鼓励和支持开展就业培训，帮助失业人员提高职业技能，增强其就业能力和创业能力。失业人员参加就业培训的，按照有关规定享受政府培训补贴。地方各级人民政府采取有效措施，组织和引导进城就业的农村劳动者技能培训，鼓励各类培训机构为进城就业的农村劳动者提供技能培训，增强其就业能力和创业能力。

劳动者被用人单位招用的，由用人单位为劳动者办理就业登记。用人单位招用人员后，应当于录用之日起 30 日内办理登记手续；用人单位与职工终止或者解除劳动关系后，应当于 15 日内办理登记手续。劳动者从事个体经营或灵活就业的，由本人在街道、乡镇公共就业服务机构办理就业登记。在法定劳动年龄内，有劳动能力，有就业要求，处于无业状态的城镇常住人员，可以到公共就业服务机构进行失业登记。其中，没有就业经历的城镇户籍人员，在户籍所在地登记；农村进城务工人员和其他非本地户籍人员在常住地稳定就业满 6 个月的，失业后可以在常住地登记。

3. 用人单位自主招用人员

用人单位依法享有自主用人的权利。用人单位招用人员可以通过以下途径自主录用:(1) 委托公共就业服务机构或职业中介机构;(2) 参加职业招聘洽谈会;(3) 委托报纸、广播、电视、互联网站等大众传播媒介发布招聘信息;(4) 利用本企业场所、企业网站等自有途径发布招聘信息;(5) 其他合法途径。用人单位与应聘人才确定聘用关系后,应当在平等自愿、协商一致的基础上,依法签订劳动合同或聘用合同。

用人单位招用人员不得有以下行为:(1) 提供虚假招聘信息,发布虚假招聘广告;(2) 扣押被录用人员的居民身份证和其他证件;(3) 以担保或者其他名义向劳动者收取财物;(4) 招用未满 16 周岁的未成年人以及国家法律、行政法规规定不得招用的其他人员;(5) 招用无合法身份证件的人员;(6) 以招用人员为名谋取不正当利益或进行其他违法活动。

此外,用人单位在招用人员时,还应注意:(1) 除国家规定的不适合妇女的工种或者岗位外,不得以性别为由拒绝录用妇女或者提高对妇女的录用标准,并不得在劳动合同中规定限制女职工结婚、生育的内容。(2) 依法对少数民族劳动者给予适当照顾。(3) 不得歧视残疾人。(4) 不得以是传染病病原携带者为由拒绝录用。但是,经医学鉴定传染病病原携带者在治愈前或者排除传染嫌疑前,不得从事法律、行政法规和国务院卫生行政部门规定禁止从事的易使传染病扩散的工作;除国家法律、行政法规和国务院卫生行政部门规定禁止乙肝病原携带者从事的工作外,不得强行将乙肝病毒血清学指标作为体检标准。(5) 招用从事涉及公共安全、人身健康、生命财产安全等特殊工种的劳动者,应当依法招用持相应工种职业资格证书的人员;招用未持相应工种职业资格证书人员的,须组织其在上岗前参加专门培训,使其取得职业资格证书后方可上岗。(6) 招用台港澳人员后,应当按照《台湾香港澳门居民在内地就业管理规定》(2005 年 6 月 14 日原劳动和社会保障部第 26 号令公布)等到当地劳动保障行政部门备案,并为其申请办理“台港澳人员就业证”。招用外国人,应当在外国人入境前,按有关规定到当地劳动保障行政部门为其申请就业许可,经批准并获得“中华人民共和国外国人就业许可证书”后方可招用;招用外国人的岗位必须是有特殊技能要求、国内暂无适当人选的岗位,并且不违反国家有关规定。

用人单位不得聘用以下人员:(1) 正在承担国家、省重点工程、科研项目的技术和管理的主要人员,未经单位或主管部门同意的;(2) 由国家统一派出而又未满轮换年限的赴新疆、西藏工作的人员;(3) 正在从事涉及国家安全或重要机密工作的人员;(4) 有违法违纪嫌疑正在依法接受审查尚未结案的人员;(5) 法律、法规规定暂时不能流动的其他特殊岗位的人员。

三、境外就业中介规制

境外就业中介,是指在中国境内为中国公民境外就业或者为境外雇主在中国境内招聘中国公民到境外就业提供相关服务的活动。境外就业,是指中国公民与境外雇主签订劳动合同,在境外提供劳动并获取劳动报酬的就业行为。2002年5月14日,原劳动和社会保障部、公安部、国家工商行政管理总局联合发布了《境外就业中介管理规定》,对境外就业中介作了规制。

境外就业中介实行行政许可制度和备用金制度,未经批准及登记注册,任何单位和个人不得从事境外就业中介活动;备用金用于因境外就业中介机构责任造成其服务对象合法权益受到损害时的赔偿及支付罚款、罚金,备用金不足以补偿服务对象合法权益受到损害造成的经济损失时,境外就业中介机构必须按国家有关规定承担民事责任。境外就业中介机构不得以承包、转包等方式交由其他未经批准的中介机构或个人开展境外就业中介活动,发布有关境外就业中介服务广告须经中介机构所在地省级工商行政管理局批准,收取中介服务费应合理并接受当地物价部门监督。

境外就业中介机构依法可从事以下业务:(1) 为中国公民提供境外就业信息、咨询;(2) 接受境外雇主的委托,为其推荐所需招聘人员;(3) 为境外就业人员进行出境培训,并协助其办理有关职业资格证书公证等手续;(4) 协助境外就业人员办理出境所需要护照、签证、公证材料、体检、防疫注射等手续和证件;(5) 为境外就业人员代办社会保险;(6) 协助境外就业人员通过调解、仲裁、诉讼等程序维护其合法权益。

境外就业中介机构应依法履行以下义务:(1) 核查境外雇主的合法开业证明、资信证明、境外雇主所在国家或地区移民部门或其他有关政府主管部门批准的招聘外籍人员许可证明等有关资料;(2) 协助、指导境外就业人员同境外雇主签订劳动合同,并对劳动合同的内容进行确认。劳动合同内容应当包括合同期限、工作地点、工作内容、工作时间、劳动条件、劳动报酬、社会保险、劳动保护、休息休假、食宿条件、变更或解除合同的条件、劳动争议处理、违约责任等条款。

境外就业中介机构应当依法与境外就业人员签订境外就业中介服务协议书。协议书应当对双方的权利和义务、服务项目、收费标准、违约责任、赔偿条款等内容作出明确规定。境外就业中介服务协议书和经其确认的境外劳动就业合同应当报省级劳动保障行政部门备案,省级劳动保障行政部门在10日内未提出异议的,境外就业中介机构可以向境外就业人员发出境外就业确认书。公安机关依据有关规定,凭境外就业确认书为境外就业人员办理出入境证件。

四、中外合资人才中介规制

外国公司、企业和其他经济组织在中国境内从事人才中介服务，必须与中国开展人才中介服务的公司、企业和其他经济组织合资经营，设立专门的人才中介机构。外国企业常驻中国代表机构和在中国成立的商会等组织，不得在中国境内从事人才中介服务。原人事部、商务部、国家工商行政管理总局于 2003 年 9 月 4 日联合发布并于 2005 年 5 月 24 日修正、2007 年 11 月 16 日补充规定的《中外合资人才中介机构管理暂行规定》，对中外合资人才中介服务作了规制，港澳台企业和其他经济组织在内地、大陆设立合资人才中介机构的，也参照执行。

中外合资人才中介机构的注册资本金不得少于 30 万美元，其中外方合资者的出资比例不得低于 25%，中方合资者的出资比例不得低于 51%，不得设立外商独资人才中介机构。设立中外合资人才中介机构的中、外出资者均应是从事 3 年以上的人才中介服务机构，且具有良好的信用。但对港澳的服务提供者在内地设立合资人才中介机构不受上述股权比例的限制，并可设立独资人才中介机构。

中外合资人才中介机构经省级政府人事部门核准，可以开展下列一项或多项业务：(1) 人才供求信息的收集、整理、储存、发布和咨询服务；(2) 人才推荐；(3) 人才招聘；(4) 人才测评；(5) 中国境内的人才培训；(6) 法规、规章规定的其他有关业务。

中外合资人才中介机构招聘人才出境，应当按照中国政府有关规定办理手续。但不得招聘下列人才出境：(1) 正在承担国家、省级重点工程、科研项目的技术和管理人员，未经单位或主管部门同意的；(2) 在职国家公务员；(3) 由国家统一派出而又未满轮换年限的支援西部开发的人员；(4) 在岗的涉密人员和离岗脱密期未满的涉密人员；(5) 有违法嫌疑正在依法接受审查尚未结案的人员；(6) 法律、法规规定暂时不能流动的其他特殊岗位的人员或者需经批准方可出境的人员。

第三节　劳动合同的签订和履行

劳动人事制度市场化的标志之一，就是劳动合同和人事聘用合同成为建立劳动人事关系的基本法律形式。劳动人事争议缘起于劳动人事法律关系，而劳动人事法律关系的成立是建立在用人单位与员工之间的劳动人事合同基础之上的。因此，当事人之间认真地签订和履行劳动人事合同就显得至关重要。劳动人事合同分为劳动合同和人事聘用合同，前者一般是指就企业的劳动用工所签订的合同，后者是指事业单位与受聘人员之间签订的服务合同，由于受聘对象的不同,两者的权利和义务也有所不同。

一、劳动合同的订立

1. 劳动合同和劳动关系

(1) 劳动合同和劳动关系的概念及其区别

劳动合同,是指劳动者与用人单位确立劳动关系,明确双方权利义务关系的协议。订立和变更劳动合同,双方应遵循合法、公平、平等自愿、协商一致、诚实信用的原则,不得违反法律和行政法规的规定。劳动合同依法订立即具有法律约束力,当事人应当履行劳动合同约定的义务。

劳动关系,是指用人单位招用劳动者为其成员,劳动者在用人单位的管理下提供由用人单位支付报酬的劳动而产生的权利义务关系。这种权利义务关系发生在用人单位直接运用劳动者的劳动能力实现其效能过程中,它是雇主与雇员之间以提供和使用劳动为纽带而建立和衍生的一种社会关系。

劳动合同和劳动关系既有联系又有区别。劳动关系产生的法律事实、建立的标志都是用工,用工形式包括全日制、劳务派遣、非全日制用工等,劳动关系的产生与劳动合同是否已经订立没有必然的关系。《劳动合同法》第 7 条明确规定“用人单位自用工之日起即与劳动者建立劳动关系”,第 10 条第 3 款规定“用人单位与劳动者在用工前订立劳动合同的,劳动关系自用工之日起建立”。从上述规定中可以看出:

先签合同,后用工——劳动关系建立;

先签合同,后未用工——劳动关系未建立;

先用工,后签合同——劳动关系建立;

先用工,未签合同——劳动关系建立。

(2) 签订书面劳动合同的强制性规定

用工必须签书面劳动合同,否则用人单位应承担相应的法律责任。对此,《劳动合同法》作了严厉的强制性规定,事实劳动关系不得过月,用人单位自用工之日起超过一个月不满一年未与劳动者订立书面劳动合同的,应当向劳动者每月支付两倍的工资,支付两倍工资的起算时间为用工之日起满一个月的次日,截止时间为补订书面劳动合同的前一日;满一年不与劳动者订立书面劳动合同的,自用工之日起满一个月的次日至满一年的前一日应当向劳动者每月支付两倍的工资,并视为自用工之日起满一年的当日已经与劳动者订立无固定期限劳动合同,应当立即与劳动者补订书面劳动合同。具体情形可见图 14-3 所示:

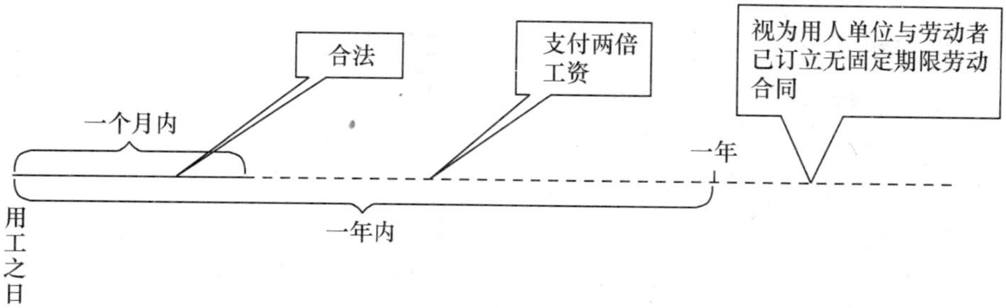

图 14-1　用人单位不与劳动者订立书面劳动合同的法律后果

（3）不签订劳动合同的处理

自用工之日起一个月内，经用人单位书面通知后，劳动者不与用人单位订立书面劳动合同的，用人单位应当书面通知劳动者终止劳动关系，无须向劳动者支付经济补偿，但是应当依法向劳动者支付其实际工作时间的劳动报酬。

用人单位自用工之日起超过一个月不满一年未与劳动者订立书面劳动合同的，除了依法向劳动者每月支付两倍工资外，还应与劳动者补订书面劳动合同；劳动者不与用人单位订立书面劳动合同的，用人单位应当书面通知劳动者终止劳动关系，并依照《劳动合同法》第 47 条的规定支付经济补偿。

2. 劳动合同的形式、内容和相互如实告知义务

劳动合同的订立应当采用书面形式，由用人单位与劳动者协商一致并经双方在劳动合同文本上签字或者盖章生效，劳动合同文本由用人单位和劳动者各执一份。

劳动合同的内容即劳动合同条款，包括必备条款和其他条款。

劳动合同必须具备的法定条款有：（1）用人单位的名称、住所和法定代表人或者主要负责人；（2）劳动者的姓名、住址和居民身份证或者其他有效身份证件号码；（3）劳动合同期限；（4）工作内容和工作地点；（5）工作时间和休息休假；（6）劳动报酬；（7）社会保险；（8）劳动保护、劳动条件和职业危害防护；（9）法律、法规规定应当纳入劳动合同的其他事项。

用人单位提供的劳动合同文本未载明劳动合同必备条款或者用人单位未将劳动合同文本交付劳动者的，由劳动行政部门责令改正；给劳动者造成损害的，应当承担赔偿责任。劳动合同履行地与用人单位注册地不一致的，有关劳动者的最低工资标准、劳动保护、劳动条件、职业危害防护和本地区上年度职工月平均工资标准等事项，按照劳动合同履行地的有关规定执行；用人单位注册地的有关标准高于劳动合同履行地的有关标准，且用人单位与劳动者约定按照用人单位注册地的有关规定执行的，从其约定。

劳动合同除不能遗漏的必备条款外，在实践中还可以由双方约定劳动合同

的其他条款，如录用条件、试用期、劳动纪律、违反劳动合同的责任、诚信和勤勉条款、保守秘密、脱密措施、岗位考核、奖惩、培训与服务期、知识产权保护、竞业禁止、补充保险、福利待遇、劳动合同解除或者终止后的工作交接等。规定这些条款的目的在于细化双方的权利义务，避免纠纷的发生。

用人单位招用劳动者时，应当如实告知劳动者工作内容、工作条件、工作地点、职业危害、安全生产状况、劳动报酬，以及劳动者要求了解的其他情况。同时，用人单位有权了解劳动者与劳动合同直接相关的基本情况，劳动者也应当如实说明，否则会引发相应的法律责任或合同责任。

3. 无效劳动合同

下列劳动合同无效或者部分无效：(1) 以欺诈、胁迫的手段或者乘人之危，使对方在违背真实意思的情况下订立或者变更劳动合同的；(2) 用人单位免除自己的法定责任、排除劳动者权利的；(3) 违反法律、行政法规强制性规定的。

无效劳动合同的确认及其后果：对劳动合同的无效或者部分无效有争议的，由劳动争议仲裁机构或者人民法院确认。劳动合同部分无效，不影响其他部分效力的，其他部分仍然有效。无效的劳动合同，从订立的时候起就没有法律约束力。由于用人单位的原因订立无效合同，对劳动者造成损害的，用人单位应当承担赔偿责任。劳动合同被确认无效，劳动者已付出劳动的，用人单位应当向劳动者支付劳动报酬。劳动报酬的数额，参照本单位相同或者相近岗位劳动者的劳动报酬确定。

二、劳动合同常见的约定内容

1. 劳动合同试用期

(1) 试用期的性质。试用期，是指用人单位和劳动者为相互了解、选择，根据劳动合同期限的长短，而在劳动合同中依法约定的对对方最长不超过6个月的考察期。试用期是整个劳动合同期限的组成部分，包含在劳动合同期限内；劳动合同仅约定试用期的，试用期不成立，该期限为劳动合同期限。试用期一般对初次就业或再次就业的职工可以约定，但同一用人单位与同一劳动者只能约定一次试用期。

(2) 试用期的期限。试用期可约定也可不约定，劳动合同约定试用期的，试用期的期限应在法律规定的期限范围内确定。《劳动合同法》规定的试用期的具体期限如下表所示：

表 14-1 《劳动合同法》规定的试用期期限

劳动合同期(A)	A＜3个月	3个月≤A＜1年	1年≤A＜3年	3年 ≤A
试用期	0	1个月	2个月	6个月

（3）试用期工资。试用期的工资不得低于本单位相同岗位最低档工资或者劳动合同约定工资的80%，并不得低于用人单位所在地的最低工资标准。

（4）违反试用期规定的法律后果。《劳动合同法》第83条对违法约定试用期的法律后果作了规定："用人单位违反本法规定与劳动者约定试用期的，由劳动行政部门责令改正；违法约定的试用期已经履行的，由用人单位以劳动者试用期满月工资为标准，按已经履行的超过法定试用期的期间向劳动者支付赔偿金。"

（5）试用期内劳动合同的解除。《劳动合同法》第21条对在试用期内用人单位解除劳动合同，作了严格规定："在试用期中，除劳动者有本法第39条和第40条第1项、第2项规定的情形（即本节第四部分'用人单位单方解除'中的（2）至（10）——笔者注）外，用人单位不得解除劳动合同。用人单位在试用期解除劳动合同的，应当向劳动者说明理由。"劳动者在试用期内提前3日通知用人单位，可以解除劳动合同。

2. 服务期的约定

（1）设定服务期的条件。用人单位为劳动者提供专项培训费用，对其进行专业技术培训的，可以与该劳动者订立协议，约定服务期。服务期与劳动合同期限是两个不同的概念，服务期是用人单位为劳动者提供专项培训（而非日常培训）费用的选择性的对价，服务期一经约定，双方应当遵守。劳动合同期满，但是用人单位与劳动者约定的服务期尚未到期的，劳动合同应当续延至服务期满，除非用人单位放弃剩余服务期要求；但双方另有约定的，从其约定。

（2）劳动者违反服务期约定的责任。劳动者违反服务期约定的，应当按照约定向用人单位支付违约金。但违约金的数额不得超过用人单位提供的培训费用，而且用人单位要求劳动者支付的违约金不得超过服务期尚未履行部分所应分摊的培训费用（等分递减）。这里所说的培训费用，包括用人单位为了对劳动者进行专业技术培训而支付的有凭证的培训费用、培训期间的差旅费用以及因培训产生的用于该劳动者的其他直接费用。

3. 保守商业秘密的约定

用人单位与劳动者可以在劳动合同中约定保守用人单位的商业秘密和与知识产权相关的保密事项。劳动者违反劳动合同中约定的保密义务，给用人单位造成损失的，应当承担赔偿责任。

4. 竞业限制的约定

（1）竞业限制对象。竞业限制的对象限于用人单位的高级管理人员（用人单位系公司的，高级管理人员是指公司经理、副经理、财务负责人、上市公司董事会秘书和公司章程规定的其他人员等）、高级技术人员和其他负有保密义务的人员。

（2）竞业限制义务。① 劳动者：在解除或者终止劳动合同后，不得到与本单位生产或者经营同类产品、从事同类业务的有竞争关系的其他用人单位工作，或者自己开业生产或者经营同类产品。但竞业限制期限不得超过两年。② 单位：在解除或者终止劳动合同后的竞业限制期限内按月给予劳动者经济补偿。竞业限制协议对经济补偿金的标准、支付形式等未约定，由此发生劳动争议的，劳动争议处理机构在实践中一般可按劳动者本人解除或者终止劳动合同前12个月（不足12个月的按实际月数）平均工资收入的20%至30%的标准确认。

5．违约金的约定

劳动合同约定的违约金，是指劳动合同中约定的在用人单位或者劳动者违反合同约定时，应当支付给对方的赔偿金。由于劳动者在签订劳动合同时，一般处于相对弱者的地位，故《劳动合同法》对劳动者承担违约金的范围作了严格限定，避免用人单位动辄依此来制裁劳动者。

（1）约定违约金的范围。《劳动合同法》严格限制了用人单位与劳动者约定由劳动者承担违约金的适用范围，根据该法第25条的规定，除劳动者违反服务期约定和违反竞业限制约定的以外，用人单位不得与劳动者约定由劳动者承担违约金。《劳动合同法》第23条规定："用人单位与劳动者可以在劳动合同中约定保守用人单位的商业秘密和与知识产权相关的保密事项。""对负有保密义务的劳动者，用人单位可以在劳动合同或者保密协议中与劳动者约定竞业限制条款，并约定在解除或者终止劳动合同后，在竞业限制期限内按月给予劳动者经济补偿。劳动者违反竞业限制约定的，应当按照约定向用人单位支付违约金。"第90条规定："劳动者违反本法规定解除劳动合同，或者违反劳动合同中约定的保密义务或者竞业限制，给用人单位造成损失的，应当承担赔偿责任。"据此，因劳动者违约，法律规定可以设定违约金的范围仅为以下三项：在严格界定的出资专项培训服务期约定中劳动者违反服务期约定的；劳动者违反保密义务的（包括商业秘密和知识产权有关事项）；在给特定的劳动者经济补偿的前提下劳动者违反竞业限制约定的。除此之外，除给用人单位造成损失的以外，劳动者享有不受制约的辞职权而无须承担法律责任。对于约定用人单位承担的违约金，《劳动合同法》并无禁止性规定。

（2）违反服务期约定的违约责任的承担。违反服务期约定违约金的数额不得超过单位提供的培训费用，也不得超过服务期尚未履行部分所应分摊的培训费用（等分递减）。在违反服务期约定的认定上，《劳动合同法实施条例》第26条规定：用人单位与劳动者约定了服务期，劳动者依照《劳动合同法》第38条的规定解除劳动合同的（即本节第三部分"劳动者单方解除"中的（4）至（13）），不属于违反服务期的约定，用人单位不得要求劳动者支付违约金。但有下列情形之一，用人单位与劳动者解除约定服务期的劳动合同的，劳动者应当按照劳动合同的约定向用人单位支付违约金:① 劳动者严重违反用人单位的规章制度的;② 劳动者严重失职,营私舞弊,给用人单位造成重大损害的;③ 劳动者同时与其他用人单位建立劳动关系,对完成本单位的工作任务造成严重影响,或者经用人单位提出,拒不改正的;④ 劳动者以欺诈、胁迫的手段或者乘人之危,使用人单位在违背真实意思的情况下订立或者变更劳动合同的;⑤ 劳动者被依法追究刑事责任的。

（3）违反保密义务或者竞业限制约定的违约责任的承担。应当按照约定支付违约金,给用人单位造成损失的应当承担赔偿损失;如用人单位招用与其他用人单位尚未解除或者终止劳动合同的劳动者,给其他用人单位造成损失的,应当承担连带赔偿责任。根据原劳动部《违反〈劳动法〉有关劳动合同规定的赔偿办法》,劳动者违反劳动合同中约定的保密事项,对用人单位造成经济损失的,按《反不正当竞争法》第 20 条的规定支付用人单位赔偿费用;用人单位招用尚未解除劳动合同的劳动者,对原用人单位造成经济损失的,除该劳动者承担直接赔偿责任外,该用人单位连带赔偿的份额应不低于对原用人单位造成经济损失总额的 70% ,向原用人单位赔偿的损失包括对生产、经营和工作造成的直接经济损失,因获取商业秘密给原用人单位造成的经济损失。

（4）应当注意的其他问题。① 对负有保守用人单位商业秘密义务的劳动者与用人单位解除或者终止劳动合同后,无论是否签订书面保密协议,根据《合同法》第 92 条,仍应履行后契约义务,即“合同的权利义务终止后,当事人应当遵循诚实信用原则,根据交易习惯履行通知、协助、保密等义务”。也就是说,即使用人单位未与劳动者在劳动合同或者保密协议中约定保密事项或者竞业限制条款,但知悉用人单位商业秘密或者与知识产权相关的保密事项的劳动者,在劳动合同终止后,仍有保密义务。否则,用人单位仍可因此追究劳动者的后契约责任或者侵权责任。对于用人单位而言,为避免劳动合同终止或解除后劳动者的失密行为,用人单位除了与劳动者约定竞业限制条款外,也可以约定劳动者要求解除劳动合同的提前通知期(提前通知期不得超过 6 个月),以便用人单位采取相应的脱密措施。② 对于侵犯商业秘密的,应依照《反不正当竞争法》、《刑法》等有关法律的规定承担法律责任,而不受竞业限制两年期限的限制。③ 如果违约金的数额同因违约而实际造成的损失相比,低了或过分高了,可按《合同法》第 114 条第 2 款的规定调节,即“约定的违约金低于造成的损失的,当事人可以请求人民法院或者仲裁机构予以增加;约定的违约金过分高于造成的损失的,当事人可以请求人民法院或者仲裁机构予以适当减少”。

6. 用人单位的规章制度

（1）规章制度的地位。用人单位可以用规章制度来加强管理,劳动规章制度是现代公司治理的核心,也是其他用人单位管理的中心环节。法律肯定用人单位依法制定的规章制度的效力，从这个意义上说，劳动规章制度是用人单位内部的一把“法锁”。《劳动合同法》第39条第2项规定，劳动者严重违反用人单位的规章制度，用人单位可以解除劳动合同；《最高人民法院关于审理劳动争议案件适用法律若干问题的解释》（法释[2001]14号）第19条也规定，通过民主程序制定的规章制度，不违反国家法律、行政法规及政策规定，并已向劳动者公示的，可以作为人民法院审理劳动争议案件的依据。可见，除了法律法规以外，书面成文的规章制度也是用人单位人力资源管理的重要基础。因此，用人单位依法建立健全一套规范、完备的规章制度并付诸实施，是人力资源管理的一项十分重要的日常工作。

规章制度的效力来自它的“三性”。由于用人单位的规章制度关系劳资双方的权利义务，《劳动合同法》第一次对此作出了严格的规定，要求用人单位的规章制度必须符合三性：合法性、程序性、公示性。

（2）规章制度的合法性。规章制度的内容可以多样但必须合法。实践中，用人单位与劳动者之间的有些权利义务关系可以在规章制度中明确，如劳动纪律、诚信条款、劳动报酬、工作时间、休息休假、劳动安全卫生、保险福利、职工培训、劳动定额管理、劳防用品使用、岗位培训和考核、奖惩、保密规定、知识产权保护、基本行为规范、着装等。由于规章制度是用人单位管理的基础，也是用人单位据以解除与劳动者劳动合同的依据之一，因此用人单位有必要认真制定规章制度，尤其注意穷尽列举各种违纪行为，使得劳动合同双方都有所遵从，知所避就。但是，规章制度的内容必须合法。《劳动合同法》第4条第1款规定：“用人单位应当依法建立和完善劳动规章制度，保障劳动者享有劳动权利、履行劳动义务。”该条第3款规定，不适当的规章制度要修改完善：“在规章制度和重大事项决定实施过程中，工会或者职工认为不适当的，有权向用人单位提出，通过协商予以修改完善。”用人单位的规章制度违反法律、法规规定，损害劳动者权益的，劳动者可以解除劳动合同，用人单位应当向劳动者支付经济补偿。《劳动合同法》第80条还规定：“用人单位直接涉及劳动者切身利益的规章制度违反法律、法规规定，由劳动行政部门责令改正，给予警告；给劳动者造成损失的，应当承担赔偿责任。”

（3）规章制度的程序性。规章制度的制定程序非常严格，《劳动合同法》确立了劳动规章制度形成的“共决机制”。《劳动合同法》第4条第2款规定：“用人单位在制定、修改或者决定有关劳动报酬、工作时间、休息休假、劳动安全卫生、保险福利、职工培训、劳动纪律以及劳动定额管理等直接涉及劳动者切身利益的规章制度或者重大事项时，应当经职工代表大会或者全体职工讨论，提出方案和意见，与工会或者职工代表平等协商确定。”

（4）规章制度的公示性。《劳动合同法》第4条第4款规定：“用人单位应当将直接涉及劳动者切身利益的规章制度和重大事项决定公示,或者告知劳动者。”实践中的公示形式有:企业报刊刊登法,公告栏张贴法,摄影、摄像法,网站公布法,员工手册发放签收法,职工入职声明法,劳动合同约定法,传阅法,会议(班组学习)宣传记录法,考试法,以及意见征集法等。

三、劳动合同的期限

劳动合同期限分为固定期限、无固定期限和以完成一定的工作任务为期限等三种类型,只要双方协商一致,可以订立任何期限类型的劳动合同。

1. 固定期限劳动合同

它是指用人单位与劳动者明确约定合同终止时间的劳动合同。其特点是,劳动合同的终止采取“期限调节”方式,即在期限届满前,当事人双方都必须遵守劳动合同的期限,不得擅自解除劳动合同,期限届满劳动合同终止。劳动合同的有效期限可长可短,国外大多数国家的立法例规定,固定劳动合同期限最长不超过3年或5年,有的还规定固定期限的有效合同只能延期1次,延期时间也有明确限制,如再次延长则须订立无固定期限的劳动合同。

2. 无固定期限劳动合同

它是指用人单位与劳动者约定无确定终止时间的劳动合同。无固定期限的劳动合同通常为长期的劳动合同。其特点是,劳动合同的终止采取“条件调节”方式,除根据《劳动法》、《劳动合同法》严格规定的解除劳动合同的条件外,用人单位不得解除无固定期限的劳动合同。

《劳动合同法》鼓励签订无固定期限劳动合同。除了用人单位与劳动者协商一致可以订立无固定期限劳动合同以外,根据《劳动合同法》第14条第2、3款的规定,应当订立无固定期限劳动合同的法定情形有四种:(1)劳动者在该用人单位连续工作满10年的;(2)用人单位初次实行劳动合同制度或者国有企业改制重新订立劳动合同时,劳动者在该用人单位连续工作满10年且距法定退休年龄不足10年的;(3)连续订立两次固定期限劳动合同,且劳动者没有《劳动合同法》第39条和第40条第1、2项规定的情形(即本节第三部分“用人单位单方解除”中(2)至(9)),续订劳动合同的;(4)用人单位自用工之日起满1年不与劳动者订立书面劳动合同的,视为用人单位与劳动者已订立无固定期限劳动合同。前三种应当订立无固定期限劳动合同情形的前提,是劳动者提出或者同意续订、订立劳动合同,劳动者只要求订立固定期限劳动合同的除外。也就是说,在前三种情形下劳动期限的固定与否由劳动者一方决定,这样有利于保障老职工的合法权益,解决一些用人单位只与职工订短期合同,用完职工年轻时的黄金年龄段即行辞退的问题。另外,据原劳动部《关于实行劳动合同制度若干问题的通知》,劳动者工作年限较长,且距法定退休年龄10年以内的;复员、转业军人初次就业的，如果劳动者提出订立无固定期限的劳动合同，用人单位应当与其订立无固定期限的劳动合同。

用人单位违规不签订无固定期限劳动合同的，将受重罚。《劳动合同法》第82条第2款明确规定："用人单位违反本法规定不与劳动者订立无固定期限劳动合同的，自应当订立无固定期限劳动合同之日起向劳动者每月支付二倍的工资。"

3. 以完成一定工作任务为期限的劳动合同

它是指用人单位与劳动者约定以某项工作的完成为合同期限的劳动合同。其特点是，劳动合同终止采取"对象调节"方式，即劳动合同期限的长短和终止，以合同约定的一定工作对象的质和量的完成为转移，通常均为可预料的短期。

四、劳动合同终止和解除

(一) 劳动合同终止和解除的方式

1. 劳动合同终止和解除的含义及其方式

劳动合同终止，是指劳动合同约定的权利义务结束。劳动合同的解除与劳动合同的终止不同，它是指劳动合同订立后，尚未全部履行完毕以前，由于某种原因导致劳动合同一方或双方当事人提前消灭劳动关系的行为。劳动合同的解除当然也就结束了原来约定的权利义务，因此劳动合同的解除可以视为劳动合同终止的一种特殊方式，但它只对劳动合同的未履行部分发生效力，而不涉及已履行的部分。

《劳动合同法》取消了劳动合同的约定终止，故劳动合同只有法定终止。劳动合同法定终止方式有六种：期满终止；劳动者开始依法享受基本养老保险待遇（含达到法定退休年龄）而终止；劳动者死亡或者被人民法院宣告死亡或者宣告失踪而终止；用人单位被依法宣告破产而终止；用人单位被吊销营业执照、责令关闭、撤销或者用人单位决定提前解散而终止；因法律、行政法规规定的其他情形而终止。

劳动合同解除的方式有约定解除和法定解除两类。劳动合同的约定解除，是指当事人在劳动合同中事先约定解除劳动合同的条件，当该约定的条件成就时，当事人一方即可通知另一方解除劳动合同，即提前终止劳动合同的效力。劳动合同的法定解除，包括协商一致解除、用人单位单方解除、劳动者单方解除三种。用人单位单方解除，又可以分为过失性辞退、非过失性辞退和经济性辞退。过失性辞退，是基于劳动者的严重违纪违章、失职、犯罪或者其他严重影响完成工作任务的行为所作的辞退，《劳动合同法》第39条的规定基本上属于这一种。非过失性辞退，是基于劳动者劳动能力的原因或者客观环境发生变化所作的辞退，《劳动合同法》第40条的规定就属于这一种。经济性辞退，是在企业濒临破产进行法定整顿期间或者生产经营状况发生严重困难时所作的裁员，《劳动合同法》第41条对此作了规定。

2. 用人单位单方解除

依照《劳动合同法》规定的条件、程序，用人单位可以单方与劳动者解除固定期限劳动合同、无固定期限劳动合同或者以完成一定工作任务为期限的劳动合同的情形有14种：(1) 用人单位与劳动者协商一致的；(2) 劳动者在试用期间被证明不符合录用条件的；(3) 劳动者严重违反用人单位的规章制度的；(4) 劳动者严重失职，营私舞弊，给用人单位造成重大损害的；(5) 劳动者同时与其他用人单位建立劳动关系，对完成本单位的工作任务造成严重影响，或者经用人单位提出，拒不改正的；(6) 劳动者以欺诈、胁迫的手段或者乘人之危，使用人单位在违背真实意思的情况下订立或者变更劳动合同的；(7) 劳动者被依法追究刑事责任的；(8) 劳动者患病或者非因工负伤，在规定的医疗期满后不能从事原工作，也不能从事由用人单位另行安排的工作的；(9) 劳动者不能胜任工作，经过培训或者调整工作岗位，仍不能胜任工作的；(10) 劳动合同订立时所依据的客观情况发生重大变化，致使劳动合同无法履行，经用人单位与劳动者协商，未能就变更劳动合同内容达成协议的；(11) 用人单位依照《企业破产法》规定进行重整的；(12) 用人单位生产经营发生严重困难的；(13) 企业转产、重大技术革新或者经营方式调整，经变更劳动合同后，仍需裁减人员的；(14) 其他因劳动合同订立时所依据的客观经济情况发生重大变化，致使劳动合同无法履行的。

上述14种情形分为三种类型：一是，(2)至(7)为过失性辞退，此类辞退，用人单位可以随时通知劳动者解除劳动合同。二是，(8)至(10)为非过失性辞退，此类辞退，用人单位须提前30日以书面形式通知劳动者本人或者额外支付劳动者1个月工资（即"代通金"）后，方得解除劳动合同。三是，(11)至(14)为经济性辞退，此类辞退，若是需要裁减人员20人以上或者裁减不足20人但占企业职工总数10%以上的，用人单位须提前30日向工会或者全体职工说明情况，听取工会或者职工的意见后，裁减人员方案经向劳动行政部门报告，可以裁减人员。但是，裁减人员时，应当优先留用下列3类人员：与本单位订立较长期限的固定期限劳动合同的；与本单位订立无固定期限劳动合同的；家庭无其他就业人员，有需要扶养的老人或者未成年人的。为防止用人单位以裁员为名，对职工进行"大换血"，用人单位在6个月内重新招用人员的，应当通知被裁减的人员，并在同等条件下优先招用被裁减的人员。

用人单位解除劳动合同的程序。《劳动合同法》第43条沿用了《工会法》第21条第2款的相应规定："用人单位单方解除劳动合同，应当事先将理由通知工会。用人单位违反法律、行政法规规定或者劳动合同约定的，工会有权要求用人单位纠正。用人单位应当研究工会的意见,并将处理结果书面通知工会。”用人单位解除劳动合同,工会认为不适当的,有权提出意见。如果用人单位违反法律、法规或者劳动合同,工会有权要求重新处理;劳动者申请仲裁或者提起诉讼的,工会应当依法给予支持和帮助。

用人单位不得解除劳动合同的特殊情况。《劳动合同法》第 42 条规定的用人单位不得进行非过失性辞退和经济性辞退的特殊情况有:(1) 从事接触职业病危害作业的劳动者未进行离岗前职业健康检查,或者疑似职业病病人在诊断或者医学观察期间的;(2) 在本单位患职业病或者因工负伤并被确认丧失或者部分丧失劳动能力的;(3) 患病或者非因工负伤,在规定的医疗期内的;(4) 女职工在孕期、产期、哺乳期的;(5) 在本单位连续工作满 15 年,且距法定退休年龄不足 5 年的;(6) 法律、行政法规规定的其他情形。

3. 劳动者单方解除

依照《劳动合同法》规定的条件、程序,劳动者可以单方与用人单位解除固定期限劳动合同、无固定期限劳动合同或者以完成一定工作任务为期限的劳动合同的情形有 13 种:(1) 劳动者与用人单位协商一致的;(2) 劳动者提前 30 日以书面形式通知用人单位的;(3) 劳动者在试用期内提前 3 日通知用人单位的;(4) 用人单位未按照劳动合同约定提供劳动保护或者劳动条件的;(5) 用人单位未及时足额支付劳动报酬的;(6) 用人单位未依法为劳动者缴纳社会保险费的;(7) 用人单位的规章制度违反法律、法规的规定,损害劳动者权益的;(8) 用人单位以欺诈、胁迫的手段或者乘人之危,使劳动者在违背真实意思的情况下订立或者变更劳动合同的;(9) 用人单位在劳动合同中免除自己的法定责任、排除劳动者权利的;(10) 用人单位违反法律、行政法规强制性规定的;(11) 用人单位以暴力、威胁或者非法限制人身自由的手段强迫劳动者劳动的;(12) 用人单位违章指挥、强令冒险作业危及劳动者人身安全的;(13) 法律、行政法规规定劳动者可以解除劳动合同的其他情形。

上述 13 种情形中,(2)(3)为劳动者基本辞职,(4)至(13)为劳动者被动辞职。在辞职程序上,若用人单位有上述(4)至(10)及(13)情形之一的,劳动者可以随时通知用人单位解除劳动合同;用人单位有上述(11)、(12)情形之一的,劳动者可以立即解除劳动合同,不需事先告知用人单位。

(二) 劳动合同解除或者终止后的相关事项

1. 出具证明,办理档案、社会保险关系转移和工作交接手续

劳动合同解除或者终止后,根据《劳动合同法》以及有关规章的规定,用人单位应当向劳动者出具解除或者终止劳动合同的证明,在 15 日内为劳动者办理档案和社会保险关系转移手续;已经解除或者终止的劳动合同的文本,至少保存两年备查。出具解除、终止劳动合同证明书,目的在于作为该劳动者按规定享受

失业保险待遇和失业登记、求职登记的凭证。

1996年10月31日发布的《劳动部关于实行劳动合同制度若干问题的通知》第15条规定，证明书应写明劳动合同期限、终止或解除的日期、所担任的工作。如果劳动者要求，用人单位可在证明中客观地说明解除劳动合同的原因。

劳动合同解除或者终止后，劳动者应当按照双方约定，办理工作交接，用人单位依法应向劳动者支付经济补偿的，应在办结工作交接时支付。

2. 后劳动合同义务

除《劳动合同法》和相关政府部门规章明确规定的上述后劳动合同义务外，劳动合同解除或者终止后，根据《合同法》第92条，用人单位和劳动者还应全面履行后合同义务，即“合同的权利义务终止后，当事人应当遵循诚实信用原则，根据交易习惯履行通知、协助、保密等义务”。这也是不能疏忽的。

3. 用人单位违法解除或者终止劳动合同的处理

用人单位违反《劳动合同法》规定解除或者终止劳动合同，劳动者要求继续履行劳动合同的，用人单位应当继续履行；劳动者不要求继续履行劳动合同或者劳动合同已经不能继续履行的，用人单位应当依法支付赔偿金。

四、经济补偿和损失赔偿

（一）经济补偿

用人单位违法解除或终止劳动合同的，应依法对劳动者支付经济补偿金。《劳动合同法》第46、47条对劳动合同解除或者终止后的经济补偿及其标准作了明确规定，除沿用《劳动法》第28、91条及原劳动部《违反和解除劳动合同的经济补偿办法》（1994年12月3日，劳部发［1994］481号）规定外，还作出了如下一些新规定：

1. 增加规定了因用人单位违法致使劳动者依照《劳动合同法》第38条（即前述“劳动者单方解除”中的（4）至（13））解除劳动合同的，用人单位也应当支付经济补偿。

2. 增加规定了劳动合同因下列事由而终止时，用人单位应当支付经济补偿：（1）除用人单位维持或者提高劳动合同约定条件续订劳动合同，劳动者不同意续订的情形外，固定期限劳动合同期满终止的；（2）因用人单位被依法宣告破产，或者用人单位被吊销营业执照、责令关闭、撤销或者用人单位决定提前解散，而终止劳动合同的。

3. 在经济补偿金的计算标准上，区分了高端劳动者和一般劳动者，增加规定了向高收入劳动者支付经济补偿金在基数和年限上的限制。《劳动合同法》第47条第2款规定：“劳动者月工资高于用人单位所在直辖市、设区的市级人民政府公布的本地区上年度职工月平均工资三倍的，向其支付经济补偿的标准按职工月平均工资三倍的数额支付，向其支付经济补偿的年限最高不超过十二年。”

4. 经济补偿的一般标准。《劳动合同法》第 47 条第 1、3 款规定：“经济补偿按劳动者在本单位工作的年限，每满一年支付一个月工资的标准向劳动者支付。六个月以上不满一年的，按一年计算；不满六个月的，向劳动者支付半个月工资的经济补偿。”“本条所称月工资是指劳动者在劳动合同解除或者终止前十二个月的平均工资。”这里的月工资按照劳动者应得工资计算，包括计时工资或者计件工资以及奖金、津贴和补贴等货币性收入。

5. 用人单位未及时支付经济补偿的要受到重罚。《劳动合同法》第 85 条第 4 项规定：用人单位解除或者终止劳动合同，未依照《劳动合同法》规定向劳动者支付经济补偿的，由劳动行政部门责令限期支付经济补偿；逾期不支付的，责令用人单位按应付金额 50% 以上 100% 以下的标准向劳动者加付赔偿金。

综上所述，根据《劳动合同法》，除过失性辞退、用人单位维持或者提高劳动合同约定条件续订劳动合同而劳动者不同意续订、劳动者非因《劳动合同法》第 38 条规定的情形解除劳动合同的三类情形外，解除或者终止劳动合同的，用人单位均应向劳动者支付经济补偿。也就是说，除了上述三类情形外，不论是劳动合同期满自行终止，还是因其他情况终止劳动合同的，用人单位均需按工龄向劳动者支付经济补偿。具体如下表所示：

表 14-2　劳动合同解除、终止后的经济补偿

劳动合同解除、终止的类型	经济补偿
劳动合同履行期满终止/劳动者不同意续订	有/无
出现法定终止情形终止	有
协商一致解除(单位提出)	有
劳动者解除(辞职性离职)(辞职/单位过错)	无/有
单位解除(解雇性离职)(过失性辞退/无过失性或经济性辞退)	无/有

（二）赔偿金的支付和赔偿责任的承担

赔偿金和承担赔偿责任是两个不同的概念，赔偿金是《劳动合同法》对用人单位的相关违法行为设定的一种经济惩罚措施，承担赔偿责任则是因行为人违法而造成对方损害所应承担的一种民事赔偿责任。赔偿金是对用人单位设置的，承担赔偿责任则是对用人单位和劳动者双方而言的。《劳动合同法》的赔偿金条款包括第 48、83、85、87 条，承担赔偿责任条款包括第 80、81、84、86、88—94 条，这些条款除沿用《劳动法》第 89、95、97、98、99、102 条及原劳动部《违反〈劳动法〉有关劳动合同规定的赔偿办法》的规定外，还作了补充规定。即用人单位和劳动者因签订、履行或者终止劳动合同有违法行为的，应承担相应的法律后果,除依法支付赔偿金外(对用人单位适用),还应当承担由此而给对方造成损失的赔偿责任。

1. 用人单位应支付赔偿金的法定事由

包括:(1) 违法解除或者终止劳动合同而不能使劳动关系"恢复原状"的。《劳动合同法》第 48 条规定:"用人单位违反本法规定解除或者终止劳动合同,劳动者要求继续履行劳动合同的,用人单位应当继续履行;劳动者不要求继续履行劳动合同或者劳动合同已经不能继续履行的,用人单位应当依照本法第八十七条规定支付赔偿金。"第 87 条规定:"用人单位违反本法规定解除或者终止劳动合同的,应当依照本法第四十七条规定的经济补偿标准的二倍向劳动者支付赔偿金。"(2) 违法约定试用期的。(3) 解除或者终止劳动合同而未依照《劳动合同法》规定向劳动者支付经济补偿的。

2. 用人单位因其违法行为并且给劳动者造成损害而应承担赔偿责任的法定事由

主要有:违法制定直接涉及劳动者切身利益的规章制度的;劳动合同未载明必备条款或未将劳动合同文本交付劳动者的;以担保或其他名义向劳动者收取财物的;依法解除或者终止劳动合同仍扣押劳动者档案或者其他物品的;因用人单位的原因劳动合同被确认无效的;以暴力、威胁或者非法限制人身自由的手段强迫劳动的;违章指挥或者强令冒险作业危及劳动者人身安全的;侮辱、体罚、殴打、非法搜查或者拘禁劳动者的;劳动条件恶劣、环境污染严重而给劳动者身心健康造成严重损害的;未向劳动者出具解除或者终止劳动合同的书面证明的;不具备合法经营资格的用人单位的违法犯罪行为给劳动者造成损害的等。

3. 有关单位因其违法行为并且给他人造成损失而应承担连带赔偿责任的法定事由

主要有:招用与其他用人单位尚未解除或者终止劳动合同的劳动者的;劳务派遣单位违反《劳动合同法》规定给被派遣劳动者造成损害的,劳务派遣单位与用工单位承担连带赔偿责任;个人承包经营违反《劳动合同法》规定招用劳动者而给劳动者造成损害的,发包的组织与个人承包经营者承担连带赔偿责任。

4. 劳动者因其违法行为并且给用人单位造成损害而应承担赔偿责任的法定事由

主要有:因劳动者的原因劳动合同被确认无效的;违反《劳动合同法》规定解除劳动合同,或者违反劳动合同中约定的保密义务或者竞业限制,给用人单位造成损失的。

第四节 人事聘用合同的签订和履行

事业单位实行人员聘用制度,这一制度的推行是事业单位转换用人机制、提高队伍整体素质、增强事业单位活力的重要举措。这里所说的事业单位,是指由国家机关或者其他组织以国有资产配置设立的,承担一定社会公益职能的非营利性组织。事业单位的人员聘用制度主要包括公开招聘、签订聘用合同、定期考核、解聘辞聘等制度,其中心环节是人事聘用合同的签订和履行。人事聘用合同,是指事业单位与受聘人员之间确立聘用和服务关系,明确双方权利和义务关系的协议。原人事部2002年7月3日制定、国办发[2002]35号通知转发的《关于在事业单位试行人员聘用制度的意见》,原人事部2005年11月16日通过、2006年1月1日起执行的《事业单位公开招聘人员暂行规定》,中共中央组织部、原人事部、解放军总政治部2007年8月9日发布并于同年10月1日起施行的《人事争议处理规定》对此作了较为系统的规范。人事聘用合同及人事纠纷的处理适用人事方面的法律法规的规定,涉及受聘人员劳动权利的内容而人事法律、行政法规或者国务院又没有规定的,则适用《劳动法》、《劳动合同法》、《劳动争议调解仲裁法》的有关规定。

一、公开招聘制度

事业单位凡出现空缺岗位,除涉密岗位确需使用其他方法选拔人员的以外,都要试行公开招聘。人员招聘的基本程序是:(1) 公布空缺岗位及其职责、聘用条件、工资待遇等事项;(2) 应聘人员申请应聘;(3) 聘用工作组织对应聘人员的资格、条件进行初审;(4) 聘用工作组织对通过初审的应聘人员进行考试或者考核,根据结果择优提出拟聘人员名单;(5) 聘用单位负责人员集体讨论决定受聘人员;(6) 聘用单位法定代表人或者其委托的人与受聘人员签订聘用合同。

受聘人员应当具有履行岗位职责的能力,能够坚持正常工作;应聘实行执业资格制度岗位的,必须持有相应的执业资格证书。聘用人员应当优先从本单位现有人员中选聘;面向社会招聘的,同等条件下本单位的应聘人员优先录用。机构编制部门核定人员编制的事业单位聘用人员,不得突破核定的编制数额。聘用合同期满,岗位需要、本人愿意、考核合格的,可以续签聘用合同。

人员聘用实行回避制度。受聘人员凡与聘用单位负责人员有夫妻关系、直系血亲关系、三代以内旁系血亲或者近姻亲关系的,不得被聘用从事该单位负责人员的秘书或者人事、财务、纪律检查岗位的工作,也不得在有直接上下级领导关系的岗位上工作。聘用工作组织成员在办理人员聘用事项时,遇有与自己有上述亲属关系的，也应当回避。

二、聘用合同的内容

聘用合同必须具备下列条款：(1) 聘用合同期限；(2) 岗位及其职责要求；(3) 岗位纪律；(4) 岗位工作条件；(5) 工资待遇；(6) 聘用合同变更和终止的条件；(7) 违反聘用合同的责任。

经双方当事人协商一致，可以在聘用合同中约定试用期、培训和继续教育、知识产权保护、解聘提前通知时限等条款。试用期一般不超过3个月；情况特殊的，可以延长，但最长不超过6个月。被聘人员为大中专应届毕业生的，试用期可以延长至12个月。试用期包括在聘用合同期限内。

聘用单位与受聘人员订立聘用合同时，不得收取任何形式的抵押金、抵押物或者其他财物。

三、定期考核制度

聘用单位对受聘人员的工作情况实行年度考核，必要时还可以增加聘期考核。考核必须坚持客观、公正的原则，实行领导考核与群众评议相结合、考核工作实绩与考核工作态度相统一的方法。考核的内容应当与岗位的实际需要相符合。考核结果分为优秀、合格、基本合格、不合格4个等次。聘用工作组织在群众评议意见和受聘人员领导意见的基础上提出考核等次意见，报聘用单位负责人员集体决定。

考核结果是续聘、解聘或者调整岗位的依据。受聘人员年度考核或者聘期考核不合格的，聘用单位可以调整该受聘人员的岗位或者安排其离岗接受必要的培训后调整岗位。岗位变化后，应当相应改变该受聘人员的岗位工资待遇，并对其聘用合同作相应变更。受聘人员无正当理由不同意变更的，聘用单位有权单方面解除聘用合同。

四、解聘、辞聘制度

1. 协商解聘

聘用单位、受聘人员双方经协商一致，可以解除聘用合同。

2. 聘用单位解聘

(1) 受聘人员有以下情形之一的，聘用单位可以随时单方面解除聘用合同：① 连续旷工超过10个工作日或者1年内累计旷工超过20个工作日的；② 未经聘用单位同意，擅自出国或者出国逾期不归的；③ 违反工作规定或者操作规程，发生责任事故，或者失职、渎职，造成严重后果的；④ 严重扰乱工作秩序，致使聘用单位、其他单位工作不能正常进行的；⑤ 被判处有期徒刑以上刑罚收监执行的，或者被劳动教养的。

（2）对在试用期内被证明不符合本岗位要求又不同意单位调整其工作岗位的，聘用单位也可以随时单方面解除聘用合同。

（3）受聘人员有以下情形之一的，聘用单位可以单方面解除聘用合同，但是应当提前30日以书面形式通知被解聘的受聘人员：① 受聘人员患病或者非因工负伤，医疗期满后，不能从事原工作也不能从事由聘用单位安排的其他工作的；② 受聘人员年度考核或者聘期考核不合格，又不同意聘用单位调整其工作岗位的，或者虽同意调整工作岗位，但到新岗位后考核仍不合格的。

受聘人员有以下情形之一的，聘用单位不得解除聘用合同：① 受聘人员患病或者负伤，在规定的医疗期内的；② 女职工在孕期、产期和哺乳期内的；③ 因工负伤，治疗终结后经劳动能力鉴定机构鉴定为1至4级丧失劳动能力的；④ 患职业病以及现有医疗条件下难以治愈的严重疾病或者精神病的；⑤ 受聘人员正在接受纪律审查未作出结论的；⑥ 属于国家规定的不得解除聘用合同的其他情形的。

3．受聘人员辞聘

有以下情形之一的，受聘人员可以随时单方面解除聘用合同：① 在试用期内的；② 考入普通高等院校的；③ 被录用或者选调到国家机关工作的；④ 依法服兵役的。

除上述情形外，受聘人员提出解除聘用合同未能与聘用单位协商一致的，受聘人员应当坚持正常工作，继续履行聘用合同；6个月后再次提出解除聘用合同仍未能与聘用单位协商一致的，即可单方面解除聘用合同。

4．经济补偿和费用补偿

受聘人员经聘用单位出资培训后解除聘用合同的，对培训费用的补偿在聘用合同中有约定的，按照合同的约定补偿。受聘人员解除聘用合同后违反规定使用或者允许他人使用原所在聘用单位的知识产权、技术秘密的，依法承担法律责任。涉密岗位受聘人员的解聘或者工作调动，应当遵守国家有关涉密人员管理的规定。

有以下解除聘用合同情形之一的，聘用单位应当根据被解聘人员在本单位的实际工作年限向其支付经济补偿：① 聘用单位提出解除聘用合同，受聘人员同意解除的；② 受聘人员患病或者非因工负伤，医疗期满后，不能从事原工作也不能从事由聘用单位安排的其他工作，聘用单位单方面解除聘用合同的；③ 受聘人员年度考核或者聘期考核不合格，又不同意聘用单位调整其工作岗位的，或者虽同意调整工作岗位，但到新岗位后考核仍不合格，聘用单位单方面解除聘用合同的。

经济补偿以被解聘人员在该聘用单位每工作1年，支付其本人1个月的上年月平均工资为标准;月平均工资高于当地月平均工资3倍以上的,按当地月平均工资的3倍计算。

第五节　劳动人事争议的提起和处理

一、劳动人事争议的提起

如本章第一节所述,劳动人事争议在制度安排和司法实践中是拆分为劳动争议和人事争议的,两者在法律适用上既有交叉又有区别。因此,本节在对劳动人事争议的叙述上也有分有合。

劳动人事争议的提起,是指劳动人事争议发生后,当事人一方或双方就劳动人事争议事项向有关机构提出申请,请求依法解决的法律行为。其基本要件是:当事人明确,请求事项明确,并向有权受理的机构提出。当事人,指的是发生劳动人事争议案件的劳动者/受聘人员和用人单位。劳务派遣单位或者用工单位与劳动者/受聘人员发生劳动人事争议的,劳务派遣单位和用工单位为共同当事人。当事人可以委托代理人参加仲裁活动,但应当向仲裁委员会提交有委托人签名或者盖章的委托书,委托书应当载明委托事项和权限。

当事人就劳动争议向劳动争议调解组织申请劳动争议调解的,可以书面申请,也可以口头申请。口头申请的,由调解组织当场记录申请人基本情况、申请提交的争议事项、理由和时间。当事人向劳动争议仲裁委员会申请仲裁的,应当提交书面申请,并按照被申请人人数提交副本。仲裁申请书应当载明以下事项:(1)劳动者的姓名、性别、年龄、职业、工作单位和住所,用人单位的名称、住所和法定代表人或者主要负责人的姓名、职务;(2)仲裁请求和所根据的事实、理由;(3)证据和证据来源、证人姓名和住所。

当事人向人事争议仲裁委员会申请仲裁,应当提交仲裁申请书,并按被申请人人数提交副本。仲裁申请书应当载明以下事项:(1)申请人和被申请人姓名、性别、年龄、职业及职务、工作单位、住所和联系方式。申请人或被申请人是单位的,应写明单位的名称、住所、法定代表人或者主要负责人的姓名、职务和联系方式。(2)仲裁请求和所依据的事实、理由。(3)证据和证据来源、证人姓名和住所。

发生劳动人事争议,当事人对自己提出的主张,有责任提供证据。但是,与争议事项有关的证据属于用人单位掌握管理的,用人单位应当提供;用人单位不提供的,应当承担不利后果。

表 14-3 当事人向劳动争议仲裁委员会申请仲裁的劳动争议申诉书样式

劳动争议申诉书

申（被）诉人		被（申）诉人		
姓　　名		单位名称		
性　　别		单位性质		
年　　龄		代表人	姓　　名	
国　　籍			性　　别	
民　　族			年　　龄	
工作单位			职　　务	
住　　址		单位地址		
电　　话		电　　话		
邮　　编		邮　　编		

请求事项：______________________________

____

____

事实和理由：______________________________

____

____

此致

______________劳动争议仲裁委员会

申诉人：________（签名）

二〇　年　月　日

附项：1. 副本 ________ 份；

2. 证物 ________ 份；

3. 书证 ________ 份。

（注：事实和理由部分空格不够时，可用同样大小纸增加续页。）

二、劳动争议的处理方式和处理机构

1. 劳动争议的处理方式

根据《劳动争议调解仲裁法》和《劳动法》，劳动争议的处理方式有协商、调解、仲裁、提起诉讼、协调和投诉六种。

（1）协商。它是指劳动争议发生后，劳动者与用人单位协商，或者请工会或第三方共同与用人单位协商，达成和解协议以解决劳动争议的一种方式。协商应出于自愿，双方达成的和解协议没有强制履行的约束力。

（2）调解。它是指劳动争议发生后，当事人不愿协商、协商不成或者达成和解协议后不履行的，可以向劳动争议调解组织申请调解，由调解组织主持调解以解决劳动争议的一种方式。调解具有自愿性，调解达成的协议对双方当事人具有约束力。

（3）仲裁。它是指劳动争议发生后，当事人不愿调解、调解不成或者达成调解协议后不履行的，可以向劳动争议仲裁委员会申请仲裁，由劳动争议仲裁委员会主持仲裁以解决劳动争议的一种方式。

（4）提起诉讼。它是指劳动争议发生后，当事人对仲裁裁决不服的，或者根据法律的特别规定，可以向人民法院提起诉讼，由人民法院民事审判庭受理以解决劳动争议的一种方式。一般来说，劳动争议仲裁是劳动争议诉讼的前置程序，劳动争议诉讼是解决劳动争议的最后程序。

（5）协调。它是指由当地县级以上政府劳动行政部门会同工会和企业方面代表建立的协调劳动关系三方机制，共同研究以解决重大劳动争议的方式。协调只适用于因签订集体合同而发生的争议或者因其他重大问题而引发的劳动争议。

（6）投诉。它是指用人单位违反国家规定，拖欠或者未足额支付劳动报酬，或者拖欠工伤医疗费、经济补偿或者赔偿金的，劳动者可以向劳动行政部门投诉，由劳动行政部门依法处理以解决纠纷的方式。

2. 劳动争议的处理机构

（1）调解组织。包括：企业劳动争议调解委员会，依法设立的基层人民调解组织，在乡镇、街道设立的具有劳动争议调解职能的组织。企业劳动争议调解委员会由职工代表和企业代表组成。职工代表由工会成员担任或者由全体职工推举产生，企业代表由企业负责人指定。企业劳动争议调解委员会主任由工会成员或者双方推举的人员担任。

（2）劳动争议仲裁委员会。劳动争议仲裁委员会按照统筹规划、合理布局和适应实际需要的原则设立。省、自治区人民政府可以决定在市、县设立；直辖市人民政府可以决定在区、县设立。直辖市、设区的市也可以设立一个或者若干个劳动争议仲裁委员会。劳动争议仲裁委员会不按行政区划层层设立。劳动争议仲裁委员会成员由劳动行政部门代表、工会代表和企业方面代表组成，组成人员应为单数。劳动争议仲裁委员会负责聘任、解聘专职或者兼职仲裁员，管辖本区域内发生的劳动争议等，下设办事机构。劳动争议由劳动合同履行地或者用人单位所在地的劳动争议仲裁委员会管辖。双方当事人分别向劳动合同履行地和用人单位所在地的劳动争议仲裁委员会申请仲裁的，由劳动合同履行地的劳动争议仲裁委员会管辖。

（3）人事争议仲裁委员会。中央机关及所属事业单位人事争议仲裁委员会设在人事部（现为人力资源和社会保障部）；省（自治区、直辖市）、副省级市、地（市、州、盟）、县（市、区、旗）设立人事争议仲裁委员会。人事争议仲裁委员会独立办案，相互之间无隶属关系。人事争议仲裁委员会由公务员主管部门代表、聘任（用）单位代表、工会组织代表、受聘人员代表以及人事、法律专家组成。人事争议仲裁委员会组成人员应当是单数，设主任 1 名、副主任 2 至 4 名、委员若干名。同级人民政府分管人事工作的负责人或者政府人事行政部门的主要负责人任人事争议仲裁委员会主任。

（4）各级人民法院。各级人民法院的民事审判庭可以依法受理劳动人事争议案件。诉讼当事人仍为争议双方当事人，劳动争议仲裁委员会和人事争议仲裁委员会不能作为被告或者第三人。

三、劳动人事争议的处理程序

1. 劳动争议调解

劳动争议发生后，当事人除协商和解外，可以向劳动争议调解组织申请调解。调解组织调解劳动争议应当自收到调解申请之日起 15 日内结束；到期未达成调解协议的，视为调解不成。经调解达成协议的，应当制作调解协议书。调解协议书经双方签章和调解员签名并加盖调解组织印章后生效，对双方当事人具有约束力，当事人应当履行。

调解不成，或者达成调解协议后一方当事人在协议约定期限内不履行调解协议的，另一方当事人可以在规定的期限内向劳动争议仲裁委员会申请仲裁。但是，因支付拖欠劳动报酬、工伤医疗费、经济补偿或者赔偿金事项达成调解协议，用人单位在协议期限内不履行的，劳动者则可以持调解协议书依法直接向法院申请支付令。

申请调解是处理劳动争议的程序之一，但不是必经程序，当事人任何一方不愿调解，均可直接向劳动争议仲裁委员会申请仲裁。

2. 劳动争议仲裁

（1）劳动争议仲裁的提起

劳动争议仲裁委员会因当事人提出书面申请而受理劳动争议。

劳动争议仲裁必须在仲裁时效期间内提出申请。仲裁时效应注意以下各点：① 劳动争议申请仲裁的时效期间为 1 年，自当事人知道或者应当知道其权利被侵害之日起计算。② 仲裁时效因当事人一方向对方当事人主张权利，或者向有关部门请求权利救济，或者对方当事人同意履行义务而中断，从中断时起仲裁时效期间重新计算，即恢复原始仲裁时效期间 1 年。③ 因不可抗力或者其他正当理由，当事人不能在法律规定的仲裁时效期间申请仲裁的，仲裁时效中止。从中止时效的原因消除之日起，仲裁时效期间继续计算。所谓仲裁时效中止，是指当事人在诉讼时效期间的最后6个月内,因不可抗力或者其他障碍不能在法律规定的时效期间向劳动争议仲裁委员会提出申请的,时效期间暂停计算,但时效中止前已经进行的时效期间仍有效。④ 劳动关系存续期间因拖欠劳动报酬发生争议的,劳动者申请仲裁不受法律规定的1年仲裁时效期间的限制;但是,劳动关系终止的,应当自劳动关系终止之日起1年内提出。

（2）劳动争议仲裁的受理

劳动争议仲裁委员会应当自收到申请书之日起5日内作出受理或者不予受理的决定。决定受理的,应当通知申请人,并自作出决定之日起5日内将申请书副本送达被申请人,并组成仲裁庭;决定不予受理的,应当说明理由。仲裁裁决应当自受理仲裁申请之日起45日内结束;案情复杂需要延期的,经劳动争议仲裁委员会主任批准可以延期,但延长期限不得超过15日。

仲裁庭在作出裁决前,应当先行调解。调解达成协议的,仲裁庭应当制作调解书。调解书由仲裁员签名,加盖劳动争议仲裁委员会印章,送达双方当事人,经双方当事人签收后,发生法律效力。调解不成,或者调解书送达前一方当事人反悔的,仲裁庭应当及时作出裁决。

（3）劳动争议仲裁裁决的效力

当事人对仲裁裁决不服,是否可以再向法院起诉,即仲裁裁决是否具有终局性或既裁力,法律对此区分了不同的争议事项并作了不同的规定:

一是,《劳动争议调解仲裁法》第47条明确规定:“下列劳动争议,除本法另有规定的外,仲裁裁决为终局裁决,裁决书自作出之日起发生法律效力:(一)追索劳动报酬、工伤医疗费、经济补偿或者赔偿金,不超过当地月最低工资标准十二个月金额的争议;(二)因执行国家的劳动标准在工作时间、休息休假、社会保险等方面发生的争议。”但是,劳动者对该条规定的仲裁裁决不服的,可以自收到仲裁裁决书之日起15日内向法院起诉。而用人单位只能就该仲裁裁决的程序错误和适用法律法规的错误,依该法第49条的规定,自收到仲裁裁决书之日起30日内向劳动争议仲裁委员会所在地的中级人民法院申请撤销裁决。即使仲裁裁决被法院裁定撤销,当事人仍可以自收到裁定书之日起15日内就该劳动争议事项向法院起诉。

二是,当事人对《劳动争议调解仲裁法》第47条规定以外的其他劳动争议案件的仲裁裁决不服的,可以自收到仲裁裁决书之日起15日内向法院起诉;期满不起诉的,裁决书即发生法律效力。

当事人对发生法律效力的调解书、裁决书,应当依照规定的期限履行。一方当事人逾期不履行的,另一方当事人可以申请人民法院强制执行。应当指出的是,除非劳动争议已在协商、调解、投诉过程中化解或者劳动者依法可以向法院申请支付令以外,劳动争议仲裁是解决劳动争议的必经程序,即劳动争议仲裁是劳动争议诉讼的前置程序，只有对劳动争议仲裁裁决不服的，当事人才可以依法向法院提起诉讼；未经仲裁前置的请求事项，不得直接向法院提起诉讼。

3. 人事争议仲裁

《劳动争议调解仲裁法》第52条规定："事业单位实行聘用制的工作人员与本单位发生劳动争议的，依照本法执行；法律、行政法规或者国务院另有规定的，依照其规定。"因此，事业单位实行聘用制的工作人员与本单位发生的劳动争议，按照上述劳动争议仲裁程序进行。这里所说的人事争议仲裁程序仅适用于实施《公务员法》的机关及参照《公务员法》管理的机关（单位）、事业单位、社团组织、军队与其工作人员之间因履行聘任、聘用合同而发生的争议。

根据中共中央组织部、原人事部、解放军总政治部三部联合发布的《人事争议处理规定》，人事争议的当事人应当从知道或应当知道其权利受到侵害之日起60日内，以书面形式向有管辖权的人事争议仲裁委员会申请仲裁，并按被申请人人数提交副本。人事争议仲裁委员会在收到仲裁申请书之日起10个工作日内，认为不符合受理条件的，应当书面通知申请人不予受理，并说明理由；认为符合受理条件的，应当受理，将受理通知书送达申请人，将仲裁申请书副本送达被申请人。被申请人应当在收到仲裁申请书副本之日起10个工作日内提交答辩书。被申请人没有按时提交或者不提交答辩书的，不影响仲裁的进行。人事争议仲裁委员会应当在开庭审理人事争议案件5个工作日前，将开庭时间、地点、仲裁庭组成人员等书面通知当事人。

仲裁庭处理人事争议注重调解。当事人经调解自愿达成书面协议的，仲裁庭应当根据调解协议的内容制作仲裁调解书。协议内容不得违反法律法规，不得侵犯社会公共利益和他人的合法权益。调解书送达后，即发生法律效力。当庭调解未达成协议或者仲裁调解书送达前当事人反悔的，仲裁庭应当及时进行仲裁裁决。仲裁庭处理人事争议案件，一般应当在受理案件之日起90日内结案。需要延期的，经人事争议仲裁委员会批准，可以适当延期，但是延长的期限不得超过30日。人事争议仲裁是人事争议诉讼的前置程序。当事人对仲裁裁决不服的，可以自收到裁决书之日起15日内向人民法院提起诉讼；逾期不起诉的，裁决书即发生法律效力。对发生法律效力的调解书或者裁决书，当事人必须履行。一方当事人逾期不履行的，另一方当事人可以依照国家有关法律法规和最高人民法院相关司法解释的规定申请人民法院执行。

4. 劳动人事争议诉讼

劳动人事争议诉讼的提起有三种情形：一是因一方或双方当事人不服劳动争议仲裁裁决，在法定期限内向有管辖权的法院起诉。这种情形同样适用于当事人对人事争议仲裁裁决不服引发的诉讼。二是劳动争议仲裁委员会逾期未作出仲裁裁决的，当事人就该劳动争议事项向人民法院起诉。《劳动争议调解仲裁法》第 43 条第 1 款有一个新规定："仲裁庭裁决劳动争议案件，应当自劳动争议仲裁会员会受理仲裁申请之日起 45 日内结束。案情复杂需要延期的，经劳动争议仲裁会员会主任批准，可以延期并书面通知当事人，但是延长期限不得超过 15 日。逾期未作出仲裁裁决的，当事人可以就该劳动争议事项向人民法院提起诉讼。"三是法院直接依法受理劳动者的支付令申请而介入劳动争议案件。

法院审理劳动人事争议案件适用民事诉讼程序，坚持"以事实为根据，以法律为准绳"的原则，用人单位依据本单位制定的规章制度及与职工订立的合同对职工作出处理，该规章制度和合同与法律相抵触的，不予支持，而应依据有关法律法规的规定处理。法院认为用人单位对职工和聘用人员的处理决定在认定事实或适用法律上确有错误的，可以判决予以撤销，或判令用人单位重新作出处理，一般不变更其决定。对于追索劳动报酬、培训费、退休金、工伤赔偿等案件，法院认为用人单位的处理决定事实清楚，适用法律基本正确，只是认定给付的数额明显不当的，可以判决予以变更。对于认为确有必要判决变更的个别案件，在做好工作的同时，可以判决变更用人单位的处理决定。

5. 特别处理程序

《劳动法》第 84 条对集体合同争议的处理程序作了专门规定："因签订集体合同发生争议，当事人协商解决不成的，当地人民政府劳动行政部门可以组织有关各方协调处理。因履行集体合同发生争议，当事人协商解决不成的，可以向劳动争议仲裁委员会申请仲裁；对仲裁裁决不服的，可以自收到仲裁裁决书之日起 15 日内向人民法院提起诉讼。"这里把集体合同双方（企业工会或职工代表和企业）之间的协调处理、协商解决，作为处理集体合同签订和履行过程中发生争议的重要形式或必经程序。只有协商解决不成时，才可以通过其他方式解决。

此外，《劳动争议调解仲裁法》第 8 条规定："县级以上人民政府劳动行政部门会同工会和企业方面代表建立协调劳动关系三方机制，共同研究解决劳动争议的重大问题。"这是法律第一次明确"协调劳动关系三方机制"作为研究解决劳动争议重大问题的途径。

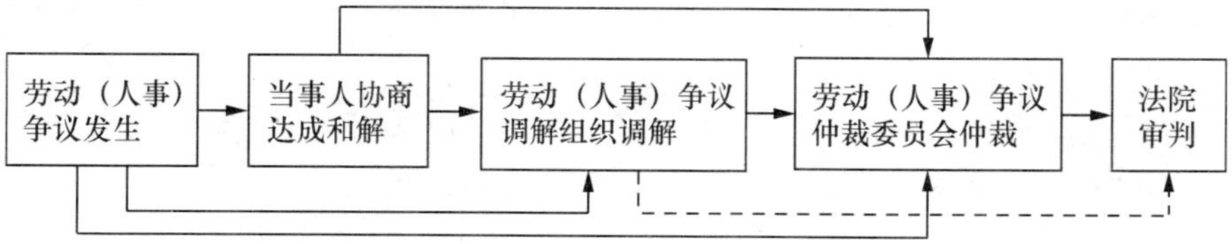

图 14-2　劳动人事争议处理程序

思考题

1. 当前劳动人事争议有何特点？应如何积极有效地加以防范？

2. 劳动合同与劳动关系有何联系和区别？在法定期间内，用人单位不签订书面劳动合同的应承担什么法律责任？

3. 简述用人单位的劳动规章制度。

4.《劳动合同法》规定的劳动合同期限有哪几种？它们各有什么特点？

5. 简述用人单位解除劳动合同、人事聘用合同的条件及其限制。

6. 简述劳动者、聘用人员解除劳动合同的条件。

7. 解除劳动合同后应如何承担违约责任？如何适用经济补偿和损失赔偿？

8. 处理劳动人事争议的新的程序法叫什么？它有哪些新特点？

案例分析一

中国首例员工封杀令——游戏公司向离职员工索赔百万

2006年8月30日，某电脑报及部分网站上刊登了游戏米果网络科技（上海）有限公司（以下简称“游戏米果公司”）对6位前雇员的“通缉令”，大致意思是该6名员工与公司存在竞业禁止协议，希望同行业企业不要雇用此6人，以免引起纠纷（连带责任），并公布了这6名离职员工的姓名、照片、身份证号码。

继“真人通缉令”之后，游戏米果公司针对2006年离职的游戏开发团队的主要员工，又举起劳动索赔的大旗，在不同的基层法院、中级法院相互诉讼43起（含员工起诉公司的13起）。2007年5月22日下午，这一系列纠纷中的一案在上海市卢湾区法院开庭审理。

此案的被告童某、赵某等5位，都曾为游戏米果公司的网游核心开发人员，离职前他们正在开发、完善两款网络游戏《真封神》和《如来神掌》。2006年七八月份，游戏开发团队的领军人物赖某突然被公司开除，引发争议，童某等人随后提出辞职。游戏米果公司2006年年底在卢湾区法院诉称，童某等5人提出离职后，未经公司许可，便拒绝到公司上班，也不肯向公司指定的工作人员交接工作。公司与一马来西亚公司签约的升级游戏项目被迫中断，公司前期投入的开发费用也付诸东流，所以向每个被告索赔提前离职造成的经济损失200万元，并请求判令5人履行交接手续。

2007年3月，游戏米果公司再次在卢湾区法院提起诉讼，要求5被告共同赔偿因未依法办理离职交接手续给原告造成的损失共计人民币574.4万元、美元5万元。该劳动争议案已被审理。庭上，游戏米果公司改变诉求，只依据《员工服务协议》向5名被告索取16万元到30万元不等的违约金112万元，离职赔偿金并入3月份起诉的案件里。原告代理人表示，5名被告作为公司核心开发人员，都与公司签订了《员工服务协议》，他们提前20个月离职，按规定要付给公司月薪乘以20个月的违约金，这样算下来5人的违约金为16万元到30万元不等。5被告表示,2006年7月17日,他们提出离职后,并没有离开公司,而是等待办理相关手续,但后来由于人身安全受到威胁,他们才从2006年8月5日起不再到公司去。另外,被告代理律师表示,原告并没有按照《员工服务协议》给几位被告特殊待遇,所以这些条款只是单方面约束员工,显失公平,是无效的。此前,劳动仲裁也认为双方所签的不是服务期协议。

游戏米果公司与离职员工间的诉讼案件已经达到了43起之多。在员工起诉公司的13起案件中,已有7起结案,全部为员工胜诉;公司起诉员工的30起案件中,已撤诉1起,判决1起,判决为员工胜诉。①

案例分析题

1. 由于多种原因,公司员工个人甚至团队集体跳槽、辞职的现象时有发生,这确实会给所在的公司带来影响,作为公司应如何正确应对?法律依据是什么?

2. 结合游戏米果网络科技(上海)有限公司的"业界封杀令",评价劳动立法和企业人力资源管理的管理尺度之间的关系。

案例分析二

某软件公司与员工李某的劳动合同纠纷案

上海市某软件公司职工李某2002年4月1日被公司派遣至深圳,负责履行本单位与奥林巴斯公司之间有关SAPR3运用支援的合同。其间,李某利用自己的技能,进入了客户的系统,并复制了客户公司部分有著作权的程序。客户公司与软件公司就此交涉后,软件公司向客户公司支付了10万余元违约金。同年10月31日,李某由深圳回到上海。次日,单位向李某送达了内容为他在深圳工作期间,实施侵犯客户知识产权的行为,构成违反公司《就业规则》,故解除与李某的劳动合同,并要求李某赔偿公司损失101371.16元和培训费9600元。

该软件公司的《就业规则》第62条规定:"当从业人员触犯下述各项之一时,给予惩罚性解雇处分,但视情节轻重也可采取其他惩罚方式:……(6)泄露商业秘密及由于其他行为明显违反职业义务者;……(11)由于故意或过失,损坏了公司的名誉,或损坏公司信用,或给公司造成损失者;(12)有扰乱风纪、破坏秩序的行为者"。该规则作为补充条款被列入李某与单位签订的劳动合同。

不久,李某和这家单位分别向浦东新区劳动争议仲裁委员会提起劳动争议仲裁。2003年1月3日,该仲裁委员会对两案合并作出了裁决:李某必须支付单位培训费9600元;单位支付李某有关工资和未休婚假的工资补偿,合计4045

① 参见《2007年十大劳动争议案件》,载《法制日报》2008年1月20日第10版。

元。对李某要求撤销单位解除劳动合同通知的申请，单位要求李某支付经济损失费10万余元的申请，以及双方的其他申请都不予支持。李某和该软件公司对此裁决均不服，向法院提起了诉讼。

浦东新区法院认为，法律不仅规定了劳动者在用人单位所享有的民主权利，以及工会作为劳动者利益的代表应当享有的权利和应该履行的职责，而且为避免用人单位管理权力的滥用，还规定其管理行为亦应履行严格的程序，否则将导致该行为无效的法律后果。李某在受遣期间的行为虽然违反了劳动合同及其附件《就业规则》的相关规定，但是该过错行为是否到了用人单位可依法解除劳动合同的严重程度，单位应依法告知并听取工会或职工代表的意见，这不仅是单位解除劳动合同时应当履行的法定程序，亦是对职工劳动权利、生存权利的保障。即使单位尚未建立基层工会，亦可通过告知并听取职工代表或当地总工会意见的方式履行该法定程序。该单位以李某存在过失为由于2002年11月1日作出的解除与被告的劳动合同的决定，因未履行这一法定程序，故依法予以撤销。

该法院认为，劳动者为用人单位提供劳动时，应诚实信用，否则应对其因过错而对用人单位造成的损失负赔偿责任。但是，该损失不仅应是可预见的，实际发生的，而且亦不属于应由用人单位所承担的经营风险。软件公司主张所丧失的可从与深圳奥林巴斯公司2002年9月至2003年3月业务中获得的预期利润是否存在，以及和李某的不当行为之间是否存在因果关系，单位为此提供的相关证据不仅未被法院确认，而且即使该证据是真实的，也是单位与客户公司之间的协议，仅对合同当事人发生法律效力，不能当然地对作为第三人的李某发生法律效力。同时，如果李某不再适合负责履行单位与客户之间的合同，单位可另行安排其他职工继续履行而避免损失的扩大。因此，单位要求职工李某赔偿其所丧失的可从与客户业务中获得的预期利润的诉讼请求，法院也不予支持。最后，法院判决单位支付职工李某2002年10月21日至2002年11月20日期间工资人民币7122.58元；支付李某5天未休婚假折薪人民币1625.24元；劳动争议仲裁费人民币600元，由单位承担400元，职工李某承担200元；案件受理费人民币50元，由单位和职工李某各承担一半。①

案例分析题

1. 遇到题述情况，软件公司应如何依法解除同李某的劳动合同？

2. 当事人对仲裁裁决不服应在什么时限内向法院起诉？如果未在该时限内起诉，会带来什么后果？

3. 法院的判决是否正确，为什么？

4. 你认为从本案中可以吸取哪些经验教训？

① 资料来源：《劳动报》2003年6月16日、2003年10月28日。

参考文献

[1] 〔美〕加里·钱德勒:《人力资源管理》,刘昕、吴雯芳等译,中国人民大学出版社 1999 年版。

[2] 〔美〕乔治·T.米尔科维奇、杰里·M.纽曼:《薪酬管理(第六版)》,董克用等译,中国人民大学出版社 2002 年版。

[3] 〔美〕罗宾斯:《组织行为学(第七版)》,孙健敏、李原等译,中国人民大学出版社 1997 年版。

[4] 〔美〕雷蒙德·A.诺伊、约翰·R.霍伦贝克、巴里·格哈特、帕特里克·M.赖特:《人力资源管理:赢得竞争优势(第三版)》,刘昕译,中国人民大学出版社 2001 年版。

[5] 陈绍辉、杨希燕:《人员招聘的准备、实施与评估》,吉林人民出版社 2006 年版。

[6] 董临萍编著:《人力资源管理本土案例集》,立信会计出版社 2002 年版。

[7] 付亚和主编:《工作分析》,复旦大学出版社 2005 年版。

[8] 付亚和、许玉林主编:《绩效管理》,复旦大学出版社 2008 年版。

[9] 郭京生、张立新、潘立编著:《人员培训实务手册》,机械工业出版社 2002 年版。

[10] 黄维德、刘燕编著:《人力资源管理实务》,立信会计出版社 2004 年版。

[11] 黄维德主编:《人力资源管理开发案例》,清华大学出版社 2005 年版。

[12] 黄维德、董临萍编著:《人力资源管理(第二版)》,高等教育出版社 2005 年版。

[13] 黄维德、董临萍编著:《人力资源管理》,高等教育出版社 2000 年版。

[14] 廖泉文编著:《招聘与录用》,中国人民大学出版社 2002 年版。

[15] 刘军胜编著:《薪酬管理实务手册》,机械工业出版社 2002 年版。

[16] 卢远荣、唐宁玉、李凌编著:《职业心理与职业指导》,人民教育出版社 1994 年版。

[17] 仇雨临主编:《员工福利概论》,中国人民大学出版社 2007 年版。

[18] 沈晗耀、魏德俊编著:《经营者持股操作指南》,华东理工大学出版社 2000 年版。

[19] 石金涛主编:《现代人力资源开发与管理(第二版)》,上海交通大学出版社 2001 年版。

[20] 文跃然主编:《薪酬管理原理》,复旦大学出版社 2005 年版。

[21] 王凌峰编著:《薪酬设计与管理策略》,中国时代经济出版社 2005 年版。

[22] 吴志明编著:《招聘与选拔实务手册》,机械工业出版社 2006 年版。

[23] 吴志明编著:《员工招聘与选拔实务手册》,机械工业出版社 2002 年版。

[24] 文征:《高效管理的 100 种实用工具》,中国致公出版社 2006 年版。

[25] 武欣编著:《绩效管理实务手册》,机械工业出版社 2002 年版。

[26] 徐源主编:《人事主管实务》,广东经济出版社 2002 年版。

[27] 张再生编:《职业生涯开发与管理》,南开大学出版社 2003 年版。

[28] 叶向峰等编著:《员工考核与薪酬管理》,企业管理出版社 1999 年版。

[29] 张德、吴志明编著:《组织行为学》,东北财经大学出版社 2003 年版。

[30] 张爱卿、钱振波:《人力资源管理:理论与实践》,清华大学出版社 2008 年版。
[31] 郑晓明编著:《现代企业人力资源管理导论》,机械工业出版社 2002 年版。
[32] 郑晓明、吴志明编著:《工作分析实务手册》,机械工业出版社 2002 年版。
[33] 郑贤玲编著:《股票期权制理论与实践》,经济管理出版社 2003 年版。
[34] 朱勇国主编:《工作分析与研究》,中国劳动社会保障出版社 2006 年版。
[35] 朱瑜编著:《优秀企业人力资源管理实务(表格·范例)》,海天出版社 2001 年版。
[36] 周文霞主编:《职业生涯管理》,复旦大学出版社 2006 年版。
[37] 赵永乐、沈宗军、刘宇瑛、周希舫编著:《招聘与面试》,上海交通大学出版社 2006 年版。
[38] 赵曙明、〔澳〕彼得·J. 道林、〔挪威〕丹尼斯·E. 韦尔奇:《跨国公司人力资源管理》,中国人民大学出版社 2001 年版。
[39] 中国企业国际化管理课题组:《企业人力资源国际化管理系统》,中国财政经济出版社 2002 年版。
[40] 中国企业国际化管理课题组:《企业人力资源国际化管理方法》,中国财政经济出版社 2002 年版。
[41] 中国企业国际化管理课题组:《企业人力资源国际化管理表格》,中国财政经济出版社 2002 年版。
[42] 〔美〕E. H. 施恩:《职业锚理论》,载《中国人才》2002 年第 9 期。
[43] 郭元晞:《论经营者年薪制》,载《经济研究》1993 年第 11 期。
[44] 韩伯棠、尚赞娣:《人力资源绩效评估方法的比较与选择》,载《科技管理研究》2002 年第 6 期。
[45] 胡丽红、宗应龙:《无领导小组讨论——模拟实战的招聘方法》,载《企业管理》2005 年第 6 期。
[46] 柳琦、敖卓:《股票期权与年薪制的比较分析》,载《湖北经济学院学报(人文社会科学版)》2007 年第 6 期。
[47] 吕晓俊:《战略性绩效评估的内容与方法初探》,载《科技进步与对策》2005 年第 4 期。
[48] 李文东、时勘:《工作分析研究的新趋势》,载《心理科学进展》2006 年第 3 期。
[49] 李强:《人力资源工作分析研究》,载《科学管理研究》2006 年第 1 期。
[50] 李建设、沈阅:《职业生涯理论的演进与启示》,载《生产力研究》2006 年第 3 期。
[51] 李爱妹、凌文辁:《职业锚理论在人力资源管理中的应用》,载《中国人才》2003 年第 9 期。
[52] 裴汉青:《企业经营者年薪制理论研究综述》,载《南都学坛(人文社会科学学报)》2003 年第 3 期。
[53] 王爱敏:《人力资源绩效评估方法的比较研究》,载《集团经济研究》2007 年第 1 期。
[54] 吴晓明:《股票期权制与年薪制有效性的比较分析》,载《经济体制改革》2005 年第 6 期。
[55] 万玺、李生智:《人力资源绩效评估方法研究》,载《重庆工商大学学报(社会科学版)》2006 年第 3 期。
[56] 肖鸣政:《不同视角下的工作分析方法》,载《中国人才》2007 年第 11 期。

[57] 徐凤真:《实施股票期权的条件》,载《企业管理》2005 年第 7 期。
[58] 杨杰、方俐洛等:《工作分析的定义、理论和工具探析》,载《自然辩证法通讯》2003 年第 3 期。
[59] 杨杰、方俐洛、凌文辁、李耀章、苏家文:《工作分析的工具及其选择策略》,载《应用心理学》2001 年第 7 期。
[60] 周明、王铎:《新时期企业绩效评估的新探究》,载《中小企业科技》2007 年第 6 期。